Gerhard Schricker (Hrsg.)

Urheberrecht auf dem Weg zur Informationsgesellschaft

Von
Thomas Dreier
Paul Katzenberger
Silke v. Lewinski
Gerhard Schricker

Nomos Verlagsgesellschaft
Baden-Baden

Die Deutsche Bibliothek – CIP-Einheitsaufnahme

Urheberrecht auf dem Weg zur Informationsgesellschaft / Gerhard Schricker (Hrsg.). Von Thomas Dreier ... –1. Aufl. – Baden-Baden : Nomos Verl.-Ges., 1997
ISBN 3-7890-4718-X

1. Auflage 1997

Vorwort

Das Bundesministerium der Justiz hat den Herausgeber im Juli 1996 beauftragt, zusammen mit den Mitautoren eine Untersuchung des Bedarfs zur Anpassung des geltenden deutschen Urheberrechts im Hinblick auf die technologische Entwicklung zur Informationsgesellschaft – digitale Technologie, neue Kommunikations- und Informationsstrukturen – durchzuführen. Die Untersuchung soll eine Bestandsaufnahme de lege lata sowie Lösungsvorschläge de lege ferenda einschließen. Sie berücksichtigt vergleichend die jüngere Entwicklung in anderen Staaten sowie die aktuellen Reformbestrebungen im Rahmen der Europäischen Union und der Weltorganisation für Geistiges Eigentum. Besonderes Augenmerk gilt den Möglichkeiten der Digitalisierung von Werken und geschützten Leistungen, den Möglichkeiten der Änderung, Neuzusammenstellung und Nutzung von geschütztem Material nach der Digitalisierung, den Nutzungsmöglichkeiten im Rahmen von digitalen, elektronischen oder ähnlich vernetzten Kommunikationsstrukturen, den mit der digitalen Technik verbundenen Verbesserungen der Vervielfältigungstechnik sowie der Entnahme von Teilelementen vorhandenen Materials. Ausgeklammert werden das Internationale Privatrecht, das Recht der Verwertungsgesellschaften und die Frage der Haftung für Rechtsverletzungen.
Die Vorschläge, zu denen die Untersuchung gelangt, wurden gemeinsam erarbeitet. Teil 1 und 3 der Untersuchung wurden vom Herausgeber, Teil 2 und 6 von Dr. Paul Katzenberger, Teil 4 und 5 von Dr. Thomas Dreier und Teil 7 von Dr. Silke von Lewinski verfaßt; sämtliche Beteiligte gehören dem Max-Planck-Institut für ausländisches und internationales Patent-, Urheber- und Wettbewerbsrecht an. Die Untersuchung wurde im November 1996 abgeschlossen.
Die Geschichte des Urheberrechts im 20. Jahrhundert ist weithin ein Prozeß rechtlicher Reaktion auf die Herausforderungen der Technik. Die vorliegende Untersuchung begründet die Überzeugung, daß das Urheberrecht auch vor den Herausforderungen der Informationsgesellschaft nicht kapitulieren muß. Die Grundstrukturen des Urheberrechts – Werkbegriff, Schöpferprinzip, Schutz der urheberpersönlichkeitsrechtlichen und Verwertungsinteressen durch absolute Rechte, begrenzter Katalog von Urheberrechtsschranken zugunsten der Allgemeinheit, kontrollierte Vertragsfreiheit für urheberrechtliche Transaktionen – können und sollen auch in der Informationsgesellschaft erhalten bleiben. Ebenso vermag sich der Schutz der verwandten Rechte zu behaupten. Im einzelnen ist jedoch eine Anpassung und Fortbildung der

Regelungen erforderlich; hierzu werden Vorschläge gemacht, wie sie beim derzeit absehbaren Stand der Entwicklung erforderlich und angemessen erscheinen.

Gerhard Schricker

Inhaltsverzeichnis

1. Teil: Werkbegriff

I. *Problemstellung*

1. *Begriffe*

Auf der Ebene des Werkbegriffs und der Voraussetzungen des Urheberrechtsschutzes kreist die Diskussion vor allem um zwei Phänomene: die Digitalisierung und die multimedialen Gestaltungen. Bei letzteren spricht man meist von Multimediawerken, ohne daß damit bereits ein Urteil über ihren Urheberrechtsschutz abgegeben werden soll; dieser Begriffsverwendung schließt sich die vorliegende Studie an.

Was die Digitalisierung betrifft, so ist man sich einig, daß hierunter die Umsetzung in einen binären Code zu verstehen ist, wobei das Ergebnis körperlich, etwa auf CD-ROM, fixiert oder unkörperlich wiedergegeben, etwa drahtlos gesendet werden kann[1]. Die Digitalisierung erlaubt Vereinheitlichung des Datenformats, Kompression der Daten, rasche Speicherung und Übertragung ohne Qualitätsverlust und leichte Manipulierbarkeit. Die Digitalisierung ist die Grundtechnik all dessen, was unter dem Schlagwort der »Informationsgesellschaft« an neuen Entwicklungen realisiert wird oder für die Zukunft sich abzeichnet[2].

Weit weniger klar ist der Begriff der Multimediawerke. An einer einheitlichen Definition fehlt es bisher[3]. Es gibt ersichtlich vielerlei Arten von Multimediawerken. Multimediale Probleme stellen sich nicht nur im Urheberrecht, sondern auch in anderen Rechtsgebieten, wie Medienrecht, Datenschutz, Wettbewerbsrecht u.a.m.[4]; in jedem Rechtsgebiet pflegt sich die Definition nach dessen jeweiligen Besonderheiten zu richten.

1 Dreier in Becker/Dreier, Urheberrecht und digitale Technologie, S. 124 ff. S. zur digitalen Speicherung Maus, Die digitale Kopie von Audio- und Videoprodukten, 1991, S. 36; Lehmann, in Lehmann, Internet- und Multimediarecht, S. 26 ff.

2 S. zu den verschiedenen Anwendungsgebieten der Digitalisierung z.B. die Beiträge in Bekker/Dreier, Urheberrecht und digitale Technologie.

3 S. zur Frage der Definition Wachter, GRUR Int. 1995, 860 m.w.Nachw.; Dreier in Becker/Dreier, S. 124 f.; Hoeren, CR 1994, 390 ff.; Gautier, RIDA 1995, 91 ff.; Loewenheim, in FS Piper, S. 709, 710 ff.; Kreile/Becker, GRUR 1996, 677, 689; Davis, GRUR Int. 1996, 888, 890 f.; Salmony, in Lehmann, Internet- und Multimediarecht (Cyberlaw), S. 2 f.; s. auch die Definition im zweiten französischen Sirinelli-Bericht, wiedergegeben bei Genton, GRUR Int. 1996, 693.

4 S. z.B. die Zusammenstellung der rechtlichen Rahmenbedingungen in der Broschüre »Informationsgesellschaft, Chancen, Innovationen und Herausforderungen« des Rates für Forschung, Technologie und Innovation, hrsg. vom BMBF 1995, S. 21 ff.

Für die urheberrechtliche Behandlung empfiehlt es sich, zunächst kumulativ von den im allgemeinen für Multimediawerke genannten Begriffsmerkmalen auszugehen; der Prüfung dann aber flexible Modelle zugrundezulegen, d.h. Varianten, die unterschiedliche Merkmalskombinationen aufweisen. Auf diese Weise wird man am ehesten den unterschiedlichen Formen von Multimediawerken gerecht werden können.

Im allgemeinen werden folgende Begriffsmerkmale von Multimediawerken genannt:

- Es handelt sich um digitalisierte Werke. Insofern überschneidet sich der Begriff der digitalisierten Werke und der Multimediawerke. Es gibt aber auch digitalisierte Werke, die nicht Multimediawerke sind. Vorstellbar wären ebenso Multimediawerke, die in anderer als digitalisierter Form vorliegen; als Beispiel wäre das herkömmliche Filmwerk zu nennen, das vielfach als Multimediawerk bezeichnet wird.
- Multimediawerke benutzen mehrere Ausdrucksmittel, die auf einem Trägermedium zusammengefaßt werden. Genannt werden meist Sprache, Musik und Bild. Nicht ganz klar ist, ob es sich immer um bewegte Bilder handeln muß. Es können auch sonstige Ausdrucksmittel hinzukommen, wie etwa Pantomime und Tanz sowie Geräusche, die weder Sprache noch Musik sind. Mit »Multimedia« sind die mehreren Ausdrucksmittel gemeint, nicht die Medien der Kommunikation, wie etwa CD-ROM oder drahtlose Wellen. Insofern ist der Ausdruck »Multimedia« mißverständlich; mit Recht hat man bemerkt, daß die Vereinheitlichung des Datenformats und des Trägermediums es eigentlich näher legte, von »Unomedia« zu sprechen[5]. Im folgenden wird zwar der Begriff »Multimedia« wegen seiner allgemeinen Verbreitung beibehalten; unter »Medien« werden aber die Träger der Kommunikation verstanden, von denen die Ausdrucksform des Werks zu unterscheiden ist. »Multimediawerke« wären insofern besser als »multiforme Werke« zu bezeichnen.
- Die unterschiedliche Ausdrucksformen aufweisenden Elemente können auf vorbestehendes Material, insbesondere in Form geschützter Werke, zurückgreifen oder speziell für das Multimediawerk geschaffen sein. Die einzelnen Elemente mögen im Multimediawerk lediglich in lockerer Form aggregiert sein; typisch ist aber ihre durch die einheitliche Darstellung in digitaler Form ermöglichte enge Verflechtung und Verschmelzung, die es erlaubt, eine einheitliche Individualität des Multimediawerks festzustellen. Die Elemente wirken zur Erzielung einer bestimmten kommunikativen Aussage zusammen und machen das Multimediaerzeugnis zu einem einheitlichen Werk im urheberrechtlichen Sinne.
- Bei der Schaffung von Multimediawerken werden vielfach Mittel der elektronischen Datenverarbeitung eingesetzt, wenn dies auch nicht notwendig der Fall sein muß. Der Computereinsatz kann soweit vorherrschen, daß von computergenerierten Werken gesprochen werden kann.

5 V. Lewinski, s. den Bericht von Wachter, GRUR Int. 1995, 860, 865.

- Viele Definitionen setzen Interaktivität als Begriffsmerkmal des Multimediawerks voraus; es sind aber auch Multimediawerke ohne interaktive Möglichkeiten denkbar.
- Gelegentlich werden auch Merkmale der Verwertungstechnik zum Begriff des Multimediawerkes gezogen, wie etwa Einsatz von Computer, Telefon, Bildschirm oder Verbreitung über Datennetze[6]. Es handelt sich dabei jedoch nicht um Merkmale des Werks, sondern seiner Nutzung, die sich auch bei konventionellen Werken finden können; für den Werkbegriff sind diese Elemente nicht konstituierend. Auf sie ist deshalb nicht an dieser Stelle, sondern im Zusammenhang mit den Verwertungsrechten einzugehen (s. 4. Teil).

2. *Gang der Darstellung*

Im folgenden wird zunächst ein Überblick über die Problematik im Internationalen, Europäischen und ausländischen Recht gegeben (unten II). Zum geltenden deutschen Recht (unten III) wird zunächst erörtert, ob die Abgrenzung des urheberrechtlichen Schutzbereichs durch die Begriffe »Literatur, Wissenschaft und Kunst« den digitalen und Multimediawerken gerecht wird oder ob sie diese Grenzen sprengen (III 1). Anschließend wird untersucht, ob der Urheberrechtsschutz auch weiterhin an den Zentralbegriff des »Werks« anknüpfen kann und ob der bisherige Schutz von Werkteilen ausreicht (III 2). Sodann wird die Frage gestellt, was die Regeln über den Schutz von Form und Inhalt für digitale und Multimediawerke bedeuten (III 3), wie sie in den Werkskatalog eingeordnet werden können (III 4) und wie sie unter dem Aspekt der »persönlichen geistigen Schöpfung« zu beurteilen sind (III 5). Schließlich wird die Problematik der Interaktivität behandelt (III 6). Die Vorschläge für die Anpassung des deutschen UrhG werden unter IV zusammengefaßt.

II. *Internationales, Europäisches und ausländisches Recht*

1. *Internationales Recht*

a) *RBÜ und WUA*

Angesichts der Tatsache, daß die letzten Fassungen von RBÜ und WUA vor 25 Jahren verabschiedet wurden, liegt auf der Hand, daß sie keine speziellen

6 Vgl. Wachter, GRUR Int. 1995, 860.

Regelungen für digitale und Multimediawerke enthalten; die fraglichen Phänomene waren seinerzeit noch unbekannt bzw. noch nicht hinreichend aktuell. Sowohl RBÜ als auch WUA sehen im übrigen hinsichtlich des Werksbegriffs von detaillierten Regelungen ab. Soweit Berührungspunkte bestehen, wird dies unten unter III bei den jeweils einschlägigen Themen erwähnt.

b) *Reformarbeiten im Rahmen von WIPO*

Was die Reformarbeiten im Rahmen der WIPO betrifft, so ist bezüglich der für Dezember 1996 in Genf einberufenen Diplomatischen Konferenz über bestimmte Fragen des Urheberrechts und der verwandten Schutzrechte auf die Vorschläge betreffend den Schutz der Rechte der ausübenden Künstler und Tonträgerhersteller[7] im vorliegenden Zusammenhang nicht einzugehen; die Thematik wird im 7. Teil behandelt.
Der geplante Vertrag zum Schutz von Datenbanken[8] soll ein besonderes Schutzrecht für Datenbanken einführen, das mit dem Recht sui generis nach der EG-Datenbankrichtlinie vergleichbar ist. Die Bedeutung dieser Regelung für die Multimediawerke wird unten unter III 4 diskutiert.
Der Vorschlag eines Vertrages über bestimmte Fragen betreffend den Schutz von Werken der Literatur und Kunst[9] sieht in Art. 5 einen Schutz von Datenbanken als Sammelwerke vor (s. dazu unten III 4). Außer dieser Regelung und einer – hier nicht interessierenden – Vorschrift über Computerprogramme (Art. 4) sind Bestimmungen über den Werkbegriff und die Schutzvoraussetzungen in dem Vorschlag nicht enthalten.

c) *TRIPS-Übereinkommen*

Das TRIPS-Übereinkommen bezieht sich hinsichtlich des Urheberrechtsschutzes auf die RBÜ (s. Art. 2 Abs. 2, Art. 9 Abs. 1). Zum Werkbegriff findet sich eine Präzisierung zur Frage des Ideenschutzes (s. dazu unten III 3). Neben den Computerprogrammen (Art. 10 Abs. 1) werden auch die Datenbanken (Art. 10 Abs. 2) behandelt (s. zu letzteren unten III 4). Die digitalisierten und Multimediawerke werden nicht erwähnt.

7 S. WIPO Dokument CRNR/DC/5 v. 30.8.1996.
8 S. Dokument CRNR/DC/6 vom 30.8.1996.
9 Dokument CRNR/DC/4 vom 30.8.1996. S. zu den Reformarbeiten Kreile, ZUM 1996, 564 ff.

2. *Europäisches Recht*

a) *EG-Richtlinien*

Im vorliegenden Zusammenhang interessiert zum einen die Datenbankrichtlinie (s. dazu unten III 4); zum anderen sind Vorschriften betreffend die Voraussetzungen des Urheberrechtsschutzes in den Richtlinien über Computerprogramme, Schutzfristen und Datenbanken von Bedeutung (s. dazu unten III 5).

b) *Grünbuch Urheberrecht und verwandte Schutzrechte in der Informationsgesellschaft*

Das Grünbuch der Kommission der Europäischen Gemeinschaften über Urheberrecht und verwandte Schutzrechte in der Informationsgesellschaft vom 19.7.1995[10] geht nach einer Schilderung der wirtschaftlichen und technischen Entwicklung unter der Überschrift »Mögliche Konsequenzen«, die sich »auf der Ebene des Rechtsrahmens« ergeben, nur kurz auf den Werkbegriff und die damit zusammenhängenden Probleme. Es heißt hier[11]:

> »In bezug auf den Begriff ›Werk‹ sollte eine gewisse Kontinuität bestehen. Die Werke werden künftig zwar etwas anders sein, aber das Multimediawerk fügt sich dennoch in einen Kontinuitätsprozeß ein: es hat einen zusammengesetzten Charakter und ist bereits bestehenden, oftmals traditionellen Werken, wie z.B. dem Buch entlehnt. Möglicherweise entwickelt sich der Begriff der Originalität aufgrund der vorstehend angeführten besonderen Merkmale in eine weniger personifizierte und allgemeinere Richtung hin. Die Tatsache, daß ein Werk den Träger wechselt, führt nicht zwangsläufig zu einer wesentlichen Veränderung des Werks selbst. Die Festlegung des anwendbaren Rechtssystems ist im Grunde genommen im Hinblick auf die eingesetzte Technik neutral.«

Entsprechend dieser Einschätzung werden im folgenden Fragenkatalog Fragen zum Begriff des urheberrechtlich geschützten Werks und zu den Schutzvoraussetzungen nicht gestellt. Allenfalls kann eine der »Allgemeinen Fragen vorab« erwähnt werden, die auf den möglichen gesetzgeberischen Rahmen für »Multimedia-Erzeugnisse auf der Grundlage von Bestandteilen des kulturellen Erbes« abzielt (S. 33 Nr. 5). Hierbei kann es jedoch nicht um einen Urheberrechtsschutz, sondern allenfalls um ein verwandtes Schutzrecht gehen, weshalb die Frage unten im 7. Teil anzusprechen ist.

10 Dokument KOM (95) 382 endg. S. dazu Prettenthaler, Medien und Recht, 1995, 213 ff.
11 S. 27, Rdnr. 67.

3. *Ausländisches Recht*

a) *USA*

Das amerikanische Grünbuch »Intellectual Property and the National Information Infrastructure« von 1994[12] versteht unter Multimediawerken die Kombination von mehreren verschiedenen Elementen oder Typen von Werken auf einem Medium und will sie im allgemeinen unter die audiovisuellen Werke einordnen[13]. Das Weißbuch »Intellectual Property and the National Information Infrastructure« der amerikanischen Regierung von 1995[14] hält an dieser Einordnung fest, die freilich nicht für jeden Fall passe und sieht zunächst von Vorschlägen zur Neuordnung des Werkskatalogs ab[15].

b) *Japan*

In den japanischen Materialien, insbesondere den Berichten der zuständigen Ministerien[16] wird hervorgehoben, daß der Begriff »Multimedia« noch keine klare Definition gefunden habe; das Problem der selbständigen Schützbarkeit von Multimedia-Produkten wird unterstrichen[17]. Außerhalb des Urheberrechtsschutzes wird die Einführung verwandter Schutzrechte nicht nur für die Hersteller von Datenbanken, sondern auch für die ersten Hersteller digitalisierter Informationen vorgeschlagen[18]. Zur Einordnung der Multimediawerke in den Werkskatalog sollen entweder die Filmwerke neu definiert und durch eine Kategorie audiovisueller Werke ergänzt werden, oder sie sollen in einer neuen Kategorie audiovisueller Werke aufgehen, die auch die Multimediawerke umfaßt[19].

c) *Frankreich*

Nachdem der erste Sirinelli-Bericht von 1994 im wesentlichen eine Problemanalyse enthielt[20], befaßt sich der folgende zweite Sirinelli-Bericht[21] u.a. mit der Definition der Multimediawerke und ihrer Einordnung in den Werkskatalog. Letztere sei in einheitlicher Form nicht möglich, auch wenn viele Multi-

12 S. dazu Stögmüller, GRUR Int. 1995, 855 ff.
13 Stögmüller, GRUR Int. 1995, 855 f.
14 S. dazu v. Lewinski, GRUR Int. 1995, 858.
15 S. Weißbuch, S. 35 ff., 44 f.
16 S. dazu umfassend Heath, GRUR Int. 1995, 843 ff. Der Bericht des Kultusministeriums vom Februar 1995 ist in UFITA 130, 223 ff. (1996) abgedruckt.
17 Heath, GRUR Int. 1995, 845.
18 Heath, GRUR Int. 1995, 848.
19 S. Heath, GRUR Int. 1995, 849.
20 S. dazu Dreier, GRUR Int. 1995, 840 ff.
21 S. dazu Genton, GRUR Int. 1996, 693 ff.

mediawerke als audiovisuelle Werke eingestuft werden könnten. Auch komme eine Einordnung als Datenbank in Betracht. Die Kategorisierung ist in Frankreich vor allem auch für das Urhebervertragsrecht von Bedeutung, das zwischen verschiedenen Werkstypen differenziert. Der Sirinelli-Bericht verweist auf die Möglichkeit der Vertragsgestaltung von Fall zu Fall und hält ein Einschreiten des Gesetzgebers nicht für erforderlich[22].

d) *Kanada*

Der kanadische Bericht »Copyright and the Information Highway« von 1995[23] lehnt einen Urheberrechtsschutz der Digitalisierung als solcher ab. Multimediawerke genügten dem Begriff des Sammelwerks (work of compilation), wobei auch ein Vergleich mit dem Filmwerk gezogen wird. Im übrigen soll es bei der bisherigen Kategorisierung bleiben[24].

e) *Australien*

Der australische Bericht »Highways to Change« von 1994[25] betont das Bedürfnis nach einem effektiven Schutz der Inhalte, die im digitalen und vernetzten Umfeld übermittelt werden. Der Schaffung eines besonderen Schutzstatuts für Multimediawerke bedürfe es derzeit nicht. Zur kategorialen Einordnung wird empfohlen, den Begriff des Filmwerks durch den weiteren Begriff des audiovisuellen Werks zu ersetzen, der auch die Multimediawerke aufnehmen könne[26].

III. *Die Lage nach dem deutschen UrhG*

1. *Literatur, Wissenschaft und Kunst*

a) *Ausgangspunkt*

Gemäß § 1 UrhG genießen die Urheber von Werken der Literatur, Wissenschaft und Kunst den Schutz des UrhG; § 2 Abs. 1 bestimmt demgemäß, daß die geschützten Werke diesen drei Schaffensbereichen entstammen müssen.

22 S. Genton, GRUR Int. 1996, 694 f.
23 S. dazu v. Lewinski, GRUR Int. 1995, 851 ff.
24 V. Lewinski, GRUR Int. 1995, 851 f.
25 S. dazu Dreier, GRUR Int. 1995, 837 ff.
26 Dreier, GRUR Int. 1995, 838, 839.

Art. 1 RBÜ spricht nur von »Literatur und Kunst«; nach Art. 2 Abs. 1 gehören hierzu jedoch »alle Erzeugnisse auf dem Gebiet der Literatur, Wissenschaft und Kunst, ohne Rücksicht auf die Art und Form des Ausdrucks«. Von vornherein auf »Literatur, Wissenschaft und Kunst« stellt Art. I WUA ab. Das TRIPS-Übereinkommen enthält in Art. 1 Abs. 2, Art. 9 keine allgemeine Umschreibung des urheberrechtlichen Regelungsbereichs, sondern verweist auf die RBÜ[27].

Im deutschen Recht wird der Anwendungsbereich des Urheberrechtsschutzes nach dem UrhG durch die Begriffe »Literatur, Wissenschaft und Kunst« beschrieben und zugleich abgegrenzt. Dies gilt nur für das im Ersten Teil des Gesetzes geregelte Urheberrecht im eigentlichen Sinne, nicht auch für die im Zweiten Teil des Gesetzes behandelten verwandten Schutzrechte. Im Zweiten Teil wird jedoch z.T. auf den Ersten Teil verwiesen. Im vorliegenden Zusammenhang soll nur auf den Ersten Teil des Gesetzes eingegangen werden; der Gegenstand der verwandten Schutzrechte wird unten im 7. Teil dieser Untersuchung erörtert.

b) *Abgrenzung*

Die Begriffe »Literatur, Wissenschaft und Kunst« werden sowohl im deutschen Recht[28] als auch international[29] weit ausgelegt. Im Verhältnis zueinander sind die Kategorien nicht scharf abgegrenzt, sondern können sich im Einzelfall auch überschneiden[30]. Gleichwohl werden gewisse Grenzziehungsprobleme im Verhältnis zwischen urheberrechtsschutzfähigen Schöpfungen und nicht urheberrechtsschutzfähigen Produkten mit Hilfe der Begriffe »Literatur, Wissenschaft und Kunst« gelöst. So werden technische Schöpfungen ausgegrenzt und dem Patent- und Gebrauchsmusterrecht zugewiesen[31]. Als nicht urheberrechtlich schutzfähig werden ferner kaufmännische und geschäftliche Systeme, Spiele und Rätsel, sowie Werbeideen genannt[32]. Während die Abgrenzung zu den technischen Schutzrechten schon aufgrund der gesetzlichen Systematik geboten ist, erscheinen die sonstigen Einschränkungen zunehmend als fragwürdig. In der Praxis bestehen keine Bedenken, etwa ein

27 Vgl. Katzenberger, GRUR Int. 1995, 447, 464.
28 Schricker, Urheberrecht, Kommentar, Einl., Rdnr. 4; Schricker/Loewenheim, § 2, Rdnr. 2 m.w.Nachw.; Fromm/Nordemann, Urheberrecht, 8. Aufl., § 1, Rdnr. 2.
29 Ricketson, The Berne Convention for the Protection of literary and artistic works: 1886-1986, S. 228 ff., 233; Troller, Immaterialgüterrecht, 3. Aufl., Bd. I, S. 348.
30 Schricker/Loewenheim, § 2, Rdnr. 2.
31 Schricker, Einl., Rdnr. 4.
32 Schricker/Loewenheim, § 2, Rdnr. 2; Ulmer, Urheber- und Verlagsrecht, 3. Aufl., § 21 III; Fromm/Nordemann, § 2, Rdnr. 26. S. zum Urheberrecht an Spielen verneinend BGH, GRUR 1962, 51/52 – Zahlenlotto, bejahend OLG München, GRUR 1992, 510 – Rätsel.

Inkasso-Computerprogramm[33], einen Werbeprospekt[34], Rätsel[35] oder Computerspiele[36] urheberrechtlich zu schützen; die Frage, ob dies noch Literatur, Wissenschaft oder Kunst sei, wird gar nicht gestellt. Praktischen Zwecken dienende Schöpfungen werden anerkanntermaßen in gleicher Weise wie die zweckfreien schöpferischen Produkte geschützt[37]. Besonders für Multimediawerke ist wichtig, daß dieser Schutz in voller Breite gesichert wird.
Für geschäftliche Werbe-, Rätsel- und Spielkreationen u.dgl. ist dabei zu bedenken, daß für sie kein Sonderschutz zur Verfügung steht wie für technische Erfindungen[38], der ein Zurücktreten des Urheberrechts rechtssystematisch geböte. Auch sonst sind Wertungsdirektiven nicht ersichtlich, die einer Gleichbehandlung mit anderen Werken entgegenstünden. Die Auslegung der Begriffe »Literatur, Wissenschaft und Kunst« muß sichern, daß ein hinreichender Schutz für alle Schöpfungen gewährt werden kann, die wertungsmäßig den traditionellen urheberrechtlichen Werken an die Seite zu stellen sind. Um Schutzlücken zu vermeiden bzw. möglichst klein zu halten, sollten deshalb auch geschäftliche und Werbeschöpfungen, Rätsel und Spiele zum urheberrechtlichen Schutzbereich gerechnet werden. Das Anliegen, das zu Bedenken hinsichtlich ihres Urheberrechtsschutzes geführt hat, betrifft im Grunde nicht den Schaffensbereich, sondern die Frage des Ideenschutzes als Teil der Problematik von Form und Inhalt (s. dazu unten III 3). Auf dieser Ebene ist zu entscheiden, ob etwa eine Werbeidee oder Spielidee urheberrechtsschutzfähig ist[39], nicht aber sollten Werbe- und Spielschöpfungen schon von Anfang an aus dem Bereich von Literatur, Wissenschaft und Kunst ausgeklammert werden. »Literatur, Wissenschaft und Kunst« sollte vielmehr jede Erscheinungsform menschlicher Kommunikation erfassen, ganz gleich, was ihr Gegenstand und Zweck ist[40].

33 OLG Karlsruhe, GRUR 1983, 300; BGH, GRUR 1985, 1041, 1047 (hinsichtlich der grundsätzlichen Anwendbarkeit des UrhG hat der BGH keine Bedenken; s. dazu auch Haberstumpf in Lehmann, Rechtsschutz und Verwertung von Computerprogrammen, 2. Aufl., S. 72).
34 OLG Düsseldorf, GRUR 1978, 640; LG Berlin, GRUR 1974, 412; Schricker/ Loewenheim, § 2, Rdnr. 23, 71; v. Gamm, Urheberrecht, § 2, Rdnr. 18; Fromm/Nordemann, § 2, Rdnr. 40.
35 OLG München, GRUR 1992, 510.
36 Schlatter in Lehmann, Rechtsschutz und Verwertung von Computerprogrammen, 2. Aufl., S. 169 ff., 184 ff. m.w.Nachw.
37 Schricker, Einl., Rdnr. 1.
38 Vom Patentschutz sind gemäß § 1 Abs. 2 Nr. 3 PatG »Pläne, Regeln und Verfahren für gedankliche Tätigkeiten, für Spiele oder für geschäftliche Tätigkeiten« ausdrücklich ausgenommen.
39 S. z.B. für Computerspiele Schlatter in Lehmann, S. 175 ff.
40 Schricker, Einl., Rdnr. 7, wobei technische Erfindungen aufgrund rechtssystematischer Überlegungen nach wie vor auszuklammern sind.

c) *Digitale und Multimediawerke*

aa) *Digitalisierung*

Was zunächst die Digitalisierung von Werken betrifft, so hat sie auf die Zuordnung des Werks zum Bereich von Literatur, Wissenschaft und Kunst keinen Einfluß. Denn sie betrifft nur die äußere Erscheinung des Werks, nicht aber seine Gestalt als geistige Wesenheit. Dabei kommt es nicht darauf an, ob das Werk digital verkörpert wird oder ob es in digitaler Form unkörperlich wiedergegeben wird: In jedem Fall wird das Werk in einer bestimmten Weise zugänglich gemacht, die es erlaubt, das Werk als solches – zumindest mit Hilfe geeigneter Geräte – wahrzunehmen. Ein Werk der Literatur bleibt auch in digitaler Form ein solches; entsprechendes gilt für wissenschaftliche oder künstlerische Werke. Es spielt dabei keine Rolle, ob das Werk vor der Aufzeichnung bereits sinnlich wahrnehmbar war oder erst in der digitalen Form erstmals in Erscheinung tritt, wie etwa bei computergenerierter Musik; entscheidend ist allein, daß das Werk als geistige Wesenheit in der digitalen Form vorhanden ist (s. zum Parallproblem bei den verwandten Schutzrechten unten 7. Teil A I).

bb) *Multimediawerke*

Was die moderne Entwicklung der Medien und insbesondere die Multimediawerke betrifft, so wurde gelegentlich bemerkt, daß die Abgrenzung von Urheberrecht und Patentrecht immer fließender werde[41]. Das kann freilich nicht bedeuten, daß sie aufgegeben werden sollte und patentfähige Erfindungen dem Urheberrechtsschutz zugänglich gemacht werden müßten. Andernfalls würde der Sinn und Zweck des Patentrechts mit seinen Schutzschwellen, Verfahrens- und Gebührenerfordernissen und seiner kurzen Schutzdauer durchkreuzt. Auch im Blick auf Multimediawerke sollte deshalb an der Beschränkung des Urheberrechtsschutzes auf die Bereiche von Literatur, Wissenschaft und Kunst unter Ausschluß der technischen Erfindungen festgehalten werden. Wenn es zu einer Annäherung oder gar Überschneidung kommen sollte, dann könnte sie nur vom Patentrecht ausgehen, indem dieses Schutzausschlüsse aufgibt und auch Erfindungen mit einbezieht, die nach heutiger Vorstellung nicht zum Bereich der Technik gehören. Für das Urheberrecht besteht insofern kein Handlungsbedarf.
Was die sonstige Abgrenzung betrifft, so ist zu beachten, daß Multimediawerke vielfach praktischen Zwecken dienen, insbesondere auch der Geschäftsorganisation und Werbung. Einen breiten Raum nehmen Spiele ein.

41 So Hoeren lt. Tagungsbericht von Wachter, GRUR Int. 1995, 860, 873.

Gerade im Blick auf Multimediawerke erscheint es geboten, die Begriffe »Literatur, Wissenschaft und Kunst« nicht zu eng zu fassen, wie dies allgemein bereits vorstehend gefordert wurde (s. oben b). Kommunikation jeder Art und Zwecksetzung sollte dem Urheberrechtsschutz prinzipiell zugänglich sein. Die Schutzfähigkeit sollte nicht schon generell für bestimmte Kategorien von Kommunikation ausgeschlossen werden, sondern sie sollte im Einzelfall nach den einschlägigen Kriterien im geltenden Recht anhand des Erfordernisses der persönlichen geistigen Schöpfung geprüft werden.
Darüber zu entscheiden, ob Grundbegriffe eines Gesetzes eng oder weit ausgelegt werden, obliegt freilich in erster Linie der Lehre und Rechtsprechung. Der Gesetzgeber sollte erst eingreifen, wenn die Begriffe sich als unbrauchbar erwiesen haben, so daß sie durch bessere zu ersetzen sind. Bei den Begriffen »Literatur, Wissenschaft und Kunst« ist ein solches Versagen nicht zu konstatieren. Sie sind zudem vom internationalen Recht her vorgegeben. Bei einer Änderung des Urheberrechtsgesetzes wäre somit an § 1 in der heutigen Fassung festzuhalten; es könnte allenfalls in der Begründung gesagt werden, daß der Gesetzgeber von einer weiten Auslegung der Begriffe ausgeht, die auch praktischen Zwecken dienende Multimediawerke aller Art mit einbezieht.

2. *Werke und Werkteile*

a) *Ausgangspunkt*

Bezugspunkt für den Urheberrechtsschutz ist das Werk[42]. Für die traditionellen Bereiche urheberrechtlichen Schaffens pflegt nicht zweifelhaft zu sein, was als Werk zu betrachten ist: ein Roman, ein Gedicht, ein Gemälde, eine Plastik, ein Musikstück. Die Urheberrechtsschutzfähigkeit wird jeweils in bezug auf diese Gebilde geprüft. Was sie zur Einheit macht, ist ihre Selbständigkeit und Abgeschlossenheit[43], die es erlaubt, die Frage nach einer einheitlichen schöpferischen Individualität zu stellen. »Werke sind Individualitäten im Bereich der Literatur und Kunst«[44].
Das Werk ist dabei regelmäßig die größte, nicht aber zugleich die kleinste Einheit, für die ein Urheberrechtsschutz in Betracht kommt. Die größte Einheit bildet das Werk insofern, als man nicht ohne weiteres mehrere Werke zusammenziehen und ihre Schutzfähigkeit kumulativ begründen kann: Es kann regelmäßig nicht damit argumentiert werden, daß mehrere selbständige Pro-

42 Vgl. §§ 1, 2 UrhG; Art. 2 RBÜ, Art. I WUA. S. dazu Schricker/Loewenheim, § 2, Rdnr. 25.
43 Die nicht Vollendung zu sein braucht; es werden auch Vorstufen, Torsi, Fragmente und Skizzen geschützt, wenn sie die erforderliche Individualität aufweisen, s. Schricker/Loewenheim, § 2, Rdnr. 10.
44 Ulmer, § 2 II S. 12.

dukte, deren jedes unterhalb des Schutzstandards liegt, zusammengenommen doch die Schutzvoraussetzungen erfüllten. So muß bei der Werkverbindung (§ 9 UrhG) jedes der verbundenen Werke für sich urheberrechtsschutzfähig sein[45]; es können nicht die für sich allein zum Schutz nicht ausreichenden Elemente einfach addiert werden. Eine additive Argumentation ist allenfalls möglich, wenn die mehreren Elemente eine gemeinsame Individualität aufweisen und damit als ein Werk betrachtet werden können[46].

Die schöpferische Individualität kann auch in der Auswahl und Anordnung mehrerer Werke oder sonstiger Beiträge liegen; es ist dann der Sonderfall des Sammelwerks[47] gegeben, bei dem es zwar bei der Schutzunfähigkeit der einzelnen Komponenten bleibt, wenn diesen die schöpferische Individualität fehlt; die schöpferisch komponierte Gesamtheit aber zu einem Werk eigener Art erwächst. Der Schutz beschränkt sich hier freilich auf das, was in Auswahl und Anordnung individuell ist; das Sammelwerk bildet somit ein Argument dafür, daß die Addition nicht schutzfähiger selbständiger Elemente allenfalls Schutz für die Auswahl und Anordnung, nicht aber für die diversen Elemente als solche begründet. Dieser Konzeption des Sammelwerks entspricht auch der urheberrechtliche Schutz der Datenbankrichtlinie[48]. Auf die Bedeutung des Sammelwerks für den Schutz multimedialer Erzeugnisse wird gesondert noch zurückzukommen sein (s. unten 4 b/bb). Eine spezielle Betrachtung erfordern ferner die Miturheberschaft, die Werkverbindung sowie das Filmwerk (s. unten 4 b/bb).

Im vorliegenden Zusammenhang ist noch darauf hinzuweisen, daß das Werk regelmäßig zwar die größte Schutzeinheit bildet, daß ein Schutz aber auch für kleinere Einheiten begründet werden kann: Werkteile sind als solche urheberrechtsschutzfähig, wenn sie für sich betrachtet die Voraussetzungen für einen Urheberrechtsschutz begründen[49]. In der Praxis begegnet dieser Werkteilschutz relativ häufig. Nach Lehre und Judikatur soll er auch kleineren Werkteilen zugute kommen[50]. Schutzunfähig sind aber jedenfalls einzelne Wörter[51] und in der Regel auch Satzbruchteile oder kurze Sätze[52].

45 Schricker/Loewenheim, § 9, Rdnr. 2.
46 Vgl. z.B. OLG München, ZUM 1992, 307: Die Musik zu einer mehrteiligen Fernsehserie wird wegen der einheitlichen musikalischen Grundkonzeption als »Gesamtwerk« gewertet.
47 § 4 UrhG; s. auch § 2 Abs. 5 RBÜ.
48 S. Art. 3 Abs. 1 Satz 1, Abs. 2; s. auch Nr. 15 der Begründungserwägungen, GRUR Int. 1996, 806; s. dazu Lehmann, in Lehmann, Internet- und Multimediarecht, S. 69.
49 Schricker/Loewenheim, § 2, Rdnr. 33 m.w.Nachw.
50 Schricker/Loewenheim, § 2, Rdnr. 33 m.w.Nachw.
51 OLG München, Schulze OLGZ 134 – Glücksspirale.
52 S. für Werbeslogans ablehnend OLG Braunschweig, GRUR 1955, 205; OLG Stuttgart, GRUR 1956, 481; OLG Frankfurt, GRUR 1987, 44. Bejahend OLG Düsseldorf, BB 1964, 447.

b) *Digitale und Multimediawerke*

aa) *Digitalisierung*

Wie vorstehend bereits begründet (s. oben III 1 c/aa) betrifft die Digitalisierung nur die äußere Erscheinung des Werks, d.h. die Art seiner Verkörperung oder unkörperlichen Wiedergabe. Das Werk als geistige Wesenheit wird davon nicht berührt. Damit besteht auch kein Grund, von den oben (unter a) dargestellten Grundsätzen abzuweichen, wonach das Werk den primären Bezugspunkt des Urheberrechtsschutzes bildet. Die Tatsache allein, daß die Digitalisierung einheitliche Formate für unterschiedliche Werke sowie durch die Komprimierung der Daten die Zusammenfassung zahlreicher Werke in einem Medium erlaubt, kann nicht dazu führen, daß man das Werk als Grundlage des Urheberrechtsschutzes aufgibt. Es ist nicht ersichtlich, auf welche Einheit man sonst abstellen sollte.
Besondere Probleme wirft die Digitalisierung allerdings bezüglich des Werkteilschutzes auf. Bisher liegt die Untergrenze des Schutzes bei dem als solchen noch hinreichend individualisierten Werkbruchstück. Die Digitalisierung erlaubt es, Werke noch weiter zu fragmentieren, etwa bis zu einzelnen Bildpunkten eines Lichtbildwerks[53] oder einzelnen Tönen eines musikalischen Werks[54], und durch Zusammenfügung solcher kleinsten Teile neue Einheiten zu bilden. Der herkömmliche Werkteilschutz kann durch solche Praktiken unterlaufen werden, da es um Fragmente geht, die als solche nicht mehr individuell geprägt sind und deshalb frei übernommen werden können. Es fragt sich, ob das Schutzniveau des Werkteilschutzes abgesenkt werden sollte, um auch die kleinsten Werkbruchstücke dem Urheberrechtsschutz zu unterstellen.
Die Frage wird nicht nur für das Urheberrecht, sondern auch vor allem für verwandte Schutzrechte, insbesondere das Recht des ausübenden Künstlers gestellt; prototypische Erscheinungsform ist das Sampling in der Musik. Es ist jedoch zu betonen, daß die Problematik für das Urheberrecht einerseits und die verwandten Schutzrechte andererseits unterschiedlich gelagert ist. Selbst bei so eng zusammenhängenden Rechten wie dem Schutz der Lichtbildwerke und demjenigen der Lichtbilder können wegen der unterschiedlichen Schutzvoraussetzungen und Schutzinhalte Differenzierungen geboten sein. Es wird deshalb die Frage nach einer möglichen Absenkung des Werkteilschutzes hier zunächst nur für das Urheberrecht gestellt; auf die verwandten Schutzrechte wird an anderer Stelle eingegangen (s. unten 7. Teil).

53 S. dazu Pfennig in Becker/Dreier, S. 95 ff.; umfassend Davis, GRUR Int. 1996, 88 ff.; s. ferner Dreier, in Lehmann, Internet- und Multimediarecht, S. 119 ff.
54 S. dazu v.Lewinski, in Lehmann, Internet- und Multimediarecht, S. 149 ff.

Für das Urheberrecht hätte eine Absenkung der Schutzschwelle des Werkteilschutzes weitreichende Konsequenzen. Ein Schutz einzelner Wörter, Farbpunkte oder Töne würde zu einer unerträglichen Behinderung des Schaffens führen. In allen Sparten urheberrechtlich relevanter Betätigung gilt der Grundsatz, daß die Bausteine von Sprache, Zeichnung, Musik und anderer menschlicher Kommunikationsmittel frei sind und frei bleiben. Monopolisierungen müßten hier eine lähmende Wirkung haben. Die neuen technischen Möglichkeiten der Fragmentierung und Manipulation dürfen nicht dazu führen, daß auch kleinste Werkbruchteile zu schützen sind. Es sollte somit bei den bisherigen Kriterien des Werkteilschutzes bleiben, wobei daran festzuhalten ist, daß auch die »kleine Münze« Schutz verdient.
Sollte es zu systematischen Ausbeutungshandlungen unter Vermeidung des urheberrechtlichen Werkteilschutzes kommen, die nicht mehr tolerabel erscheinen, wären Gegenmaßnahmen im Recht des unlauteren Wettbewerbs zu ergreifen. Die dort entwickelten Grundsätze betreffend die unmittelbare Leistungsübernahme und die fortgesetzte und planmäßige Ausbeutung fremder Leistung dürften hinreichende Ansatzpunkte für eine Kontrolle bieten[55].

bb) *Multimediawerke*

Multimediawerke können im Vergleich zum bisher bekannten Werkschaffen etwas Neues dadurch bilden, daß mehrere Mittel der Kommunikation zugleich benutzt werden. Gleichwohl sollte der Werkbegriff als Ausgangspunkt für die urheberrechtliche Beurteilung nicht aufgegeben werden. Das Urheberrecht muß bei dem Gebilde ansetzen, das als selbständige Einheit hervortritt und einer einheitlichen schöpferischen Individualität fähig ist, ganz gleich, welche Mittel der Aussage benutzt werden. Insofern kann das Filmwerk als Vorbild dienen. Es wird als einheitliches »Gesamtkunstwerk« beurteilt und bildet eine eigenständige Werkart[56], auch wenn zu seiner Herstellung selbständige Werke benutzt werden können. Ebenso wie das Filmwerk als solches in den Werkbegriff eingeordnet werden kann, ist dies bei einem durch eine einheitliche Individualität geprägten Multimediawerk möglich. Auch soweit ein Werkteilschutz in Frage steht, kann auf die herkömmlichen Grundsätze zurückgegriffen werden.
Der Werkbegriff als Ausgangspunkt für die urheberrechtliche Wertung wird auch nicht durch die Tatsache in Frage gestellt, daß multimediale Werke sich u.U. erst beim Werksgenuß entwickeln und vervollständigen, insbesondere durch interaktive Interventionen und Beiträge des Rezipienten (s. dazu im

55 S. Baumbach/Hefermehl, Wettbewerbsrecht, 18. Aufl., § 1, Rdnr. 495 ff.; Schricker, Einl., Rdnr. 40 ff.
56 V. Gamm, § 2, Rdnr. 23; Schricker/Loewenheim, § 2, Rdnr. 118.

einzelnen unten 6). »Werk« im urheberrechtlichen Sinn kann auch ein Gebilde sein, das im Rahmen eines kontinuierlichen, noch nicht abgeschlossenen Schaffensprozesses zu einem bestimmten Zeitpunkt in Erscheinung tritt, etwa als Entwurf oder als Vor- und Zwischenstadium vor der Vollendung[57]. Bei der Ausarbeitung des Werks können mehrere Beteiligte in unterschiedlicher Weise zusammenwirken (vgl. §§ 3, 8, 9 UrhG) (s. im einzelnen unten 4 b/bb).
Zusammenfassend läßt sich feststellen, daß die Besonderheiten der Multimediawerke den Werkbegriff nicht überflüssig oder unbrauchbar machen. Die Problematik der Multimediawerke liegt nicht auf der Ebene der Kategorien von Werk und Werkteil, sondern bei der Beurteilung des Zusammenwirkens von Schöpfern und schöpferischen Elementen. Hierauf ist im folgenden einzugehen (s. unten 4 b/bb).

3. *Form und Inhalt*

a) *Ausgangspunkt*

Nach einer vielzitierten Passage aus der Amtlichen Begründung zum UrhG von 1965 sind als »persönliche geistige Schöpfungen« Erzeugnisse anzusehen, »die durch ihren Inhalt oder durch ihre Form oder durch die Verbindung von Inhalt und Form etwas Neues und Eigentümliches darstellen«[58]. Der Satz gibt das Ergebnis einer jahrzehntelangen Kontorverse wieder, die, vom Schutz allein der Form ausgehend, im Laufe der Zeit mehr und mehr inhaltliche Elemente in den Schutz einbezogen hat, um bei einer prinzipiellen Gleichbehandlung von Form und Inhalt zu enden. Einschränkungen werden nur noch bei den wissenschaftlichen Werken gemacht: Wissenschaftliche Theorien, Entdeckung und Daten sind im Interesse der freien wissenschaftlichen Diskussion gemeinfrei[59]. In der Praxis wird dies häufig in dem vergröbernden Satz ausgedrückt, daß wissenschaftliche Werksinhalte schlechthin schutzunfähig seien, wobei ein weiter Begriff der wissenschaftlichen Werke zugrundegelegt wird, der allgemein die Sachprosa und sonstige »Nonfiction« umfaßt. Eugen Ulmer hat demgegenüber jedoch überzeugend nachgewiesen, daß ein Schutzausschluß nur für den eigentlichen Ideenkern, den Sinngehalt gelten kann, während »die Gedanken in ihrer Fülle und ihrer Beziehung zueinander, . . . die wissenschaftliche Begründung in ihrer Vielheit der gewählten Beispiele, der inneren Bezüge und der Schlußfolgerungen« durchaus als

57 Schricker/Loewenheim, § 2, Rdnr. 10.
58 S. Haertel/Schiefler, UrhG, Textausgabe und Materialien, S. 129.
59 S. zum ganzen Schricker/Loewenheim, § 2, Rdnr. 27 ff.; Ulmer, § 19.

Schutz begründend und geschützt gewertet werden können[60]. Insofern nähert sich die Behandlung der wissenschaftlichen Werke derjenigen der nicht wissenschaftlichen Werke an. Denn auch bei Romanen, Theaterstücken, Spielfilmen und anderen Werken, die nicht dem wissenschaftlichen Bereich zuzuordnen sind, und deren Inhalte, soweit sie die Schöpfung ihres Urhebers bilden, nach h.M. ohne weiteres geschützt werden, kann man zwischen dem Ideenkern und dessen inhaltlicher Entfaltung unterscheiden; auch hier wird die Meinung vertreten, daß die zugrundeliegende Idee als solche nicht geschützt ist[61].

Nach Art. 9 Abs. 2 des TRIPS-Übereinkommens erstreckt sich der urheberrechtliche Schutz »auf Ausdrucksformen und nicht auf Ideen, Verfahren, Arbeitsweisen oder mathematische Konzepte als solche«. Zwischen wissenschaftlichen Ideen und Ideen aus dem Bereich der Belletristik wird dabei kein Unterschied gemacht. Die Regel geht auf die dem angelsächsischen Recht entstammende Unterscheidung zwischen schutzfähiger »expression« und schutzfreier »idea« zurück[62]. Die Unterscheidung stimmt mit derjenigen zwischen »Form« und »Inhalt« im deutschen Recht nicht völlig überein; sie findet ihre Parallele eher im Grundsatz von der Schutzfreiheit des Ideenkerns eines Werks. Bei einer zum TRIPS-Übereinkommen konformen Auslegung müßte im deutschen Recht wohl der prinzipielle Unterschied in der Behandlung wissenschaftlicher und nicht wissenschaftlicher Werksinhalt aufgegeben und dazu übergegangen werden, in allen Bereichen gleichermaßen zwischen schutzunfähigen Ideen und dem schutzfähigen Ausdruck dieser Ideen zu unterscheiden[63].

Durch Umsetzung der Richtlinie über den Rechtsschutz von Computerprogrammen[64] wurde in § 69a Abs. 2 UrhG bereits die Unterscheidung von schützbaren »Ausdrucksformen« und nicht geschützten »Ideen und Grundsätzen« ins deutsche Recht übernommen.

Die Datenbankrichtlinie[65] und die Datenbankregelung im TRIPS-Übereinkommen[66] beschränken sich dagegen auf die Feststellung, daß der Schutz der Datenbank als Sammelwerk keinen Schutz des Inhalts der Datenbank impliziert, wobei ein selbständiger Urheberrechtsschutz inhaltlicher Elemente als

60 Ulmer, § 19 III 2, S. 121 f.; Schricker in GRUR-Festschrift, S. 1095, 1109 ff.
61 Schricker/Loewenheim, § 2, Rdnr. 26, 29 m.w.Nachw.
62 S. dazu Kortas, Ideen und Urheberrecht in Australien im Vergleich zum englischen und deutschen Recht, S. 41 ff., 85 ff. S. allgemein zu dem Problemkreis die Beiträge zu den ALAI-Studientagen in Sitges, 1992, s. ALAI, La protection des idées, Journées d'Etudes, Sitges, 4/7 Oct. 1992, s. insbesondere den Bericht von Nordemann.
63 Insofern wäre die Feststellung Katzenbergers, GRUR Int. 1995, 447, 464, vom wesentlichen Gleichklang des Art. 9 Abs. 2 mit dem deutschen Recht noch zu präzisieren.
64 Vom 14.5.1991, GRUR Int. 1991, 545, s. dort Art. 1 Abs. 2.
65 S. Art. 3 Abs. 2 der Richtlinie über den rechtlichen Schutz von Datenbanken, GRUR Int. 1996, 806.
66 S. Art. 10 Abs. 2 Satz 2.

solcher nicht ausgeschlossen, aber auch nicht näher geregelt wird[67]. Diese Sicht von der Reichweite des Schutzes von Sammelwerken entspricht dem deutschen Recht[68]; prinzipiell Neues zum Problem von Form und Inhalt ergibt sich hieraus nicht. Das in der Datenbankrichtlinie vorgesehene Schutzrecht sui generis kann dagegen ohne prinzipielle Einschränkung auch den Inhalt von Datenbanken schützen, und zwar unabhängig davon, ob der Inhalt für einen Urheberrechtsschutz in Betracht kommt[69].

b) *Digitale und Multimediawerke*

Bei der digitalen und multimedialen Kommunikation spielen inhaltliche Elemente eine wichtige Rolle. Dies gilt vor allem für die Sachinformation im wissenschaftlichen, edukativen und geschäftlichen Bereich. Man hat bemerkt, daß die eigentlichen wirtschaftlichen Werte in modernen Informationssystemen die Inhalte der Kommunikation bilden[70]. Das Urheberrecht muß hier einen hinreichenden Schutz gewährleisten, um die Kreativität und Investitionsbereitschaft zu fördern und damit der Hebung des kulturellen Niveaus im Interesse der Allgemeinheit zu dienen. Was den Schutz von Werksinhalten betrifft, muß allerdings Art. 9 Abs. 2 des TRIPS-Übereinkommens beachtet werden, wonach »Ideen« im Gegensatz zu »Ausdrucksformen« nicht schutzfähig sind. Ohne daß die Frage der unmittelbaren Anwendung des TRIPS-Abkommens im deutschen Recht[71] hier vertieft werden könnte, ist jedenfalls auf das Erfordernis einer konventionsfreundlichen Auslegung hinzuweisen. Ideen als solche sollten demgemäß schutzfrei bleiben, was dem bisherigen deutschen Recht entspricht. Die herrschende Praxis geht freilich darüber hinaus und hat wissenschaftliche Werksinhalte vielfach generell für schutzunfähig erklärt[72]. Dies bedeutet zum einen, daß sich der Urheberrechtsschutz nicht auf sie erstreckt und zum anderen daß sie auch bei der Prüfung der Schutzfähigkeit außer Betracht bleiben[73]. Ob Art. 9 Abs. 2 des TRIPS-Übereinkommens nur den ersteren oder auch den letzteren Aspekt erfaßt, ist nicht klar. Ebensowenig geklärt erscheint, ob Art. 9 Abs. 2 sich auf den Schutzausschluß beschränkt oder ob die Vorschrift umgekehrt auch verlangt, daß alle inhaltlichen Elemente, die nicht aus den schutzfrei zu haltenden »Ideen, Verfahren, Arbeitsweisen oder mathematischen Konzepten als solchen« bestehen, dem ur-

67 In diesem Sinne auch die im Rahmen von WIPO geplante Regelung, s. oben II 1 b.
68 Schricker/Loewenheim, § 4, Rdnr 11 ff.
69 S. Art. 7 Abs. 1, Abs. 4 Satz 2.
70 S. z.B. zur Schutzbedürftigkeit inhaltlicher Elemente den australischen Bericht oben II 3 e.
71 S. dazu Drexl, GRUR Int. 1994, 777 ff.
72 S. dazu kritisch Schricker in GRUR Festschrift, S. 1095, 1106 ff. m.w.Nachw.
73 S. zum ganzen auch B. von Moltke, Das Urheberrecht an Werken der Wissenschaft, passim, der bei der Schutzfähigkeit die Inhalte berücksichtigen, beim Schutzumfang weitgehend ausklammern will.

heberrechtlichen Schutz zugänglich zu machen sind. Aus der allgemeinen Verweisung in Art. 9 Abs. 1 auf die RBÜ kann man hierzu kaum etwas entnehmen, da die RBÜ zum Problem von Form und Inhalt schweigt. Ob die Wendung »erstreckt sich auf« in Art. 9 Abs. 2 des TRIPS-Übereinkommens eine Schutzverpflichtung bedeutet, ist offen, ebenso wie die Frage, ob die Dichotomie von einerseits »Ideen, Verfahren, Arbeitsweisen oder mathematischen Konzepten als solchen« und andererseits »Ausdrucksformen« den aus Form und Inhalt bestehenden Stoff der Werke ausschöpft, oder ob es zwischen einerseits »Ideen« usw. und andererseits »Ausdrucksformen« noch etwas Drittes gibt, über dessen Schutzfähigkeit das nationale Recht frei wäre zu entscheiden.

Ohne daß diese Fragen einer autonomen Auslegung der völkervertragsrechtlichen Regelung des Art. 9 Abs. 2 des TRIPS-Übereinkommens hier einer abschließenden Klärung zugeführt werden könnten, ist doch festzuhalten, daß Art. 9 Abs. 2 jedenfalls einen Schutz von inhaltlichen Werkselementen, die nicht in »Ideen, Verfahren, Arbeitsweisen oder mathematischen Konzepten als solchen« bestehen, nicht verbietet. Dieser Spielraum des Schutzes sollte für das deutsche Recht ausgenützt werden. Gerade im Multimediabereich erscheint die von der Praxis dekretierte generelle Schutzausnahme für wissenschaftliche Werksinhalte als zu weitgehend. Bei einer Abwägung der urheberrechtlichen Schutzinteressen und der Freihalteinteressen der Allgemeinheit[74] ist nicht mehr als eine Schutzfreiheit lediglich der Ideen, Verfahren, Arbeitsweisen und mathematischen Konzepte als solcher geboten. Alle übrigen Werkselemente, gleich ob formaler oder inhaltlicher Art, sollten einem Urheberrechtsschutz zugänglich sein.

Es fragt sich, ob dieser Grundsatz im Gesetz zum Ausdruck gebracht werden sollte. Für Computerprogramme wurde bereits eine Sonderregelung getroffen[75]. In manchen ausländischen Gesetzen finden sich entsprechende allgemeine Vorschriften[76]. Auch im deutschen Recht wäre eine prinzipielle Regelung wünschenswert. Es würde sich dabei nicht um eine spezifisch auf Multimediawerke abzielende Regelung handeln, auch wenn sie für diesen Bereich besonders wichtig erschiene, sondern es müßte allgemein, etwa in einem neuen § 2 Abs. 3 UrhG, eine nach dem Vorbild von Art. 9 Abs. 2 des TRIPS-Übereinkommens formulierte Bestimmung ins Gesetz aufgenommen werden. Sie sollte deutlich machen, daß »nur« Ideen, Verfahren, Arbeitsweisen und mathematische Konzepte als solche vom Schutz ausgeschlossen sind, während alle anderen Werkselemente Schutz finden können. Damit könnte der Diskriminierung wissenschaftlicher Werke entgegengewirkt werden, bei

74 S. dazu Schricker in GRUR-Festschrift, S. 1095, 1112.
75 § 69a Abs. 2 UrhG.
76 S. z.B. § 102 lit. b des US-Copyright Act.

denen immer noch von vielen eine generelle Schutzfreiheit der Inhalte postuliert wird.
In bezug auf multimediale Werke erlangt der Schutz inhaltlicher Elemente auch deshalb besondere Bedeutung, weil der Inhalt die verschiedenen Werkskomponenten orientiert und zusammenhält, ebenso etwa wie in einem Spielfilm Wort, Bild und Musik darauf ausgerichtet sind, in multimedialem Zusammenwirken die Handlung herauszuarbeiten und voranzutreiben. Erst durch den gemeinsamen Bezug auf ein- und denselben Inhalt wird die multimediale Gestaltung zu einem einheitlichen Werk. Des Schutzes bedarf dabei die Werkaussage in ihrer medialen Aufbereitung, bei der Form und Inhalt einander in untrennbarer Weise durchdringen. Außerhalb des Schutzes bleiben allein der vorgegebene Stoff, insbesondere gemeinfreie Daten und Informationen, wie auch Ideen, Verfahren, Arbeitsweisen und mathematische Konzepte. Alles andere kommt als urheberrechtliche Substanz des Multimediawerkes in Betracht, wobei zwischen Form und Inhalt nicht zu unterscheiden ist.

4. *Einordnung in den Werkskatalog*

a) *Ausgangspunkt*

Die in § 2 Abs. 1 UrhG aufgelisteten geschützten Werke zeichnen sich – mit der Ausnahme des Filmwerks, auf das noch einzugehen sein wird – dadurch aus, daß das Werk als geistige Wesenheit jeweils durch ein bestimmtes Ausdrucksmittel in Erscheinung tritt und zum Werksgenuß zugänglich gemacht wird. Oder anders ausgedrückt: Jede Werkskategorie hat das ihr zugeordnete Ausdrucksmittel; insofern kann man von »monoformen« Werken sprechen. Bei den Sprachwerken (§ 2 Abs. 1 Nr. 1) ist Ausdrucksmittel die Sprache; Werke der Musik (Nr. 2) werden in der Form von Tönen dargeboten; die Werke der bildenden Kunst (Nr. 4) bedienen sich zweidimensionaler und/oder dreidimensionaler visueller Mittel usw. An der Prädominanz und Unverzichtbarkeit eines bestimmten Ausdruckmittels ändert nichts, daß gewisse andere Hilfsmittel zur Aufzeichnung oder Kommunikation eingesetzt werden können, etwa daß Musik in Notenschrift graphisch niedergelegt werden kann. Denn um ein Werk der Musik handelt es sich nur, wenn die Notenschrift zum Klingen gebracht werden kann; ein Schriftstück, das nicht Töne verkörpert, kommt als Musikaufzeichnung nicht in Betracht. Entscheidend ist somit auch hier, daß das Werk als geistige Wesenheit sich der Sprache der Töne bedient; erst dann kann von einem Werk der Musik die Rede sein.
Die weitere Prüfung, ob es sich um eine persönliche geistige Schöpfung im Sinn des § 2 Abs. 2 UrhG handelt, setzt nach traditioneller Auffassung bei

dem Werk in seiner charakteristischen Formgebung an und beschränkt sich auf die in dieser Form gemachte Aussage. Die schöpferische Individualität kann sich bei Sprachwerken somit nur aus dem ergeben, was mit dem Mittel der Sprache dargeboten wird, bei Musikwerken aus den Tönen und bei Werken der bildenden Kunst aus der bildnerischen Darstellung, wobei jeweils, wie vorstehend (unter 3) dargelegt, nicht nur die Form, sondern auch der vermittelte Inhalt heranzuziehen ist. Hilfsmittel der Aufzeichnung bleiben dabei außer Betracht. So kann etwa bei der Musikaufzeichnung in Notenschrift zugunsten der schöpferischen Individualität des musikalischen Werks nicht berücksichtigt werden, daß die Notenschrift kalligraphisch besonders ausgeschmückt ist. Das ästhetisch ansprechende Notenblatt kann allenfalls für sich allein als Werk der bildenden Kunst geschützt werden; es können dann zwei unabhängige, nur äußerlich zueinander in Bezug tretende geschützte Werke vorliegen. Bei der Prüfung der Individualität des Musikwerks kann aber nicht der schöpferische Gehalt der graphischen Gestaltung des Notenblattes mit eingerechnet werden, noch vermag die Individualität der graphischen Gestaltung damit begründet zu werden, daß das Notenblatt eine individuell geprägte Musik verkörpert. Ebenso wird die Schutzfähigkeitsprüfung von Wort und Bild gesondert durchgeführt, auch wenn das Bild das Sprachwerk illustriert. Nur ganz vereinzelt wurde dafür plädiert, etwa bei Werbeschöpfungen aus Wort und Bild, eine verbundene Prüfung der Individualität für beide Ausdrucksmittel vorzunehmen[77].

Von dieser traditionellen Trennung der Werkkategorien in ihrer jeweiligen charakteristischen Form macht das Filmwerk im Sinne des § 2 Abs. 1 Nr. 6 UrhG eine Ausnahme. Es wird als »Gesamtkunstwerk« betrachtet[78], bei dem sich Einzelbilder, Bewegung der Bilder, Sprache, Musik, sonstige Geräusche, Szenerie, Maske und Beleuchtung zu einem einheitlich zu bewertenden Werk besonderer Art verbinden. Es braucht hier nicht entschieden zu werden, ob nur die Beiträge der eigentlichen Filmurheber oder auch diejenigen der Urheber benutzter Werke als integrale Bestandteile des Gesamtkunstwerks zu werten sind[79]; festzuhalten ist jedenfalls, daß die Beschränkung auf ein einziges Ausdrucksmittel, die für die übrigen Werkskategorien gilt, beim Filmwerk aufgegeben wird; das Filmwerk bildet ein »multiformes« Werk; manche sprechen auch von einem »multimedialen« Werk, wobei sie mit »Medium« das Ausdrucksmittel verstehen.

77 So für die Wort/Bild-Werbung St. Schmidt, Urheberrechtsprobleme der Werbung, S. 84; Schaeffer, Der urheberrechtliche Schutz von Formen moderner Werbung, S. 72 f.; vgl. auch OLG München, NJW-RR 1994, 1258 (verbundene Betrachtung eines »teils sprachlich teils zeichnerisch gefaßten gedanklichen Inhalts«).

78 V. Gamm, § 2, Rdnr. 23; Fromm/Nordemann/Vinck, § 2, Rdnr. 76.

79 Vgl. dazu ausführlich Schricker/Katzenberger, Vor §§ 88 ff., Rdnr. 57 ff.

Die enge, z.T. untrennbare Verflechtung mehrerer schöpferischer Beiträge, insbesondere derjenigen von Regisseur, Kameramann und Cutter, führt beim Filmwerk dazu, daß der individuelle Charakter zusammenfassend und einheitlich zu beurteilen ist[80]. Entscheidend für den Urheberrechtsschutz ist die »filmische Individualität«, die in Form und Inhalt und der Verbindung von beiden zum Ausdruck gelangen kann[81]. Hier wird nicht nur isoliert das gewertet, was in der Sprache oder was in Bildern ausgedrückt ist, sondern es kommt auf die geistige Wesenheit an, die mit den verschiedenen zusammenwirkenden Ausdrucksmitteln geschaffen wird.

b) *Digitale und Multimediawerke*

Der Werkskatalog des § 2 Abs. 1 UrhG ist nicht abschließend, sondern offen[82]. Für die Einordnung der digitalen und der Multimediawerke besteht somit nach geltendem Recht zum einen die Möglichkeit der Eingruppierung in eine der genannten Kategorien und zum anderen die Behandlung als ungenannte geschützte Werksart (Innominatwerk). Im letzteren Fall läge eine ausdrückliche Nennung durch Ergänzung des Gesetzeswortlauts nahe. Sie wäre auch nicht ausgeschlossen, wenn eine Zuordnung zu einer bereits genannten Werkskategorie gelänge, so wie die »Computerprogramme« in § 2 Abs. 1 Nr. 1 noch eigens genannt wurden, obgleich sie bereits unter den Begriff der »Sprachwerke« fallen und in der Regel auch »Schriftwerke« sind.

aa) *Digitale Werke*

Was zunächst die digitalen Werke betrifft, so erscheint die kategoriale Einordnung wenig problematisch. Bei der digitalen Form handelt es sich nicht um das charakteristische Ausdrucksmittel, das einer Werkskategorie immanent ist und den Werksgenuß bestimmt, sondern lediglich um ein Hilfsmittel der Kommunikation bzw. Aufzeichnung. Sprachwerke bleiben auch in digitaler Form Sprachwerke, Werke der Musik bleiben Musikwerke, Werke der bildenden Kunst sind auch nach Digitalisierung immer noch Werke der bildenden Kunst. Genossen wird das Werk letzten Endes in der Form der Sprache, Musik oder des Bildes, nicht in der digitalen Form. Letztere muß in das charakteristische Ausdrucksmittel von Sprache, Musik oder Bild umgesetzt werden, wenn das Werk seiner Funktion entsprechend genossen werden soll. Der für die Digitalisierung benutzte binäre Code als solcher ist für einen Werksgenuß nicht geeignet.

80 V. Gamm, § 2, Rdnr. 23 (S. 208 ff.); Schricker/Loewenheim, § 2, Rdnr. 119.
81 Schricker/Loewenheim, § 2, Rdnr. 119.
82 S. »insbesondere« im Einleitungssatz; s. dazu Schricker/Loewenheim, § 2, Rdnr. 1.

Für die digitalen Werke stellt sich somit die Frage nach der kategorialen Einordnung nicht; die Werkskategorie richtet sich nach dem Werk, das digitalisiert ist. Dies gilt auch für Filmwerke in digitaler Form. Und nicht anders wird für multimediale Werke in digitaler Form zu entscheiden sein, soweit sie eine besondere Werkskategorie bilden.

Es ist die Frage aufgeworfen worden, ob nicht die Digitalisierung als solche, d.h. unterschieden von dem digitalisierten Werk, geschützt werden sollte[83]. Es würde sich dabei um eine Art von Bearbeitungsschutz handeln. Nach geltendem Recht käme insoweit § 3 UrhG zur Anwendung, wonach Bearbeitungen schutzfähig sind, wenn sie persönliche geistige Schöpfungen bilden. Eine Anwendung dieser Vorschrift auf die Digitalisierung wäre nicht grundsätzlich ausgeschlossen. In der Praxis wird der Bearbeitungsschutz freilich in der Regel deswegen auszuschließen sein, weil es sich bei der digitalen Umsetzung um eine mechanische Tätigkeit handelt, bei der ein schöpferischer Spielraum nicht besteht und die mithin keine individuelle Schöpfung hervorbringen kann. Dies gilt insbesondere für die Digitalisierung durch Scannen und andere Mittel zur Umsetzung optischer Gestaltungen. Den verwendeten Geräten und Verfahren mögen urheberrechtsschutzfähige Computerprogramme zugrundeliegen; durch die bloße routinemäßige Anwendung werden aber keine persönlichen geistigen Schöpfungen erzeugt. Ein Urheberrechtsschutz der Digitalisierung als solcher scheidet somit nach geltendem Recht in der Regel aus.

Falls gleichwohl ein Schutz der Digitalisierung de lege ferenda wünschbar wäre, sollte er jedenfalls nicht im Urheberrecht angesiedelt werden, da es sich nicht um eine persönliche geistige Schöpfung handelt. Allenfalls käme die Einführung eines verwandten Schutzrechts in Betracht[84], und zwar eines Unternehmerschutzrechts nach Art des Schutzrechts des Tonträgerherstellers[85]. Wie die Tonträgerproduktion kann die Digitalisierung eine erhebliche Investition erfordern. Die unternehmerische Tätigkeit dürfte bei der Digitalisierung allerdings weniger anspruchsvoll und qualifiziert sein als bei der Tonträgerproduktion. Es geht mehr um Reproduktion, denn um Produktion. Es erscheint deshalb nicht empfehlenswert, ein besonderes verwandtes Schutzrecht für die Digitalisierung einzuführen, sondern auf den Wettbewerbsschutz zu vertrauen[86].

83 S. insbesondere die Diskussion in Japan, Heath, GRUR Int. 1995, 843, 848. Ablehnend der kanadische Bericht, s. oben II 3 d.

84 So ein in Japan gemachter Vorschlag, s. Heath, GRUR Int. 1995, 843, 848.

85 Vgl. § 85 f. UrhG.

86 Vgl. zum Schutz digitalisierter Telefonverzeichnisse LG Mannheim, RDV 1996, 140; LG Hamburg, ArchPT 1996, 270; LG Stuttgart, ArchPT 1996, 273; Schricker, ArchPT 1996, 5 ff.

bb) *Multimediale Werke*

Multimediale Werke bedienen sich unterschiedlicher Ausdrucksmittel, die in verbundener Weise zum Einsatz gelangen. Das multimediale Werk als ganzes kann somit nicht einer einzelnen Werkskategorie des § 2 Abs. 1 UrhG zugeordnet werden, es sei denn der Kategorie des Filmwerks. Nur wenn es an einer Verschmelzung oder untrennbaren Verbindung von Beiträgen mit verschiedenen Ausdrucksmitteln in einem einheitlichen Schaffensprozeß fehlte, käme man mit den auf ein einzelnes Ausdrucksmittel ausgerichteten Kategorien des § 2 Abs. 1 UrhG aus. Es könnte dann je nach den Umständen eine Bearbeitung (§ 3 UrhG), ein Sammelwerk (§ 4) oder eine Werkverbindung (§ 9 UrhG) vorliegen. Ein Fall von Miturheberschaft im Sinne des § 8 würde dagegen regelmäßig ausscheiden, da Miturheberschaft zwischen Urhebern verschiedener Werkskategorien – vom Sonderfall des Filmwerks abgesehen – von der h.M. regelmäßig für ausgeschlossen erachtet wird[87]. Zudem befaßt sich § 8 nicht mit einer besonderen Werkart, sondern nur mit dem Schaffen mehrerer Urheber im Rahmen der Werkskategorien des § 2 Abs.1 UrhG.

Eine Bearbeitung gemäß § 3 UrhG würde voraussetzen, daß ein vorhandener Stoff – sei er für sich geschützt oder nicht – durch einen selbständig schöpferisch sich betätigenden Bearbeiter umgestaltet wird, wobei das Vorhandene auch in eine andere Werkskategorie umgesetzt werden kann[88]. Ergebnis der Bearbeitung ist aber regelmäßig kein multimediales, sondern ein »monoformes« Werk: Ein Roman wird übersetzt oder in ein Bühnenstück umgearbeitet, ein Klavierstück instrumentiert, nach einer Zeichnung ein Gemälde verfertigt. Das Charakteristische des multimedialen Werks, daß sich mehrere Ausdrucksformen verbinden, wird von der Rechtsfigur der Bearbeitung nicht erfaßt.

Auch die Regelung des Sammelwerks (§ 4 UrhG) schöpft den besonderen Gehalt der Multimediawerke nicht aus. Zwar kann das Sammelwerk auch Beiträge unterschiedlicher Ausdrucksform in sich aufnehmen, wie Text und Bild[89], jedoch knüpft der Urheberrechtsschutz des Sammelwerks nur an die schöpferische Auswahl und/oder Anordnung an, nicht aber den schöpferischen Charakter der Einzelbeiträge und die gemeinsame Individualität, die durch die Interaktion der Beiträge entsteht[90]. Deshalb kann auch das Filmwerk nicht unter dem Begriff des Sammelwerks gebracht werden[91]. Da der urheberrechtliche Schutz der Datenbanken als Schutz eines Sammelwerks konzipiert

87 Fromm/Nordemann, § 8, Rdnr. 12 m.w.Nachw.; Schricker/Loewenheim, § 8, Rdnr. 6.
88 Z.B. Verfilmung eines Sprachwerks, vgl. Fromm/Nordemann/Vinck, § 3, Rdnr. 7.
89 Schricker/Loewenheim, § 4, Rdnr. 9.
90 Auch im zweiten französischen Sirinelli-Bericht wird die »identité propre différente de celle résultant de la simple réunion des éléments qui la composent« betont, s. Genton, GRUR Int. 1996, 693.
91 Schricker/Loewenheim, § 2, Rdnr. 118.

ist[92], wird auch die Einordnung als Datenbank dem multimedialen Werk nicht voll gerecht. Gewiß, es mag multimediale Werke geben, in deren Rahmen einzelne Beiträge verschiedener Ausdrucksform nebeneinander oder hintereinander dargeboten werden, ohne daß sie ineinandergreifen oder verschmolzen werden; typisch für multimediale Werke sind solche lockeren Verbindungen aber nicht. Das Besondere des multimedialen Werks liegt vielmehr in der untrennbaren Verschmelzung und Interaktion der verschiedenen Ausdrucksmittel und Werkbeiträge.

Deshalb kann auch die Werkverbindung (§ 9 UrhG) keine befriedigende urheberrechtliche Erklärung des multimedialen Werks liefern. Bei der Werkverbindung werden getrennt verwertbare Werke, die für sich schutzfähig sind, in verbundener Form verwertet, wobei die Komponenten auch unterschiedlichen Werkskategorien angehören können[93]. Der Urheberrechtsschutz ist isoliert für jede Komponente, nicht aber einheitlich für die Werkverbindung zu prüfen[94].- Das »quid novi«, das durch die Verbindung entsteht, wird dabei nicht erfaßt. Unter den Begriff der Werkverbindung werden somit allenfalls einzelne Sonderfälle multimedialer Werke fallen, nicht aber die typischen Fälle der untrennbaren Verschmelzung von Elementen verschiedener Ausdrucksform. Zudem setzt die Werkverbindung die Beteiligung mehrerer Urheber voraus, was für das multimediale Werk nicht notwendig ist.

Unter dem Aspekt des Zusammenwirkens der multimedialen Beiträge drängt sich die Parallele zum Filmwerk auf. Auch bei diesem wird der schöpferische Charakter des »Gesamtkunstwerks« berücksichtigt und die Interaktion der einzelnen Elemente, ihre Konvergenz zur Erzielung der Individualität des Werks als ganzen gewürdigt. Insofern kann das Filmwerk selbst als ein multimediales Werk zumindest im weiteren Sinne bezeichnet werden[95]. Im Einzelfall mögen multimediale Werke als Filmwerke oder doch als Werke, die »ähnlich wie Filmwerke geschaffen werden«, eingeordnet werden können[96]. Angesichts der Vielgestaltigkeit der multimedialen Produktion ist freilich keineswegs sicher, daß diese Kategorisierung immer zutrifft[97]; insbesondere gehen interaktive Schöpfungen unter Beteiligung der Rezipienten über das hinaus,

92 S. Art. 3 Abs. 1 der Datenbankrichtlinie, GRUR 1996, 806. Das Schutzrecht sui generis knüpft zwar an die Investition an, legt aber denselben Begriff der Datenbank wie der urheberrechtliche Schutz zugrunde, d.h. die Datenbank wird als »Sammlung von Werken, Daten oder anderen unabhängigen Elementen« verstanden (s. Art. 7 Abs. 1, Art. 1 Abs. 2 der Richtlinie). Die Verschmelzung voneinander abhängiger Elemente zu einem Werk einheitlicher Individualität wird hiervon nicht erfaßt. Auch der geplante Vertrag zum Schutz von Datenbanken im Rahmen von WIPO will diese als »Sammlung unabhängiger Werke, Daten oder anderer Materialien« definieren (Art. 2 (i)).

93 Schricker/Loewenheim, § 9, Rdnr. 2/3.

94 Schricker/Loewenheim, § 9, Rdnr. 2.

95 Vgl. Dreier in Becker/Dreier, S. 124 f.

96 S. hierzu M. Schwarz, in Becker/Dreier, S. 105, 108 ff.; J. Kreile/Westphal, GRUR 1996, 254 f.

97 Zu den hier entstehenden Problemen s. M. Schwarz, in Becker/Dreier, S. 108 ff.

was herkömmlich unter Filmwerken oder ähnlich geschaffenen Werken verstanden wird.
Eine ausdrückliche gesetzliche Regelung der multimedialen Werke wäre deshalb wünschenswert. Sie könnte diese in die Nähe zu den Filmwerken bringen, um deutlich zu machen, daß auch bei den multimedialen Werken das Zusammenwirken der einzelnen Komponenten zu berücksichtigen ist und daß es den schöpferischen Charakter konstituiert. Es sollte mit anderen Worten aus dem Gesetz zu entnehmen sein, daß die Beurteilung der multimedialen Werke nicht in einer Kombination des Schutzes verbundener Einzelwerke, sondern im Schutz des durch ihr Zusammenwirken entstehenden komplexen Werkes gesucht werden muß. Um diese Gesamtwertung zu sichern, sollte man sich nicht darauf verlassen, daß die Multimediawerke als Innominatwerke von der Rechtsprechung im Rahmen des § 2 Abs. 1 UrhG anerkannt werden, denn wichtig ist darüber hinaus die Eingruppierung nicht bei den »monoformen« Werken, sondern in Entsprechung zum »multiformen« Filmwerk. In diesem Sinne käme es insbesondere in Betracht, die Multimediawerke in § 1 Abs. 2 Nr. 6 UrhG mit aufzunehmen[98]. Nr. 6 könnte dabei zur Werkskategorie der »audiovisuellen Werke« erweitert werden[99]. Dabei müßte freilich überprüft werden, ob und inwieweit die besonderen filmrechtlichen Vorschriften, insbesondere der §§ 88 ff., noch passen oder abgeändert werden müssen.
Ein anderer Weg, der »Typenverschmelzung« gerecht zu werden, die für multimediale Werke charakteristisch ist, könnte mit einer Vorschrift beschritten werden, die allgemein besagte, daß die Kategorisierung in § 2 Abs. 1 UrhG nicht ausschließt, daß das Werk aus einer untrennbaren Verbindung von Elementen bestehen kann, die verschiedenen Kategorien zugehören. Die Regelung könnte aus § 2 UrhG herausgelöst und in einen eigenen Paragraphen im Anschluß an §§ 3, 4 UrhG eingestellt werden. Weniger empfehlenswert wäre dagegen eine Regelung im Zusammenhang mit §§ 8 oder 9 UrhG, da dort stets die Beteiligung mehrerer Urheber vorausgesetzt und in erster Linie das Verhältnis zwischen ihnen geregelt wird. Das multimediale Werk setzt eine Urhebermehrheit aber nicht notwendig voraus.
Gegenüber einer Regelung im Zusammenhang mit dem Filmwerk hätte eine solche auf der Ebene der besonderen Werkarten, wie Bearbeitung und Sammelwerk, den Vorteil, auch multimediale Werke zu erfassen, bei denen es an bewegten Bildern fehlt, wie etwa ein digitales Lexikon aus Wort, Illustration und Klang. Die Vorschrift könnte sich darauf beschränken klarzustellen, daß die persönliche geistige Schöpfung sich auch aus dem Zusammenwirken von Elementen verschiedener Werkskategorien ergeben kann.

98 S. den japanischen Vorschlag, oben II 3 b. Für die Aufnahme einer Werkart »Multimediawerke« in den Werkskatalog auch Loewenheim, in FS Piper, S. 709, 714.

99 Vgl. z.B. die Regelung in Frankreich, Code de la Propriété Intellectuelle L 112-2 Nr. 6; s. auch den australischen Vorschlag oben II 3 e.

5. *Persönliche geistige Schöpfung*

a) *Ausgangspunkt*

Der Urheberrechtschutz eines Werks,und auch eines digitalen oder Multimediawerks hängt nach geltendem Recht davon ab, ob es sich um eine »persönliche geistige Schöpfung« im Sinne des § 2 Abs. 2 UrhG handelt. Dieses Kriterium entscheidet in jedem Fall über die Schutzfähigkeit, unabhängig davon, ob Multimediawerke im Werkskatalog des § 2 Abs. 1 »untergebracht« werden können, etwa in § 2 Abs. 1 Nr. 6, oder ob sie als »Innominatwerke« neben den »insbesondere« in § 2 Abs. 1 genannten Werken dem Urheberrechtsschutz unterstellt werden. Die Ausfüllung des unbestimmten Rechtsbegriffs der »persönlichen geistigen Schöpfung« ist Sache der Rechtsprechung. Von der Judikatur hängt auch ab, ob das Kriterium gleichförmig angewendet wird oder ob eine Differenzierung nach verschiedenen Werkskategorien stattfindet[100].

b) *EG-Richtlinien*

Spezielle normative Vorgaben für Multimediawerke bestehen zum einen aufgrund der Datenbankrichtlinie: Soweit Multimediawerke unter den Begriff der Datenbank fallen, muß ein Urheberrechtsschutz gewährt werden, wenn die Werke »aufgrund der Auswahl oder Anordnung des Stoffes eine eigene geistige Schöpfung ihres Urhebers darstellen .... Andere Kriterien sind für die Bestimmung der Schutzfähigkeit nicht anzuwenden«[101]. Bei Umsetzung der Datenbankrichtlinie ins deutsche Recht wird dieser Vorschrift Rechnung zu tragen sein.
Zum anderen ist, soweit Lichtbildwerke in ein digitales oder Multimediawerk aufgenommen werden, Art. 6 der Schutzdauerrichtlinie[102] zu beachten, wonach Fotografien geschützt werden, »wenn sie individuelle Werke in dem Sinne darstellen, daß sie das Ergebnis der eigenen geistigen Schöpfung ihres Urhebers sind. Zur Bestimmung über Schutzfähigkeit sind keine anderen Kriterien anzuwenden«.

c) *Digitale und Mutlimediawerke*

Es spricht vieles dafür, den europäischen Schutzstandard, der die Forderung nach einer besonderen Gestaltungshöhe ausschließt, wie sie bisher im deut-

100 Vgl. Schricker/Loewenheim, § 2, Rdnr. 18.
101 Art. 3 Abs. 1 der Datenbankrichtlinie, GRUR 1996, 806.
102 Richtlinie 93/98/EWG vom 29.10.1993 zur Harmonisierung der Schutzdauer des Urheberrechts und bestimmter verwandter Schutzrechte, GRUR Int. 1994, 141.

schen Recht verlangt wird[103], einheitlich auf alle digitalen und multimedialen Werke anzuwenden und ihn darüber hinaus generell im deutschen Urheberrecht zu etablieren[104], wo er für Computerprogramme bereits in § 69a Abs. 3 eingeführt wurde. Der jetzige § 2 Abs. 2 UrhG könnte aus Anlaß der Regelung der Mutlimediawerke durch eine entsprechende Vorschrift ersetzt werden. Sie würde ausschließen, daß exzessive Anforderungen hinsichtlich der Schutzvoraussetzungen gestellt werden und würde sichern, daß der Schutz der »kleinen Münze« in vollem Umfang gewährt wird. Inbesondere könnte auf diese Weise ein interessegerechter Schutz als Grundlage für die Entfaltung der digitalen und Multimediaerzeugnisse erreicht werden. Die durch die EG-Richtlinien zunächst veranlaßte differenzierende Behandlung einzelner Kategorien von Werken würde durch einen dem Gleichbehandlungsgebot genügenden einheitlichen Schutzstandard ersetzt. Durch die Senkung der Schutzuntergrenze würde die Erfüllung der Aufgabe des Urheberrechts erleichtert, als Teil des Wirtschaftsrechts die kulturelle Produktion in ihrer ganzen Breite zu fördern. Die zu erwartende europäische Harmonisierung des Werkbegriffs[105] würde erleichtert.
Eine weitergehende Detaillierung des Schutzstandards, die über eine Einführung der in den oben erwähnten Richtlinien gebrauchten Formeln hinausginge, empfiehlt sich in genereller Form nicht. Soweit es unmittelbar um die Umsetzung der Richtlinien geht, ist eine richtlinienkonforme Auslegung geboten, über die letzten Endes nicht der nationale Gesetzgeber, sondern der EuGH entscheidet. Soweit es sich um den (noch) »richtlinienfreien« Raum handelt, sollten nicht authentische Auslegungen gesetzlich vorgegeben werden, die Gefahr laufen, von der europäischen Auslegung abzuweichen. Im übrigen kann die Werksqualität urheberrechtlicher Schöpfungen der Natur der Sache nach nur generalklauselhaft umschrieben werden. Diese Regelungstechnik hat sich bewährt; es ist zu erwarten, daß sie auch den digitalen und Multimediawerken gerecht wird.

d) *Computergenerierte Werke*

Mit dem Merkmal der »persönlichen« geistigen Schöpfung gem. § 2 Abs. 2 UrhG wird im deutschen Urheberrecht zum Ausdruck gebracht, daß es sich um menschliches Schaffen handeln muß[106]; ein Korrelat hierzu bildet das Schöpferprinzip des § 7 UrhG. Die EG-Richtlinien tasten diese Grundpositio-

103 S. Schricker in FS Kreile, S. 715 ff.; s. auch Schricker/Bastian/Dietz, Konturen eines europäischen Urheberrechts, S. 118.
104 In diesem Sinne Schricker in FS Kreile, S. 715 ff.
105 Vgl. Dreier in Schricker/Bastian/Dietz, S. 25.
106 Schricker/Loewenheim, § 2, Rdnr. 5.

nen nicht an[107]. Gegenstände, die ohne menschliches Zutun entstehen, die der Zufall, das blinde Wirken von Naturkräften hervorbringt, genießen keinen Urheberrechtsschutz. Der Mensch kann sich bei seiner Schöpfung aber mannigfaltiger, auch technisch hochqualifizierter Werkzeuge bedienen. Urheber ist dann der Mensch, der die Hilfsmittel zum Einsatz bringt, wobei er in dem von ihm vorgegebenen Schaffensplan auch dem Zufall Raum geben kann[108]. Nach diesen Regeln werden auch die computergenerierten Werke, etwa Computermusik und Computerkunst, beurteilt: Urheber ist nicht der Computer oder dessen Eigentümer, sondern der Schöpfer, der mit Hilfe des Computers die Individualität des Werks prägt[109]. Urheberrechtsschutzfähig kann – unabhängig von der Schutzfähigkeit des produzierten Werks – auch ein bei der Hervorbringung benutztes Computerprogramm sein[110].
Diese traditionelle Position wird bisher soweit bekannt durch die praktische Entwicklung nicht grundsätzlich in Zweifel gezogen[111]. Für den Computereinsatz bei der Herstellung von Multimediawerken gilt nichts anderes. Ein urheberrechtlicher Handlungsbedarf läßt sich derzeit nicht erkennen. Die Situation mag sich mit der weiteren Entwicklung neuronaler Netze und Mittel künstlicher Intelligenz ändern; jedoch geht es dabei nicht um Spezifika der Multimediawerke.

6. *Interaktivität*

Bei Multimediawerken kann die Möglichkeit zu einer interaktiven Beteiligung der Rezipienten eröffnet werden; nach verbreiteter Auffassung gehört die Interaktivität sogar zu den Wesensmerkmalen der Multimediawerke. Es fragt sich, welche Bedeutung die Interaktivität für den Werkschutz hat. Dabei ist zwischen verschiedenen Formen der Interaktivität zu unterscheiden[112]. Auszuscheiden ist dabei zunächst der oft als Interaktivität bezeichnete Fall des Dialogs im Netz mit einem oder mehreren Partnern, der der schlichten Kommunikation, nicht der Nutzung, Veränderung oder Produktion von Werken dient. Im vorliegenden Zusammenhang geht es dagegen um die Interaktivität beim Werkgenuß, durch die der Werknutzer auf das Programm oder

107 Vgl. Katzenberger in Schricker/Bastian/Dietz, Konturen eines europäischen Urheberrechts, S. 42 ff.
108 S. zum ganzen Schricker/Loewenheim, § 2, Rdnr. 5; Fromm/Nordemann/ Vinck, § 2, Rdnr. 12.
109 Schricker/Loewenheim, § 2, Rdnr. 5 m.w.Nachw.; Fromm/Nordemann/ Vinck, § 2, Rdnr. 12.
110 Schricker/Loewenheim, § 2, Rdnr. 5. Für eine Unterscheidung von Multimediawerk und Computerprogramm auch Loewenheim, in FS Piper, S. 709, 714 f.
111 S. zum Ganzen Dreier in Lehmann, 2. Aufl., S. 47 ff.
112 S. zum Begriff der Interaktivität Dreier in Becker/Dreier, Urheberrecht und digitale Technologie, S. 126.

Werk einwirkt, ohne daß typischerweise weitere Partner sich beteiligen. Hierbei sind zwei Spielarten denkbar: Zum einen kann der Interaktivität eine »feste Marschroute« insoweit vorgegeben sein, als nur zwischen vorgegeben Alternativen gewählt werden kann; zum anderen können die interaktiven Gestaltungsmöglichkeiten weitgehend freigestellt, nur in einem lockeren Rahmen fixiert sein. Die Abgrenzung zwischen beiden Fällen ist freilich fließend.

a) *Interaktivität als Wahl zwischen vorgegebenen Alternativen*

Die einfachste Form der Interaktivität besteht darin, daß der Rezipient zwischen verschiedenen, bereits fertig als Alternativen vorgegebenen Programmen, Werken oder Werkteilen wählen kann, etwa zwischen mehreren Varianten für den Schluß eines Spielfilms. Hier liegt keine Umgestaltung des Werks vor; es handelt sich vielmehr um einen selektiven Werksgenuß, bei dem Teile des fertigen Werks unbenutzt bleiben, vergleichbar mit dem auszugsweisen Lesen eines Buches. Urheberrechtlich relevant ist allenfalls die Werknutzung als solche, nicht aber die interaktive Betätigung. Es liegt keine Werkänderung noch eine Bearbeitung vor, da das Werk in einer der vorgegebenen Alternativen bestimmungsgemäß benutzt wird, es keine andere Gestalt erhält als vom Schöpfer vorgesehen. Verglichen werden kann diese Form der Interaktivität mit dem Fall der modernen Plastik, die bewegliche Teile enthält, die vom Beschauer in andere Stellung gebracht werden können: Auch hier werden nur Gestaltungsvarianten verwirklicht, die vom Schöpfer zur Verfügung gestellt wurden.

b) *»Freie« Interaktivität*

Dem Rezipienten können aber auch weitergehende Möglichkeiten der Mitwirkung zur Verfügung gestellt werden. Die Interaktivität kann so ausgestaltet sein, daß der Rezipient in Anknüpfung an die vorgegebenen Elemente des Werks und unter deren Verwendung das Werk nach eigenem Gutdünken weiterentwickeln, d.h. ändern und/oder fortsetzen kann, wobei die Varianten als solche nicht vorgegeben sind, lediglich ein mehr oder weniger weit gesteckter Rahmen die Möglichkeiten des Rezipienten begrenzt.
Werden für die Aktivität des Rezipienten Werkselemente benutzt, die als solche Werkteilschutz genießen, etwa bildlich individualisierte Protagonisten der Handlung, so kommt ein Eingriff in das Urheberrecht am Originalwerk in Betracht, sofern es sich überhaupt um eine urheberrechtsrelevante Nutzung handelt. Es sind dann die für die Umgestaltung bzw. Fortsetzung geschützter Werke entwickelten Grundsätze anwendbar. Die vom Rezipienten geschaffene neue Version bzw. Fortsetzung kann ihrerseits die Züge einer persönlichen geistigen Schöpfung annehmen und dann als eigenes Werk schutzfähig

sein. Ob ein derartiger Schutz erreichbar ist, wird wesentlich davon abhängen, ob dem Rezipienten ein schöpferischer Spielraum eingeräumt wird. Verblassen die Züge der Vorgabe angesichts der Individualität der Neuschöpfung, so liegt diese als eine freie Benutzung im Sinne des § 24 UrhG außerhalb des Schutzbereichs des Urheberrechts an der Vorgabe. Dies wird freilich nur in Ausnahmefällen zu konstatieren sein; in der Regel wird das Urheberrecht an der Neugestaltung von demjenigen an der Vorgabe nach Art eines Bearbeiterurheberrechts abhängig sein (§ 3 UrhG). Ob eine Bearbeitung des Originalwerks im eigentlichen Sinne vorliegt oder ob die Neugestaltung, insbesondere in Form einer Fortsetzung, sich von diesem soweit löst, daß nicht mehr von einer Bearbeitung im Sinne des § 3 UrhG gesprochen werden kann, ist eine Frage des Einzelfalls. Handelt es sich nicht um eine dem Originalwerk dienende schöpferische Umgestaltung des Originalwerks[113], so ist keine Bearbeitung anzunehmen, sondern eine Abhängigkeit anderer Art, die im Ergebnis ebenso wie die Bearbeitung zu behandeln ist.

Ein Fall von Miturheberschaft (§ 8 UrhG) wird dagegen regelmäßig auszuschließen sein. Zwar kann die Miturheberschaft auch im Wege stufenweiser Entwicklung eines Werks verwirklicht werden[114]; jedoch wird dabei eine Schaffensgemeinschaft im Sinne einer bewußten und gewollten allseitigen Zusammenarbeit vorausgesetzt[115]. Der Schöpfer des Originalwerks wird die möglicherweise große Zahl späterer Rezipienten aber gar nicht kennen; weder er noch diese werden den Willen zur Zusammenarbeit haben. Der Originalurheber stellt ein als solches vollendetes Werk zur Verfügung, das zur Umgestaltung oder Fortsetzung gleichsam einlädt; die weitere Entwicklung bildet eine neue, eigenständige Schaffensstufe.

Insgesamt läßt sich feststellen, daß sich die Problematik der Interaktivität multimedialer Werke jedenfalls auf der Ebene des Werkbegriffs und der Schutzvoraussetzungen mit den im geltenden Recht gegebenen Vorschriften lösen läßt; ein Regelungsbedarf zeichnet sich insofern nicht ab.

IV. *Vorschläge für eine Anpassung des deutschen UrhG*

1. An der Umschreibung des urheberrechtlichen Schutzbereichs durch die Begriffe »Literatur, Wissenschaft und Kunst« ist festzuhalten. Es sollte möglichst zum Ausdruck gebracht werden, daß der Gesetzgeber von einer weiten

113 S. zum Begriff der Bearbeitung Schricker/Loewenheim, § 3, Rdnr. 5.
114 Schricker/Loewenheim, § 8, Rdnr. 9.
115 Schricker/Loewenheim, § 8, Rdnr. 8.

Auslegung dieser Begriffe ausgeht, die auch praktischen Zwecken dienende Mutlimediawerke aller Art einbezieht.

2. Der durch die einheitliche Individualität geprägte Begriff des »Werks« kann auch bei digitalen und Multimediawerken als Anknüpfungspunkt für den Urheberrechtsschutz dienen. Werkteile sollten nach wie vor Schutz genießen, wenn sie als solche den Schutzvoraussetzungen genügen. Den neuen technischen Möglichkeiten der digitalen Fragmentierung und Ausbeutung von Werkteilen kann nicht urheberrechtlich, sondern allenfalls durch das Recht des unlauteren Wettbewerbs begegnet werden.

3. Der Schutz inhaltlicher Elemente spielt bei Multimediawerken eine besondere Rolle. Die derzeit im deutschen Recht bestehende Unsicherheit hinsichtlich des Inhaltsschutzes bei wissenschaftlichen Werken und Sachprosa sowie die Vorgabe von Art. 9 Abs. 2 des TRIPS-Übereinkommens legen eine allgemeine Regelung nahe. In Anlehnung an eine Passage der Begründung des Gesetzes von 1965 und in Umsetzung von Art. 9 Abs. 2 des TRIPS- Übereinkommens könnte an § 2 Abs. 2 UrhG eine Vorschrift angefügt werden, wonach sich der Schutz auf die Form oder den Inhalt des Werks beziehen kann oder auf die Verbindung von beiden, wobei aber Ideen, Verfahren, Arbeitsweisen oder mathematische Konzepte als solche nicht geschützt werden.

4. Die Digitalisierung erfüllt für sich allein in der Regel die Erfordernisse einer schutzfähigen Bearbeitung nicht. Ein Urheberrechtsschutz für die Digitalisierung sollte nicht eingeführt werden. Allenfalls käme ein verwandtes Schutzrecht in Betracht; derzeit dürfte aber kein Handlungsbedarf bestehen.

5. Die multimedialen Werke unterscheiden sich von den in § 2 Abs. 1 Nr. 1-5, 7 UrhG genannten Werkskategorien dadurch, daß sie sich nicht nur eines Ausdrucksmittels bedienen, sondern daß bei ihnen wie beim Filmwerk des § 2 Abs. 1 Nr. 6 UrhG mehrere Ausdrucksmittel untrennbar miteinander verschmolzen sein können. Die Multimediawerke sollten deshalb im Werkskatalog des § 2 Abs. 1 UrhG entweder neben dem Filmwerk in Nr. 6 oder zusammen mit diesem unter dem Titel der audiovisuellen Werke oder in einer eigenen Nummer ausdrücklich aufgeführt werden oder es sollte in Zusammenhang mit dem Werkskatalog klargestellt werden, daß ein Werk auch aus der Verschmelzung von Elementen bestehen kann, die verschiedenen Werkskategorien angehören. Es würde hierdurch gesichert, daß die Schutzvoraussetzungen nicht separat, sondern in bezug auf das Multimediawerk als ganzes geprüft werden. Am besten wäre es, an §§ 3, 4 UrhG eine eigene Vorschrift anzufügen, die klarstellt, daß sich die persönliche geistige Schöpfung auch aus

dem Zusammenwirken von Elementen verschiedener Werkskategorien ergeben kann.

6. Die Regelung der digitalen und Multimediawerke sollte dazu benutzt werden, den Schutzstandard der urheberrechtlichen Werke in § 2 Abs. 2 UrhG unter Umsetzung der partiellen Vorgaben in den EG-Richtlinien neu und einheitlich zu definieren. Vorausgesetzt werden sollte Individualität im Sinne der eigenen geistigen Schöpfung des Urhebers ohne Anwendung anderer Kriterien, wodurch insbesondere das Erfordernis einer besonderen Schöpfungshöhe ausgeschlossen würde.

7. Hinsichtlich der computergenerierten Werke ist derzeit kein gesetzgeberischer Handlungsbedarf ersichtlich.

8. Schließlich gibt auch die Interaktivität bei Multimediawerken keinen Anlaß, auf der Ebene des Werkbegriffs und der Schutzvoraussetzungen eine Regelung zu treffen.

2. Teil: Urheberschaft und Zuordnung des Urheberrechts und der Verwertungsbefugnis

I. *Problemstellung*

1. *Ausgangspunkt*

Das geltende deutsche Urheberrecht folgt nahezu ausnahmslos dem sog. Schöpfer- oder Urheberschaftsprinzip[1]. Im Sinne dieses Prinzips bestimmt § 7 UrhG, daß nur der tatsächliche Schöpfer eines Werkes dessen Urheber ist; Urheber kann daher auch nur eine natürliche Person sein, juristische Personen scheiden als Urheber aus[2]. Die einzige Ausnahme ist übergangsrechtlicher Art: Nach § 134 Satz 1 UrhG gilt weiterhin als Urheber, wer bei Inkrafttreten des Urheberrechtsgesetzes nach den bisherigen Vorschriften, nicht aber nach diesem Gesetz »als Urheber eines Werkes anzusehen ist«. Die Bestimmung bezieht sich auf frühere Regelungen, nämlich insbesondere §§ 3, 4 LUG von 1901 und §§ 5, 6 KUG von 1907, nach denen juristische Personen des öffentlichen Rechts als Herausgeber von Werken, deren Verfasser nicht genannt waren, sowie Herausgeber von Sammelwerken »als Urheber des Werkes angesehen« wurden[3].

Das Schöpfer- oder Urheberschaftsprinzip gilt auch für Computerprogramme[4], für Werke, die von Arbeitnehmern oder Beamten im Rahmen der Erfüllung ihrer Arbeits- bzw. Dienstpflichten geschaffen werden[5], und für Filmwerke[6]. In letzterer Hinsicht ist freilich streitig, welche Kategorien von schöpferisch tätigen Filmschaffenden den Filmurhebern und welche den Urhebern filmisch benutzter Werke zuzurechnen sind[7]. Im übrigen kann es sich bei mehreren beteiligten Urhebern um Fälle der Miturheberschaft (§ 8 UrhG),

1 Vom Schöpferprinzip sprechen z. B. Hubmann/Rehbinder, Urheber- und Verlagsrecht, 8. Aufl., § 18 I (S. 115), vom Urheberschaftsprinzip z. B. Schricker/Loewenheim, § 7, Rdnr. 1.

2 S. Schricker/Loewenheim, § 7, Rdnr. 2; Ulmer, § 33 I (S. 183).

3 S. Schricker/Katzenberger, § 134, Rdnr. 3.

4 S. Fromm/Nordemann/Vinck, § 69b, Rdnr. 1, zum angestellten Programmierer als Urheber.

5 S. Schricker/Loewenheim, § 7, Rdnr. 4; Schricker/Rojahn, § 43, Rdnr. 2, 5; Ulmer, § 33 II (S. 184).

6 So ausdrücklich die amtliche Gesetzesbegründung zum UrhG, BT-Drucks. IV/270, S. 35, 41 (zu § 7), 99 f. (zu § 99, jetzt § 89 UrhG); s. auch Schricker/Loewenheim, § 7, Rdnr. 4; Schricker/Katzenberger, Vor §§ 88 ff., Rdnr. 52; Ulmer, § 36 II 1 (S. 200).

7 S. zum Stand der Meinungen Schricker/Katzenberger, Vor §§ 88 ff., Rdnr. 57 ff., 65 ff.

der Werkverbindung (§ 9 UrhG), der Bearbeitung (§ 3 UrhG) oder des Sammelwerkes (§ 4 UrhG) handeln.
In derselben Weise wie die Urheberschaft ist im geltenden deutschen Recht auch die Zuordnung des Urheberrechts geregelt: Nach §§ 1, 11 UrhG schützt das Urheberrecht den Urheber; gemäß §§ 12 ff. UrhG hat der Urheber die durch das Urheberrechtsgesetz geschützten Rechte. Inhaber des Urheberrechts ist der Urheber[8]. Dies gilt wiederum auch für Computerprogramme[9], Arbeitnehmer- und Dienstwerke[10] sowie für Filmwerke[11]. Aus der fehlenden getrennten Verwertbarkeit der Beiträge als Kennzeichen eines in Miturheberschaft geschaffenen Werkes folgt die Zuweisung des Urheberrechts daran an die Miturheber zur gesamten Hand (§ 8 Abs. 1, 2 Satz 1 UrhG). Urheber verbundener Werke bleiben Urheber des von ihnen jeweils geschaffenen Werkes, sind jedoch nach Treu und Glauben zur gemeinsamen Verwertung verpflichtet (§ 9 UrhG). Bei Bearbeitungen ist zwischen Originalwerk und Bearbeitung zu unterscheiden: Das Urheberrecht am ersteren steht dessen Urheber, das (davon abhängige) Urheberrecht an der Bearbeitung dem Bearbeiter zu (§ 3 UrhG), und ähnlich verhält es sich mit dem Urheberrecht am Sammelwerk einerseits und den Urheberrechten an den in das Sammelwerk aufgenommenen Werken andererseits (§ 4 UrhG).
Bis vor kurzem hatte das deutsche Urheberrechtsgesetz – abgesehen von den Regeln der §§ 28 Abs. 1, 29 Satz 1 UrhG über die Erbfolge, die Erfüllung einer Verfügung von Todes wegen und die Erbauseinandersetzung unter Miterben – auch darauf verzichtet, einen gesetzlichen Übergang einzelner oder aller urheberrechtlichen Befugnisse auf andere Personen als den Urheber vorzusehen, weil in allen Fällen die Möglichkeit einer vertraglichen Einräumung von urheberrechtlichen Befugnissen durch den Urheber als ausreichend erschien. Soweit nach der Lebenserfahrung von einer nur stillschweigenden Rechtseinräumung auszugehen ist, sollte dem durch gesetzliche Auslegungsregeln, wie diejenigen der §§ 88, 89 UrhG, Rechnung getragen werden.[12] Etwas anderes galt (und gilt) nach § 91 UrhG nur für die Rechte zur filmischen Verwertung der bei der Herstellung eines Filmwerkes entstehenden Lichtbilder, die von Gesetzes wegen nur dem Filmhersteller zustehen. Betroffen ist davon aber kein Urheberrecht, sondern nur das verwandte Schutzrecht an einfachen Lichtbildern im Sinne des § 72 UrhG[13].

8 S. Schricker, § 1, Rdnr. 2; Schricker/Loewenheim, § 7, Rdnr. 5; Ulmer, § 33 I (S. 183).
9 S. hierzu die Verweisung auf § 7 UrhG in der amtlichen Begründung zu § 69a Abs. 4 UrhG, BT-Drucks. 12/4022, S. 10; Katzenberger, in: Schricker/ Bastian/Dietz, S. 42, 44.
10 S. Schricker/Loewenheim, § 7, Rdnr. 1, 4; Schricker/Rojahn, § 43, Rdnr. 2, 5; Ulmer, § 33 II (S. 184).
11 S. Schricker/Katzenberger, Vor §§ 88 ff., Rdnr. 8, 10; Ulmer, § 36 II 1 (S. 200).
12 S. die amtliche Gesetzesbegründung, BT-Drucks. IV/270, S. 41 (zu § 7).
13 S. Schricker/Katzenberger, § 91, Rdnr. 12 (str.). Dort, Rdnr. 6, auch zur (str.) Deutung des Rechteerwerbs durch den Filmhersteller als cessio legis.

Nunmehr enthält § 69b UrhG in Umsetzung von Art. 2 Abs. 3 der EG-Computerprogrammrichtlinie[14] jedoch auch für Computerprogramme als urheberrechtlich geschützte Werke die gesetzliche Regel, daß »alle vermögensrechtlichen Befugnisse« an solchen Programmen, die von einem Arbeitnehmer in Wahrnehmung seiner Aufgaben oder nach den Anweisungen seines Arbeitgebers bzw. im Rahmen eines Dienstverhältnisses geschaffen werden, dem Arbeitgeber bzw. dem Dienstherrn zustehen, es sei denn, es ist etwas anderes vereinbart worden. Diese Regelung ist als cessio legis[15] oder gesetzliche Lizenz[16] zugunsten der Arbeitgeber zu werten. Die noch nicht ins deutsche Recht umgesetzte EG-Datenbankrichtlinie[17] überläßt es den Mitgliedstaaten, wem sie die Verwertungsbefugnisse an urheberrechtlich geschützten Datenbanken zuweisen wollen, die in unselbständiger Tätigkeit geschaffen werden. Eine Regelung dieses Aspekts in gleicher Weise wie bei Computerprogrammen ist daher zwar möglich, jedoch nicht zwingend vorgeschrieben.[18]

2. *Aktuelle Probleme*

Die eindeutige und fast lückenlose Zuordnung der Urheberschaft und des Urheberrechts zum Urheber als dem schöpferisch tätigen Menschen durch das geltende deutsche Urheberrechtsgesetz läßt die Frage stellen, ob dieser idealistische Ansatz sich noch mit den praktischen Bedürfnissen der Werkverwerter und der Werknutzer in der Informationsgesellschaft verträgt. Das geltende deutsche Recht kann nämlich vor allem bei Multimediawerken dazu führen, daß einerseits die Produzenten solcher Werke von einer Vielzahl von Personen als Urhebern und Inhabern von Urheberrechten, darunter auch von Arbeitnehmer-Urhebern, Nutzungsbefugnisse vertraglich erwerben müssen und andererseits auch die Endnutzer solcher Werke ebenfalls Rechte einer entsprechend großen Zahl von Inhabern insbesondere dann in Rechnung zu stellen haben, wenn sie sich moderner Methoden der Werk-Endnutzung, wie der digitalen Speicherung, Verarbeitung und Wiedergewinnung, bedienen wollen, welche – anders als das herkömmliche Lesen oder die private Wiedergabe – urheberrechtliche Befugnisse tangieren. Schwierigkeiten können sich dabei

14 Richtlinie des Rates vom 14.5.1991 über den Rechtsschutz von Computerprogrammen (91/250/EWG), GRUR Int. 1991, 545.

15 So Katzenberger, in: Schricker/Bastian/Dietz, S. 42, 44.

16 So Lehmann, Europäisches Gemeinschaftsrecht/II/1, Einführung, in: Möhring/Schulze/Ulmer/Zweigert, Quellen des Urheberrechts, 29. Lfg., 1992, S. 7. Für eine Einordnung lediglich ähnlich einer widerlegbaren gesetzlichen Vermutung der Rechtsübertragung an den Arbeitgeber und damit als vertragsrechtliche Regel plädiert v. Lewinski, in: Schricker/Bastian/Dietz, S. 49, 50.

17 Richtlinie 96/9/EG des Europäischen Parlaments und des Rates vom 11.3.1996 über den rechtlichen Schutz von Datenbanken, GRUR Int. 1996, 806.

18 S. Erwägungsgrund (29) und Art. 4 der in der vorstehenden Fn. genannten Richtlinie.

vor allem dann ergeben, wenn die Urheber allein schon ihrer großen Zahl wegen oder aufgrund der absehbaren Fragmentierung der Nutzungsvorgänge anonym bleiben oder nicht mehr identifizierbar sind.

In diesem Zusammenhang könnte an Erleichterungen für alle Beteiligten insbesondere durch die Rechtekonzentration bei den Herausgebern oder Werkverwertern gedacht werden, sei es daß man diese, ähnlich wie es das frühere deutsche Recht in den bereits unter 1. genannten Fällen getan hat, als Urheber fingiert oder ihnen die originäre, primäre Inhaberschaft des Urheberrechts von Gesetzes wegen zuweist, sei es daß man zu ihren Gunsten und zu Lasten der eigentlichen Urheber einen gesetzlichen Übergang insbesondere der Verwertungsbefugnisse statuiert, wie ihn nunmehr § 69b UrhG in bezug auf von Arbeitnehmer-Urhebern geschaffene Computerprogramme bereits vorsieht.

Bei Beurteilung dieser Fragen in bezug auf eine eventuelle gesetzliche Reform des Urheberrechts sind freilich sowohl der verfassungsrechtliche Schutz des Urhebers und des Urheberrechts durch Art. 1, Art. 2 Abs. 1 und Art. 14 GG[19] als auch die Verpflichtungen Deutschlands als Mitgliedstaat internationaler Konventionen auf dem Gebiet des Urheberrechts und der Europäischen Gemeinschaft zu beachten. Speziell die deutsche Verfassungsrechtslage und die monistische Grundkonzeption des deutschen Urheberrechts, nach der die persönlichkeits- und die vermögensrechtlichen Befugnisse des Urhebers im Urheberrecht als einem einheitlichen Recht zusammengefaßt sind,[20] mahnen dabei insbesondere im Hinblick auf gesetzliche Urheberschaftsfiktionen und Urheberrechtszuweisungen an andere Personen als den jeweiligen Werkschöpfer zu besonderer Vorsicht. Dies gilt auch im Vergleich mit manchen ausländischen Rechtsordnungen, die entweder wie die französische das Urheberrecht dualistisch, d.h. nach Urheberpersönlichkeitsrecht und Vermögensrecht getrennt betrachten[21] oder wie die angelsächsischen Rechtsordnungen den ideellen Interessen des Urhebers allenfalls geringe Aufmerksamkeit zukommen lassen[22].

Darüber hinaus ist auch im Hinblick auf gesetzliche Zuweisungen nur der urheberrechtlichen Verwertungsbefugnisse an andere Personen als den Urheber zu berücksichtigen, ob nicht Mechanismen vorstellbar sind, die solche gravierenden Eingriffe in die Rechtspositionen schöpferisch tätiger Menschen entbehrlich machen.

19 S. dazu Schricker, Einl., Rdnr. 12.

20 S. Schricker, § 11, Rdnr. 2; Schricker/Dietz, Vor §§ 12 ff., Rdnr. 11 ff.; Ulmer, § 18 II (S. 115 f.).

21 S. Ulmer, § 17 II 1 (S. 113); Dietz, Das Urheberrecht in der Europäischen Gemeinschaft, Baden-Baden 1978, S. 105 f.

22 S. zu letzterem den nachfolgenden 3. Teil der vorliegenden Untersuchung, der dem Urheberpersönlichkeitsrecht gewidmet ist, und darin insbesondere I 1, II 3 a).

II. *Internationales, europäisches und ausländisches Recht*

1. *Internationales Recht*

a) *RBÜ*

Die RBÜ, die sich nach ihrer Präambel und ihrem Art. 1 als eine Konvention zum Schutz der »Rechte der Urheber« versteht, enthält keine ausdrückliche Definition des Begriffs des Urhebers. Es wird daher verbreitet die Meinung vertreten, sie überlasse die Regelung der Frage, wer Urheber eines durch sie geschützten Werkes ist, der Gesetzgebung der Verbandsländer[23]. Zutreffender Auffassung nach können diese dabei aber nicht nach Belieben vorgehen, sondern ist es der Ausgangspunkt der RBÜ, daß Urheber nur diejenige natürliche Person sein kann, die ein Werk tatsächlich geschaffen hat[24]. Eine wichtige Bestätigung dieses Prinzips findet sich in der Sonderregelung des Art. 14 ^{bis} Abs. 2 Buchst. a) RBÜ (Pariser Fassung), die es der Gesetzgebung des jeweiligen Schutzlandes vorbehält, die »Inhaber des Urheberrechts« am Filmwerk – und nicht: die Urheber des Filmwerks – zu bestimmen, während Art. 14 ^{bis} Abs. 2 Buchst. b) RBÜ (Pariser Fassung) die Unterscheidung zwischen den Urhebern des Filmwerks und den Inhabern des Urheberrechts am Filmwerk zugrunde legt.

Darüber hinaus ist dem Ausnahme- und Kompromißcharakter des Art. 14bis RBÜ (Pariser Fassung) zu entnehmen, daß die Verbandsländer der Berner Union jedenfalls im Hinblick auf konventionsgeschützte Werke auch nicht befugt sind, die originäre Inhaberschaft des Urheberrechts an anderen Werken als Filmwerken den Urhebern vorzuenthalten und anderen – natürlichen oder juristischen – Personen, wie z. B. dem Werkverwerter, zuzuweisen. Dies ergibt sich auch aus Art. 2 Abs. 6 Satz 2 RBÜ (Pariser Fassung), wonach der Konventionsschutz zugunsten »des Urhebers und seiner Rechtsnachfolger« besteht, was einen translativen Rechtsübergang impliziert[25].

Mit der RBÜ vereinbar sind dagegen gesetzliche Regelungen der Verbandsländer, welche die vertragliche Übertragbarkeit der vermögensrechtlichen Befugnisse des Urhebers[26] oder sogar einen Übergang dieser Befugnisse vom

23 S. hierzu die Nachweise bei Dietz, in: Leser/Isomura, Wege zum japanischen Recht, Festschrift für Zentaro Kitagawa zum 60. Geburtstag am 5. April 1992, 1992, S. 851, 852, Fn. 6.

24 So Dietz, vorstehende Fn., S. 854 ff.; Nordemann/Vinck/Hertin/Meyer, International Copyright and Neighboring Rights Law, 1990, S. 48, Rdnr. 7; Ricketson, S. 159.

25 S. zum Vorstehenden Dietz, vorletzte Fn., S. 858 f., 864; dort, auf S. 859, auch zu der dem Gesagten nicht widersprechenden Bedeutung des Begriffs der »sonstigen Inhaber ausschließlicher Werknutzungsrechte« in Art. 2 Abs. 6 Satz 2 RBÜ (Pariser Fassung) in der deutschen Fassung dieser Bestimmung.

26 S. Katzenberger, in: Beier/Götting/Lehmann/Moufang, Urhebervertragsrecht, Festgabe für Gerhard Schricker zum 60. Geburtstag, 1995, S. 225, 236.

Urheber auf eine andere Person, wie einen Werkverwerter oder Arbeitgeber, von Gesetzes wegen vorsehen, z. B. in Form einer gesetzlichen Vermutung oder sogar einer cessio legis[27]. Nach ganz h.M. kann aus der Sicht des Rechts der RBÜ sogar über das Urheberpersönlichkeitsrecht vertraglich verfügt werden[28].

Der Vorschlag eines Vertrags über bestimmte Fragen betreffend den Schutz von Werken der Literatur und Kunst für die Diplomatische Konferenz im Dezember 1996[29] enthält im Vergleich mit der RBÜ keine neuen Bestimmungen über die Urheberschaft oder die Inhaberschaft des Urheberrechts. Wiederum fehlt eine ausdrückliche Definition des Begriffs des Urhebers. Dies gilt auch für die vorgeschlagenen Art. 4 und 5 über den Urheberrechtsschutz von Computerprogrammen und Datensammlungen als neuen, ausdrücklich geregelten Schutzgegenständen sowie für die Art. 7 ff. über die Rechte der Urheber. Der Vorschlag folgt vielmehr uneingeschränkt den bewährten Grundprinzipien der RBÜ. So heißt es in Art. 1 Abs. 2, daß bestehende Verpflichtungen aus der RBÜ nicht aufgehoben werden sollen, und verpflichtet Art. 1 Abs. 4 die zukünftigen Vertragsstaaten, die nicht der Berner Union angehören, zur Befolgung der Art. 1 bis 21 und des Anhangs der RBÜ. Nach Art. 2 des Vorschlags sollen alle Vertragsstaaten zur Anwendung der Art. 3 bis 6 der RBÜ verpflichtet werden, welche die grundlegenden Schutzprinizipien dieser älteren Konvention normieren.

Lediglich in den Erläuterungen des für dieselbe Diplomatische Konferenz ausgearbeiteten Vorschlags eines Vertrags über das geistige Eigentum an Datensammlungen[30] findet sich an einer Stelle[31] die Bemerkung, daß der Begriff »Hersteller einer Datensammlung« auf die Rechtsnachfolger eines solchen Herstellers in derselben Weise anwendbar sei, wie der Begriff »Urheber« in der RBÜ auf die Rechtsnachfolger des Urhebers. Der Hersteller einer Datensammlung kann gemäß Art. 2 Nr. (iii) auch eine juristische Person sein und soll nach Art. 4 Abs. 1 originärer Inhaber der Rechte an einer Datensammlung sein. Davon abgesehen, daß es sich bei dem in diesem Vorschlag vorgesehenen Schutz von Datensammlungen nicht um einen Urheberrechtsschutz, sondern um einen sui generis-Schutz handelt[32], ist die zitierte Bemerkung in den Erläuterungen zum Begriff des Urhebers in der RBÜ bereits mit dem Wortlaut

27 S. Dietz, in: Leser/Isomura, S. 859 f., 865 f.
28 S. dazu unten 3. Teil II 1 a).
29 Basic proposal for the substantive provisions of the Treaty on certain questions concerning the protection of literary and artistic works to be considered by the Diplomatic Conference, Dok. CRNR/DC/4 vom 30.8.1996.
30 Basic proposal for the substantive provisions of the Treaty on intellectual property in respect of data bases to be considered by the Diplomatic Conference, Dok. CRNR/DC/6 vom 30.8.1996.
31 Dok. CRNR/DC/6 vom 30.8.1996, S. 14 f.
32 S. Dok. CRNR/DC/6 vom 30.8.1996, S. 2 ff., 6 f. (Präambel), 8 ff. (Erläuterungen zu Art. 1) sowie 13 (Art.1 Abs. 3).

dieser Konvention unvereinbar: Wie schon gezeigt, unterscheidet ihr Art. 2 Abs. 6 Satz 2 eindeutig zwischen dem Urheber und seinen Rechtsnachfolgern.

b) *WUA*

Auch das WUA dient nach seinem Art. I dem Schutz der »Urheber«, denen in derselben Vorschrift die »anderen Inhaber von Urheberrechten« zur Seite gestellt und damit von den Urhebern unterschieden sind. Auch im WUA fehlt eine ausdrückliche Definition des Begriffs »Urheber«. Jedoch ist auch für das WUA anzunehmen, daß nur der schöpferisch tätige Mensch als natürliche Person Urheber sein kann[33]. Für dieses Ergebnis und auch für die originäre Rechtsinhaberschaft der tatsächlichen Werkschöpfer spricht insbesondere die Bezugnahme der Präambel des WUA auf die »Achtung der Menschenrechte«, die das Abkommen sichern soll[34]. Diese Beurteilung und die ihr entsprechende Bindung der Vertragsstaaten in bezug auf die gesetzliche Regelung der Urheberschaft und der originären Inhaberschaft des Urheberrechts an durch das WUA geschützten Werken erscheint aber weniger gesichert als im Fall der RBÜ. Namhafte Autoren nämlich gehen davon aus, daß die innerstaatliche Gesetzgebung der Vertragsstaaten des WUA auch eine juristische Person als Urheber anerkennen bzw. fingieren oder als originären Inhaber des Urheberrechts beurteilen kann[35]. Für eine größere Toleranz des WUA in bezug auf die originäre Inhaberschaft des Urheberrechts spricht auch die bereits erwähnte Bezeichnung der »anderen Inhaber von Urheberrechten« in Art. I WUA, die weniger deutlich als der Begriff »Rechtsnachfolger« in Art. 2 Abs. 6 Satz 2 RBÜ erkennen läßt, daß andere Personen als der Urheber nur Inhaber abgeleiteter Rechte sein können.
Jedenfalls kann aber auch für das WUA angenommen werden, daß mit ihm innerstaatliche gesetzliche Regelungen vereinbar sind, welche die vertragliche Übertragbarkeit des Urheberrechts bestimmen oder für bestimmte Fälle Vermutungen für eine solche Übertragung oder auch eine cessio legis vorsehen[36]. Dies gilt umso mehr, als das WUA ausdrücklich nur die wirtschaftlichen Interessen der Urheber schützt und jedenfalls keine direkte Gewährleistung des Urheberpersönlichkeitsrechts vorsieht[37].

33 So auch Nordemann/Vinck/Hertin/Meyer, S. 220 f., Rdnr. 5, 6.
34 Zur Bedeutung der internationalen Verbürgung der Menschenrechte für die Frage der Urheberschaft s. Dietz, in: Leser/Isomura, S. 867 f.; zum aktuellen Stand dieser Verbürgung in bezug auf das Urheberrecht s. Katzenberger, GRUR Int. 1995, 447, 453, Fn. 77.
35 S. Bappert/Wagner, Internationales Urheberrecht, 1956, S. 202, Rdnr. 12, 13, S. 204, Rdnr. 21-24; Bogsch, The Law of Copyright under the Universal Convention, 1968, S. 7, unter 3.
36 S. In diesem Sinne Nordemann/Vinck/Hertin/Meyer, S. 172 f., Rdnr. 6, 7, 9; Bappert/Wagner, S. 204 f., Rdnr. 21, 22; Bogsch, S. 7, unter 3.
37 S. unten 3. Teil II 1 b).

c) *TRIPS*

In bezug auf das TRIPS-Übereinkommen kann von derselben Rechtslage wie nach der RBÜ ausgegangen werden. TRIPS nämlich läßt nicht nur nach seinem Art. 2 Abs. 2 die Verpflichtungen seiner eigenen Mitglieder nach der RBÜ unberührt, es verpflichtet sie vielmehr in seinem Art. 9 Abs. 1 Satz 1 sogar zur Übernahme des Schutzstandards der RBÜ, wie er in deren Art. 1 bis 21 Ausdruck gefunden hat; davon ausgenommen sind gemäß Art. 9 Abs. 1 Satz 2 TRIPS nur die in Art. 6bis RBÜ geregelten urheberpersönlichkeitsrechtlichen Befugnisse[38]. Die in Art. 10 bis 13 des TRIPS-Übereinkommens niedergelegten, über den RBÜ-Schutz hinausgehenden sog. »Bern-plus«-Schutzelemente besagen nichts über die Person des Urhebers bzw. die originäre Inhaberschaft des Urheberrechts oder lassen es, wie Art. 11, der Sache nach bei der Regel des Art. 2 Abs. 6 Satz 2 RBÜ bewenden, daß die Rechte »den Urhebern und ihren Rechtsnachfolgern« zustehen[39]. Lediglich in Art. 13 TRIPS ist im Vergleich mit Art. 9 Abs. 2 RBÜ als dessen Vorbild[40] von den berechtigten Interessen nicht (nur) des Urhebers, sondern des Rechtsinhabers die Rede. Jedoch läßt sich daraus allenfalls etwas für eine Intensivierung des Schutzes, nichts aber für eine Abweichung in der Frage der Urheberschaft oder der Inhaberschaft des Urheberrechts ableiten.

2. *Europäisches Recht*

Bei den Fragen der Urheberschaft und der originären Inhaberschaft des Urheberrechts handelt es sich um grundsätzliche Aspekte des Urheberrechts, denen im Rahmen der Europäischen Gemeinschaft auch erhebliche Binnenmarktrelevanz zukommt. Diese Fragen sind nämlich nicht einheitlich z. B. nach dem Recht des Ursprungslandes eines Werkes, sondern nach den Rechtsordnungen aller Schutzländer, d. h. aller derjenigen Länder zu beurteilen, für welche Schutz beansprucht wird bzw. in Frage steht[41]. Bei unterschiedlicher Regelung dieser Fragen in den nationalen Urheberrechtsgesetzen folgt daraus, daß der in einem Mitgliedstaat als Urheber und/oder Inhaber des Urheberrechts anerkannte Berechtigte nicht damit rechnen kann, auch in den anderen Mitgliedstaaten als solcher angesehen zu werden. Dies kann zu Handelshemmnissen in der Europäischen Gemeinschaft führen.[42] Ähnliches gilt für gesetzliche

38 S. zum letzteren unten 3. Teil II 1 c); zum Vorstehenden insgesamt Katzenberger, GRUR Int. 1995, 447, 455 f., 465.
39 S. dazu Reinbothe, ZUM 1996, 735, 738.
40 S. Katzenberger, GRUR Int. 1995, 447, 467; Reinbothe, ZUM 1996, 735, 739.
41 S. Schricker/Katzenberger, Vor §§ 120 ff., Rdnr. 69, 73 m.w.Nachw.
42 S. zum Vorstehenden Katzenberger, in: Schricker/Bastian/Dietz, S. 42 f.

Regelungen, die z. B. eine cessio legis zugunsten eines Werkverwerters vorsehen oder die Übertragbarkeit des Urheberrechts betreffen.
Gleichwohl ist es im Rahmen der bisherigen Harmonisierung des Urheberrechts in Europa nicht gelungen, diese Aspekte insgesamt einheitlich zu regeln. Die verschiedenen bisher ergangenen Harmonisierungsrichtlinien überlassen vielmehr die Regelung dieser Fragen im allgemeinen der innerstaatlichen Gesetzgebung der Mitgliedstaaten entsprechend deren überkommenen Grundsätzen[43]. Etwas anderes gilt nur für die Rechtsinhaberschaft an einem Computerprogramm, das von einem Arbeitnehmer im Rahmen seines Arbeitsverhältnisses geschaffen wird, und für die Urheberschaft des Hauptregisseurs an Filmwerken. Im ersten Fall ist mangels anderweitiger Vereinbarung der Arbeitgeber zur Ausübung aller wirtschaftlichen Rechte an dem Computerprogramm befugt[44]. Im zweiten Fall ist in drei Richtlinien vorgesehen, daß der Hauptregisseur eines Filmwerks als dessen Urheber oder jedenfalls als einer von dessen Urhebern anzusehen ist; die Mitgliedstaaten können aber vorsehen, daß weitere Personen als Miturheber des Filmwerks gelten[45].
Was die allgemeinen Richtlinienbestimmungen über die Urheberschaft und die Inhaberschaft des Urheberrechts betrifft, so bestimmt Art. 2 Abs. 1 der Computerprogrammrichtlinie zur Urheberschaft folgendes: Urheber eines Computerprogramms ist die natürliche Person oder Gruppe natürlicher Personen, die das Programm geschaffen hat, oder aber, soweit nach den Rechtsvorschriften der Mitgliedstaaten zulässig, diejenige juristische Person, die nach diesen Rechtsvorschriften als Rechtsinhaber gilt. Soweit die Rechtsvorschriften eines Mitgliedstaates kollektive Werke anerkennen, gilt diejenige Person als Urheber, die nach diesen Vorschriften als Person angesehen wird, die das Werk geschaffen hat. Ist ein Computerprogramm von einer Gruppe natürlicher Personen gemeinsam geschaffen worden, so stehen dieser die Rechte daran nach Art. 2 Abs. 2 gemeinsam zu. Schutzberechtigt, und das heißt Rechtsinhaber[46], sind nach Art. 3 dieser Richtlinie alle natürlichen und juristischen Personen gemäß dem für Werke der Literatur geltenden innerstaatlichen Urheberrecht.
Die gleichen Regeln mit Ausnahme derjenigen über die Rechtsinhaberschaft bzw. über die Schutzberechtigung finden sich in Art. 4 der Datenbankrichtlinie[47]. Diese Richtlinie stellt es den Mitgliedstaaten im übrigen frei, die

43 S. Katzenberger, in: Schricker/Bastian/Dietz, S. 43.
44 Art. 2 Abs. 3 der Computerprogrammrichtlinie, GRUR Int. 1991, 545.
45 Art. 2 Abs. 2 der Vermietrechtsrichtlinie, GRUR Int. 1993, 144; Art. 1 Abs. 5 der Satelliten- und Kabelrundfunkrichtlinie, GRUR Int. 1993, 936; Art. 2 Abs. 1 der Schutzdauerrichtlinie, GRUR Int. 1994, 141.
46 So die Formulierung in der Parallelbestimmung Art. 4 des geänderten Vorschlags der Datenbankrichtlinie vom 23.6.1993, abgedruckt in Schricker/Bastian/Dietz, S. 150, 158, der in die Richtlinie selbst nicht übernommen worden ist.
47 GRUR Int. 1996, 806; s. auch die vorstehende Fn.

Urheberschaft an Datenbanken, die von Arbeitnehmern im Rahmen von Arbeitsverhältnissen geschaffen werden, in derselben Weise zu regeln, wie dies die Computerprogrammrichtlinie zwingend vorsieht[48].
In der Vermietrechtsrichtlinie heißt es zur Rechtsinhaberschaft im allgemeinen, daß die dort geregelten Rechte »dem Urheber« zustehen (Art. 2 Abs. 1), ohne daß der Begriff des Urhebers näher bestimmt wird. Dies ist letztlich als Verweisung auf das Recht des jeweiligen Mitgliedstaats zu deuten[49]. Dasselbe gilt für die sachlich gleichlautenden, auf den »Urheber« bzw. den »Urheberrechtsinhaber« abstellenden Art. 2 und 8 Abs. 1 der Satelliten- und Kabelrundfunkrichtlinie[50] und auch für Art. 1 der Schutzdauerrichtlinie, der in seinen ersten drei Absätzen zwar vom Urheber als natürlicher Person und tatsächlichem Werkschöpfer ausgeht, in seinem Absatz 4 aber auch auf besondere Bestimmungen der Mitgliedstaaten in bezug auf Kollektivwerke und juristische Personen als originäre Rechtsinhaber Rücksicht nimmt[51].
Für die überschaubare Zukunft ist von seiten der Europäischen Gemeinschaft einerseits nicht mit einer weitergehenden Harmonisierung der Aspekte der Urheberschaft und der Inhaberschaft des Urheberrechts bzw. der Verwertungsbefugnisse und andererseits auch nicht mit Regelungen zu rechnen, welche die Probleme der Identifizierung der Urheber und Rechtsinhaber sowie des Rechteerwerbs insbesondere bei der Schaffung und Nutzung von Multimediawerken und der sonstigen Nutzung der digitalen Techniken durch einen Ansatz bei diesen Aspekten und dann auf Kosten der unter Umständen zahlreichen beteiligten, schöpferisch tätigen Menschen zu lösen versuchen.
So ist in der erstgenannten Hinsicht, wie das Programmpapier »Initiativen zum Grünbuch« aus dem Jahre 1991[52] zeigt, das Arbeitsprogramm der EG-Kommission auf dem Gebiet des Urheberrechts weiterhin auf Richtlinien zu speziellen Problembereichen ausgerichtet, wie Urheberpersönlichkeitsrecht, private Ton- und Bildaufzeichnung und Reprographie, Folgerecht, kollektive Verwertung von Urheberrechten und Verwertungsgesellschaften, nicht aber auf eine Harmonisierung allgemeingültiger Grundbegriffe des Urheberrechts, wie derjenigen der Urheberschaft und der Inhaberschaft des Urheberrechts bzw. der urheberrechtlichen Verwertungsbefugnisse, und erst recht nicht auf eine Globalharmonisierung des Urheberrechts.
In der zweiten Hinsicht zählen die Urheberschaft und die Rechtsinhaberschaft noch nicht einmal zu den Themen, welche das Grünbuch der Kommission über »Urheberrecht und verwandte Schutzrechte in der Informationsgesell-

48 S. oben I.1. am Ende.
49 S. Katzenberger, in: Schricker/Bastian/Dietz, S. 45.
50 S. Katzenberger, in: Schricker/Bastian/Dietz, S.46.
51 S. Katzenberger, in: Schricker/Bastian/Dietz, S. 47.
52 KOM (90) 584 endg. v. 17.1.1991, Kapitel 3 und 8 sowie Beilage II.; GRUR Int. 1991, 359.

schaft«[53] als durch die Entwicklung der neuen Techniken berührt ansieht. Zur Lösung der praktischen Probleme, die sich mit der digitalen und multimedialen Nutzung der Werke einer Vielzahl individueller Urheber verbinden, setzt es vielmehr eher auf neue Organisationsformen für den Erwerb und die Wahrnehmung von Rechten, wie auf einen Zusammenschluß der Verwertungsgesellschaften zu einer »zentralen Anlaufstelle« und einer Clearingstelle zur Aushandlung individueller Lizenzen,[54] sowie auf technische Identifizierungs- und Schutzsysteme[55]. Dem entspricht es, daß in diesem Grünbuch programmatisch von dem weiterhin erforderlichen wirksamen Schutz von »Urhebern und anderen Rechtsinhabern«[56], vom Begriff des »Urhebers« als »Dreh- und Angelpunkt« in den Rechtsvorschriften[57], aber auch davon die Rede ist, daß die neuen Techniken das Wesen dieses Begriffs und anderer Grundbegriffe und -prinzipien des Urheberrechts vermutlich nicht von Grund auf verändern[58].

3. *Ausländisches Recht*

a) *USA*

Das amerikanische Grünbuch von 1994[59] und das ihm nachfolgende Weißbuch von 1995[60] über das geistige Eigentum und die »National Information Infrastructure« gehen von einer Gesamtdarstellung des U.S.-amerikanischen Urheberrechts aus. Es nimmt daher nicht wunder, daß beide Berichte jeweils ein eigenes Kapitel über »Copyright Ownership« enthalten[61]. In diesem Rahmen wird auch auf die zu erwartenden Schwierigkeiten aufmerksam gemacht, die sich bei der Schaffung von Multimediawerken in bezug auf die Ermittlung der Inhaber der Urheberrechte an vorbestehenden Werken und die Einholung von Rechten daran ergeben können[62]. Beide Berichte enthalten sich aber jeder Empfehlung, die darauf gerichtet wäre, den tatsächlichen Werkschöpfern die Urheberschaft oder die originäre Inhaberschaft des Urheberrechts an ihren Werken über dasjenige Maß hinaus zu entziehen oder zu beschneiden, welches das herkömmliche Copyrightsystem der USA ohnehin schon vorsieht.

53 KOM (95) 382 endg. v. 19.7.1995, S. 35 f.
54 KOM (95) 382 endg. v. 19.7.1995, S. 37, 69 ff.
55 KOM (95) 382 endg. v. 19.7.1995, S. 37, 79 ff.
56 KOM (95) 382 endg. v. 19.7.1995, S. 11, Rdnr. 15.
57 KOM (95) 382 endg. v. 19.7.1995, S. 25, unter 1.
58 KOM (95) 382 endg. v. 19.7.1995, S. 24 f., Rdnr. 59.
59 S. dazu Stögmüller, GRUR Int. 1995, 855.
60 S. dazu v. Lewinski, GRUR Int. 1995, 858.
61 Grünbuch, S. 28 ff.; Weißbuch, S. 45 ff.
62 Grünbuch, S. 34, und dazu Stögmüller, GRUR Int. 1995, 855, 856; Weißbuch, S. 52.

Die Lösung der Probleme wird vielmehr ähnlich wie in der EG[63] eher in Lizenzierungssystemen mit Hilfe der digitalen Techniken[64] bzw. konkreter in technischen Identifizierungsmaßnahmen und Systemen für die Rechteverwaltung[65] gesehen.

Den Verfassern der beiden Berichte kam für diese Einschätzung allerdings zustatten, daß das bekannte »work made for hire«-Prinzip des amerikanischen Copyright Law im Vergleich mit dem System des kontinentaleuropäischen Urheberrechts ohnehin zu einer erheblichen Konzentration der Rechtsinhaberschaft führt, indem es bei allen Werkkategorien den Arbeitgeber und bei insgesamt neun Werkkategorien, darunter insbesondere auch Beiträge zu Sammelwerken und audiovisuelle Werke, den Auftraggeber als »Urheber« fingiert, wenn nichts anderes vereinbart ist[66]. Die in den beiden Berichten im allgemeinen favorisierte Einordnung der Multimediawerke in die Kategorie der audiovisuellen Werke[67] fördert demgemäß die Rechtekonzentration in bezug auf im Auftrag hergestellte Multimediawerke.

b) *Japan*

Unter den offiziellen oder im amtlichen Auftrag verfaßten japanischen Studien zum Thema Multimedia und Urheberrecht[68] beschränken sich diejenigen des dem Handels- und Wirtschaftsministerium (MITI) eingegliederten Institute of Intellectual Property (IIP) von vorneherein auf die Themen Bündelung und Vergabe von Urheberrechten durch ein Copyright Clearance Center und Schutz der Werkintegrität durch das Urheberpersönlichkeitsrecht[69]. Immerhin bestätigt dies die bereits für die EG und die USA festgestellte Tendenz, die möglichen faktischen Probleme der Hersteller von Multimediawerken nicht auf Kosten der Schöpfer vorbestehender Werke durch Neubestimmung der Urheberschaft oder Inhaberschaft des Urheberrechts zu lösen.

Dasselbe gilt auch für die Diskussionsvorschläge des japanischen Kultusministeriums in dessen zwei Berichten aus den Jahren 1993 und 1995[70]. Sie sehen einerseits wiederum organisatorische Maßnahmen vor, wenn auch nur in Form einer von den Verwertungsgesellschaften zu schaffenden Einrichtung für Informationen über bestehende Urheberrechte. Andererseits befassen sie

63 S. oben 2.
64 S. Grünbuch, S. 33, 134, und dazu Stögmüller, GRUR Int. 1995, 855, 856 f.
65 S. Weißbuch, S. 52 ff., 191 f., 235 f., und dazu v. Lewinski, GRUR Int. 1995, 858 f.
66 17 U.S.C. § 101 (Definition von »work made for hire«) und § 201 (b). Zur vertragsrechtlichen Fundierung und Vereinbarkeit dieser Regelung mit der RBÜ s. Dietz, in: Leser/Isomura, S. 865 f.
67 S. oben 1. Teil II 3 a).
68 S. dazu Heath, GRUR Int. 1995, 843 ff.
69 S. unten 3. Teil II 3 b) sowie Heath, GRUR Int. 1995, 843, 844 f.
70 S. Heath, GRUR Int. 1995, 843, 845 ff.

sich zwar mit einer größeren Zahl von urheberrechtlichen Gesichtspunkten und darunter auch mit der Frage der Urheberschaft und der Inhaberschaft von Urheberrechten im Zusammenhang mit Multimediawerken, zielen dabei aber bemerkenswerterweise im Vergleich mit dem geltenden Recht sogar auf eine Stärkung der Rechtsstellung der tatsächlichen Werkschöpfer ab:
Nach derzeitigem japanischem Recht sind diejenigen Filmschaffenden, die an der Gestaltung des Filmwerks schöpferisch mitgewirkt haben, im Sinne des Schöpferprinzips Urheber des Filmwerks. Das Urheberrecht am Filmwerk steht jedoch als originäres Recht dem Filmhersteller zu, wenn die Filmurheber sich, wie üblich, zur Mitwirkung an der Filmherstellung verpflichtet haben. Diese Rechtslage trägt nach Auffassung der Mehrheit der Verfasser der Studie des Kultusministeriums aus dem Jahre 1995 im Hinblick sowohl auf Multimediawerke als auch auf herkömmliche Filmwerke dem berechtigten Schutzanliegen der Urheber nicht hinreichend Rechnung. Zur Verbesserung ihrer Rechtsstellung werden die folgenden drei Alternativen zur Diskussion gestellt:

- (a) Die Verwertungsrechte sollen zwar weiterhin originär dem Hersteller zustehen, dieser aber hat den Urhebern eine angemessene Vergütung für die Nutzung zu zahlen.
- (b) Die Verwertungsrechte sollen originär den Urhebern zustehen, der Hersteller soll jedoch gegen Zahlung einer angemessenen Vergütung zu jedweder Verwertung befugt sein.
- (c) Wie (b), jedoch soll der Hersteller zur umfassenden Verwertung nur dann berechtigt sein, wenn die Urheber dem vernünftigerweise nicht widersprechen können.[71]

c) *Frankreich*

Die in Frankreich im amtlichen Auftrag verfaßten Studien über das Urheberrecht und die digitalen Techniken und Multimediawerke[72] widmen den Fragen der Rechtsinhaberschaft erhebliche Aufmerksamkeit. Auch angesichts der derzeit noch bestehenden Unklarheiten über die technischen, wirtschaftlichen und inhaltlichen Rahmenbedingungen stehen dabei aber nicht Vorschläge für eine Reform des französischen Urheberrechts im Vordergrund. Vielmehr dominieren Überlegungen darüber, wie Multimediawerke und sonstiges digitales, interaktives und unter Umständen auch grenzüberschreitendes Werkschaffen in die traditionellen urheberrechtlichen Regelungen und Rechtsinstitute eingeordnet werden kann[73].

71 S. zum Vorstehenden Heath, GRUR Int. 1995, 843, 849.
72 S. Dreier, GRUR Int. 1995, 840 ff., und Genton, GRUR Int. 1996, 693 ff., zum ersten und zweiten »Rapport Sirinelli«.
73 S. Dreier, GRUR Int. 1995, 840, 842; Genton, GRUR Int. 1996, 693 f.

Dem entspricht es auch, daß die ausgesprochenen Empfehlungen, von einer Ausnahme im gesetzlichen Vertragsrecht[74] abgesehen, jedenfalls für die nähere Zukunft kein Tätigwerden des französischen Urheberrechtsgesetzgebers beinhalten. Den zu erwartenden Schwierigkeiten bei der Identifizierung und Qualifizierung von Rechtsinhabern bei vorbestehenden und Multimediawerken soll vielmehr mit anderen Maßnahmen begegnet werden. Vorgeschlagen werden ein zentrales Werkregister bzw. eine entsprechende Datenbank, die Zentralisierung urheberrechtlich relevanter Informationen mit dem Ziel, eine Registrierungsstelle zu schaffen, die Ausarbeitung von Verhaltenshilfen und Musterverträgen sowie die Entwicklung und Implementierung technischer Maßnahmen[75]. Vor allem der zweite Bericht schlägt darüber hinaus als Reaktion auf die unsichere Einordnung der Multimediawerke eine zweckmäßige Gestaltung der Verträge der Produzenten solcher Werke mit Inhabern der Rechte an vorbestehenden Werken, gegebenenfalls auch in Form von Koproduktionsverträgen, mit Urhebern von neu geschaffenen Beiträgen zu Multimediawerken und mit den Nutzern solcher Werke vor; im letzteren Fall könne beispielsweise eine Freistellungsvereinbarung den Nutzer in finanzieller Hinsicht gegen Rechtsunsicherheiten bei der Beurteilung der Rechtsinhaberschaft sichern[76].

Was die Qualifizierung der Multimediawerke und ihre Einordnung in die verschiedenen Rechtsinstitute betrifft, welche das französische Recht für die Fälle der Beteiligung mehrerer Werkschöpfer mit möglichen Auswirkungen auch auf die Rechtsinhaberschaft bereithält, so kommen – sich teilweise überlappend – in Betracht: Computerprogramm, Datenbank, audiovisuelles Werk, Auftragswerk, Kollektivwerk, gemeinschaftlich geschaffenes Werk, zusammengesetztes Werk, komplexes Werk und Bildtonträger als Gegenstand eines verwandten Schutzrechts seines Produzenten[77]. Bei einer Qualifizierung als Computerprogramm liegt die Auswirkung auf die Inhaberschaft der vermögensrechtlichen Befugnisse im Falle eines Arbeitnehmerwerkes bereits aufgrund der EG-Computerprogrammrichtlinie auf der Hand[78]. In bezug auf audiovisuelle Werke kennt das französische Recht (widerlegbare) Vermutungen nicht nur für die Übertragung der Nutzungsrechte, sondern auch bezüglich der Urheberschaft[79].

74 S. unten 6. Teil II 3 c).
75 S. Dreier, GRUR Int. 1995, 840, 842 f.; Genton, GRUR Int. 1996, 693, 695 f., 697.
76 S. Genton, GRUR Int. 1996, 693, 694, 696 f.
77 S. Genton, GRUR Int. 1996, 693 f.; s. auch Dreier, GRUR Int 1995, 840, 842.
78 S. oben II sowie Art. L. 113-9 Code de la propriété intellectuelle.
79 Art. L. 132-24 und 113-7 Code de la propriété intellectuelle; s. dazu Dreier, in: Dreier/Krasser, Das französische Gesetzbuch des geistigen Eigentums, 1994, S. 19 f.; dort auch zur Übertragungsvermutung im Falle eines zu Werbezwecken geschaffenen Auftragswerks nach Art. L. 132-31 des Gesetzbuchs.

Von besonderer Bedeutung – auch im Hinblick auf die entsprechenden Bezugnahmen im europäischen Recht[80] – ist das französische Rechtsinstitut des Kollektivwerks. Ein solches Werk ist dadurch gekennzeichnet bzw. hat zur Voraussetzung, daß es auf Veranlassung und unter Leitung einer Person geschaffen und in deren Namen veröffentlicht wird und daß die Beiträge der an der Ausarbeitung Beteiligten in ihm derart aufgehen, daß gesonderte Rechte an Teilen des Gesamtwerks nicht zuerkannt werden können[81]. Ein Kollektivwerk ist bis zum Beweis des Gegenteils Eigentum derjenigen, gegebenenfalls auch juristischen Person, unter deren Namen es veröffentlicht worden ist; diese Person ist Träger des Urheberrechts[82]. Hierin liegt eine bedeutsame Abweichung von dem in Frankreich im übrigen gültigen Prinzip, daß nur der tatsächliche Werkschöpfer – Arbeit- und Auftragnehmer eingeschlossen – Urheber und Inhaber des Urheberrechts sein kann[83]. Die französische Studie zu den Multimediawerken warnt davor, solche Werke allzu leicht als Kollektivwerke anzusehen[84].

d) *Kanada*

Der kanadische Bericht über das Urheberrecht und die Datenautobahn aus dem Jahr 1995[85] enthält zwar ein eigenes Kapitel über »Ownership«, untersucht darin aber überraschenderweise lediglich den Aspekt der Erschöpfung des Verbreitungsrechts, der nach allgemeinem Verständnis in Zusammenhang mit den Rechten an urheberrechtlich geschützten Werken steht[86], jedoch mit der Inhaberschaft dieser Rechte nichts zu tun hat[87]. Eher einschlägig scheint demgemäß auch das Berichtskapitel 6 über das Copyright der Krone, eine Erbschaft des britischen Rechts, zu sein. Der Sache nach geht es aber auch bei diesem Rechtsinstitut nicht darum, daß Urhebern Rechte entzogen werden, die ihnen legitimerweise zustehen sollten. Vielmehr handelt es sich bei dem Copyright der Krone um ein Urheberrecht an Werken, die wie Gesetze, Verordnungen, Gerichtsentscheidungen, amtliche Statistiken und Gesundheits- oder Sicherheitsinformationen in vielen anderen Staaten, darunter auch nach § 5 des deutschen Urheberrechtsgesetzes, als amtliche Werke grundsätzlich vom Schutz ausgeschlossen sind. Der Bericht empfiehlt zwar nicht die Abschaffung des Copyright der Krone, wohl aber einen erleichterten Zugang zu

80 S. oben 2.
81 S. dazu Dreier, in: Dreier/Krasser, S. 19.
82 Art. L. 113-5 Code de la propriété intellectuelle.
83 S. Dreier, in: Dreier/Krasser, S. 18.
84 S. Genton, GRUR Int. 1996, 693, 695.
85 S. dazu v. Lewinski, GRUR Int. 1995, 851 ff.
86 S. daher zu diesem Aspekt auch unten 4. Teil B III 1.
87 S. auch v. Lewinski, GRUR Int. 1995, 851, 852, 853, zu Kapitel 8 des Berichts.

amtlichen Informationen über die Datenautobahn.[88] Für die Frage der Inhaberschaft des Urheberrechts im allgemeinen ist der Bericht auch in diesem Punkt unergiebig.
Insgesamt laufen die Vorstellungen des kanadischen Berichts in der Frage der Urheberschaft und der Rechtsinhaberschaft demzufolge auf eine Beibehaltung des gegenwärtigen Rechtszustandes hinaus. Dem entspricht es, daß der Bericht das Problem des Zugangs zu urheberrechtlich geschütztem Material für die digitale Nutzung und insbesondere für Multimediaprodukte unter anderen als diesen Gesichtspunkten erörtert, nämlich unter denjenigen der kollektiven Rechtewahrnehmung, einer zentralen Clearingstelle und einer Zwangslizenz; empfohlen wird letztlich eine Ermutigung der Industrie durch die Regierung, Systeme zur einfacheren Lizenzierung von Werken zur Nutzung in digitalen Medien zu schaffen[89].

e) *Australien*

Im Ergebnis entspricht die Situation in Australien derjenigen in Kanada. Sieht man vom Copyright der Sendeunternehmen und de lege ferenda eventuell auch von digitalen Übertragungsdiensten als einem Recht ab, das nach deutschem Recht und auch im überwiegenden internationalen Sprachgebrauch als mit dem Urheberrecht nur verwandtes Schutzrecht oder Nachbarrecht zu qualifizieren ist, so zählt die Rechtsinhaberschaft nicht zu den Themen, zu denen der Bericht über »Highways to Change« der australischen Copyright Convergence Group über das Urheberrecht im neuen Kommunikationsumfeld aus dem Jahr 1994[90] Stellung nimmt. Selbst Fragen nach der Identifizierung der Inhaber von Rechten an bestehenden Werken bleiben ausgeklammert, und auch die Schaffung eines besonderen Schutzstatuts für Multimediawerke und die Entwicklung besonderer Lizenzbedingungen in diesem Bereich werden nach dem gegenwärtigen Stand der Technik abgelehnt.[91]

88 S. zum Vorstehenden v. Lewinski, GRUR Int. 1995, 851, 853.
89 S. v. Lewinski, GRUR Int. 1995, 851, 854.
90 S. zu diesem Bericht Dreier, GRUR Int. 1995, 837 ff.
91 S. Dreier, GRUR Int. 1995, 837, 838.

III. *Die Lage nach dem deutschen UrhG*

1. *Urheberschaft*

a) *Ausgangspunkt*

Das geltende deutsche Recht geht, sieht man von einer kleinen Ausnahme im zeitlichen Übergangsrecht ab, uneingeschränkt vom Schöpfer- und Urheberschaftsprinizip aus, nach dem nur der tatsächliche Werkschöpfer als natürliche Person Urheber des von ihm geschaffenen Werkes sein kann. Dies gilt auch für Werke, die von Arbeitnehmern oder Beamten in Erfüllung ihrer Arbeits- bzw. Dienstpflichten geschaffen werden, für Computerprogramme und Filmwerke.[92] Erst recht trifft dies auch auf Werke zu, die ein Urheber im Auftrag eines anderen schöpferisch gestaltet; Urheber ist auch hier der Werkschöpfer, nicht der Auftraggeber[93]. Eine besondere Regelung ähnlich derjenigen des französischen Rechts über Kollektivwerke[94] kennt das geltende deutsche Recht nicht. Trotz der im europäischen Recht in bezug auf Kollektivwerke angedeuteten Urheberschaftsfiktion[95] und ähnlicher Aussagen im Schrifttum[96] legt es im übrigen bereits der Wortlaut des französischen Gesetzes nahe, die Regelung über kollektive Werke eher auf den Gesichtspunkt der Inhaberschaft des Urheberrechts als auf den der Urheberschaft zu beziehen[97]. Auf den Aspekt der Kollektivwerke ist daher auch erst im nächsten Abschnitt (unten 2.) näher einzugehen.

Unmittelbare Regelungen über die Urheberschaft enthält das deutsche Recht nach Ansicht eines Teils des Schrifttums[98] nur in § 7 UrhG als allgemeiner Regel sowie in den §§ 8-10 Abs. 1 UrhG über die Miturheberschaft, die Urheberschaft bei verbundenen Werken und die Urheberschaftsvermutung. Mittelbare Aussagen über die Urheberschaft durch Differenzierung von Werkkategorien enthalten ferner §§ 3 und 4 UrhG über Bearbeitungen und Sammelwerke. Demgegenüber entnimmt die traditionelle Lehre im Hinblick auf die Frage der Urheberschaft an Filmwerken auch den §§ 88 und 89 UrhG mit

92 S. dazu bereits oben I 1 m.w.Nachw.
93 S. Schricker/Loewenheim, § 7, Rdnr. 4; Ulmer, § 33 III 2 (S. 185).
94 S. oben II 3 c.
95 S. oben II 2: »gilt als Urheber«.
96 S. Dreier, in: Dreier/Krasser, S. 19: »kann auch eine juristische Person Urheber sein«.
97 Vgl. insbesondere Art. L. 111-1: »Der Urheber . . .« und Art. L. 113-5 Abs. 2: Die natürliche oder juristische Person, unter deren Namen das Kollektivwerk veröffentlicht worden ist, »ist Träger des Urheberrechts«. Wie hier wohl auch Dietz, Das Urheberrecht in der Europäischen Gemeinschaft, 1978, S. 75 f., 81, wo aber zwischen Urheberschaft und originärer Inhaberschaft des Urheberrechts nicht so deutlich unterschieden wird wie hier. Ähnlich Dietz, Das Urheberrecht in Spanien und Portugal, 1990, S. 38, 47.
98 S. Schricker/Katzenberger, Vor §§ 88 ff., Rdnr. 69 ff., zur Urheberschaft an Filmwerken.

ihrer Unterscheidung zwischen den Urhebern der zur Filmherstellung benutzten Werke (§§ 88, 89 Abs. 3 UrhG) und den Urhebern des Filmwerks (§ 89 Abs. 1, 2 UrhG) eine Regelung nicht nur über den Umfang der Einräumung von Nutzungsrechten an den Filmhersteller, sondern auch eine solche über die Urheberschaft an Filmwerken[99]. Sie geht dabei allerdings uneingeschränkt vom Schöpferprinzip aus[100] und verneint nur die Möglichkeit, daß Urheber von Werken, die wie das Drehbuch und die Filmmusik vom Filmwerk als solchem unterschieden und selbständig verwertet werden können, zugleich Filmurheber sind[101].
Was im übrigen die gesetzlichen Vermutungen des § 10 UrhG betrifft, so enthält auch diese Bestimmung keine Durchbrechung des Schöpfer- oder Urheberschaftsprinzips. Entgegen dem Wortlaut ihrer amtlichen Überschrift, die allgemein »Vermutung der Urheberschaft« lautet, enthält nur § 10 Abs. 1 UrhG eine solche Vermutung. Als Urheber vermutet wird nur derjenige, der in der üblichen Weise »als Urheber« bezeichnet ist. Die Vermutung zugunsten der Herausgeber und Verleger nach § 10 Abs. 2 UrhG ist keine Urheberschaftsvermutung, sondern nur eine Vermutung ihrer Ermächtigung zur Geltendmachung der Rechte des Urhebers und greift nur Platz, wenn eine Urheberbezeichnung fehlt[102]. Die Urheberschaftsvermutung des § 10 Abs. 1 UrhG dient dazu, dem Urheber den Nachweis seiner Urheberschaft zu erleichtern, und ist damit eine Regelung zugunsten des tatsächlichen Werkschöpfers[103]. Auch bleibt im Falle einer unrichtigen Urheberbezeichnung dem wirklichen Urheber und Schöpfer des Werkes die Möglichkeit, die Urheberschaftsvermutung zu widerlegen[104].

b) *Aufhebung oder Einschränkung der Urheberschaft des Werkschöpfers bei digitalen, multimedialen oder sonstigen modernen Werknutzungen im allgemeinen?*

Eine Aufhebung oder Einschränkung bereits der Urheberschaft des tatsächlichen Werkschöpfers könnte ohne Ausschluß von Werken vom Urheberrechtsschutz nur darin bestehen, ihm die Stellung des Urhebers ganz oder teilweise zu entziehen und diese Stellung entweder allgemein oder in bezug auf bestimmte Nutzungen, wie insbesondere die digitale Nutzung, oder auf bestimmte Schöpfungen, wie Multimediawerke, anderen Personen, wie z.B. den primären Verwertern bestehender Werke, wie Verlagen, Tonträger- und Film-

99 S. dazu die Nachweise bei Schricker/Katzenberger, Vor §§ 88 ff., Rdnr. 58 ff.
100 S. Schricker/Loewenheim, § 7, Rdnr. 4; Schricker/Katzenberger, Vor §§ 88 ff., Rdnr. 52; jeweils m.w.Nachw.
101 S. die Nachweise bei Schricker/Katzenberger, Vor §§ 88 ff., Rdnr. 60.
102 S. Schricker/Loewenheim, § 10, Rdnr. 8, 9.
103 S. Schricker/Loewenheim, § 10, Rdnr. 1, 2.
104 S. Schricker/Loewenheim, § 10, Rdnr. 2, 7.

produzenten, oder den Nutzern der digitalen Techniken und den Produzenten von Multimediawerken zuzuweisen. Die einzige Rechtfertigung für eine solche Maßnahme läge in der mit ihr verbundenen Rechtekonzentration und Rechtssicherheit für Werkverwerter und Endnutzer.
Ein solcher grundsätzlicher Eingriff in das urheberrechtliche Schöpferprinzip scheidet aber unter mehreren Gesichtspunkten aus. Er wäre nicht nur mit gefestigten Grundprinzipien des deutschen Urheberrechts und mit dem verfassungsrechtlichen Schutz des Urhebers durch das deutsche Grundgesetz[105] unvereinbar. Vielmehr verstieße er auch gegen die Grundprinzipien der internationalen Urheberrechtskonventionen, namentlich der RBÜ und des TRIPS-Übereinkommens,[106] sowie die völkerrechtlichen Verpflichtungen Deutschlands als Vertragsstaat dieser Konventionen. Hinzu kommen die menschenrechtliche Dimension des Urheberrechtsschutzes und deren auch Deutschland bindende internationale Verbürgung[107], die einer solchen Maßnahme entgegenstehen.
Diese Überlegungen gelten auch, wenn man eine Aufhebung oder Einschränkung des Prinzips, daß nur der tatsächliche Schöpfer eines Werkes dessen Urheber sein kann, nur für neuartige Multimediawerke ins Auge fassen wollte. Ganz abgesehen davon, daß für die Erfassung der Multimediawerke als einer besonderen Werkkategorie unterschiedliche Regelungsansätze in Betracht zu ziehen sind, die nicht notwendigerweise die Bezeichnung als Multimediawerke beinhalten[108], darf hierbei über die bereits erwähnten rechtlichen Aspekte hinaus nicht übersehen werden, daß auch solche Werke schöpferischer Beiträge bedürfen und solche Beiträge in aller Regel nur geleistet werden, wenn die schöpferisch tätigen Personen mit einem angemessenen Schutz ihrer Leistungen rechnen können. Dies gilt jedenfalls im allgemeinen, d.h. für Werkschöpfer, die außerhalb von Arbeits-, Dienst- und Auftragsverhältnissen tätig werden. Für eine Beibehaltung der jetzt geltenden Grundsätze spricht dabei auch der Vergleich mit Filmwerken. Auch im Hinblick auf solche Werke hat sich der deutsche Gesetzgeber uneingeschränkt für das Schöpfer- und Urheberschaftsprinzip entschieden[109] und es bewußt abgelehnt[110], den Filmhersteller als Urheber des Filmwerks zu fingieren, wie dies § 93 Abs. 1

105 S. dazu bereits oben I 2. S. ferner auch unten 3. Teil I 2 und III 1 b zur Frage der Aufhebung oder Einschränkung speziell des urheberpersönlichkeitsrechtlichen Schutzes, die mit einem Eingriff in das Schöpferprinzip durch Neuordnung der Urheberschaft notwendig verbunden wären.
106 S. dazu oben II 1 a, c.
107 S. zu diesem Aspekt Dietz, in: Leser/Isomura, S. 867 f.; s. auch bereits oben II 1 b im Zusammenhang mit dem WUA; sowie im übrigen unten 3. Teil I 2 und III 1 b zum Urheberpersönlichkeitsrecht.
108 S. oben 1. Teil, III 4 b bb und IV 5.
109 S. oben a.
110 So die amtliche Gesetzesbegründung, BT-Drucks. IV/270, S. 35, 41 (zu § 7), 100 (zu § 99, jetzt § 89 UrhG).

des Referentenentwurfs zum jetzt geltenden Gesetz[111] mit Rücksicht auf die unübersichtlichen Vorgänge bei den Dreharbeiten eines Spielfilms vorgeschlagen hatte. Damit, daß Multimediawerke Spielfilme an Unübersichtlichkeit der Produktionsverhältnisse noch übertreffen werden, ist aber kaum zu rechnen.

Schließlich zeigt der rechtsvergleichende Überblick[112], daß in keinem Land derart tiefgreifende allgemeingültige Eingriffe in die Rechtstellung der tatsächlichen Werkschöpfer auch nur ernsthaft erörtert werden, wie sie vorliegend angesprochen sind. Dies gilt auch für die USA, wo sich ein solcher Eingriff in bezug auf Multimediawerke aus deren regelmäßiger Qualifizierung als audiovisueller Werke allenfalls im Rahmen von Arbeits- und Auftragsverhältnissen ergibt[113]. In Japan wird sogar eine Stärkung der Rechtstellung der Schöpfer von Beiträgen zu Multimediawerken im Vergleich mit dem geltenden Recht in bezug auf Filmwerke befürwortet[114], und in Frankreich wird davor gewarnt, Multimediawerke über Gebühr als Kollektivwerke – mit Auswirkungen auch nur auf die Rechtsinhaberschaft[115] – zu qualifizieren[116].

c) *Aufhebung oder Einschränkung der Urheberschaft des Werkschöpfers im Hinblick auf Arbeitnehmer- und Auftragswerke?*

Die vorstehenden Überlegungen gelten vom Ausgangspunkt des deutschen Rechts[117] aus betrachtet auch für Werke, die im Rahmen von Arbeits-, Dienst- und Auftragsverhältnissen geschaffen werden, weil auch auf solche Werke das Schöpfer- bzw. Urheberschaftsprinzip uneingeschränkt Anwendung findet. Die im Rahmen dieser Überlegungen erörterten Aspekte des deutschen Verfassungsrechts, des urheberrechtlichen Konventionsrechts und der Menschenrechte sowie die monistische, das Urheberpersönlichkeitsrecht mit umfassende Grundkonzeption des deutschen Urheberrechts[118] können in der grundlegenden Urheberschaftsfrage für solche Werke kaum anders beurteilt werden als für das urheberrechtliche Werkschaffen im allgemeinen.

Was dabei speziell die RBÜ und TRIPS[119] betrifft, so wird dieses Ergebnis besonders daran deutlich, daß es besonderer Überlegungen bedarf, um die Vereinbarkeit der U.S.-amerikanischen Regeln über den Arbeit- und Auftragge-

111 S. Referentenentwürfe zur Urheberrechtsreform, Bundesjustizministerium 1954, S. 36 f., 217 ff.
112 S. oben II 3.
113 S. oben II 3 a.
114 S. oben II 3 b.
115 S. oben a.
116 S. oben II 3 c.
117 S. oben a.
118 S. oben I 2.
119 S. oben II 1 a, c.

ber als fiktiven Urheber von »works made for hire«[120] mit ihnen zu begründen. Sie laufen darauf hinaus, daß es sich bei dieser fiktiven Urheberschaft auch aus der Sicht des amerikanischen Urheber- und Verfassungsrechts selbst in Wahrheit nur um einen Fall des gesetzlichen Erwerbs eines abgeleiteten Urheberrechts handelt[121]. Damit aber scheidet das Recht der USA als Vorbild für eine Neuregelung der Urheberschaftsverhältnisse an Werken speziell von Arbeitnehmern, Bediensteten und Auftragnehmern letztlich aus. Die Vorschläge der anderen untersuchten Länder für eine Anpassung des Urheberrechts an die digitale Technik und Multimediawerke[122] berühren dieses spezielle Thema noch nicht einmal, und auch das europäische Recht zwingt selbst dort, wo es am weitesten geht, nämlich im Hinblick auf von Arbeitnehmern geschaffene Computerprogramme, nur zur Zuordnung der vermögensrechtlichen Befugnisse an den Arbeitgeber[123] und nicht dazu, ihn als Urheber zu bestimmen oder zu fingieren.

Im übrigen wäre im Hinblick auf die digitale Nutzung insgesamt durch eine Neuordnung der Urheberschaft nur speziell an in Arbeits-, Dienst- und Auftragsverhältnissen geschaffenen Werken für die Rechtssicherheit nichts Entscheidendes gewonnen, weil diese Verhältnisse für außenstehende Nutzer im allgemeinen im Dunkeln bleiben. Zu denken wäre an eine solche Neuordnung daher nur in bezug auf Multimediawerke als Nutzungsgegenstand. Insoweit aber bietet neben allen schon erwähnten rechtlichen Bedenken das geltende, an der Urheberschaft des tatsächlichen Werkschöpfers uneingeschränkt orientierte deutsche Recht in Verbindung mit § 43 UrhG die flexiblere und vorzuziehende Regelung:

So sind bei Multimediawerken einerseits nicht weniger als bei Filmwerken Arbeitsverhältnisse vorstellbar und angesichts der neuesten Entwicklung auf dem Arbeitsmarkt sogar zunehmend wahrscheinlich, bei denen Werkschöpfer nur auf Produktionsdauer und auch nur gegen ein pauschales Entgelt angestellt werden. In solchen Fällen erschiene es unangemessen, den tatsächlichen Urhebern über die Fiktion einer Urheberschaft des Arbeitgebers die Wohltaten des zwingenden gesetzlichen Urhebervertragsrechts, wie des § 31 Abs. 4 UrhG über die Unwirksamkeit der Einräumung von Nutzungsrechten für unbekannte Nutzungsarten, vorzuenthalten[124]. Andererseits mag es auch bei Multimediawerken Arbeitsverhältnisse geben, bei denen zu erwägen ist, ob diese Bestimmung und andere zwingende vertragsrechtliche Regelungen entsprechend den allgemeinen Vorstellungen des Gesetzgebers des § 43

120 S. oben II 3 a.
121 S. Dietz, in: Leser/Isomura, S. 865 f.
122 S. oben II 3 b-e.
123 S. oben II 2.
124 S. hierzu BGH, GRUR 1991, 133, 135 – Videozweitauswertung, zur Anwendbarkeit des § 31 Abs. 4 UrhG auf die Einräumung von Nutzungsrechten an einen Filmhersteller von seiten eines auf Produktionsdauer gegen ein pauschales Entgelt angestellten Regisseurs.

UrhG[125] einer umfassenden vertraglichen, unter Umständen auch nur stillschweigenden Rechtseinräumung von seiten des Arbeitnehmer-Urhebers an den Arbeitgeber auch in bezug auf erst zukünftig bekannt werdende Nutzungsarten und damit auf neue betriebliche Zwecke nicht im Wege stehen[126].

d) *Beschränkung der Urheberschaft an Multimediawerken entsprechend der Rechtslage bei Filmwerken?*

Folgt man der herkömmlichen Auffassung, die bei Filmwerken zwar vom Schöpferprinzip ausgeht, den §§ 88, 89 UrhG jedoch eine Beschränkung hinsichtlich der möglichen Filmurheber entnimmt[127], so ist zu fragen, ob diese Beschränkung auch auf Multimediawerke Anwendung findet sollte. Die nahe Verwandtschaft von Multimediawerken mit Filmwerken[128] legt es nahe, diese Frage zu stellen. Ist die Frage zu bejahen, so könnte das Ergebnis z.B. dadurch erreicht werden, daß Multimediawerke in § 2 Abs. 1 Nr. 6 UrhG den Filmwerken zur Seite gestellt oder mit diesen Werken zur neuen Kategorie der audiovisuellen Werke verschmolzen werden[129] und der Wortlaut der §§ 88, 89 UrhG entsprechend angepaßt wird. Ist die Frage zu verneinen, so wäre bei einer Einbeziehung der Multimediawerke in § 2 Abs. 1 Nr. 6 UrhG der bisherige Wortlaut der §§ 88, 89 UrhG beizubehalten und zweckmäßigerweise in der Gesetzesbegründung klarzustellen, daß diese Bestimmungen jedenfalls in bezug auf die Urheberschaftsfrage[130] auf Multimediawerke nicht anzuwenden sind. Lehnt man die herkömmliche Lehre über die Beschränkung der Urheberschaft bei Filmwerken[131] und konsequenterweise dann auch bei Multimediawerken ab, dann ergibt sich als dritte Alternative, dies anläßlich einer Gesetzesreform bezüglich der Multimediawerke klarzustellen oder die Beantwortung der Frage den Gerichten zu überlassen.
In der Tat sprechen beachtliche Gründe[132] gegen die herkömmliche, an §§ 88, 89 UrhG orientierte Auffassung von der Urheberschaft an Filmwerken, so daß an sich der dritten Alternative der Vorzug zu geben ist. Die praktischen Auswirkungen des Meinungsstreits haben sich jedoch zumindest im Hinblick auf Filmwerke als gering erwiesen[133]. Dies zeigt sich schon daran, daß die Ge-

125 S. die amtliche Begründung zu § 43 UrhG, BT-Drucks. IV/270, S. 62.
126 S. dazu Katzenberger, Elektronische Printmedien und Urheberrecht, 1996, S. 126 ff.
127 S. oben a.
128 S. oben 1. Teil III 4 b bb.
129 S. dazu ebenfalls oben 1. Teil III 4 b bb.
130 Zu den vertragsrechtlichen Aspekten s. unten 6. Teil III I 1, 2 c, III 3.
131 S. dazu die Nachweise oben a.
132 So neuerdings auch Fromm/Nordemann/Hertin, Vor § 88, Rdnr. 22.
133 S. in diesem Sinne Fromm/Nordemann/Hertin, Vor § 88, Rdnr. 22; im Hinblick auf das Vertragsrecht und den Eingriff in die Verwertungsrechte der Urheber auch bereits Schricker/Katzenberger, Vor §§ 88 ff., Rdnr. 71, 73.

richte bisher, soweit ersichtlich, noch nicht gezwungen waren, Stellung zu nehmen. In bezug auf Multimediawerke dürfte die Situation keine andere sein, wenn sich deren Produzenten dazu bereit finden, die ideellen Interessen der Urheber der Beiträge zu solchen Werken, seien sie von den Multimediawerken als solchen unterscheidbar und selbständig verwertbar oder nicht, auf ähnliche Weise zu wahren, wie dies bei Filmwerken im Vor- und/oder Abspann und in der Werbung üblich ist. Durch den urheberpersönlichkeitsrechtlichen Schutz dieser Beiträge[134] sind sie dazu ohnehin verpflichtet. Verwertungshandlungen in bezug auf Multimediawerke insgesamt tangieren die durch schöpferische Beiträge dazu entstandenen Urheberrechte wie bei Filmwerken unabhängig davon, ob man sie nur als Urheberrechte an den Beiträgen oder zugleich als Urheberrechte an den Multimediawerken qualifiziert[135].
Als Resultat ist daher mit den hier erörterten Fragen kein erhebliches Reformanliegen angesprochen. Die Frage der Anwendbarkeit der §§ 88, 89 UrhG auf Multimediawerke kann somit insgesamt auf die urhebervertragsrechtlichen Aspekte dieser Bestimmungen konzentriert werden. Da die Frage im Ergebnis zu verneinen ist[136], besteht aber angesichts der untergeordneten Bedeutung des Aspekts der Urheberschaft in diesem Zusammenhang jedenfalls kein Anlaß, allein um dieses Aspekts willen für Multimediawerke eine §§ 88, 89 UrhG entsprechende Regelung einzuführen; diese Bestimmungen selbst sollten auf Filmwerke begrenzt bleiben. Im übrigen mögen die Gerichte entscheiden, wenn sie überhaupt deshalb angerufen werden.

e) *Beibehaltung oder Neuregelung der Bestimmungen über die Urheberschaft bei Beteiligung mehrerer Urheber an Multimediawerken?*

Die Frage, ob die §§ 3 und 4 sowie 8 und 9 UrhG über die Urheberschaftsverhältnisse bei Beteiligung mehrerer Urheber[137] auch auf Multimediawerke anzuwenden oder aber an diese Werke anzupassen bzw. um eine entsprechende spezielle Regelung zu ergänzen sind, ist in Anlehnung an die kategoriale Einordnung dieser Werke[138] zu entscheiden. Wie zu dieser Einordnung festgestellt, kommen hierfür vor allem eine Gleichbehandlung mit Filmwerken, nach dem soeben[139] Gesagten allerdings unter Ausschluß der §§ 88, 89 UrhG, sowie eine neue Sonderbestimmung über »Typenverschmelzung« in Betracht. Diese Maßnahmen beziehen sich freilich nur auf die sachgerechte Beurteilung

134 S. unten 3. Teil III 1 b, 2 b, 3.
135 S. Schricker/Katzenberger, Vor §§ 88 ff., Rdnr. 73; Fromm/Nordemann/Hertin, Vor § 88, Rdnr. 22.
136 S. unten 6. Teil III 3 b.
137 S. oben a.
138 S. dazu oben 1. Teil III 4 b bb und IV 5.
139 Oben d.

der Werkqualität der Multimediawerke, sie lassen, wie dies auch bei Filmwerken der Fall ist[140], die Beurteilung der Urheberschaftsverhältnisse nach den genannten allgemeinen Bestimmungen unberührt. Eine Neuregelung der §§ 3 und 4 sowie 8 und 9 UrhG ist, wie gezeigt[141], nicht zu empfehlen.
Sieht man von den erwähnten Empfehlungen für eine Neuregelung der kategorialen Einordnung der Multimediawerke im Hinblick auf ihre Werkqualität ab, so ergibt sich für den speziellen Aspekt der Urheberschaftsverhältnisse an solchen Werken eine Beurteilung nach den herkömmlichen Bestimmungen. Dies entspricht der Rechtslage in Frankreich, wo nach dem gegenwärtigen Stand diesbezügliche Gesetzesänderungen ebenfalls nicht vorgeschlagen worden sind[142]. Kein Anlaß für eine Neuregelung ist auch in bezug auf die Vermutungen des § 10 UrhG erkennbar.

2. *Inhaberschaft des Urheberrechts und der Verwertungsbefugnis*

a) *Ausgangspunkt*

Das Schöpferprinzip beherrscht nach dem geltenden deutschen Recht nicht nur die Urheberschaft, sondern fast uneingeschränkt auch die Inhaberschaft des Urheberrechts und der urheberrechtlichen Verwertungsbefugnis. Inhaber des Urheberrechts und der Verwertungsrechte als seiner Bestandteile kann nur der Urheber oder sein Rechtsnachfolger von Todes wegen sein; dies gilt wiederum im allgemeinen auch für Werke, die von Arbeitnehmern, Beamten und Auftragnehmern in Erfüllung ihrer vertraglichen oder dienstlichen Verpflichtungen geschaffen werden, für Computerprogramme und für Filmwerke[143]. Als bisher einzige Ausnahme sieht § 69b UrhG als Folge von Art. 2 Abs. 3 der EG-Computerprogrammrichtlinie in bezug auf im Rahmen von Arbeitsverhältnissen geschaffene Computerprogramme eine Zuordnung zwar nicht des Urheberrechts, wohl aber der vermögensrechtlichen Befugnisse an den Arbeitgeber vor. Diese Zuordnung ist aber nicht im Sinne einer originären, sondern nur im Sinne einer abgeleiteten Rechtsinhaberschaft in Form einer cessio legis zu deuten.[144]

140 S. Schricker/Katzenberger, Vor §§ 88 ff., Rdnr. 64, 66, 70.
141 S. oben 1. Teil III 4 b bb.
142 S. oben II 3 c.
143 S. zur Inhaberschaft des Urheberrechts bereits oben I 1; zur Inhaberschaft der als solche rechtsgeschäftlich grundsätzlich nicht übertragbaren Verwertungsrechte Schricker, Vor §§ 28 ff., Rdnr. 18; Schricker/v. Ungern- Sternberg, § 15, Rdnr. 2; zur Rechtslage bei Auftragswerken Schricker/Loewenheim, § 7, Rdnr. 1, 7; Ulmer, § 33 IV 2 (S. 186).
144 S. oben I 1.

b) *Aufhebung oder Einschränkung der Zuordnung des Urheberrechts oder der Verwertungsbefugnis zum Werkschöpfer bei digitalen, multimedialen oder sonstigen modernen Werknutzungen im allgemeinen?*

Was zunächst die Aufhebung oder Einschränkung der Zuordnung des Urheberrechts zum Werkschöpfer insgesamt betrifft, so gelten für diese die Gründe, die gegen eine Aufhebung oder Einschränkung der Urheberschaft des Werkschöpfers sprechen[145], in nur geringfügig gemildertem Maße gleichermaßen. Als allgemeiner Maßnahme im Hinblick auf moderne Formen der Werknutzung stehen ihr vor allem wiederum der Schutz des Urhebers durch das deutsche Grundgesetz und die monistische Grundkonzeption des deutschen Urheberrechts entgegen. Verfassungsrechtlich zugunsten des Urhebers als Werkschöpfer geschützt ist nicht nur der ideelle Aspekt der Urheberschaft und des Urheberpersönlichkeitsrechts, sondern auch die wirtschaftliche Komponente des Urheberrechts[146]. Eine Zuordnung des Urheberrecht zu einer anderen Person als dem Urheber und Werkschöpfer bedeutete unter dem Vorzeichen eines monistisch verstandenen Urheberrechts, daß dem Urheber nicht nur der vermögensrechtliche, sondern auch der persönlichkeitsrechtliche Schutz gänzlich entzogen würde[147].
Was den internationalen Schutz des Urhebers betrifft, so spricht insbesondere die Gewährleistung der Menschenrechte gegen einen Eingriff in die Zuordnung des Urheberrechts zum Werkschöpfer. Sie betrifft sowohl die »moralischen« bzw. »geistigen« als auch die »materiellen« Interessen des Urhebers[148]. Weniger eindeutig sind die RBÜ und mit dieser auch das TRIPS-Übereinkommen, die hinsichtlich der originären Inhaberschaft des Urheberrechts als solchen im Sonderfall der Filmwerke eine Zuordnung an den Filmhersteller akzeptieren[149]. Unbeschadet der sonstigen Bedenken käme danach eine originäre Zuordnung des Urheberrechts an eine andere Person als den Werkschöpfer im Hinblick auf die neuen Techniken der Werknutzung nur für Multimediawerke und auch für diese nur in Betracht, soweit sie als Filmwerke qualifiziert werden können. Dies ist aber nicht bei allen Multimediawerken der Fall[150]. Eine Zusammenfassung von Filmwerken und Multimediawerken unter dem weiteren Begriff der audiovisuellen Werke auf der Ebene der innerstaatlichen Gesetzgebung[151] würde an der konventionsrechtlichen Beurteilung nichts ändern. Größeren Spielraum gewährt nur das WUA[152].

145 S. oben I b.
146 S. dazu Schricker, Einl., Rdnr. 12; Schricker/Melichar, Vor §§ 45 ff., Rdnr. 7, 8.
147 S. dazu bereits oben I c und I 2.
148 S. Dietz, in: Leser/Isomura, S. 867 f.
149 S. oben II 1 a, c.
150 S. 1. Teil III 4 b bb.
151 S. oben 1. Teil II 3 a, b, c, e zum ausländischen Recht und III 4 b bb zum deutschen Recht.
152 S. oben II 1 b.

Als allgemeingültige Regel käme demzufolge aus der Sicht des urheberrechtlichen Konventionsrechts allenfalls eine Neuregelung in Betracht, welche das Urheberrecht oder die Verwertungsbefugnis insbesondere an Multimediawerken einer anderen Person als dem Werkschöpfer lediglich im Sinne abgeleiteter Rechte, etwa in Form einer cessio legis, zuweist[153]. An den Bedenken aus der Sicht des deutschen Verfassungsrechts und der monistischen Grundkonzeption des deutschen Urheberrechts würde dies allerdings nichts ändern.

Dasselbe gilt im Hinblick auf das französische Vorbild der Kollektivwerke, selbst wenn man die betreffende Regelung als eine solche über die Zuordnung nicht der Urheberschaft, sondern nur des Urheberrechts deutet[154]. Dieses Vorbild ist auch im übrigen nicht ermutigend: In der französischen Urheberrechtswissenschaft wird die Regelung allgemein bedauert[155]. Die Abgrenzung von Kollektivwerk und Sammelwerk ist schwierig, da die wichtigsten Beispielsfälle für herkömmliche Kollektivwerke, nämlich Konversationslexika, Enzyklopädien, Zeitschriften und Zeitungen, auch durch den Begriff des Sammelwerks abgedeckt werden können. Darüber hinaus schließen auch die Qualifikation eines Werkes als Kollektivwerk und die Zuordnung des Urheberrechts daran an diejenige, unter Umständen auch juristische Person, unter deren Namen es veröffentlicht wird, nicht aus, daß an den einzelnen Beiträgen gesonderte Urheberrechte ihrer Werkschöpfer bestehen, so daß auch das Urheberrecht am Kollektivwerk wie dasjenige am Sammelwerk nur diejenige schöpferische Leistung schützt, die in Form von Auswahl und Anordnung erbracht wird.[156] Für die Rechtssicherheit im Hinblick auf die Rechtsinhaberschaft an Multimediawerken ist damit auch über das Rechtsinstitut des Kollektivwerks kaum etwas gewonnen, und die französische Warnung vor einer allzu leichten Qualifizierung von Multimediawerken als Kollektivwerken[157] wird umso mehr verständlich.

c) *Aufhebung oder Einschränkung der Zuordnung des Urheberrechts oder der Verwertungsbefugnis zum Werkschöpfer im Hinblick auf Arbeitnehmer- und Auftragswerke?*

Es bleibt nach dem vorstehend Gesagten als einzige ernsthafte Alternative zum geltenden deutschen Recht eine Neuregelung insbesondere im Hinblick auf Multimediawerke nur in bezug auf Arbeitnehmer- und Auftragswerke. Da

153 S. oben II 1 a, c.
154 S. oben 1 a und II 3 c.
155 S. Dietz, Das Urheberrecht in der Europäischen Gemeinschaft, S. 76.
156 S. zum Vorstehenden insgesamt Dietz, Das Urheberrecht in der Europäischen Gemeinschaft, S. 71 f., 80 ff.
157 S. oben II 3 c.

auch bei einer solchen Neuregelung, wenn sie die Zuordnung des Urheberrechts insgesamt betrifft, Bedenken unter dem Gesichtspunkt der monistischen, das Urheberpersönlichkeitsrecht mit umfassenden Konzeption des deutschen Urheberrechts sowie des verfassungsrechtlichen Schutzes auch der ideellen Interessen des Urhebers[158] bestehen bleiben, konzentriert sich die Alternative zudem auf den Aspekt der Zuordnung nur der Verwertungsbefugnis und damit letztlich auf eine ähnliche Regelung für Multimediawerke, wie sie § 69b UrhG im Hinblick auf von Arbeitnehmern geschaffene Computerprogramme bereits vorsieht[159].
Gegen eine solche Parallele spricht aber insbesondere, wie schon im Zusammenhang mit der Urheberschaftsfrage erörtert[160], daß die allgemeinen Zuordnungsgrundsätze des deutschen Urheberrechts in Verbindung mit § 43 UrhG die flexiblere, gerechtere und damit vorzuziehende Lösung bieten. Eine § 69b UrhG entsprechende Regelung in bezug auf Multimediawerke ist danach nicht zu empfehlen. Dasselbe muß dann aber mit Rücksicht auf ihre wirtschaftlich weniger als Arbeitnehmer und Beamte gesicherten Urheber erst recht für Auftragswerke gelten.

d) *Alternativen zu Eingriffen in die Rechtsinhaberschaft der Werkschöpfer*

Vor allem der Überblick über die europäischen Reformbestrebungen und das ausländische Recht hat über die vorstehenden Erwägungen hinaus gezeigt, daß die mit den digitalen Techniken und Multimediawerken verbundenen Probleme aller Voraussicht nach mit technischen und organisatorischen Maßnahmen, wie mit Identifizierungstechniken und Systemen der erleichterten, zentralen Rechteverwaltung, gelöst werden können[161]. Die deutschen Verwertungsgesellschaften sind durch Gründung der »Clearingstelle Multimedia« in diesem Sinne sogar schon aktiv geworden[162]. Gravierender Eingriffe in die Rechtsstellung der Werkschöpfer bedarf es daher aus tatsächlichen Gründen nicht.

158 S. oben 1 c und I 2. Zum verfassungsrechtlichen Schutz auch der urheberpersönlichkeitsrechtlichen Komponente des Urheberrechts s. Schricker, Einl., Rdnr. 12.
159 S. oben a.
160 S. oben 1 c am Ende.
161 S. oben II 2 am Ende, 3 a (USA), b (Japan), c (Frankreich) und d (Kanada).
162 S. Melichar, in: Lehmann, Internet- und Multimediarecht (Cyberlaw), 1996, S. 205, 213 ff.

IV. *Anpassung des deutschen UrhG?*

1. Das deutsche UrhG bedarf im Hinblick auf die digitalen und sonstigen modernen Werknutzungen und auf Multimediawerke in den Fragen der Urheberschaft und der Inhaberschaft des Urheberrechts und der Verwertungsbefugnis grundsätzlich keiner Anpassung.

2. Dies gilt auch im Hinblick auf Werke, die im Rahmen von Arbeits-, Dienst- und Auftragsverhältnissen geschaffen werden.

3. Bei einer Gleichstellung von Multimediawerken mit Filmwerken oder einer Zusammenfassung dieser Kategorien von Werken unter dem Begriff der audiovisuellen Werke sollten die §§ 88, 89 UrhG (auch) in bezug auf die Urheberschaftsfrage auf Filmwerke beschränkt bleiben.

3. Teil: Urheberpersönlichkeitsrecht

I. *Problemstellung*

1. *Ausgangspunkt*

Zu den wesentlichen Errungenschaften des UrhG von 1965 gehört die Kodifizierung des Urheberpersönlichkeitsrechts[1]. Der monistischen Konzeption entsprechend verbindet sich mit dem Schutz der Vermögensinteressen des Urhebers untrennbar der Schutz seiner geistigen und persönlichen Beziehungen zum Werk (§ 11 UrhG)[2]. Zum Ausdruck gelangt der urheberpersönlichkeitsrechtliche Schutz in erster Linie in den §§ 12-14 UrhG, die als Urheberpersönlichkeitsrecht im engeren Sinne bezeichnet werden; hinzutreten im Gesetz verstreute zusätzliche Regelungen, wie Unübertragbarkeit des Urheberrechts, Rückrufsrecht, Änderungsverbot u.a.m., die als Urheberpersönlichkeitsschutz im weiteren Sinne aufgefaßt werden können[3].

Das Urheberpersönlichkeitsrecht wird als grundsätzlich unübertragbar und unverzichtbar erachtet[4]. Es kann zwar im Rahmen des Urheberrechts als ganzen vererbt (§ 28 UrhG)[5] und in Sonderfällen im Zusammenhang mit der Vererbung auch unter Lebenden übertragen werden (§ 29); jedoch gilt im übrigen die Regel von der Unübertragbarkeit des Urheberrechts als ganzen und in Teilen[6]. § 39 Abs. 1 UrhG erlaubt den Schluß, daß Vereinbarungen über Änderungen des Werks möglich sind. Im übrigen geht der Abschnitt »Rechtsverkehr im Urheberrecht« (§§ 28 ff. UrhG) auf das Urheberpersönlichkeitsrecht nicht ein; insbesondere bezieht sich die Möglichkeit der konstitutiven Rechtsübertragung durch Abspaltung von Nutzungsrechten hierauf nicht. In der Praxis kommt man freilich nicht ohne Abmachungen über Urheberpersönlichkeitsrechte aus. Inwieweit derartige Rechtsgeschäfte möglich sind und inwieweit ihnen der Grundsatz der Unübertragbarkeit und Unverzichtbarkeit Einhalt gebietet, ist ungeklärt[7]. »Bisher herrscht hier eine einzige

1 S. zur Rechtsentwicklung Dietz, Das Droit Moral des Urhebers im neuen französischen und deutschen Urheberrecht, S. 13 ff.
2 Schricker, § 11, Rdnr. 2; Schricker/Dietz, Vor §§ 12 ff., Rdnr. 11 ff.; Ulmer, § 18 II.
3 Schricker/Dietz, Vor §§ 12 ff., Rdnr. 6 ff.
4 Schricker/Dietz, Vor §§ 12 ff., Rdnr. 26 ff.
5 Schricker, § 28, Rdnr. 5.
6 § 29; s. Schricker, § 29, Rdnr. 7.
7 Schricker, Vor §§ 28 ff., Rdnr. 28.

große Unklartheit« stellen Hubmann/Rehbinder[8] fest und fordern eine baldige Klärung.
International gesehen ist das Urheberpersönlichkeitsrecht (Droit Moral, Moral Right) unterschiedlich stark ausgeprägt. Besonderer Betonung erfreut es sich – im Rahmen einer dualistischen Konzeption – in Frankreich[9] wie auch in anderen kontinentaleuropäischen Ländern, während es im angelsächsischen Recht auf ausgeprägte Zurückhaltung stößt[10].

2. *Aktuelle Probleme*

Der relativ starke Ausbau des Urheberpersönlichkeitsschutzes im deutschen Urheberrecht läßt in Verbindung mit seiner fehlenden bzw. ungeklärten Fungibilität im Blick auf moderne Formen der Werkverwertung Probleme entstehen. Sie werden auch in anderen Ländern empfunden, wobei freilich die Schwierigkeiten bei einem niedrigeren urheberpersönlichkeitsrechtlichen Schutzstandard, wie er in angelsächsischen Ländern für ausreichend gehalten wird, weniger stark ausgeprägt sind. Die europäische Urheberrechtsharmonisierung hat das Urheberpersönlichkeitsrecht bisher ausgeklammert, sei es weil man seine Bedeutung unterschätzte, sei es weil man vor der Diskrepanz zwischen der schutzfreundlichen kontinentaleuropäischen und der einem Schutz weniger zugeneigten angelsächsischen Auffassung kapitulierte. Die Entwicklungsperspektiven der Informationsgesellschaft lenken jedoch das Augenmerk in der Gemeinschaft verstärkt auf das Urheberpersönlichkeitsrecht.
Es geht in erster Linie um den Schutz der Integrität des Werks vor Änderungen, Entstellungen und sonstigen Beeinträchtigungen. Die digitale Technik erleichtert Eingriffe in das Werk, macht es nahezu beliebig manipulierbar. Multimediawerke zeichnen sich durch Verbindung und Verschmelzung unterschiedlicher Werke und Werkteile unter gegenseitiger Anpassung aus[11]. Moderne elektronische Verwertungstechniken laden zur Segmentierung, Kombination und Umgestaltung von Werken geradezu ein. Dabei erlauben es interaktive Verfahren, daß der Rezipient das Werk seinerseits umgestaltet oder fortsetzt[12]. Wirtschaftliche Aspekte der Werkverwertung führen vielfach zur Aufnahme von Werbung in die Werkwiedergabe oder bringen das Werk mit Werbung in Zusammenhang. Beispiele aus der Rechtsprechung betreffen die

8 Urheber- und Verlagsrecht, 8. Aufl., § 42 II (S. 221).
9 S. Dietz, Das Droit Moral des Urhebers im neuen französischen und deutschen Urheberrecht, S. 27 ff.; Altenburg, Die neuere Entwicklung des Urheberpersönlichkeitsrechts in Deutschland und Frankreich, S. 84 ff.
10 Strowel, Droit d'Auteur et Copyright, S. 481 ff., 538 ff.
11 S. zum Begriff oben 1. Teil III.
12 S. oben 1. Teil III 6.

Nachkolorierung von Filmen[13] sowie die Werbeunterbrechung bei Fernsehsendungen[14].
Weitere Probleme können hinsichtlich des Rechts auf Anerkennung der Urheberschaft und speziell der Urhebernennung entstehen. So kann es bei Multimediawerken, die Beiträge vieler Urheber vereinen, schwer werden, die einzelnen Beteiligten namentlich als Urheber aufzuführen. Bei Werken und Werkteilen, die in Datenbanken gespeichert und in Netzen zugänglich gemacht werden, kann sich in den möglichen vielfältigen Vorgängen der Nutzung, Änderung, Fragmentierung und Kombination des Werkmaterials die Zuordnung der Werke zu ihren Urhebern verwischen, so daß die Identifizierung erschwert oder unmöglich gemacht wird. In die gleiche Richtung wie das Interesse des Werkschöpfers an der Anerkennung seiner Urheberschaft kann hier das Interesse des Inhabers abgeleiteter Rechte an der Erfassung der Nutzungsvorgänge und das Interesse der Rezipienten und der Allgemeinheit an der Identifizierbarkeit und Authentizität der Werke gehen, selbst wenn diese nicht mehr urheberrechtlich geschützt sind[15].
Die digitale Technik, die einerseits das Werk nahezu unbegrenzten Möglichkeiten der Modifikation und Ablösung von seiner Quelle aussetzt, könnte andererseits auch Möglichkeiten zu maschineller Kontrolle der Nutzungsvorgänge eröffnen, insbesondere durch elektronische Kennzeichnung oder Verschlüsselung. Derartige Maßnahmen sind allerdings wiederum Umgehungspraktiken ausgesetzt, die unter Umständen durch rechtliche Maßnahmen bekämpft werden müssen. Hierauf ist im Zusammenhang mit der Werkverwertung einzugehen.
An die beiden im vorliegenden Zusammenhang hauptsächlich ins Gewicht fallenden Problemkomplexe – Schutz der Werkintegrität und Anerkennung der Urheberschaft (s. unten III 1, 2) – schließen sich eine Reihe von Einzelfragen an, etwa betreffend das Veröffentlichungsrecht bei Zugänglichmachung in digitalen Medien und die Möglichkeit des Rückrufs (s. unten III 3).
Generell ist bei der Suche nach Lösungen zu beachten, daß der Urheberpersönlichkeitsschutz zu den Grundprinzipien des deutschen Urheberrechts gehört, der dieses wesentlich prägt. Verfassungsrechtlich wird der Schutz des Urheberpersönlichkeitsrechts durch Art. 1, Art. 2 Abs. 1 GG geboten[16]; internationalrechtlich erfüllt er die Verpflichtung aus Art. 6bis RBÜ[17]. Nach Art. 27 Abs. 2 der Allgemeinen Erklärung der Menschenrechte hat jeder Mensch das

13 App. Paris, GRUR Int. 1989, 937 – John Huston; Cass., GRUR Int. 1992, 304 – John Huston II m.Anm. v. Edelman, S. 260; Altenburg, S. 155 ff.; v. Lewinski/Dreier, GRUR Int. 1989, 635 ff.; J. Kreile/Westphal, GRUR 1996, 254, 258.
14 S. dazu rechtsvergleichend Peifer, Werbeunterbrechungen in Spielfilmen, S. 42 ff., 184 ff.
15 S. dazu Dietz, Generalbericht zum ALAI-Kongreß, Authenticity of Authorship and Work, Amsterdam, 4./8. Juni 1996 (noch unveröffentlicht).
16 Schricker, Einl., Rdnr. 12.
17 Schricker/Dietz, Vor §§ 12 ff., Rdnr. 23 ff.

Recht auf Schutz der moralischen und materiellen Interessen, die sich aus jeder wissenschaftlichen, literarischen oder künstlerischen Produktion ergeben, deren Urheber er ist, wobei mit den »moralischen« Interessen auch das »Droit Moral« im Sinne des Urheberpersönlichkeitsrechts gemeint ist[18]. Es kann deshalb nicht die Rede davon sein, das Urheberpersönlichkeitsrecht sei im Multimediazeitalter nicht mehr zeitgemäß und müsse deshalb als ein Stör- und Risikofaktor abgeschafft werden[19]. Ein Ausgleich der Interessen von Urheber, Werknutzer und Allgemeinheit ist vielmehr in der Richtung zu suchen, daß man das Urheberpersönlichkeitsrecht in seinem Bestand wahrt, dem Urheber aber erlaubt, darüber rechtsgeschäftlich zu disponieren, um die Werknutzung in der Informationsgesellschaft in angemessenen Grenzen zu ermöglichen[20].

II. *Internationales, Europäisches und ausländisches Recht*

1. *Internationales Recht*

a) *RBÜ*

Seit der Rom-Konferenz von 1928[21] enthält die RBÜ eine partielle, auf die Anerkennung der Urheberschaft und den Integritätsschutz des Werkes beschränkte Regelung des Urheberpersönlichkeitsrechts[22]. Es handelt sich um ein im Grundsatz vorgegebenes Mindestrecht, dessen Sanktionierung gemäß Art. 6bis Abs. 3 RBÜ durch die nationale Gesetzgebung erfolgen muß[23]. Urheberpersönlichkeitsrechtliche Spezifika der Digitalisierung, Multimedia und der sonstigen modernen Entwicklungen in der Informationsgesellschaft werden in der RBÜ nicht angesprochen.

Gemäß Art. 6bis Abs. 1 RBÜ besteht der persönlichkeitsrechtliche Schutz des Urhebers »unabhängig von seinen vermögensrechtlichen Befugnissen und selbst nach deren Abtretung«. Ein Ausschluß der Abtretbarkeit des Urheberpersönlichkeitsrechtes selbst wird damit nicht statuiert; die Vorschrift hindert

18 In diesem Sinne bezieht sich auch das EG-Dokument »Initiativen zum Grünbuch«, KOM (90) 584 endg. vom 17.1.1991, S. 33 auf Art. 27 Abs. 2; s. ferner Altenburg, S. 193.

19 So aber offenbar Hoeren laut Tagungsbericht von Wachter, GRUR Int. 1995, 860, 873.

20 S. in diesem Sinne die Empfehlung E 17 des Rates für Forschung, Technologie und Innovation von 1995, Informationsgesellschaft – Chancen, Innovationen und Herausforderungen, S. 28.

21 S. zur Entstehungsgeschichte Ricketson, S. 456 ff.

22 S. dazu Ricketson, S. 467 ff.; Schricker/Dietz, Vor §§ 12 ff., Rdnr. 23 ff.; Nordemann/Vinck/Hertin/Meyer, International Copyright, S. 83 ff.; Altenburg, S. 188 ff.; Peifer, S. 292 ff.

23 Ulmer, § 14 V 2.

Mitgliedstaaten nach ganz h.M. nicht, das Urheberpersönlichkeitsrecht für zeitweilig oder dauernd abtretbar und/oder verzichtbar zu erklären[24].
Der Vorschlag eines Vertrags über bestimmte Fragen betreffend den Schutz von Werken der Literatur und Kunst für die Diplomatische Konferenz im Dezember 1996[25] spart das Urheberpersönlichkeitsrecht aus. Art. 3 des Vorschlags erklärt lediglich Art. 3-6 der RBÜ für anwendbar. Art. 1 Abs. 2 bestimmt jedoch, daß bestehende Verpflichtungen aus der RBÜ nicht aufgehoben werden sollen. Mitgliedstaaten, die nicht der RBÜ angehören, sollen Art. 1-21 der RBÜ erfüllen (Art. 1 Abs. 4 des Vorschlags). Es soll also beim Schutz des Urheberpersönlichkeitsrechts nach Art. 6 RBÜ in seinem bisherigen gegenständlichen Anwendungsbereich bleiben; nach Möglichkeit sollen weitere Länder zu seiner Beachtung angeregt werden.

b) *WUA*

Der durch das WUA gewährte Schutz bezieht sich laut Art. IVbis Abs. 1 Satz 1 auf die »grundlegenden Rechte, die die wirtschaftlichen Interessen des Urhebers schützen«. Eine Gewährleistung des Urheberpersönlichkeitsrechts fehlt[26]; allenfalls indirekt können einzelne Regelungselemente damit in Verbindung gebracht werden[27]. Für die urheberpersönlichkeitsrechtlichen Probleme der Informationsgesellschaft läßt sich aus dem WUA nichts herleiten.

c) *TRIPS*

Das TRIPS-Übereinkommen geht in Art. 9 Abs. 1 Satz 1 zwar von einer Verweisung auf Art. 1-21 der RBÜ aus, schränkt diese aber im Blick auf das Urheberpersönlichkeitsrecht in Art. 9 Abs. 1 Satz 2 ein: »Die Mitglieder haben jedoch aufgrund dieses Übereinkommens keine Rechte und Pflichten in bezug auf die in Art. 6bis der Übereinkunft gewährten oder die daraus abgeleiteten Rechte«. Die zwischen den Mitgliedern der RBÜ bestehenden Verpflichtungen bleiben indessen laut Art. 2 Abs. 2 unberührt. Allgemein ist den Mitgliedern des TRIPS-Übereinkommens die Gewährung eines umfassenderen Schutzes unbenommen[28]. Im Ergebnis ist somit festzustellen, daß TRIPS zu einem Schutz des Urheberpersönlichkeitsrechts nicht verpflichtet, einen solchen aber auch nicht ausschließt, insbesondere der Anwendung von Art. 6bis

24 Ricketson, S. 467 Nr. 8.104; Nordemann/Vinck/Hertin/Meyer, S. 87, Rdnr. 3 m.w.Nachw.; Peifer, S. 300 f. m.w.Nachw.
25 Basic proposal for the substantive provisions of the Treaty on certain questions concerning the protection of literary and artistic works to be considered by the Diplomatic Conference, Dok. CRNR/DC/4 vom 30.8.1996.
26 Ulmer, § 15 II 2; Altenburg, S. 191.
27 Dietz, Cop. Bull. 1987, No 3 S. 17 ff.
28 Art. 1 Abs. 1 Satz 2; s. dazu Katzenberger, GRUR Int. 1995, 447, 463.

RBÜ nicht im Wege steht[29]. Daß das TRIPS-Übereinkommen in näherer Zukunft durch einen Schutz des Urheberpersönlichkeitsrecht erweitert werden könnte, ist angesichts des Widerstands der USA[30] unwahrscheinlich.

2. *Europäisches Recht*

Die europäische Urheberrechtsharmonisierung[31] erstreckt sich bisher nicht auf das Urheberpersönlichkeitsrecht.
So wird das Urheberpersönlichkeitsrecht in der Richtlinie zum Schutz der Computerprogramme nicht einbezogen; sein Schutz bleibt in diesem Bereich grundsätzlich nationalem Recht überlassen[32]. Der Sache nach ist für das Urheberpersönlichkeitsrecht[33] jedoch der Vorbehalt der Übersetzung, Bearbeitung, des Arrangements und anderer Umarbeitungen zugunsten des Urheberrechtsinhabers (Art. 4 lit b, s. auch § 69 c Nr. 2 UrhG) von Bedeutung, wobei in Ermangelung spezifischer vertraglicher Bestimmungen Umarbeitungen freigestellt sind, wenn sie für eine bestimmungsgemäße Benutzung des Computerprogramms einschließlich der Fehlerberichtigung durch den rechtmäßigen Erwerber notwendig sind (Art. 5 Abs. 1; s. auch § 69 d Abs. 1 UrhG). Gegen Umgestaltungen, die hiernach zulässig sind, kann der Urheber somit nicht aufgrund seines Urheberpersönlichkeitsrechts vorgehen.
In der Datenbankrichtlinie findet sich eine entsprechende Regelung (Art. 5 lit b, Art. 6 Abs. 1). Im übrigen stellt Nr. 28 der Erwägungsgründe zur Datenbankrichtlinie ausdrücklich fest, daß für die Urheberpersönlichkeitsrechte der natürlichen Person, die die Datenbank geschaffen hat, die Rechtsvorschriften der Mitgliedstaaten in Einklang mit der RBÜ gelten; sie bleiben außerhalb des Anwendungsbereichs der Richtlinie.
Auch hinsichtlich der Satelliten- und Kabelrundfunkrichtlinie[34] erklären die Erwägungsgründe die Ausübung des Urheberpersönlichkeitsrechts als vom Regelungsbereich der Richtlinie nicht erfaßt (Nr. 29 a. E.).
Die Schutzdauerrichtlinie[35] besagt in Art. 9 ausdrücklich, daß die Richtlinie die Bestimmungen der Mitgliedstaaten zur Regelung der Urheberpersönlichkeitsrechte unberührt läßt[36].

29 Vgl. Katzenberger, GRUR Int. 1995, 447, 465.
30 Vgl. Katzenberger, GRUR Int. 1995, 447, 465; Altenburg, S. 191 f.
31 S. dazu zusammenfassend Altenburg, S. 193 ff.
32 Dreier in Lehmann, 2. Aufl., S. 36, Rdnr. 9.
33 Vgl. Schricker/Loewenheim, § 39, Rdnr. 7; Schricker/Dietz, § 14, Rdnr. 1.
34 GRUR Int. 1993, 936.
35 GRUR Int. 1994, 141.
36 S. zur Entstehungsgeschichte, insbesondere zu abweichenden Vorschlägen Altenburg, S. 193 f.

Ganz unerwähnt bleibt das Urheberpersönlichkeitsrecht in der Vermietrechtsrichtlinie[37].
Die nicht urheberrechtlich orientierte Fernsehrichtlinie von 1989 betrifft das Urheberpersönlichkeitsrecht allenfalls mittelbar, indem sie medienrechtliche Vorschriften für die Unterbrecherwerbung enthält[38]. Diese Vorschriften lassen jedoch das Urheberpersönlichkeitsrecht unberührt[39].
In ihrem Programmpapier »Initiativen zum Grünbuch«[40] weist die Kommission auf die hinsichtlich des Schutzes des Urheberpersönlichkeitsrechts bestehenden unterschiedlichen rechtlichen Konzeptionen und Traditionen in den Mitgliedstaaten hin wie auch auf neuere Konfliktsfälle in der Praxis, insbesondere bezüglich der Kolorierung von Filmen. Die Kommission habe bisher nicht beschlossen, eine globale Harmonisierung des Persönlichkeitsrechts in den Mitgliedstaaten vorzuschlagen[41]. Die Kommission schließe jedoch nicht aus, daß der eine oder andere spezifische persönlichkeitsrechtliche Aspekt geregelt werden müsse. Die persönlichkeitsrechtlichen Probleme sollten eingehender untersucht werden[42].
Die Phil-Collins-Entscheidung des EuGH vom 20.10.1993[43] hat bekräftigt, daß zum spezifischen Gegenstand des Urheberrechts nicht nur der Schutz der Vermögensinteressen, sondern auch der Persönlichkeitsrechte der Urheber gehört. Letztere gestatteten es dem Urheber insbesondere, sich jeder Entstellung, Verstümmelung und sonstigen Änderung oder Beeinträchtigung des Werks zu widersetzen, die seiner Ehre oder seinem Ruf nachteilig sein könnten.
Die Kommission nimmt hierauf in ihrem Grünbuch »Urheberrecht und verwandte Schutzrechte in der Informationsgesellschaft« Bezug[44]. Das Urheberpersönlichkeitsrecht wird in einem eigenen Abschnitt behandelt[45], der sich auf Fragen des Integrationsschutzes konzentriert. Die Schwerpunkte der Problematik werden wie folgt zusammengefaßt[46]:

> Unter interaktiven Rahmenbedingungen wie denen der Informationsgesellschaft, da Umgestaltungen und Bearbeitungen von Werken äußert leicht möglich sind, ist das Urheberpersönlichkeitsrecht, das die Integrität des Werkes und die Urheberschaft des Urhebers sichert, ein zentrales Element. Dieses Recht bedingt wesent-

37 GRUR Int. 1993, 144.
38 S. Art. 11 Abs. 1, 3, 4 der Fernsehrichtlinie, GRUR Int. 1990, 134; s. dazu Altenburg, S. 195; Peifer, S. 155 ff.
39 Peifer, S. 158 f.
40 KOM (90) 584 endg. v. 17.1.1991, S. 33 f. Nr. 8.3, GRUR Int. 1991, 359.
41 Für eine Harmonisierung Altenburg, S. 199 ff.
42 S. zur Aktivität der Kommission auch Dietz, ZUM 1993, 309 ff.
43 GRUR Int. 1994, 280, Nr. 20.
44 KOM (95) 382 endg. v. 19.7.95, S. 66.
45 Abschnitt VII, S. 65 ff.
46 S. 65.

liche Unterschiede zwischen den Rechtssystemen und gibt Anlaß zu großen Kontroversen.«

Eine Anhörung, die am 30.11./1.12.1992 stattfand, habe zwar gezeigt, daß das Urheberpersönlichkeitsrecht gegenwärtig noch keine realen Probleme für den Binnenmarkt bilde, da es nur selten geltendgemacht werde. Unter den Bedingungen der Informationsgesellschaft stelle sich die Frage des Urheberpersönlichkeitsrechts aber akuter als zuvor. Nach Auffassung der Kommission sollte deshalb untersucht werden, ob die fehlende Harmonisierung in diesem Bereich unter den neuen Rahmenbedingungen der Digitalisierung noch hinnehmbar ist[47]. Das Grünbuch wirft diesbezüglich fünf Fragen auf[48]. Nachstehend seien diese Frage und die dazu der Kommission gegenüber abgegebene Stellungnahme des Max-Planck-Instituts wiedergegeben:

Frage 1): Sind Ihrer Meinung nach die Unterschiede zwischen den Rechtssystemen der Mitgliedstaaten so groß, daß die Bestimmungen hinsichtlich des Urheberpersönlichkeitsrechts harmonisiert werden sollten? Wäre diese Rechtsangleichung angesichts der derezeitigen Situation gerechtfertigt?
Die Unterschiede zwischen den Rechtssystemen der Mitgliedstaaten, und insbesondere der Rechtsanwendung im Bereich des Urheberpersönlichkeitsrechts sind so groß, daß eine Rechtsangleichung notwendig erscheint. Diese Ansicht ist gerade angesichts der derzeitigen technologischen Entwicklungen, die eine größere Verletzlichkeit von Werke durch leichter werdende Manipulation mit sich bringen, in besonderem Maße gerechtfertigt. Auch das in Zusammenhang mit den neuen technologischen Möglichkeiten anstehende Problem der Authentizität , die nicht nur zugunsten des Urhebers, sondern auch im allgemeinen Interesse gesichert sein sollte, verlangt nach einer Rechtsangleichung. Sie sollte auch grundsätzlich das Vertragsrecht im Bereich des Urheberpersönlichkeitsrechts umfassen.

Frage 2): Wäre die Möglichkeit denkbar, die Fragen des Urheberpersönlichkeitsrechts im Vertragswege zu regeln (so müßte der Urheber z.B. bei Einspeisung ins Netz oder bei Digitalisierung bestimmte Veränderungen am Werk hinnehmen, wie Synchronisation, Untertitelung, Umformatierung usw.)?
Die vertragliche Regelung bestimmter urheberpersönlichkeitsrechtlicher Fragen ist im Interesse der Rechtssicherheit unumgänglich. Sowohl die dem Nutzer erlaubten Nutzungen müssen klar niedergelegt sein, wie auch die Grenzen, über die der Nutzer nicht hinausgehen darf. Es sei klargestellt, daß der in

47 S. 67.
48 S. 67/68.

Klammern gefaßte zweite Teil der Frage 2) wie in der englischen Fassung zu verstehen ist, nämlich dahingehend, daß der Urheber die genannten Veränderungen nur dann und soweit hinnehmen muß, wie er ihnen vertraglich zugestimmt hat.

Frage 3): Könnte man von der Vermutung der Zustimmung zu bestimmten Veränderungen ausgehen, sobald der Urheber die Digitalisierung seines Werkes genehmigt hat?
Es ist kein Grund ersichtlich, der die Vermutung rechtfertigen würde, der Urheber stimme automatisch bestimmten Veränderungen des Werkes zu, sobald er nur die Digitalisierung genehmigt hat. Die Digitalisierung allein hat Werkveränderungen, die im Sinne des Urheberpersönlichkeitsrechts relevant sind, nicht zur Folge. Allein die durch die Digitalisierung technisch erleichterte Veränderbarkeit sagt noch nichts über den vermutlichen Willen des Urhebers, einer konkreten Veränderung zuzustimmen, aus. Daher ist die angesprochene Vermutung der Zustimmung abzulehnen.

Frage 4): Halten Sie es für machbar, daß in Kollektivvereinbarungen zwischen Urhebern und ausführenden Künstlern auf der einen und Produzenten und Verlegern auf der anderen Seite festgelegt wird, welche Veränderungen akzeptabel sind?
Da das Urheberpersönlichkeitsrecht ein höchstpersönliches, an die Menschenwürde jedes einzelnen Urhebers gebundenes Recht ist, erscheint dessen Regelung in Kollektivvereinbarungen nicht möglich. Eine solche Kollektivierung des Urheberpersönlichkeitsrechts widerspräche dessen Natur. Allein auf der Ebene unverbindlicher Vertragsnormen, wie etwa unverbindlicher Musterverträge, ist an eine »Kollektivierung» zu denken. Solche Musterverträge dürfen dabei nicht den Charakter einer Norm haben, sondern allenfalls, soweit sie Ausdruck einer Verkehrsübung sind, als Hilfsmittel bei der Auslegung von Verträgen herangezogen werden.

Frage 5): Sollte über solche Situationen global oder spartenbezogen (z.B. Filmwesen, Pressewesen, Bibliotheken, Museen) verhandelt werden?
Da in Frage 4) eine Regelung des Urheberpersönlichkeitsrechts in Kollektivvereinbarungen normativer Art abgelehnt wurde, erübrigt sich insoweit Frage 5). Geht es um die Verhandlung von nicht-normativen Musterverträgen, so erscheint es nützlich, solche Verhandlungen spartenbezogen zu führen.

3. *Ausländisches Recht*

a) *USA*

Angesichts der schwachen Ausprägung des urheberpersönlichkeitsrechtlichen Schutzes in den USA nimmt dieser in den Überlegungen zur »National Information Infrastructure«[49] nur einen schmalen Raum ein. Handlungsbedarf sieht man hier eher für andere Länder. So wird im Grünbuch von 1994 gefordert, den unabdingbaren Schutz des Urheberpersönlichkeitsrechts zu überdenken und Wege zu finden, um die Differenzen zwischen dem angelsächsischen Copyright-System und dem kontinentalen Droit d'auteur-System zu überbrükken[50]. Das Weißbuch von 1995[51] knüpft an Art. 6bis RBÜ an und weist darauf hin, daß das US-Recht nach amerikanischer Auffassung dieser Verpflichtung genüge und daß gegen weitergehende Bundesregelungen verfassungsrechtliche Bedenken bestehen könnten. Die abweichenden Konzeptionen in anderen Ländern werden erwähnt, insbesondere daß das Urheberpersönlichkeitsrecht dort als unübertragbar und vielfach auch als unverzichtbar angesehen werde.

b) *Japan*

In den japanischen Überlegungen zu den aktuellen Urheberrechtsproblemen spielt das Urheberpersönlichkeitsrecht eine wichtige Rolle, insbesondere angesichts des stark ausgebauten Integritätsschutzes im japanischen Recht. Der Bericht des Institute of Intellectual Property von 1993 erwägt eine Klarstellung im Urheberrechtsgesetz, daß eine Vereinbarung zwischen Werkschöpfer und Nutzer dahingehend zulässig sei, daß das Urheberpersönlichkeitsrecht nicht geltendgemacht werde, soweit die Nutzung nicht zu einer Herabsetzung oder Rufschädigung des Schöpfers führe. Unter Umständen könnten Werkänderungen – zumindest für digitalisierte Werke – bis zu dieser Grenze generell für zulässig erklärt werden[52].

Das Kultusministerium hat 1995 drei alternative Vorschläge vorgelegt[53]:

- Beschränkung des Änderungsverbots auf Änderungen, die Ehre oder Ansehen des Urhebers abträglich sind;
- Beschränkung auf Änderungen, bei denen keine Gefahr für Ehre und Ansehen besteht und die nach Zweck und Art der Nutzung angemessen sind;
- Möglichkeit, im voraus schriftlich Änderungen zu genehmigen, die Ansehen oder Ehre nicht abträglich sind.

49 S. oben 1. Teil II 3a.
50 Stögmüller, GRUR Int. 1995, 855, 857.
51 S. 145 ff. S. dazu allgemein v.Lewinski, GRUR Int. 1995, 858 ff.
52 S. dazu Heath, GRUR Int. 1995, 843, 844.
53 S. dazu Heath, GRUR Int. 1995, 843, 845, 850 f.

Im Schrifttum wird die Ermöglichung der vertraglichen Einwilligung in Werkänderungen als weniger problematisch angesehen, während die vorgeschlagene Einschränkung des Urheberpersönlichkeitsrechts auf scharfe Kritik stößt[54].

c) *Frankreich*

In Frankreich scheint eine Einschränkung des »droit moral« bisher nicht vorgeschlagen zu werden; Probleme beim Integritätsschutz will man über eine nachträgliche Genehmigung der Änderungen lösen[55].

d) *Kanada*

Der kanadische Bericht des Copyright Subcommittee von 1994 lehnt eine Differenzierung zwischen Rufschädigungen auf elektronischem und auf traditionellem Weg ab und weist darauf hin, daß Klagen wegen Verletzung des Integritätsrechts bisher selten seien. Eine Reduktion des Integritätsschutzes wird damit implizit abgelehnt; die bestehende Möglichkeit, auf das Urheberpersönlichkeitsrecht zu verzichten, sei kritisch zu überdenken[56].

III. *Die Lage nach dem deutschen UrhG*

1. *Schutz der Werkintegrität*

a) *Ausgangspunkt*

Dem Schutz der Werkintegrität dient im deutschen Recht ein Konvolut systematisch zwar wenig befriedigender, der Sache nach aber weitreichender, insbesondere auch über Art. 6bis RBÜ hinausgehender[57] Vorschriften gegen Änderungen und andere Beeinträchtigungen des Werks. Es handelt sich dabei um die §§ 14, 23, 39, 62 und 93 UrhG, die im Zusammenhang gesehen und interpretiert werden müssen[58]. Etwas vereinfachend läßt sich sagen, daß ein grundsätzliches Werkänderungsverbot besteht, das seine Grenze bei den Änderungen findet, zu denen der Urheber seine Einwilligung nach Treu und Glauben

54 S. dazu Heath, GRUR Int. 1995, 843, 845, 850 f.
55 S. Dreier, GRUR Int. 1995, 840, 842; Genton, GRUR Int. 1996, 693, 696.
56 S. dazu v.Lewinski, GRUR Int. 1995, 851, 853.
57 Schricker/Dietz, Vor §§ 12 ff., Rdnr. 23.
58 S. grundlegend Schricker/Dietz, § 14, Rdnr. 1 ff.

nicht versagen kann. Verbieten kann der Urheber auch andere Beeinträchtigungen seines Werks, die geeignet sind, seine berechtigten geistigen oder persönlichen Interessen am Werk zu gefährden. Der Schutz der Urheber von Filmwerken oder filmisch benutzten Werken ist allerdings auf die Bekämpfung gröblicher Entstellungen oder anderer gröblicher Beeinträchtigungen reduziert. Bei Computerprogrammen sind gewisse für eine bestimmungsgemäße Benutzung notwendige Umarbeitungen erlaubt (§§ 69c Nr. 1, 69d Abs. 1); eine entsprechende Regelung wird im Zuge der Umsetzung der Datenbankrichtlinie zu treffen sein. Soweit im Rahmen von Vorschriften über Schranken des Urheberrechts die Benutzung eines Werks zulässig ist, werden über § 39 hinaus gewisse Änderungen im Interesse des Benutzungszwecks zugelassen (§ 62). Die Grenze des gesetzlich gewährten Integritätsschutzes ist in jedem Fall durch eine Interessenabwägung zu bestimmen, in deren Rahmen die Interessen des Urhebers und des Werkverwerters in Ansatz zu bringen und zu bewerten sind[59].

Der Integritätsschutz ist nicht starr. Er kann einerseits durch vertragliche Abmachungen bis zu einem absoluten Werkänderungsverbot gesteigert werden[60], andererseits kann er durch Änderungsvereinbarungen reduziert werden, wie sich aus § 39 Abs. 1 UrhG ergibt. Der zulässige Umfang solcher Einschränkungen ist jedoch strittig und unklar; hier gelangt man zur grundsätzlichen Frage der Zulässigkeit von Rechtsgeschäften über Urheberpersönlichkeitsrechte.

Überblickt man das Spektrum der – meist nur fragmentarisch angedeuteten – Meinungen[61], so stellt man fest, daß bereits bei der rechtlichen Konstruktion unterschiedliche Varianten auftauchen: Man spricht von einer Überlassung zur Ausübung, einem Verzicht, einer Einwilligung, einer gebundenen Rechtsübertragung oder sonstigen Verfügung. Die Beschränkungen für derartige Rechtsgeschäfte werden teilweise aus § 138 Abs. 1 BGB, teilweise aus der Rechtsnatur des Urheberpersönlichkeitsrechts oder aus seiner Ausklammerung bei der Regelung des Rechtsverkehrs im Urheberrecht abgeleitet; es wird auch mit der Überlegung gearbeitet, daß ein Verzicht des Urhebers auf fehlende Interessengefährdung hindeute, insoweit sei der Verzicht zu tolerieren[62]. Angesichts der Vielgestaltigkeit der dogmatischen Prämissen weichen auch die Meinungen vom zulässigen Umfang der Beschränkung ab: Von manchen wird das »Stammrecht« für unverzichtbar erklärt; andere sprechen vom »unverzichtbaren Kern«, der z.T. mit dem Anwendungsbereich des § 14 iden-

59 Schricker/Dietz, § 14, Rdnr. 28 ff.

60 Auf den vertraglichen Ausschluß von Änderungen nimmt § 69d Abs. 1 ausdrücklich Bezug; im übrigen ergibt sich eine derartige Regelungsmöglichkeit zwischen den beteiligten Parteien aus der urheberrechtlich geltenden Vertragsfreiheit.

61 S. Schricker, in FS Hubmann, S. 409 ff.; Hubmann/Rehbinder, § 42; Schricker/Dietz, Vor §§ 12 ff., Rdnr. 26 ff.; Fromm/Nordemann/Hertin, Vor § 12, Rdnr. 3 ff.

62 S. im einzelnen die Nachweise bei Schricker, in FS Hubmann, S. 409, 411 ff.

tifiziert wird; man zieht die Grenze bei den »schweren Beeinträchtigungen« oder man unterscheidet zwischen unzulässigen Pauschalverzichten und zulässigen Verzichten für konkret umschriebene, im voraus überblickbare Einzelfälle. Schließlich finden sich auch kombinierte Begründungen, die mehrere dieser Gesichtspunkte verbinden[63]. In der neueren Literatur scheint die These im Vordringen zu sein, daß die Zulässigkeit des Verzichts vom Bezug des Rechtsgeschäfts auf bestimmte Sachverhalte und von der konkreten Umschreibung der zu gestattenden Eingriffe abhängt. Entscheidend soll die hinreichende Vorhersehbarkeit der Rechtseinbuße sein; es wird dabei auf die Rechtsgedanken des § 31 Abs. 4 und Abs. 5 UrhG zurückgegriffen[64]. Eine interessante Kombination des Entstellungsschutzes mit dem Gesichtspunkt der Bestimmtheit der Werkänderung enthält § 21 Abs. 2 des Österr. UrhG, worin es heißt:

> »Die Erteilung der Einwilligung zu nicht näher bezeichneten Änderungen hindert den Urheber nicht, sich Entstellungen, Verstümmelungen und anderen Änderungen des Werks zu widersetzen, die seine geistigen Interessen am Werk schwer beeinträchtigen.«

b) *Aufhebung oder Einschränkung des Schutzes der Werkintegrität bei digitalen, multimedialen oder sonstigen modernen Werknutzungen?*

Die Vorschrift des Art. 6bis RBÜ verpflichtet die Bundesrepublik, den Urheber vor jeder Entstellung, Verstümmelung, sonstigen Änderung oder Beeinträchtigung des Werkes zu schützen, die seiner Ehre oder seinem Ruf nachteilig sein könnten. Eine Zurücknahme des Integritätsschutzes im deutschen Recht bei modernen Werknutzungsformen könnte, soll die internationalrechtliche Verpflichtung nicht unerfüllt bleiben, somit nicht in Form einer völligen Aufhebung dieses Schutzes erfolgen, sondern allenfalls in der Weise, daß anstelle des weiteren[65] Begriffs der Gefährdung der berechtigten geistigen oder persönlichen Interessen am Werk das Kriterium der möglichen Nachteiligkeit für Ehre oder Ruf gesetzt würde, wie dies auch für das japanische Recht erwogen wird. Mit Recht hat sich jedoch das japanische Schrifttum gegen eine derartige Einschränkung gewendet (s. oben II 2b). Aus deutscher Sicht spricht die grund- und menschenrechtliche Perspektive gegen eine solche Reduktion des Schutzes. Ebenso wie man im Rahmen des allgemeinen Persönlichkeits-

63 S. die Nachweise bei Schricker, in FS Hubmann, S. 409, 411 ff.
64 Andeutungen in diesem Sinne bereits bei Ulmer, S. 381; s. ferner ders., GRUR 1971, 41 f. Zur Entfaltung dieses Gedankens s. Schricker, in FS Hubmann, S. 409 ff.; s. ferner Schricker/Dietz, Vor §§ 12 ff., Rdnr. 18; Fromm/Nordemann/Hertin, Vor § 12, Rdnr. 5. Götting, Persönlichkeitsrechte als Vermögensrecht, S. 279 ff., will eine entsprechende Abgrenzung für Verfügungen über andere Persönlichkeitsrechte nutzbar machen.
65 Schricker/Dietz, Vor §§ 12 ff., Rdnr. 23.

rechts die Menschenwürde und die freie Entfaltung der Persönlichkeit nicht nur gegen Ehrverletzungen, sondern zugleich auch gegen vielfältige sonstige Beeinträchtigungen schützt, gehen die zu schützenden persönlichen Interessen des Urhebers hinsichtlich der Werkintegrität erheblich über den bloßen Schutz von Ehre und Ansehen hinaus. Es kann sich dabei auch um künstlerische Konzeptionen, weltanschauliche Aussagen, die Äußerung wissenschaftlicher, politischer und sonstiger Meinungen handeln. Insofern ist auch die Meinungsfreiheit sowie die Freiheit der Wissenschaft und Kunst gemäß Art. 5 Abs. 1, 3 GG zu berücksichtigen. Zudem würde ein auf den bloßen Ehrenschutz beschränkter Integritätsschutz bei digitalen Werken, Multimediawerken und/oder sonstigen modernen Nutzungsformen zu neuen, schwierigen Abgrenzungsproblemen führen.
Wollte man eine derartige an der Schutzrichtung orientierte Beschränkung vermeiden und sich statt dessen an die Systematik des UrhG anschließen, so läge es näher, daran zu denken, die für Filmwerke geltende Schutzreduktion des § 93 auf »gröbliche« Entstellungen oder Beeinträchtigungen im Bereich der digitalen Werke, Multimediawerke und sonstigen modernen Werknutzungen zur Anwendung zu bringen. Insbesondere Multimediawerke sind ja der Natur nach mit den Filmwerken verwandt, wenn nicht sogar direkt in die Gruppe der filmähnlichen Werke im Sinne des § 2 Abs. 1 Nr. 6 einzuordnen (s. oben 1. Teil III). Jedoch sind gegen die die Filmurheber und die Urheber filmisch benutzter Werke erheblich diskriminierende Regelung des § 93 UrhG schwerwiegende Bedenken erhoben worden[66], die sich insbesondere auf Art. 6bis RBÜ und das verfassungsrechtliche Fundament des Urheberpersönlichkeitsrechts stützen[67]. Mit der Erstreckung des § 93 auf digitale und Multimediawerke würden weitere bedeutsame Schaffensgebiete einer kritikablen Reduzierung des urheberpersönlichkeitsrechtlichen Schutzes unterworfen. Daß etwa ein Werk der Literatur, das parallel in gedruckter Form und zugleich auf CD-ROM vermarktet wird, in digitaler Form anders als in der Printausgabe ohne weiteres bis hin zur gröblichen Entstellung sollte verändert werden können, leuchtet schwerlich ein. Gelänge es, eine andere, verfassungs- und konventionsrechtlich besser befriedigende Lösung des Interessenkonflikts zu finden als die Schutzreduktion, läge es eher nahe, den angreifbaren § 93 UrhG ganz aufzuheben, und die für digitale und Multimediawerke einzuführende Regelung auch auf Filmwerke anzuwenden.

66 S. die Nachweise bei Schricker/Dietz, § 93, Rdnr. 2.
67 Fromm/Nordemann/Hertin, § 93, Rdnr. 2 ff., schlagen deshalb eine einengende konventions- und verfassungskonforme Auslegung vor.

c) *Regelung der rechtsgeschäftlichen Dispositionen über den Integritätsschutz*

Nachdem eine generelle Aufhebung oder Einschränkung des Integritätsschutzes für digitale Werke, Multimediawerke und sonstige moderne Nutzungsformen angesichts der internationalrechtlichen, grund- und menschenrechtlichen Verankerung dieses Schutzes nicht ratsam erscheint, liegt es nahe, den erforderlichen Interessenausgleich in rechtsgeschäftlichen Einzelfallregelungen zu suchen. Wie bereits oben (II 1a) dargestellt, steht Art. 6bis RBÜ der Einführung einer – ganzen oder teilweisen – Übertragbarkeit und/oder Verzichtbarkeit des Urheberpersönlichkeitsrechts nicht im Wege. Rechtsgeschäfte sind auch bezüglich zivilrechtlicher Persönlichkeitsrechte möglich und werden von der neueren Lehre in wachsendem Umfang zugelassen[68]. Grundsätzliche verfassungsrechtliche Hindernisse gegen solche Dispositionen dürften nicht bestehen; sie entsprechen dem Freiheitsaspekt des Art. 2 Abs. 1 GG[69]. Auch hinsichtlich des Urheberpersönlichkeitsrechts werden rechtsgeschäftliche Dispositionen ja grundsätzlich anerkannt, wobei hinsichtlich der Voraussetzungen und Grenzen freilich Unklarheit herrscht.
Eckpunkte im Gesetz sind einerseits das Prinzip der Unübertragbarkeit und Unverzichtbarkeit des Urheberrechts im ganzen und in seinen Teilen (§ 29 UrhG, s. oben I 2) und andererseits die grundsätzliche Zulässigkeit von Änderungsvereinbarungen (§ 39 Abs. 1 UrhG; s. oben I 2). Von den verschiedenen Versuchen einer Grenzziehung in diesem Rahmen erscheinen die Meinungen, die auf die Schwere der Beeinträchtigung oder die Abschichtung eines »unberührbaren« Kerns abstellen, weniger geeignet, da sie zu Rechtsunsicherheit führen. Zudem kann es für den Urheber durchaus auch einmal wünschenswert sein, einen tiefgehenden Eingriff zu gestatten, etwa die Umarbeitung einer Tragödie in ein komisches Musical zu erlauben; der Werknutzer will in solchen Fällen auf die Einwilligung des Urhebers vertrauen können, ohne daß er fürchten muß, die Wirksamkeit der Abmachung werde an der Kerntheorie scheitern.
Vorzugswürdig erscheint deshalb ein Ansatz, der von der Vertragsfreiheit ausgeht und in Entsprechung zu den Rechtsgedanken des § 31 Abs. 4 und 5 UrhG lediglich sichert, daß der Urheber erkennen kann, was er konkret konzediert (s. dazu bereits oben I 2), so daß er in der Lage ist, sein Selbstbestimmungsrecht in klarer Sicht der Konsequenzen auszuüben. Rechtsgeschäfte über das Urheberpersönlichkeitsrecht der Werkintegrität sollten deshalb zulässig sein, wenn sie sich auf einzelne, konkret umschriebene Werkänderungen oder sonstige

68 S. umfassend Götting, Persönlichkeitsrechte als Vermögensrechte, S. 142 ff., 271 ff.
69 Für weitgehende vertragliche Verzichtbarkeit der Persönlichkeitsrechte bis hin zum Kernbereich bereits Leisner, Grundrechte und Privatrecht, 1960, S. 384 ff.

Beeinträchtigungen des Werks beziehen, ganz gleich, ob sie als Einwilligung, Verzicht oder Einräumung eines abgeleiteten Rechts konstruiert sind. Pauschalen, in der Tragweite nicht zu überblickenden Verzichten und sonstigen rechtsgeschäftlichen Zugeständnissen des Urhebers soll dagegen die Wirksamkeit versagt bleiben. Handelt es sich um konkret umschriebene Sachverhalte, können die Eingriffe auch tief gehen; weder § 14 UrhG noch die Kerntheorie sollten eine Grenze bilden. Der unverzichtbare und unübertragbare Bestand des Urheberpersönlichkeitsrechts wird ja bereits dadurch gesichert, daß es durch die Konzedierung konkreter Einzeleingriffe angesichts der unendlichen Vielzahl möglicher Anwendungsfälle nie voll ausgeschöpft werden kann. Das Abstellen auf den konkreten Einzeleingriff gibt dem Urheber die Möglichkeit, die Tragweite des Geschäfts zu überblicken, sich die Folgen bewußt zu machen und seine Forderung eventueller finanzieller Kompensationen entsprechend zu bemessen. Für den Werknutzer wird Sicherheit der Planung und Kalkulation gewährleistet. Spekulationen zu Lasten des Urhebers werden weitgehend hintangehalten. Der individuellen Natur der urheberpersönlichkeitsrechtlichen Belange entsprechend, ist eine interessengerechte Lösung nur in Individualverträgen zu suchen; eine Regelung auf kollektivvertraglicher Basis, wie sie die EU-Kommission erwägt, ist schwerlich denkbar (s. auch die Stellungnahme des Max-Planck-Instituts, oben II 2).

Die individuelle Rechtsgeschäfte erlaubende und begrenzende gesetzliche Regelung könnte für alle Arten von Werken in Geltung gesetzt werden; eine gesetzliche Sonderbehandlung der digitalen und Multimediawerke erscheint nicht erforderlich. Es könnten auch die Filmwerke unter Streichung des ominösen § 93 UrhG einbezogen werden. Wie noch zu zeigen sein wird (s. unten 2c), könnte eine entsprechende Regelung auch für andere Komponenten des Urheberpersönlichkeitsrechts zur Anwendung gebracht werden, d.h. man könnte so zu einer einheitlichen Normierung der Rechtsgeschäfte über Urheberpersönlichkeitsrechte gelangen, die endlich Klarheit in diesem Bereich schaffte.

Eine Schmälerung der Vertragsfreiheit durch gesetzliche Vermutungen zugunsten der Verwerterseite erscheint dabei nicht angebracht. Die Widerlegung solcher Vermutungen würde den Urheber als den schwächeren Teil in schwierige Beweislagen bringen. Die Regelung der §§ 88, 89 UrhG kann insofern nicht als Vorbild dienen. Diese Vorschriften unterliegen berechtigter Kritik[70]; die Situationen im Bereich der digitalen und Multimediawerke und der neuen elektronischen Nutzungsformen sind zu vielgestaltig, um von einer Vermutungsregelung erfaßt werden zu können. Werknutzungsverträge werden heute weit häufiger, ja regelmäßig, in detaillierter schriftlicher Form abgefaßt, was schon durch § 31 Abs. 5 UrhG veranlaßt wird; die Verwerterseite

70 S. Schricker/Katzenberger, Vor §§ 88 ff., Rdnr. 38 ff.

ist entsprechend weit weniger auf Vermutungen angewiesen als man das bei der Schaffung des Gesetzes von 1965 angenommen hatte.
Für den Bereich der digitalen und Multimediawerke soll deshalb auch nicht auf die Umarbeitungsregelungen der Europäischen Computerprogramm- und Datenbankrichtlinie zurückgegriffen werden (s. oben II 2). Derartige Regelungen zugunsten der Nutzer mögen bei den spezifischen Werkstypen berechtigt erscheinen, auf die sich die Richtlinien beziehen; im Einzelfall mögen auch Sachverhalte der modernen Nutzungsformen hierunter fallen. Im vorliegenden Zusammenhang können aber darüber hinaus literarische, künstlerische und wissenschaftliche Werke jeder Art betroffen sein. Hier sollte es bei der allgemeinen Zulassung von Werkänderungen im Rahmen von Treu und Glauben gemäß § 39 Abs. 2 UrhG bleiben (die sich inhaltlich ohnedies mit den Richtlinien-Regelungen weitgehend deckt). Darüber hinausgehende Eingriffe müssen rechtsgeschäftlich legitimiert werden.
Was schließlich die Urheber in Arbeits- und Dienstverhältnissen betrifft, so könnte es aus der Sicht des Urheberpersönlichkeitsrechts bei der Regelung des § 43 UrhG bleiben, wonach der Urheberpersönlichkeitsrechtsschutz grundsätzlich auch hier gilt, soweit sich aus dem Inhalt oder dem Wesen des Arbeits- oder Dienstverhältnisses nichts anderes ergibt[71]. Für digitale und Multimediawerke sind hier keine Besonderheiten ersichtlich, die eine Änderung dieser elastisch formulierten, an die jeweilige Situation anpassungsfähigen Regelung erforderten. Wenn allerdings der Bereich des § 43 im Blick auf die Verwertungsrechte reformiert werden soll, wäre dabei auch an eine Neuregelung des Arbeitnehmerurheberpersönlichkeitsrechts zu denken. Sie könnte Abmachungen hierüber in einem weiteren Rahmen zulassen, der nach den unternehmerischen Zwecken des Arbeitgebers zu ziehen wäre (s. unten 2. Teil).

2. *Anerkennung der Urheberschaft*

a) *Ausgangspunkt*

Zu den urheberpersönlichkeitsrechtlichen Befugnissen gehört gemäß § 13 Satz 1 UrhG das Recht auf Anerkennung der Urheberschaft; der Urheber kann insbesondere nach § 13 Satz 2 bestimmen, ob das Werk mit einer Urheberbezeichnung zu versehen und welche Bezeichnung zu verwenden ist. Entsprechend[72] wird in Art. 6bis RBÜ dem Urheber das Recht gewährt, die Urheberschaft am Werk für sich in Anspruch zu nehmen. Das Recht auf Anerkennung der Urheberschaft bildet einen Schwerpunkt des Schutzes der persönlichen

71 S. dazu Schricker/Rojahn, § 43, Rdnr. 73 ff.
72 S. Schricker/Dietz, § 13, Rdnr. 3.

und geistigen Interessen des Urhebers und kann für diesen auch wirtschaftliche Bedeutung haben[73].
Was speziell das Namensnennungsrecht des Urhebers betrifft, so hat der BGH[74] jüngst bekräftigt, daß dieses Recht »zu den wesentlichen urheberpersönlichkeitsrechtlichen Berechtigungen« gehört, »die ihre Grundlage in den geistigen und persönlichen Beziehungen des Urhebers zu seinem Werk haben .... Sie haben aufgrund ihrer engen persönlichen Verbundenheit zum Werk die Tendenz, soweit wie möglich beim Urheber zu bleiben und sollten, soweit sie außerhalb ihres unverzichtbaren Kerns vertraglichen Einschränkungen zugänglich sind, grundsätzlich dem Bestimmungsrecht des Urhebers vorbehalten bleiben.« Verkehrsgewohnheiten oder allgemeine Branchenübungen seien nicht geeignet, das Namensnennungsrecht einzuschränken; sie könnten jedoch im Zusammenhang mit Verwertungsverträgen – außerhalb des unverzichtbaren Kerns – Bedeutung erlangen, insbesondere mangels abweichender Abreden als stillschweigend zugrundegelegt zu betrachten sein[75].
Probleme hinsichtlich der Anerkennung der Urheberschaft und insbesondere des Rechts der Urheberbezeichnung entstehen bei digitalen und Multimediawerken und bei modernen elektronischen Nutzungsformen durch die erleichterte Möglichkeit der Segmentierung, Kombination, Umgestaltung und Verfremdung von Werken, soweit diese Vorgänge unterhalb der Schwelle der freien Benutzung (§ 24 UrhG) bleiben. Durch solche Verfahrensweisen wird das Band zum Urheber gelockert; die Herkunft des Werks wird verwischt; die Urheberbezeichnung kann aus Verwertersicht als lästiger, kostentreibender Ballast erscheinen. Umgekehrt kann aber auch die Gefahr bestehen, daß der Verwerter ein Produkt mit renommierten Urhebernamen schmücken will, obgleich der Urheber bei den betreffenden konkreten Modalitäten der Werknutzung nicht genannt werden möchte. Moderne elektronische Verwertungsformen können dem Urheber die Ausübung seines ihm durch § 13 Satz 2 UrhG zuerkannten Bestimmungsrechts erheblich erschweren.

b) *Aufhebung oder Einschränkung des Rechts auf Anerkennung der Urheberschaft bei digitalen, multimedialen und/oder sonstigen modernen Werknutzungen?*

In der Literatur wird vereinzelt bereits de lege lata verlangt, das Recht der Urhebernennung einschränkend zu interpretieren[76]. Der BGH hat diesen Versuch jedoch zurückgewiesen[77]. Auch de lege ferenda erscheint es angesichts

73 Schricker/Dietz, § 13, Rdnr. 1.
74 BGH, GRUR 1995, 671, 672 – Namensnennungsrecht des Architekten.
75 BGH, GRUR Int. 1995, 671, 673.
76 Rehbinder, ZUM 1991, 220 ff.
77 BGH, GRUR 1995, 671, 672 – Namensnennungsrecht des Architekten.

von Art. 6bis RBÜ sowie des grund- und menschenrechtlichen Fundaments des Urheberpersönlichkeitsrechts (s. oben 1a) nicht ratsam, das Recht der Anerkennung der Urheberschaft – und sei es auch nur bezüglich des Rechts der Urhebernennung als Ausfluß und besondere Erscheinungsform des Anerkennungsrechts[78] – einzuschränken oder für bestimmte Bereiche ganz aufzuheben. Angesichts der Vielgestaltigkeit digitaler, multimedialer und sonstiger moderner Nutzungsformen in der Informationsgesellschaft erscheint es schon kaum tunlich, in einer sachgerechten und interessenentsprechenden Weise die Bereiche herauszuschälen, in denen eine derartige gesetzliche Reduktion in Betracht kommen könnte. Demgegenüber dürfte es vorzuziehen sein, den vom BGH gewiesenen Weg der rechtsgeschäftlichen Regelung zu beschreiten, der auch im Bereich des Integrationsschutzes als der richtige erscheint[79].

c) *Regelung der rechtsgeschäftlichen Dispositionen über das Recht auf Anerkennung der Urheberschaft*

Wie beim Integritätsrecht besteht auch im Bereich des Rechts auf Anerkennung der Urheberschaft und insbesondere beim Recht der Urhebernennung Übereinstimmung darin, daß gewisse einschränkende rechtsgeschäftliche Dispositionen grundsätzlich möglich sind. Unklar ist jedoch, unter welchen Voraussetzungen und in welchen Grenzen solche Rechtsgeschäfte getätigt werden können. Das gemäß § 39 Abs. 2 UrhG statuierte Änderungsrecht nach Treu und Glauben gilt für die Urheberbezeichnung nicht[80]. Der BGH läßt Vereinbarungen bis zum »unverzichtbaren Kern« des Rechts der Urheberbezeichnung zu[81], wobei dessen Konturen freilich im Dunkeln bleiben. In der Literatur wird auf eine Interessenabwägung verwiesen[82].
Um einerseits dem Urheber eine folgenorientierte Selbstbestimmung zu ermöglichen, andererseits für den Verwerter Rechts- und Planungssicherheit zu gewährleisten, empfiehlt es sich auch hier, rechtsgeschäftliche Regelungen – durch Einwilligung, vertraglichen Verzicht oder Einräumung gegenständlicher Rechte – zu erlauben, sofern sie sich auf die Ausübung des Rechts auf Anerkennung der Urheberschaft oder Urhebernennung in bestimmten konkret umschriebenen Nutzungssachverhalten beziehen. Ist er konkret eingegrenzt, kann der Eingriff im Einzelfall auch tief gehen, etwa den völligen Verzicht auf Urhebernennung in dem fraglichen Kontext oder die Nennung eines anderen als Urheber (Ghostwriter-Problematik)[83] erlauben. Der »Kerngehalt« des

78 Vgl. BGH, GRUR 1995, 671, 672.
79 Vgl. oben 1c.
80 Schricker/Dietz, § 39, Rdnr. 5.
81 BGH, GRUR 1995, 671, 672 f.
82 Schricker/Dietz, § 13, Rdnr. 22 ff. m.w.Nachw.; s. auch Hoeren, in Lehmann, Internet- und Multimediarecht, S. 87.
83 S. dazu Stolz, Der Ghostwriter im deutschen Recht, 1971, S. 59 ff.

Rechts wird immer noch dadurch gewahrt, daß die Einschränkung in anderem Kontext nicht gilt, dort das Selbstbestimmungsrecht des Urhebers wieder voll in Funktion tritt. Die vorgeschlagene gesetzliche Regelung könnte sich auf den Rechtsgedanken der §§ 31 Abs. 4, 5 UrhG stützen und entspräche dem vorstehend zum Integritätsrecht erarbeiteten Ergebnis (oben III 1c).
Wie dort bereits dargetan, erscheinen gesetzliche Vermutungen nicht am Platz. Das Recht auf Anerkennung der Urheberschaft sollte sich auch nicht nach Verkehrsgewohnheiten oder allgemeinen Branchenübungen bemessen; die Usancen können lediglich als Auslegungsmittel hinsichtlich des Inhalts getätigter Rechtsgeschäfte dienen[84]. Bezüglich der Urheber in Arbeits- oder Dienstverhältnissen kann es bei § 43 UrhG bleiben (s. oben III 1c).
Die Authentizität des Werks zu wahren, bleibt nach den hier zum Integritätsschutz und Schutz der Anerkennung der Urheberschaft gemachten Vorschlägen bei geschützten Werken dem Urheber überlassen, wie dies der gesetzlichen Regelung entspricht. Der Gedanke des Authentizitätsschutzes kann zusätzlich zum Individualinteresse des Urhebers zugunsten eines ungeschmälerten Schutzes des Urheberpersönlichkeitsrechts ins Feld geführt werden. Dem Authentizitätsschutz dient auch § 63 UrhG, der aufrecht erhalten bleiben sollte. Unabhängig davon können Irreführungen im geschäftlichen Verkehr durch das Recht des unlauteren Wettbewerbs, insbesondere anhand § 3 UWG, bekämpft werden. Insofern bedarf es keiner gesetzgeberischen Maßnahmen. Hier können sich auch gewerbliche und Verbraucherverbände zum Anwalt des Authentizitätsinteresses der Allgemeinheit machen. Ein allgemeiner vom Urheberpersönlichkeitsrecht abgekoppelter Authentizitätsschutz wäre im deutschen Recht ein Fremdkörper. Dies steht freiwilligen Maßnahmen zur Sicherung der Authentizität, etwa der Einrichtung von Werksregistern, Auskunftsstellen u.dgl., nicht entgegen.

3. *Sonstige urheberpersönlichkeitsrechtliche Befugnisse*

a) *Veröffentlichungsrecht*

Das in § 12 Abs. 1 UrhG gewährte Recht der ersten[85] Veröffentlichung des Werks sowie das Recht der Inhaltsmitteilung nach § 12 Abs. 2 UrhG sind in der Praxis nicht von großer Bedeutung, da im Zusammenhang mit der ersten Vergabe eines Nutzungsrechts in der Regel auch das Veröffentlichungsrecht ausgeübt wird[86]. Art. 6bis RBÜ enthält keine Regelung des Veröffentlichungsrechts. In der Reformdiskussion spielt es bisher keine Rolle; besondere Pro-

84 Vgl. BGH, GRUR 1995, 671, 673.
85 Schricker/Dietz, § 12, Rdnr. 7.
86 Schricker/Dietz, § 12, Rdnr. 13 ff.

bleme im Zusammenhang mit digitalen und multimedialen Werken oder sonstigen modernen Werknutzungsformen werden offenbar nicht gesehen.
Bei dieser Situation kann davon ausgegangen werden, daß das Veröffentlichungsrecht und das Recht der Inhaltsmitteilung im gegenwärtigen Bestand aufrechtzuerhalten sind. Rechtsgeschäfte über das Veröffentlichungsrecht sind selten; in der Regel wird das Recht vom Urheber selbst ausgeübt[87]. Einer Regelung solcher Rechtsgeschäfte bedarf es nicht; sie könnte freilich im Sinne einer Zulassung von Dispositionen für konkrete Sachverhalte parallel zur Regelung betreffend die Werkintegrität und die Anerkennung der Urheberschaft (III 1c, 2c) erfolgen.
Im Zusammenhang mit modernen Übertragungstechniken kann sich die Frage stellen, ob und ggf. wann die Online-Übertragung auf einzelne Bildschirme eine Veröffentlichung darstellt. Der Begriff der Veröffentlichung gemäß § 12 Abs. 1 UrhG ist derjenige des § 6 Abs. 1 UrhG. Er ist im Lichte der Definition der Öffentlichkeit im Sinne des § 15 Abs. 3 UrhG zu konkretisieren, stimmt aber nicht voll mit dieser überein[88]. Wird § 15 Abs. 3 unter Einbeziehung der Bildschirmübermittlung erweitert, könnte dies auf den Öffentlichkeitsbegriff des § 12 Abs. 1 durchschlagen, auch wenn dies nicht notwendig der Fall sein muß. Angesichts der nicht allzu großen praktischen Bedeutung kann die Klärung der Frage der Lehre und Rechtsprechung überlassen bleiben.

b) *Zugangsrecht*

Das wesensmäßig dem Urheberpersönlichkeitsrecht zuzuordnende[89] Zugangsrecht des § 25 UrhG wird in der Praxis kaum in Anspruch genommen. Es knüpft an den Besitz eines Werkstücks an; es kann sich dabei auch um eine digitale Aufzeichnung handeln. Besondere Aspekte, die im vorliegenden Zusammenhang zu beachten wären, sind nicht ersichtlich.

c) *Rückrufsrechte*

Hinsichtlich der Rückrufsrechte der §§ 41 und 42 UrhG sind, was die Voraussetzungen und Rechtsfolgen betrifft, im Zuge der hier zu erörternden Fragestellung relevante besondere Probleme nicht erkennbar. Wenn die Ausübung des Rückrufs zu einem Rückfall des Nutzungsrechts und einer Auflösung des Nutzungsverhältnisses ex nunc führt[90], so müssen und können die Rechtsfolgen auch im Rahmen moderner Nutzungstechniken berücksichtigt werden, indem vor allem die Werknutzung nicht fortgesetzt wird.

87 Schricker/Dietz, § 12, Rdnr. 18 ff.
88 Schricker/Dietz, § 12, Rdnr. 8.
89 Schricker/Gerstenberg, § 25, Rdnr. 3.
90 Schricker, § 41, Rdnr. 24, § 42, Rdnr. 33/34.

Eine Ausdehnung der in § 90 UrhG für Filmwerke verfügten Unanwendbarkeit der Rückrufsvorschriften auf digitale und/oder Multimediawerke empfiehlt sich nicht. § 90 selbst unterliegt verbreiteter Kritik[91]. Der Grund der Regelung, der in den hohen Kosten von Kinofilmen liegt, braucht bei digitalen und Multimediawerken nicht notwendig gegeben zu sein; eine vergleichbare Lage erscheint nicht einmal typisch. Es sollte deshalb bei der Anwendung der §§ 41, 42 UrhG bleiben.

IV. *Vorschläge für eine Anpassung des deutschen UrhG*

1. Der vom deutschen UrhG gewährleistete urheberpersönlichkeitsrechtliche Schutz der Werkintegrität sollte weder aufgehoben noch eingeschränkt werden. Eine Ausdehnung des für Filmwerke geltenden § 93 UrhG auf digitale und/oder Multimediawerke kommt nicht in Betracht; die Gelegenheit sollte eher dazu benutzt werden, um diese viel kritisierte Vorschrift zu streichen.
2. Ein Ausgleich zwischen den Interessen der Urheber und Werkverwerter sollte dadurch ermöglicht werden, daß die Voraussetzungen von Rechtsgeschäften über die Gestattung von Werkänderungen oder sonstigen Beeinträchtigungen ideeller Interessen ausdrücklich geregelt werden. Für zulässig sollten Rechtsgeschäfte über einzelne bestimmte, konkret umschriebene Sachverhalte und Eingriffe erklärt werden, auch wenn sie im Einzelfall tief einschneiden. Unzulässig sollten dagegen pauschale Vereinbarungen sein. Gesetzliche Vermutungen erscheinen nicht am Platze.
3. Das Recht auf Anerkennung der Urheberschaft und insbesondere das Recht der Urhebernennung sollte im gegenwärtigen Bestand gewahrt werden.
4. Auch hier sollte dem Urheber durch Zulassung von Rechtsgeschäften über bestimmte, konkret umschriebene Sachverhalte und Eingriffe eine folgenorientierte Selbstbestimmung ermöglicht werden, die zugleich für den Werkverwerter Rechts- und Planungssicherheit schafft.
5. Angesichts des Urheberpersönlichkeitsschutzes und des Schutzes gegen unlauteren Wettbewerb erscheint die Einführung eines besonderen Authentizitätsschutzes nicht erforderlich.
6. Hinsichtlich sonstiger urheberpersönlichkeitsrechtlicher Befugnisse besteht derzeit kein gesetzgeberischer Handlungsbedarf.

91 Fromm/Nordemann/Hertin, § 90, Rdnr. 1; Schricker/Katzenberger, § 90, Rdnr. 2 m.w. Nachw.

4. Teil: Verwertungsrechte der Urheber

Eines der Hauptprobleme des Urheberrechts im digitalen Kontext betrifft die Einordnung von Nutzungshandlungen in das System der bisherigen Verwertungsrechte der §§ 15 ff. UrhG. Hier droht zunächst die im Gesetz so klar angelegte Unterscheidung zwischen der Werkwiedergabe in körperlicher und derjenigen in unkörperlicher Form zu verschwimmen. Darüberhinaus erscheinen rechtlich auf den ersten Blick eher der unkörperlichen Werknutzung zuzuordnende Übermittlungshandlungen bei wirtschaftlicher Betrachtungsweise nicht selten der Verwertung in körperlicher Form vergleichbar. Aber auch im Rahmen der unkörperlichen Werkwiedergabe ist die rechtliche Einordnung des on-line Zugänglichmachens geschützter Werke[1] nicht ohne weiteres eindeutig.
Dieser 4. Teil untersucht daher zunächst die Erfassung der digitalen Werknutzung und -übermittlung durch das Vervielfältigungsrecht (A) und sodann durch das Recht der unkörperlichen Wiedergabe (B). Dabei wird das Verbreitungsrecht – obwohl als solches ein Recht der Werknutzung in körperlicher Form, und auch im digitalen Kontext bei der Verbreitung körperlicher Vervielfältigungsstücke nach wie vor von Bedeutung – in Abgrenzung zum Recht der unkörperlichen Werknutzung in Teil B abgehandelt.

A. *Die Erfassung digitaler Werknutzung und -übermittlung durch das Vervielfältigungsrecht*

I. *Problemstellung*

1. *Urheberrecht und Vervielfältigung im digitalen Bereich*

Die Anfertigung von Vervielfältigungsstücken und damit das Vervielfältigungsrecht ist immer dann betroffen, wenn ein geschütztes Werk in körperlicher Form festgelegt wird. Da jedes körperliche Vervielfältigungsexemplar

1 Zu den rechtlichen Problemen verwandter Schutzrechte vgl. nachfolgend den 7. Teil.

in der Regel frei zirkulieren kann, fallen Vervielfältigung und Eröffnung neuer Nutzungsmöglichkeiten, an deren wirtschaftlichem Ergebnis der Urheber partizipieren soll, im analogen Bereich weitgehend zusammen.
Die Besonderheit der Vervielfältigungen im digitalen Kontext besteht nun nicht etwa darin, daß es zur Wahrnehmung digitaler Vervielfältigungsstücke eines gesonderten Gerätes (Computer, CD-Spieler u.a.) bedarf; denn dies ist auch schon bisher bei »Vorrichtungen zur wiederholbaren Wiedergabe«[2] analoger Bild- und Tonfolgen der Fall gewesen. Die Besonderheit besteht vielmehr darin, daß die Benutzung eines Werkes in digitaler Form in vielen Fällen mehrere rein technische, häufig nur vorübergehende Vervielfältigungen erfordert, die als solche selbst keine eigene zusätzliche Nutzungsmöglichkeit eröffnen.

2. *Technische Vervielfältigungshandlungen*

Diese technischen Vervielfältigungen lassen sich im wesentlichen in zwei Gruppen unterteilen:
Zum einen handelt es sich um Vervielfältigungshandlungen, die im Rahmen der Benutzung eines Werkes in digitaler Form zwangsläufig erfolgen (z.B. das Laden eines bereits auf der Festplatte oder auf einer CD-ROM gespeicherten Werkes in den Arbeitsspeicher des Computers; das Zwischenspeichern zumeist von Teilen des Werkes in Puffern, Cache-Speichern u.ä.). Dabei gehört es zum Wesen dieser technischen Vervielfältigungen, daß sie das betreffende Werk in vielen Fällen nur teilweise, jedenfalls aber nur vorübergehend vervielfältigen. Darüberhinaus fallen sie auch beim bestimmungsgemäßen Gebrauch an, zu dem der Nutzer berechtigt ist. Schließlich versperren sie – anders als bei der Benutzung analoger Vervielfältigungsstücke, deren Lesen und Betrachten frei ist – den Zugang zu ungeschützten Ideen, die dem geschützten Werk zugrunde liegen.
Zum anderen handelt es sich um Vervielfältigungen, auf die es dem Nutzer als solche gar nicht ankommt, da er nachfolgend eine gesonderte Vervielfältigung vornimmt (z.B. die Speicherung in einem Archiv zum Zweck späteren Abrufs und nachfolgender Ausdrucke; aber auch das Einscannen eines analogen Werkes mittels eines Scanners, d.h. die Anfertigung eines digitalen Datensatzes zum Zwecke der nachfolgenden Abspeicherung und/oder des Ausdrucks), oder bei denen zur Ermöglichung des Werkgenusses bereits eine urheberrechtliche Nutzungshandlung vorausgegangen ist (wie vor allem im Fall der on-line Übermittlung als notwendige Voraussetzung für das nachfolgende

2 § 16 Abs. 2 dt.UrhG.

Betrachten des Werkes am Bildschirm, die Abspeicherung im Computer des Empfängers oder einen Ausdruck durch den Empfänger).
In beiden Fällen stellt sich die grundsätzliche Frage, ob dem Urheber tatsächlich jede einzelne dieser technischen Vervielfältigungshandlungen vorbehalten bleiben soll, oder ob dem Urheberrecht nicht vielmehr nur diejenigen Vervielfältigungen unterfallen sollen, die eine zusätzliche, über bereits vorhandene Vervielfältigungsstücke hinausgehende Nutzungsmöglichkeit eröffnen. Eine Erfassung auch aller technischen Vervielfältigungsakte scheitert nicht schon daran, daß ein aus der Sicht des (End-)Nutzers einheitlich erscheinender Vorgang nicht in mehrere urheberrechtlich relevante Verwertungshandlungen aufgeteilt werden könnte; denn das geltende Recht geht sehr wohl davon aus, daß mehrere zeitlich hintereinander erfolgende Handlungen erforderlich sein können, um einen einzelnen Werkgenuß zu vermitteln (sog. Kaskade urheberrechtlicher Nutzungshandlungen).[3] Entscheidend wird vielmehr sein, daß von einem digitalen Datensatz – und sei er nur vorübergehend vorhanden – eine erhöhte Gefahr der zusätzlichen Nutzung ausgeht; überdies erscheint es fraglich, ob zwischen bloß technischen Vervielfältigungshandlungen einer- und urheberrechtsrelevanten Vervielfältigungshandlungen andererseits überhaupt hinreichend präzise unterschieden werden kann. Andererseits ist zu beachten, daß ein Vervielfältigungsbegriff, dem auch rein technische Vervielfältigungshandlungen unterfallen, zumindest in Teilen durch besondere Schrankenbestimmungen wohl wieder eingeschränkt werden müßte.

II. *Internationales, Europäisches und ausländisches Recht*

1. *Internationales Recht*

a) *RBÜ*

Nach Art. 9 Abs. 1 RBÜ genießen die Urheber aller von der RBÜ geschützten Werke das ausschließliche Vervielfältigungsrecht, und zwar »gleichviel, auf welche Art und in welcher Form« die Vervielfältigung vorgenommen wird; Abs. 3 stellt dabei ausdrücklich klar,[4] daß auch die Aufnahme eines Werkes

3 Wird z.B. zunächst ein Masterband aufgenommen, die Aufnahme nachfolgend auf Tonträger gepreßt, und fertigt der Entleiher eines solchen Tonträgers von diesem eine private Überspielung an, so liegen darin drei eigenständige Eingriffe in das Vervielfältigungsrecht.

4 Vgl. zur Entstehungsgeschichte und zu den Zweifeln hinsichtlich der Reichweite von Art. 9 Abs. 1 RBÜ, denen damit begegnet werden sollte, Ulmer/Reimer, GRUR Int. 1967, 431, 443.

auf einen Bild- oder Tonträger eine Vervielfältigung darstellt. Es unterliegt kaum einem Zweifel, daß danach schon jetzt sowohl die Digitalisierung eines Werkes als auch dessen Speicherung dem Urheber vorbehalten sind.
Nach Art. 7 Abs. 1 des Vorschlags für einen Vertrag über bestimmte Fragen betreffend den Schutz literarischer und künstlerischer Werke soll der Inhalt des in Art. 9 Abs. 1 RBÜ gewährten Vervielfältigungsrechts in Anlehnung an den Wortlaut der Computerprogrammrichtlinie der EU[5] dahingehend präzisiert werden, daß sowohl die direkte als auch die indirekte Vervielfältigung von Werken, gleichviel ob dauerhaft oder vorübergehend,[6] sowie auf jede Weise und in jeder Form eine dem Urheber vorbehaltene Vervielfältigung darstellt. Die dazugehörigen Erläuterungen gehen davon aus, daß sowohl die Speicherung eines Werkes in irgendeinem elektronischen Medium als auch das Up- und Downloading eines Werkes in bzw. aus dem Speicher eines Computers sowie die Digitalisierung eines Werkes unzweifelhaft einen Akt der Vervielfältigung darstellen.[7] Die Einbeziehung auch der indirekten Kopie soll im digitalen Kontext sicherstellen, daß auch jede Form der sog. Fernkopie dem Vervielfältigungsrecht unterfällt.[8]

b) *WUA*

Ähnlich wie die RBÜ gewährt auch das WUA den Urhebern in seinem Art. IVbis Abs. 1 das ausschließliche Recht der Vervielfältigung »gleichviel in welchem Verfahren«.

c) *TRIPS*

Art. 9 Abs. 1 S. 1 TRIPS verpflichtet im Wege der Bezugnahme auf die Art. 1 – 21 RBÜ jetzt auch die bislang nicht der RBÜ angehörenden Staaten zur Gewährung eines ausschließlichen Vervielfältigungsrechts nach Art. 9 RBÜ, geht im übrigen über dieses aber nicht hinaus und enthält sich dessen weiterer Präzisisierung.

5 Vgl. dazu nachfolgend Teil 4 A.I.2.a.
6 Allerdings soll es den Mitgliedstaaten gem. Art. 7 Abs. 2 freistehen, das Recht in bestimmten Fällen der nur vorübergehenden Vervielfältigung zu beschränken; vgl. dazu näher Teil 5 II.1.a.
7 WIPO Dok. CRNR/DC/4, Ziff. 7.01.
8 A.a.O., Ziff. 7.04.

2. *Europäisches Recht*

a) *Computerprogrammrichtlinie*

Eine ausdrückliche Regelung hinsichtlich der Vervielfältigung im digitalen Kontext findet sich bislang vor allem in Art. 4 Buchst. a der Computerprogrammrichtlinie. Dem Urheber vorbehalten ist danach jede »dauerhafte oder vorübergehende Vervielfältigung, ganz oder teilweise eines Computerprogramms mit jedem Mittel und in jeder Form« unter Einschluß von Vervielfältigungshandlungen, »soweit das Laden, Anzeigen, Ablaufen, Übertragen oder Speichern des Computerprogramms eine Vervielfältigung erforderlich macht«. Ob das Laden u.a. im Einzelfall tatsächlich eine dem Urheber vorbehaltene Vervielfältigungshandlung mit sich bringt oder nicht, ist angesichts dieser Formulierung (»soweit«) nicht entschieden; immerhin liegt der Schluß nahe, daß die Richtlinie zumindest davon ausgeht, daß das Laden u.a. eine oder mehrere dem Urheber vorbehaltene Vervielfältigungshandlungen mit sich bringen kann oder gar regelmäßig mit sich bringt.[9] Ob die Mitgliedstaaten angesichts dessen verpflichtet sind, einen nach nationalem Recht ggf. bestehenden Ausschluß rein technischer Vervielfältigungshandlungen vom urheberrechtlichen Vervielfältigungsrecht aufzugeben, ist bislang nicht geklärt.[10]

b) *Datenbankrichtlinie*

Dagegen ist das Vervielfältigungsrecht in der Datenbankrichtlinie auf die »vorübergehende oder dauernde Vervielfältigung, ganz oder teilweise, mit jedem Mittel und in jeder Form« beschränkt;[11] allerdings dürfte die urheberrechtlich allein geschützte originale Auswahl oder Anordnung einer Daten-

9 Vgl. den Wortlaut des 17. Erwägungsgrundes. Danach »sind im Fall eines Computerprogrammes begrenzte Ausnahmen für die Vervielfältigung vorzusehen, die für die bestimmungsgemäße Verwendung des Programms durch den rechtmäßigen Erwerber technisch erforderlich sind. Dies bedeutet, daß das Laden und Ablaufen, sofern es« (und nicht: eine Vervielfältigung; Anm. des Verf.) »für die Benutzung einer Kopie eines rechtmäßig erworbenen Computerprogramms erforderlich ist, . . . nicht vertraglich untersagt werden dürfen«.

10 Dieser Auffassung zuneigend Dreier, GRUR 1993, 781, 786; dagagen hält etwa Lehmann, Die Europäische Richtlinie über den Schutz von Computerprogrammen, in: Lehmann (Hrsg.), Rechtsschutz und Verwertung von Computerprogrammen, 2. Aufl. 1993, S. 13, die Behandlung rein technischer Vervielfältigungshandlungen, die keine zusätzliche wirtschaftliche Nutzungsmöglichkeit eröffnen, dem nationalen Gesetzgeber für vorbehalten. – Der deutsche Umsetzungsgesetzgeber jedenfalls hat den Wortlaut in § 69c Nr. 1 UrhG wörtlich übernommen und die Frage damit bewußt offen gelassen; vgl. amtl. Begr., M. Schulze, Materialien, S. 478.

11 Art. 5 Buchst. a. – Dem Urheber vorbehalten ist nach Buchst. e darüberhinaus jede Vervielfältigung der durch Übersetzung, Bearbeitung, Anordnung und jede andere Umgestaltung erzielten Ergebnisse.

bank bei den mit ihrer Benutzung erforderlichen Handlungen des Ladens u.a. regelmäßig ohnehin nicht vervielfältigt werden.

c) *Grünbuch über Urheberrecht in der Informationsgesellschaft*

Das Grünbuch widmet dem Vervielfältigungsrecht in seinem zweiten Teil zu den spezifischen Rechten einen eigenen Abschnitt.[12] Im digitalen Umfeld müsse danach »der Begriff der Vervielfältigung überprüft und festgestellt werden, ob das Vervielfältigungsrecht durch normale Handlungen (Digitalisierung, vorübergehende Vervielfältigung, Laden im Hauptspeicher (›down loading‹)) bei der Benutzung von Rechnern und von anderen im Rahmen der Informationsgesellschaft eingesetzten Geräten in Frage gestellt wird«.[13] Die nachfolgende Diskussion erörtert jedoch nicht, welche Handlungen im Einzelfall dem Vervielfältigungsrecht unterfallen, sondern beschränkt sich auf die Feststellung, es erscheine »angesichts der grundlegenden Bedeutung dieses Rechts erforderlich, eine gemeinschaftsweite Antwort zu finden. Diese Antwort müßte sich hinsichtlich der Definition des Rechts sicherlich an die in der Richtlinie über Computerprogramme enthaltenen Lösungen anlehnen. Das heißt, die Digitalisierung der Werke . . . müßte im allgemeinen ebenso unter das Vervielfältigungsrecht fallen wie beispielsweise die Eingabe in den Zentralspeicher eines Rechners«.[14]

3. *Ausländisches Recht*

a) *USA*

Das Weißbuch der NII-Arbeitsgruppe[15] enthält eine Aufzählung aller Akte, die nach der Auslegung des U.S. Copyright Act durch die Gerichte als nicht lediglich sehr kurze (»for more than a very brief period«) Speicherung eine urheberrechtlich relevante Vervielfältigung darstellen. Im einzelnen zählen dazu: die Digitalisierung analogen Materials in Form eines Datensatzes; die Speicherung eines Werkes auf Diskette, Festplatte, in einem ROM oder auch

12 Grünbuch »Urheberrecht und verwandte Schutzrechte in der Informationsgesellschaft«, Dok. KOM(95) 382 endg. v. 19.7.1995, 2. Teil, Abschnitt III, S. 49 ff.

13 A.a.O., Ziff. 1.

14 A.a.O., Ziff. 3, S. 51 f. Die dazugehörige Frage lautet: »Sollte nach ihrer Meinung die Digitalisierung der Werke . . . Gegenstand eines ausschließlichen Vervielfältigungsrechts sein?«, a.a.O., Ziff. 4, S. 52. – Im übrigen konzentriert sich das Grünbuch auf die Kontrolle bestimmter nachfolgender Verwertungsakte; vgl. dazu näher 5. Teil, II.2.e.

15 Information Infrastructure Task Force (Hrsg.), Intellectual Property and the National Information Infrastructure – The Report of the Working Group on Intellectual Property Rights, Washington, September 1995, S. 65 ff. – Vgl. dazu auch v.Lewinski, GRUR Int. 1995, 858 ff. und zur Entwurfsfassung Stögmüller, GRUR Int. 1995, 855 ff.

in einem RAM; das Uploading eines Werkes auf den Server z.B. eines Bulletin Board Systems (BBS); das Downloading von dort, und schließlich auch das Anzeigen eines Werkes auf dem Bildschirm, das – jedenfalls nach gegenwärtiger Technologie – eine Zwischenspeicherung zumindest von Teilen des Werkes im RAM oder Puffer des Computers oder selbst des Terminals des Nutzers erfordert. Daraus folgt schließlich, daß die Übermittlung von Werken in einem Computernetz wie dem Internet mindestens die folgenden Vervielfältigungshandlungen mit sich bringt: die Vervielfältigung im Internet Server des Autors, die im Internet Server des Empfängers sowie die im Endgerät des Empfängers, wobei möglicherweise noch eine Vervielfältigung im LAN des Empfängers zwischengeschaltet ist. Mehrmals wird betont, daß nicht alle als Vervielfältigung anzusehenden Handlungen notwendig dem Ausschließlichkeitsrecht des Urhebers unterfallen müssen, da besondere Ausnahmen, die allgemeine Ausnahme des »fair use« oder vertragliche Gestattungen eingreifen mögen.
Betroffen ist bei der Bildschirmanzeige nach dem Recht der U.S.A. zugleich das Recht der öffentlichen Ausstellung (»public display right«),[16] umschrieben als das Recht, Vervielfältigungsstücke der Öffentlichkeit mit irgendeinem Mittel zu zeigen. Der Öffentlichkeitsbegriff entspricht dem des öffentlichen Aufführungsrechts (»public performance right«), so daß Öffentlichkeit auch dann gegeben ist, wenn mehrere individuelle Nutzer das betreffende Werk an unterschiedlichen Plätzen zu verschiedenen Zeiten sehen können.[17]
Eine Empfehlung zur Anpassung des gegenwärtigen Gesetzes wird in keinem der beiden Fälle ausgesprochen.

b) *Japan*

Die japanische Arbeitsgruppe des Kulturministeriums befaßt sich in ihrem Bericht[18] vor allem mit der Frage der Einbeziehung der vorübergehenden (»temporary«) Vervielfältigung in den Vervielfältigungsbegriff des japanischen Urheberrechtsgesetzes. Obwohl dies dort nicht ausdrücklich geregelt ist, geht man in Japan bislang doch davon aus, daß eine im Zusammenhang mit der Programmausführung erfolgende Speicherung von Daten im internen Speicher eines Computers keine Vervielfältigung darstellt, da sie lediglich vorübergehender und beiläufiger (»temporary« und »transitional«) Natur sei. Angesichts der unscharfen Abgrenzung der beiden Begriffe wird eine ausdrückliche Einbeziehung allein der vorübergehenden Vervielfältigung ins Ge-

16 A.a.O., S. 72.
17 A.a.O., S. 71.
18 Working Group of the Subcommittee on Multimedia (Hrsg.), A Report on Discussions, Tokyo, Februar 1995. – Vgl. dazu auch Heath, GRUR Int. 1995, 843 ff.

setz vorgeschlagen, wobei die hiergegen gerichteten Bedenken nicht verschwiegen werden.[19]
Darüberhinaus wird eine Ausdehnung des Ausstellungsrechts erwogen;[20] nicht thematisiert wird dabei jedoch, inwieweit damit allein Handlungen in der Öffentlichkeit oder auch einzelne Bildschirmaufrufe durch Mitglieder der Öffentlichkeit erfaßt werden sollen.

c) *Frankreich*

In Frankreich befaßt sich allein der erste Sirinelli-Bericht mit Fragen des Vervielfältigungsrechts.[21] Ihm zufolge ist die Speicherung eines geschützten Werkes in einem digitalen Trägermedium ebenso wie das sich an eine on-line Übermittlung anschließende Herunterladen auf den Computer des Empfängers nach französischem Recht unzweifelhaft eine Vervielfältigung. Ersteres gilt nach Ansicht der Berichtsverfasser selbst dann, wenn die Speicherung – wie etwa bei Bibliotheken – nur erster Schritt der Übermittlung von Dokumenten an die Benutzer oder sonstiger nachfolgender Nutzungshandlungen ist.
Nicht endgültig geklärt – und vom französischen Schrifttum entweder dem Vervielfältigungs- (»droit de reproduction«) oder dem Darbietungsrecht (»droit de représentation«) zugeordnet – sind dagegen die Benutzung eines Computerprogrammes und das Anzeigen von Werken auf einem Bildschirm. In bezug auf letzteres hält es der Bericht für möglich, daß das Ergebnis je nach verwandter Technologie unterschiedlich ausfallen könnte (keine Vervielfältigung beim Textaufruf von Bildplatten; Vervielfältigung hingegen bei der Wiedergabe zuvor digital gespeicherter Musik- und Filmwerke), nicht ohne auf die Gefahr hinzuweisen, daß bei Einbeziehung nur vorübergehender Speicherungen in den Vervielfältigungsbegriff auch der Transport mittels immaterieller Träger (Hertzsche Wellen, elektrischer Strom) möglicherweise als Vervielfältigung erscheinen könnte. Eine gesetzliche Klarstellung hielt der Bericht seinerzeit jedoch noch für verfrüht.

19 Aufmerksam gemacht wird zum einen darauf, daß eine derartige Ausdehnung des Vervielfältigungsbegriffs ein Recht der Benutzung (»right of use«) zur Folge habe, das von der dann erforderlichen Ausnahme zugunsten des rechtmäßigen Benutzers praktisch jedoch weitgehend wieder beseitigt würde. Nach anderer Ansicht wäre eine Erfassung vorübergehender Handlungen – wie z.B. das Anzeigen geschützter Werke auf dem Bildschirm – besser im Rahmen des Sende- oder des Übermittlungsrechts anzusiedeln.

20 A.a.O., S. 14 ff.

21 Commission Sirinelli (Hrsg.), Industries culturelles et nouvelles technologies, Paris 1994 (vorliegend zitiert nach der dem Minister vorgelegten Originalfassung), S. 65 ff.; vgl. dazu auch Dreier, GRUR Int. 1995, 840 ff. – Zum Inhalt des zweiten Sirinelli-Berichts s. Genton, GRUR Int. 1996, 693 ff.

d) *Kanada*

Der kanadische Bericht[22] geht zunächst davon aus, daß die elektronische Vervielfältigung – zu der er auch das Herunterladen eines Werkes von einem Bulletin Board Service (BBS) auf Festplatte oder Diskette zählt – dem Urheber nach geltendem Recht als »reproduction« vorbehalten ist. Auch im bloßen Bildschirmaufruf (»browsing«) sieht der Bericht eine Vervielfältigung und nicht lediglich eine ephemere Handlung; daher wird angeraten, die Ausnahme des »fair dealing« in angemessener Weise auszudehnen.

e) *Australien*

Die 1994 vorgelegte australische Studie[23] hatte vor allem den Auftrag, sich mit Fragen der digitalen Werkübermittlung unter dem Blickwinkel des »diffusion right« zu befassen; Fragen der Vervielfältigung werden daher lediglich im Hinblick auf die Ausnahme ephemerer Aufnahmen diskutiert.

III. *Die Lage nach dem deutschen UrhG*

1. *Vervielfältigungsrecht: Definition und Umfang*

Das Vervielfältigungsrecht ist nach § 16 Abs. 1 UrhG das Recht, Vervielfältigungsstücke eines Werkes herzustellen, und zwar gleichviel in welchem Verfahren und in welcher Zahl. Eine Vervielfältigung ist danach jede körperliche Festlegung eines Werkes, die geeignet ist, das Werk den menschlichen Sinnen auf irgendeine Weise unmittelbar oder auch nur mittelbar wahrnehmbar zu machen.[24]

Daß auch eine körperliche Festlegung dem Vervielfältigungsbegriff unterfällt, bei der die Wahrnehmbarmachung einer dazwischengeschalteten Maschine bedarf, ist in § 16 Abs. 2 UrhG nochmals ausdrücklich festgehalten; danach stellt auch die Übertragung eines Werkes auf »Vorrichtungen zur wiederholbaren Wiedergabe von Bild- und Tonfolgen (Bild- oder Tonträger)« eine Vervielfältigung i.S.v. § 16 Abs. 1 UrhG dar. Zugleich enthält § 16 Abs. 2 UrhG damit eine Legaldefinition des im UrhG an mehreren Stellen

22 Copyright Subcommittee (Hrsg.), Copyright and the Information Highway, März 1995. – Vgl. dazu auch v.Lewinski, GRUR Int. 1995, 851 ff.

23 Copyright Convergence Group (Hrsg.), Highways to Change – Copyright in the new Communications Environment, August 1994. – Vgl. dazu auch Dreier, GRUR Int. 1995, 837 ff.

24 So bereits die amtl. Begr., M. Schulze, Materialien, S. 106.

verwandten Begriffes »Bild- oder Tonträger«. Dabei besteht Einigkeit, daß der Legaldefinition auch Bild- *und* Tonträger unterfallen.[25]

2. *Vervielfältigungsrecht im digitalen Kontext*

a) *»Bild- oder Tonträger«*

Digitale Speichermedien (Disketten, Festplatten, Streamer u.a.) sind ebenso wie traditionelle Bild- und Tonträger zur wiederholbaren Wiedergabe von Bild- oder Tonfolgen geeignet. Sie dürften damit schon jetzt der Legaldefinition in § 16 Abs. 2 UrhG unterfallen. Zweifel könnten sich jedoch deshalb ergeben, weil digitale Datenträger darüberhinaus auch einzelne Töne oder Bilder sowie ganz generell Daten jeder Art speichern können.[26]
Aus diesem Grund wird empfohlen, in § 16 Abs. 2 UrhG neben Bild- und/ oder Tonträgern auch Datenträger zu nennen; dieser Änderung müßte dann in all den Vorschriften des UrhG Rechnung getragen werden, die auf die Legaldefinition des § 16 Abs. 2 UrhG Bezug nehmen.[27]

b) *Digitalisierung analoger Werke*

Eine Vervielfältigung i.S.v. § 16 Abs. 1 UrhG stellt zunächst die Digitalisisierung geschützter Werke in analoger Form dar. Das gilt zumindest dann, wenn die Digitalisierung zu einer dauerhaften Festlegung führt.[28] Durch die Umsetzung des Werkes in binäre Daten wird auch nicht etwa eine Bearbeitung (§§ 3, 23 UrhG) vorgenommen. Zwar werden die einzelnen Bildinformationen im Zuge der Umwandlung vom analogen in den digitalen Zustand je nach Art der Umsetzung, Auflösungsdichte und Kompressionsrate in ihrem Charakter verändert; Ziel der Digitalisierung ist es jedoch nicht, den geschützten Ausdruck des betreffenden Werkes zu verändern, sondern dieses Werk nach der Digitalisierung den menschlichen Sinnen wieder in unveränderter Form[29] wahrnehmbar zu machen.

25 Vgl. nur Schricker/Loewenheim, § 17 Rdnr. 12: Folgen von Bildern und/oder Tönen. – Nicht dazu zählen jedoch Vorrichtungen zur einmaligen Wiedergabe oder zur Wiedergabe bloß einzelner Töne oder Bilder.

26 Auch die Umgangssprache trägt diesem Unterschied durch eine unterschiedliche Bezeichnung Rechnung; s. zur Problematik auch den 7. Teil A III.1.

27 Um nachfolgend unnötige Wiederholungen zu vermeiden und da hier ohnehin davon ausgegangen wird, daß das UrhG Datenträger erfaßt, wenn von Bild- oder Tonträgern die Rede ist, wird dies bei der Diskussion des Anpassungsbedarfs der jeweiligen Vorschriften nicht mehr eigens erwähnt.

28 Zur nur vorübergehenden Festlegung etwa im Scanner und/oder im Arbeitsspeicher des Computers vgl. sogleich nachfolgend d).

29 Veränderung ergeben sich dabei allenfalls aufgrund des zur Wahrnehmbarmachung verwandten Mediums; derartige Veränderungen ändern jedoch nichts am Charakter der Vervielfältigung (arg. § 62 Abs. 3 UrhG). – S. zur Problematik bereits oben 1. Teil III.4.b.aa.

c) *Einspeicherung, Abspeicherung und Ausdruck digitalisierter Werke*

Keinem Zweifel unterliegt im weiteren, daß die Speicherung geschützter Werke in einem digitalen Speichermedium grundsätzlich dem ausschließlichen Vervielfältigungsrecht unterfällt.[30]
Das gilt nicht nur hinsichtlich der ersten Einspeicherung, sondern auch hinsichtlich der Übertragung von einem Datenträger auf einen anderen.[31] Fraglich ist hier allein, inwieweit auch eine nur vorübergehende Speicherung dem Vervielfältigungsgrecht unterfällt.[32]
Eine eigenständige Vervielfältigung stellt schließlich jeder nachfolgende Ausdruck eines digitalen Datensatzes in analoger Form dar, und zwar unabhängig davon, ob und wie oft der Datensatz zuvor bereits vervielfältigt war. Denn alle genannten Handlungen sind aus urheberrechtlicher Sicht grundsätzlich isoliert zu beurteilen; jede der genannten Vervielfältigungen stellt für sich genommen einen eigenständigen Eingriff in das Vervielfältigungsrecht des Urhebers dar.[33]

d) *Vorübergehende Speicherung*

Fraglich ist dagegen, ob auch eine nur vorübergehende Speicherung als urheberrechtlich relevante Vervielfältigung anzusehen ist. Dabei sind unterschiedliche Arten der nur vorübergehenden Vervielfältigung denkbar; so kann es sich vor allem etwa um das Laden eines Werkes in den Arbeitsspeicher eines Computers handeln (in dem es spätestens dann nicht mehr verfügbar ist, wenn der betreffende Computer ausgeschaltet wird), oder aber um rein technische Zwischenspeicherungen im Rahmen ein und derselben Werknutzung.[34]
In der Literatur war die Frage hinsichtlich der nur vorübergehenden Speicherung in Bezug auf Computerprogramme heftig umstritten.[35] Der BGH geht davon aus, daß nicht jede Vervielfältigung im technischen Sinn zugleich notwendig eine Vervielfältigung i.S.d. § 16 Abs. 1 UrhG darstellt. Danach liegt in der Benutzung eines Werkes als solchen nicht notwendig ein urheberrecht-

30 Vgl. statt vieler nur Schricker/Loewenheim, § 16 Rdnr. 9, sowie für Computerprogramme Haberstumpf, in: Lehmann (Hrsg.), Rechtsschutz und Verwertung von Computerprogrammen, 2. Aufl. 1993, S. 132 f.

31 Vgl. schon oben in diesem Abschnitt a).

32 Vgl. dazu gleich nachfolgend in diesem Abschnitt d).

33 Zu den Schrankenbestimmungen, die das ausschließliche Vervielfältigungsrecht des Urhebers in begrenzten Ausnahmefällen einschränken vgl. den 5. Teil III.

34 Je nach Art des Werkes und der technischen Ausgestaltung kann ein Werk auch in der Hardware integriert sein und von dort direkt aufgerufen werden, so daß es weiterer technischer Zwischenspeicherungen möglicherweise gar nicht bedarf.

35 Vgl. dazu näher Haberstumpf, in: Lehmann (Hrsg.), Rechtsschutz und Verwertung von Computerprogrammen, 2. Aufl. 1993, S. 133 ff. m.w.Nachw.

lich relevanter Vorgang.[36] Letztlich wird man demnach wohl anhand wertender Betrachtung entscheiden müssen, ob eine nur vorübergehende Vervielfältigung das legitime Interesse des Rechtsinhabers berührt, die damit verbundene Nutzung zu kontrollieren und an den wirtschaftlichen Vorteilen dieser Nutzung seines Werkes zu partizipieren.[37] Eine Vervielfältigung im rechtlichen Sinne wäre folglich immer dann anzunehmen, wenn der technische Vervielfältigungsvorgang zu einer gesteigerten Werknutzung führt. Das wäre insbesondere etwa dann der Fall, wenn das Werk im Arbeitsspeicher des Computers vorhanden ist, da dies eine Benutzung unabhängig von einer zuvor erworbenen Kopie des Werkes ermöglicht, wohl nicht jedoch beim Einlesen eines on-line übermittelten Datensatzes in den Arbeitsspeicher des Empfängers und auch nicht bei rein technischen Vervielfältigungshandlungen, die zur Benutzung des Werkes erforderlich sind.

Nach Umsetzung der Computerprogrammrichtlinie ist die vorübergehende Vervielfältigung zumindest für Computerprogramme nun ausdrücklich dem Urheber vorbehalten (§ 69c Nr. 3 UrhG); eine parallele Bestimmung ist auch im Rahmen der Datenbankrichtlinie[38] ins deutsche Recht umzusetzen. Nach wie vor nicht abschließend geklärt ist allerdings, inwieweit im Rahmen des Ladens, Ablaufens, Übertragens oder Speicherns eines Computerprogramms tatsächlich Vervielfältigungshandlungen stattfinden;[39] offen geblieben ist damit einstweilen, inwieweit rein technische Vervielfältigungshandlungen im Hinblick auf Computerprogramme auch weiterhin vom Urheberrecht ausgenommen werden können.

Da einige der digitalen Werke, vor allem der Multimediawerke Datenbanken sind, und da die Benutzung letzterer häufig die Nutzung eines Computerprogramms impliziert, sollte im Gesetz für alle Werke in digitaler Form klargestellt werden, daß auch eine vorübergehende Vervielfältigung in das Vervielfältigungsrecht nach § 16 Abs. 1 UrhG eingreift.[40] Diese Klarstellung entspräche auch dem internationalen Trend.[41] Dagegen wird eine weitere Differenzierung zwischen vorübergehender einerseits und flüchtiger bzw. beiläufiger Vervielfältigung andererseits – wie sie der Vorschlag für einen Vertrag über bestimmte Fragen betreffend den Schutz literarischer und künstlerischer

36 Vgl. BGH, GRUR 1991, 449, 453 – Betriebssystem: ».. zu beachten .., daß bei der Benutzung von Computerprogrammen rein technisch verschiedene tatsächliche Vervielfältigungsvorgänge anfallen können, die nicht uneingeschränkt vom Vervielfältigungsrecht nach § 16 UrhG erfaßt werden«.

37 So für die Vervielfältigung von Computerprogrammen z.B. Lehmann, GRUR Int. 1991, 327, 331.

38 Art. 5 Buchst. a der Datenbankrichtlinie; vgl. dazu auch oben in diesem Teil A.III.2.b.

39 Vgl. dazu näher oben in diesem Kapitel A.II.2.a.

40 Eine Übernahme des ohnehin tautologischen § 69 Nr. 1 Satz 2 UrhG trägt dagegen zur Klärung der angesprochenen Fragen nichts bei.

41 Vgl. oben in diesem Teil A. II.1.a.

Werke im Hinblick auf möglich Schrankenbestimmungen enthält[42] – nicht für sinnvoll erachtet. Die genaue Grenzziehung im Einzelfall zwischen urheberrechtlich relevanter und urheberrechtlich möglicherweise nicht relevanter, rein technischer Vervielfältigung sollte vielmehr nach wie vor der Rechtsprechung überlassen bleiben.

e) *Bildschirmanzeige*

Unklar ist weiterhin, ob auch die sog. Bildschirmanzeige, d.h. das bloße Sichtbarmachen eines Werkes auf dem Bildschirm eines Computers dem Vervielfältigungsrecht unterfällt oder nicht. Dabei geht es nicht um die soeben behandelte Frage, ob der Bildschirmaufruf eine – zumindest vorübergehende – vorherige Zwischenspeicherung im Computer oder Terminal des Benutzers erfordert oder nicht.[43]

Der BGH hatte die »Ausgabe des Programms auf dem Bildschirm« vor Umsetzung der Computerprogrammrichtlinie von vorneherein vom Vervielfältigungsrecht ausgeschieden, »da insoweit nur eine unkörperliche Wiedergabe vorlieg[e]«.[44] Angesichts dieser allgemeinen, nicht auf die Anzeige von Programmen auf dem Bildschirm beschränkten Formulierung dürfte nach geltendem Recht bei der Bildschirmanzeige aller Arten digitaler Werke kein Eingriff ins Vervielfältigungsrecht vorliegen. Demgegenüber scheint § 69c Nr. 1 Satz 2 UrhG jetzt zumindest für Computerprogramme davon auszugehen, daß das bloße Anzeigen immerhin eine Vervielfältigung darstellen *kann*; sicher ist das indessen nicht, mag doch die zum Gesamtvorgang des Anzeigens erforderliche Vervielfältigung auch in einer vorherigen Speicherung im Arbeitsspeicher des Computers gesehen werden.

Eine Urheberrechtspflichtigkeit auch der Bildschirmanzeige geschützter Werke läßt sich nach deutschem Recht mithin nur de lege ferenda begründen. Daß bereits das on-line Angebot bzw. die on-line Übermittlung einen dem Urheber vorbehaltenen Akt der unkörperlichen Übermittlung darstellt,[45] steht dem nicht entgegen. Entscheidender Gesichtspunkt dürfte vielmehr sein, daß sich – insbesondere angesichts der Unsicherheit und Unvorhersehbarkeit der Einordnung technisch vorgelagerter Vervielfältigungshandlungen – nur auf diese Weise eine hinreichende Kontrolle der Urheber über die Verwertung ihrer geschützten Werke erzielen läßt. Denn da das bloße Betrachten auf dem Bildschirm aufgerufener Dokumente dem Ausdruck in vielen Fällen auch in wirtschaftlicher Hinsicht vergleichbar ist, drohte eine gänzliche Freistellung

42 Vgl. näher 5. Teil II.1.a.
43 Vgl. dazu soeben in diesem Teil A.III.2.d.
44 BGH, GRUR 1991, 449, 453 – Betriebssystem.
45 Vgl. dazu näher nachfolgend in diesem Kapitel B.III.2.d.

der Bildschirmanzeige die ausgewogene Schrankenregelung der Vervielfältigung zum privaten und sonstigen eigenen Gebrauch zu unterlaufen.
Aus diesem Grunde wird eine Einbeziehung des Anzeigens geschützter Werke am Bildschirm in den Vervielfältigungbegriff des § 16 Abs. 1 UrhG empfohlen.

f) *Teilkopien*

Geschützte Werke in digitalisierter Form lassen sich nicht nur recht einfach im Ganzen kopieren; vielmehr kann auch jeder beliebige Teil eines Werkes ohne größeren Aufwand übernommen werden. Je nach Werkart steht hier sogar eine spezielle Software zur Verfügung.[46] Auf diese Weise lassen sich Teile aus mehreren geschützten Werken problemlos entnehmen und ohne eigenes Ausgangsmaterial zu einem neuen Ganzen zusammenfügen.
Urheberrechtlich ist ein geschütztes Werk gegen die unerlaubte Übernahme eines seiner Teile allerdings nur dann geschützt, wenn dieser Teil selbst i.S. v. § 2 Abs. 2 UrhG eine persönliche geistige Schöpfung darstellt, er also insbesondere die dazu notwendige Schöpfungshöhe aufweist.
Von diesem Grundsatz sollte jedoch – wie bereits im 1. Teil ausgeführt[47] – selbst angesichts der gesteigerten Gefahr der Kopie von Werkteilen, die als solche dem Schutz nicht zugänglich sind, nicht abgewichen werden. Denn dieser Grundsatz fußt auf der Überlegung, daß ein Schutz, der sich auf als solche nicht schutzwürdige Teile erstreckte, die Freiheit des schöpferischen Werkschaffens über Gebühr behindern würde;[48] überdies soll der Schutz als Anreiz nur für die Schaffung hinreichend originaler Werke und Werkteile gewährt werden. Wenn dagegen eingewandt wird, daß es im digitalen Umfeld angesichst der ohnehin schwierigen Beweislage eines effektiven Schutzes gegen die Übernahme von Dritten unter Kosten und Mühen erstellter digitaler Bestandteile bedürfe, so mag dem eher im Rahmen des nachbarrechtlichen Schutzes für den Tonträgerhersteller, den Filmproduzenten, das Sendeunternehmen, den Lichtbildner oder auch den ausübenden Künstler Rechnung getragen werden.[49] Zumindest in gravierenden Fällen planmäßiger, schmarotzerischer Übernahme[50] vermag auch das Wettbewerbsrecht zu helfen.

46 So etwa Software im Bildbereich zum sog. Freistellen, d.h. Herauslösen von Bildmotiven aus der jeweiligen unmittelbaren Bildumgebung.
47 1. Teil III.2.b.aa.
48 Zwar ist die sog. Doppelschöpfung im Urheberrecht grundsätzlich frei, doch zeigt die bisherige Praxis, daß eine von den vorbekannten Schöpfungen gänzlich uninspirierte Doppelschöpfung in der Praxis nur in höchst seltenen Fällen gegeben ist; vgl. dazu Schricker, GRUR 1988, 815 f.
49 S. dazu im einzelnen 7. Teil A.III.1.
50 Dabei kann die Sittenwidrigkeit unter dem Gesichtspunkt der systematischen unmittelbaren Leistungsübernahme durchaus auch in der Summe mehrerer einzelner Handlungen begründet liegen; vgl. BGH, GRUR 1996, 210 – Vakuumpumpen.

g) *Bearbeitungsrecht (§ 23 UrhG)*

Als letztes stellt sich in diesem Zusammenhang die Frage, inwieweit die nahezu unbegrenzten Möglichkeiten einer Bearbeitung von Werken, die in digitaler Form gespeichert sind, eine Anpassung der Vorschriften über die Bearbeitung (§§ 3, 23 UrhG) veranlassen. In Rede steht hier nicht so sehr § 3 UrhG, der einer als solcher originalen Bearbeitung Werkcharakter zuspricht,[51] als vielmehr § 23 UrhG, der bereits die Anfertigung bestimmter Bearbeitungen der Zustimmung des Urhebers vorbehält.

Dabei spielt es keine Rolle, ob man in § 23 UrhG den Kern eines eigenständigen Ausschließlichkeitsrechts erblickt oder eine Bestimmung des Umfangs der dem Urheber insgesamt vorbehaltenen Verwertungsrechte bzw. des Vervielfältigungsrechts,[52] die dann – im Hinblick auf das Recht zur Verwertung des Werkes in bearbeiteter Form – erweiternder, oder – im Hinblick auf die Zustimmungspflichtigkeit selbst der Anfertigung bestimmter Bearbeitungen – einschränkender Natur wäre. Denn letztlich steht hinter dieser Regelung der Gedanke der Freiheit des privaten Gebrauchs.[53]

Da hier – wie nachfolgend näher ausgeführt[54] – ein gänzliches Verbot der Vervielfältigung von Werken in digitaler Form zum privaten und eigenen Gebrauch nicht vorgeschlagen wird, besteht grundsätzlich auch kein Anlaß, § 23 UrhG einer einschränkenden Korrektur zu unterziehen; auch eine Erweiterung der dort genannten Werkarten und Bearbeitungsweisen, bei denen bereits die Herstellung der Bearbeitung der Zustimmung des Urhebers bedarf, erscheint nicht angezeigt. Überdies ließe sich ein Ausschließlichkeitsrecht in Bezug auf die Herstellung der Bearbeitungen von Werken in digitaler Form im privaten Bereich wegen fehlender Kontrollmöglichkeiten in der Praxis auch gar nicht durchsetzen.[55]

51 Zum Werkcharakter der Digitalisierung s. oben 1. Teil III.4.b.aa.

52 Zu den historischen Gründen der Sonderstellung des Rechts der Verwertung einer Bearbeitung im Vergleich zu den sonstigen Verwertungsrechten und in der Einordnung selbst schwankend (»Umfang« der Verwertungsrechte; »ihrem Wesen nach Vervielfältigung des Originalwerks in bearbeiteter Form«; »Bearbeitungsrecht«) vgl. etwa Ulmer, Urheber- und Verlagsrecht, 3. Aufl. 1980, S. 267 f. – Darüberhinaus grenzt § 23 UrhG die freie von der unfreien Benutzung ab.

53 Ulmer, a.a.O., S. 271.

54 Vgl. 5. Teil III.4.e.

55 S. zur Problematik aus der Sicht der verwandten Schutzrechte 7. Teil D.III.

IV. *Vorschläge für eine Anpassung des deutschen UrhG*

Damit ergibt sich für eine Anpassung des Vervielfältigungsrechts folgendes:
- Sowohl die Digitalisierung, als auch die Einspeicherung, die Abspeicherung und der Ausdruck geschützter Werke stellen nach geltendem Recht einen jeweils eigenständigen Akt der Vervielfältigung dar. Einer Anpassung von § 16 Abs. 1 UrhG bedarf es insofern nicht;
- das gleiche gilt für § 23 UrhG im Hinblick auf Bearbeitungen;
- auch hinsichtlich der Kopie von Teilen geschützter Werke sollte es dabei verbleiben, daß urheberrechtlich nur die Kopie solcher Teile dem Urheber vorbehalten ist, die als solche urheberrechtlich schutzfähig sind.
- Dagegen sollte in § 16 Abs. 1 UrhG – in Parallele zu § 69c Nr. 1 UrhG sowie Art. 5 Buchst. a der Datenbankrichtlinie – für alle Werke in digitaler Form klargestellt werden, daß auch deren vorübergehende Vervielfältigung dem ausschließlichen Vervielfältigungsrecht unterfällt;
- darüberhinaus wird eine Einbeziehung des Anzeigens geschützter Werke am Bildschirm in den Vervielfältigungbegriff des § 16 Abs. 1 UrhG empfohlen;
- in § 16 Abs. 2 UrhG sollte schließlich die Legaldefinition der Bild- oder Tonträger um den Begriff des Datenträgers ergänzt werden.

B. *Die Erfassung der digitalen Übermittlung: Verbreitungsrecht; Recht der öffentlichen Wiedergabe; Senderecht; neues Verwertungsrecht*

I. *Problemstellung*

1. *Ausgangspunkt: Kontrolle des Urhebers über die Verwertung seiner Werke in digitaler Form*

Es besteht weitgehend Einigkeit darüber, daß den Urhebern grundsätzlich die Kontrolle auch über die Verwertung ihrer Werke im Wege digitaler on-line[56]

56 Der in Abgrenzung zu den körperlichen digitalen »off-line«-Medien gebräuchliche Begriff »on-line« soll nicht den Blick darauf verstellen, daß die Übermittlung technisch auch drahtlos (z.B. per Satelliten) erfolgen kann. Gleichwohl sei nachfolgend zunächst weiterhin von »on-line« Übermittlung und »on-line« Abfrage die Rede, ohne daß damit eine Beschränkung auf das technische Übermittlungsmedium Kabel beabsichtigt ist.

Übermittlung zukommen soll, soweit es sich dabei nicht lediglich um eine private, sondern um eine an die Öffentlichkeit gerichtete Mitteilung handelt.[57]

2. *Schwierigkeiten der Einordnung der urheberrechtlich relevanten Übermittlungshandlung*

Die Einordnung der urheberrechtsrelevanten Handlungen, die eine digitale Übermittlung bzw. Abfrage eines geschützten Werkes erfordert, in das System der dem Urheber vorbehaltenen ausschließlichen Verwertungsrechte, bereitet jedoch in mehrerlei Hinsicht Schwierigkeiten:

- unklar ist zunächst, ob bei einer on-line Übermittlung, die aus der Sicht des Anbieters zwar an die Öffentlichkeit gerichtet ist, die jedoch erst durch individuelle, zeitlich und örtlich auseinanderfallende Abfragehandlungen auf der Empfängerseite vollendet wird, zur Feststellung der Öffentlichkeit auf jeden einzelnen dieser Kommunikationsvorgänge oder aber auf den Gesamtvorgang des Zugänglichmachens abzustellen ist;
- unklar ist im weiteren, ob Übermittlungsvorgänge – zumindest soweit sie dem Empfang eines materiellen Werkexemplars dienen – eher dem Recht der körperlichen oder aber dem der unkörperlichen Werknutzung zuzurechnen sind;
- selbst im Fall des Abstellens auf den Gesamtakt des Zugänglichmachens bedarf der Klärung, ob das on-line Angebot eher dem Senderecht oder aber einem – bisher unbenannten – Recht der unkörperlichen Wiedergabe vergleichbar ist. Dabei wird die Debatte um die Einordnung der digitalen on-line-Abfrage insbesondere im Verhältnis zum Senderecht vor allem vom Boden der verwandten Schutzrechte aus geführt;[58] denn ausübenden Künstlern und Tonträgerherstellern steht bei der Sendung von Handelstonträgern in Deutschland lediglich ein Vergütungsanspruch zu; ein allgemeines Ausschließlichkeitsrecht der öffentlichen Wiedergabe besteht nicht. Aber auch für die Urheber ist die Einordnung insbesondere im Hinblick auf die Schrankenbestimmungen von entscheidender Bedeutung, welche die einzelnen Verwertungsrechte unterschiedlich stark einschränken;
- geklärt werden muß darüberhinaus, ob der bestehende Begriff der Öffentlichkeit den Besonderheiten der digitalen on-line Übermittlung Rechnung zu tragen vermag und ob dabei ggf. eine angemessene Abgrenzung vorzunehmen ist;

57 Nach deutschem Urheberrecht ergibt sich dies schon daraus, daß der Urheber als Inhaber eines unter dem Eigentumsschutz des Art. 14 GG stehenden Rechts grundsätzlich am wirtschaftlichen Nutzen jeder Verwertung seines Werkes tunlichst angemessen zu beteiligen ist; vgl. nur BGH, GRUR 1982, 102 – Masterbänder und Schricker/v.Ungern-Sternberg, § 15 Rdnr. 3.

58 S. dazu im Einzelnen 7.Teil E.III.

– erschwert wird eine Einordnung schließlich dadurch, daß digitale on-line Übermittlungsakte je nach ihrer Ausgestaltung analogen Verwertungshandlungen entsprechen, denen sie zwar wirtschaftlich vergleichbar sind, die jedoch mitunter in andere Verwertungsrechte eingreifen.

II. *Internationales, Europäisches und ausländisches Recht*

1. *Internationales Recht*

a) *RBÜ*

Die RBÜ gewährt den Urhebern kein umfassendes Recht der öffentlichen Wiedergabe; vielmehr sind die Befugnisse den Urhebern unterschiedlicher Werke historisch gewachsen in unterschiedlichem Umfang gewährt: das umfänglichste Recht der öffentlichen Übertragung durch irgendein Mittel genießen nach Art. 11 Abs. 1 Nr. 2 RBÜ die Urheber von dramatischen, dramatisch-musikalischen und musikalischen Werken im Hinblick auf Aufführungen ihrer Werke; das gleiche Recht genießen Urheber von Werken der Literatur nach Art. 11ter Abs. 1 Nr. 2 RBÜ allerdings nur im Hinblick auf die Übertragung eines öffentlichen Vortrages ihrer Werke; Filmurheber schließlich genießen gem. Art. 14bis Abs. 1 RBÜ das Recht der öffentlichen Vorführung und der drahtgebundenen Übertragung des Filmwerkes an die Öffentlichkeit; für die Urheber sonstiger Werke fehlen entsprechende Bestimmungen. Geschützt sind alle Urheber allein gegen bestimmte Arten der Verwertung, nämlich nach Art. 11bis Abs. 1 Nr. 1 und Nr. 2 RBÜ gegen die drahtlose Rundfunksendung und die drahtlose oder drahtgebundene Weitersendung sowie nach Art. 14 Abs. 1 Nr. 2 RBÜ gegen die öffentliche Vorführung und drahtgebundene Übertragung verfilmter Werke an die Öffentlichkeit.
Wann eine Mitteilung des Werkes an eine »Öffentlichkeit« erfolgt bzw. wann eine solche als »öffentlich« anzusehen ist, ist in der RBÜ nicht näher definiert; eine Bestimmung bleibt daher den Mitgliedstaaten vorbehalten.[59] Das gilt für die Frage, nach welchen Kriterien öffentliche von nicht-öffentlichen Wiedergaben abzugrenzen sind, ebenso wie für die Frage, ob auch der sukzessive Werkgenuß untereinander nicht verbundener Werknutzer dem Recht der öffentlichen Wiedergabe unterfällt.

59 Vgl. nur Nordemann/Vinck/Hertin, Internationales Urheberrecht, Art. 11 RBÜ Rdnr. 2 und Art. 11bis RBÜ Rdnr. 5.

Ein Recht des Inverkehrbringens gewährt Art. 14 Abs. 1 RBÜ den Urhebern von Werken der Literatur und Kunst bislang allein im Hinblick auf Verfilmungen. Ein Vermietrecht ist der RBÜ bislang unbekannt.
Der Vorschlag für einen Vertrag über bestimmte Fragen betreffend den Schutz literarischer und künstlerischer Werke sucht die digitale Übermittlung geschützter Werke auf Anregung der Kommission der EU in Art. 10 durch ein Recht der Mitteilung (»right of communication«) zu erfassen. Das neue Recht soll die in Art. 11 Abs. 1 Nr. 2, 11bis Abs. 1 Nr. 1, 11ter Abs. 1 Nr. 2, 14 Abs. 1 Nr. 2[60] und 14bis Abs. 1 RBÜ gewährten Rechte unberührt lassen und die drahtlose wie die drahtgebundene Mitteilung eines Werkes an die Öffentlichkeit erfassen, die in der Weise erfolgt, daß Mitglieder der Öffentlichkeit auf das Werk von einem Ort und zu einer Zeit Zugriff nehmen können, die sie selbst gewählt haben.
Aufgrund des letzteren Kriteriums ist das Recht nach Art. 10, das insbesondere interaktive on-demand-Handlungen erfaßt,[61] vom bisherigen Senderecht unterschieden;[62] vom Verbreitungsrecht (Art. 8 des Vorschlags) sowie vom Vermietrecht (Art. 9 des Vorschlags) unterscheidet es sich dadurch, daß letztere körperliche Werkexemplare (»copies«) voraussetzen, wohingegen das Recht der Mitteilung nach Art. 10 des Vorschlages das Zugänglichmachen des Werkes an die Öffentlichkeit auf jede Weise außer durch die Verbreitung von Werkexemplaren erfaßt.[63] Das in Art. 10 vorgeschlagene Recht gilt für alle Werkarten; es erscheint daher entweder als neues Recht oder kann als »zusätzliche Dimension« der bereits bestehenden Rechte angesehen werden.[64] Der Begriff »Mitteilung« dürfte weit genug sein, um die Gewährung des Rechts auf nationaler Ebene auch als Übertragungsrecht (»transmission right«) zu ermöglichen.[65]
Ob dem Nutzer auch körperliche Werkexemplare zugänglich gemacht werden oder ob er das Werk nur wahrnehmen kann, spielt dabei keine Rolle; entscheidend ist weiterhin der erste Akt des Zugänglichmachens, nicht etwa die Bereitstellung von Speicherkapazität, von Kommunikationsverbindungen oder anderen Träger- und sonstigen Einrichtungen für den Signaltransport.[66] Die Mitteilung mag mehrere Übermittlungsakte und vorübergehende Zwischenspeicherungen erfordern, die solange Teil der Mitteilung sind, als sie nur bei-

60 Der Text von Art. 10 spricht hier ebenso wie die Erläuterungen in WIPO Dok. CRNR/DC/4, Ziff. 10.09 irrtümlich von Art. 14 Abs. 1 Nr. *1*; korrekt hingegen ebda. Ziff. 10.03.
61 Erläuterungen, a.a.O., Ziff. 10.11.
62 A.a.O., Ziff. 10.12.
63 A.a.O., Ziff. 10.14. – Die Erschöpfung von Rechten soll strikt auf die Verbreitung körperlicher Werkexemplare beschränkt bleiben; a.a.O., Ziff. 10.20.
64 A.a.O., Ziff. 10.13.
65 A.a.O., Ziff. 10.16. – Zugleich erfaßt der Oberbegriff der »Mitteilung« die in der RBÜ gelegentlich verwandten Begriffe der »Aufführung« und des »Vortrages«; a.a.O., Ziff. 10.18.
66 A.a.O., Ziff. 10.10.

läufig (»incidental«) erfolgen; wird das zunächst übermittelte und dann gespeicherte Werk hingegen nachfolgend wiederum der Öffentlichkeit zugänglich gemacht, so liegt darin ein erneuter Eingriff in das Recht der Mitteilung.[67]
Eine genauere Umschreibung der Öffentlichkeit soll wie schon bisher der nationalen Gesetzgebung vorbehalten bleiben.[68]

b) *WUA*

Von den Rechten der öffentlichen Wiedergabe nennt Art. IVbis Abs. 1 S. 1 WUA ausdrücklich nur das Recht der öffentlichen Aufführung sowie das Recht der Rundfunksendung. Diese Aufzählung ist zwar nicht notwendig abschließend,[69] verpflichtet Art. I WUA doch zur Gewährung eines »ausreichenden und wirksamen Schutz(es) der Rechte der Urheber«. Daß im Hinblick auf die öffentliche Wiedergabe ein umfassender Schutz gewährt wird, der überdies die interaktive Zugriffsmöglichkeit erfassen würde, erscheint jedoch wenig wahrscheinlich, bleibt das WUA doch bewußt hinter dem Umfang des Schutzes der RBÜ zurück.

c) *TRIPS*

Ebenso wie auch schon beim Vervielfältigungsrecht verweist das TRIPS in seinem Art. 9 Abs. 1 auch beim Recht der öffentlichen Wiedergabe auf die RBÜ. Zusätzlich enthält Art. 11 TRIPS jedoch eine internationale Verpflichtung zur Gewährung eines Vermietrechts für Computerprogramme[70] und – in abgeschwächter Form[71] – auch für Filmwerke. Die Gewährung eines Verbreitungsrechts und die damit zusammenhängende Frage der internationalen Rechtserschöpfung sind jedoch offen geblieben.[72]

67 A.a.O., Ziff. 10.14.
68 A.a.O., Ziff. 10.17. – Ebenfalls der nationalen Gesetzgebung vorbehalten bleiben soll die Frage, wer wegen einer Verletzung des Rechts der Mitteilung haftet; a.a.O., Ziff. 10.21.
69 Nach Art. IVbis Abs. 1 WUA »umfassen« die in Art. I WUA bezeichneten Rechte die in IVbis Abs. 1 WUA genannten Rechte; vgl. zur Auslegung Nordemann/Vinck/Hertin, Internationales Urheberrecht, Art. IVbis WUA Rdnr. 3; allerdings schafft die Vorschrift keine Mindestrechte.
70 Nach Art. 11 S. 3 TRIPS erstreckt sich diese Verpflichtung nicht auf Vermietungen, »bei denen das Programm selbst nicht der wesentliche Gegenstand ist«.
71 Nach Art. 11 S. 2 TRIPS besteht die Verpflichtung nur dann, wenn die Vermietung von Filmwerken zu deren »weit verbreiteter Vervielfältigung« geführt hat, durch die das Vervielfältigungsrecht der Urheber in einem Mitgliedstaat »erheblich beeinträchtigt« wird.
72 Vgl. Art. 6 TRIPS.

2. *Europäisches Recht*

a) *Vermiet- und Verleihrichtlinie*

Die Vermiet- und Verleihrichtlinie bezieht sich ausdrücklich nur auf »Originale und Vervielfältigungsstücke urheberrechtlich geschützter Werke«.[73] Eine Anwendung auch auf das on-line Angebot käme daher allenfalls im Wege einer Analogie und selbst dann vermutlich nur auf bestimmte Fälle begrenzt in Betracht.[74]

b) *Satelliten- und Kabelrichtlinie*

Die Satelliten- und Kabelrichtlinie enthält in ihrem Teil über Satelliten eine Regelung hinsichtlich des materiellen Rechts der Sendung von Werken über Satelliten.[75] Eine direkte Anwendung auch auf das on-line Angebot geschützter Werke scheidet jedoch aus zweierlei Gründen aus: zum einen betrifft die Richtlinie die öffentliche Wiedergabe nur über Satelliten. Vor allem aber setzt sie zum anderen eine Übermittlung geschützter Werke in einem Programm voraus; fehlt hier auch eine gesetzliche Definition, so ist doch entscheidender Wesenszug eines »Programms«, daß der Anbieter die zeitliche, sequentielle Abfolge der einzelnen Programmteile festlegt, während beim on-line Abruf dem Nutzer sowohl die Wahl des Zeitpunktes als damit auch die Reihenfolge der abgerufenen Werke freisteht.[76]

73 Art. 1 Abs. 1 der Vermiet- und Verleihrichtlinie; vgl. auch die Art. 1 Abs. 4; 2 Abs. 1 und 4 Abs. 1.

74 In diesem Sinne vor allem Reinbothe/v.Lewinski, The EC Directive on Rental and Lending Rights and on Piracy, London 1993, S. 41 ff; v.Lewinski, Musik und Multimedia, in: Lehmann (Hrsg.), Internet- und Multimediarecht, Stuttgart 1997, S. 159 ff. – Vgl. auch das Grünbuch »Urheberrecht und verwandte Schutzrechte in der Informationsgesellschaft«, in diesem Abschnitt e).

75 Die Regelung betrifft die Gleichstellung der Sendung über Direktstrahlsatelliten und den diesen in der öffentlichen Empfangbarkeit der Signale vergleichbaren Fernmeldesatelliten unter Einschluß kodierter Sendungen, die Bestimmung des relevanten Sendeaktes sowie des jeweiligen Sendeortes innerhalb der Gemeinschaft und schließlich einen Mindestschutz hinsichtlich Bestand und Ausübung dieses Satellitensenderechts.

76 Aber auch eine analoge Anwendung im digitalen Bereich begegnet angesichts der Besonderheiten der Rechte in bezug auf Rundfunksendungen, die die Richtlinie überhaupt erst ermöglicht haben, Bedenken. Das gilt zumindest solange, als nicht gemeinschafts- oder – im Idealfall – weltweit für alle von der digitalen Übermittlung betroffenen Werke ein hinreichender, auch hinsichtlich der Schrankenbestimmungen harmonisierter Mindestschutz gewährleistet ist; zu Einzelheiten auch hinsichtlich der Anwendbarkeit der Regelungen der Kabelweitersendung im digitalen Bereich vgl. Dreier, The Cable and Satellite Analogy, in: Hugenholtz (Hrsg.), The Future of Copyright, S. 57, 61 ff.

c) *Computerprogrammrichtlinie*

Die Computerprogrammrichtlinie sieht kein eigenes Recht der öffentlichen Wiedergabe von Programmen vor;[77] offenbar war man seinerzeit davon ausgegangen, daß Programme lediglich als Programmkopien, d.h. in Form körperlicher Vervielfältigungsstücke zirkulieren. Angesichts der technischen Möglichkeit auch der on-line Übermittlung von Programmen wird man die Programmrichtlinie hinsichtlich des Rechts der öffentlichen Wiedergabe jedoch nicht für abschließend erachten können; nationale Rechte der unkörperlichen Werkverwertung können daher weiterhin fortbestehen.[78]

d) *Datenbankrichtlinie*

Dagegen hat die Datenbankrichtlinie den Katalog der dem Urheber vorbehaltenen Rechte um die Rechte der »öffentlichen Wiedergabe, Vorführung oder Aufführung« der Datenbank selbst sowie der im Wege der Übersetzung, Bearbeitung oder Umgestaltung erzielten Ergebnisse erweitert.[79] Welche Handlungen im einzelnen eine öffentliche Wiedergabe einer geschützten Datenbank darstellen ist jedoch nicht näher geregelt. Zwar spricht einiges dafür, daß dem auch das on-line Angebot einer Datenbank unterfällt,[80] bliebe der Schutz des Urhebers einer Datenbank sonst doch lückenhaft; allerdings könnte insoweit – wie von der Kommission im Grünbuch angesprochen[81] – möglicherweise bereits das Verbreitungsrecht greifen.

e) *Grünbuch über Urheberrecht in der Informationsgesellschaft*

Die rechtliche Erfassung unkörperlicher Verwertungshandlungen digitaler Werke nimmt den Hauptteil des Grünbuchs ein; unter den Titeln »Recht der öffentlichen Wiedergabe«, »Recht der digitalen Verbreitung/Übertragung« und »Recht der digitalen Rundfunkübertragung« sind ihr drei ganze Abschnitte gewidmet.[82]

77 Vgl. Art. 4 Buchst. a – c der Computerprogrammrichtlinie. Spricht Art. 4 Buchst. a auch das Übertragen an, so ist nach der Richtlinie doch nur eine damit eventuell verbundene Vervielfältigung dem Urheber vorbehalten; vgl. dazu oben in diesem Teil A. II.2.a.

78 So bereits Dreier, GRUR 1993, 781, 784. – Möglicherweise waren die Richtlinienverfasser aber auch davon ausgegangen, daß es nach der unkörperlichen Programmübermittlung beim Empfänger ohnehin zu Eingriffen in das Vervielfältigungsrecht komme, so daß ein gesondertes Bedürfnis für eine eigenständige Regelung des Rechts der unkörperlichen Wiedergabe nicht bestehe.

79 Art. 5 Buchst. d und e der Datenbankrichtlinie.

80 Dahingehend läßt sich möglicherweise auch der 33. Erwägungsgrund interpretieren, demzufolge sich die »Frage der Erschöpfung des Verbreitungsrechts . . . [bei] Online-Datenbanken, die in den Dienstleistungsbereich fallen« nicht stelle; eindeutig ist dies indessen nicht.

81 Vgl. nachfolgend e.

82 Teil 2, Abschnitte IV – VI.

Angeregt wird zunächst eine gemeinschaftsweit einheitliche Regelung darüber, wann eine Wiedergabe »öffentlich« ist und wann lediglich private – und daher urheberrechtlich irrelevante oder doch zumindest im Wege von Schrankenbestimmungen urheberrechtlich freistellbare – Übermittlungshandlungen vorliegen.[83]
Hinsichtlich des »Rechts der digitalen Verbreitung und Übertragung« neigt das Grünbuch dazu, das bereits durch die Vermiet- und Verleih- sowie durch die Computerprogrammrichtlinie eingeführte Vermiet- und Verleihrecht im Wege erweiternder Auslegung auch auf kommerzielle bzw. nichtkommerzielle digitale Übertragungen anzuwenden und dies aus Gründen der Rechtsklarheit und -sicherheit gesetzlich ausdrücklich festzuschreiben.[84] Allerdings scheint die Kommission dabei allein den Fall der wirtschaftlichen Vergleichbarkeit der »On-line-Abfrage eines Werkes in einer öffentlichen Bibliothek mit dem Verleih einer Kopie des Werkes«[85] im Auge zu haben.
Da die Kommission in ihrem Grünbuch dazu neigt, das on-line Angebot als eine Vielzahl einzelner Punkt-zu-Punkt Kommunikationen anzusehen, erscheint der digitale Rundfunk (d.h. die Übertragung herkömmlicher Programme mittels digitaler anstatt wie bisher mittels analoger Signale) von vorneherein nicht als Teil der on-line Kommunikation;[86] eine gesonderte Regelung erscheint der Kommission auch deswegen angezeigt, weil der Nutzer bei der Übermittlung on-line anders als beim traditionellen Rundfunk »direkten Zugang hat und Veränderungen vornehmen kann.«[87]
Schließlich sei vermerkt, daß die EU-Kommission inzwischen maßgeblich zum gegenwärtigen Vorschlag eines Übermittlungsrechts im Rahmen der WIPO beigetragen hat, das sowohl vom Sende- als auch vom Verbreitungsrecht abgegrenzt ist.[88]

83 A.a.O., Abschnitt IV. – Im Fragenkatalog werden folgende Fallkonstellationen genannt, die möglicherweise als nicht-öffentlich angesehen werden könnten: Übertragung über Netz zwischen zwei Privatpersonen; zwischen einer Privatperson und einem Unternehmen; zwischen mehreren Privatpersonen und einem Unternehmen (z.B. BBS); innerhalb eines oder zwischen mehreren Unternehmen.

84 A.a.O., Abschnitt V., S. 56 ff.

85 A.a.O., S. 58. – Im übrigen wird auch hier die besondere Rolle der Bibliotheken im digitalen Kontext betont und damit letztlich der Weg zu besonderen Schrankenbestimmungen gewiesen.

86 Da der digitale Rundfunk jedoch Ausstrahlungen ermöglicht, »die als Konkurrenz zu den On-line-Diensten auftreten könnten«, und da »die Digitalisierung der Signale hinsichtlich der Vervielfältigung durch die Verbraucher . . . Folgen hat« (A.a.O., Abschnitt VI, S. 61), wird der Ausbau der Rechte der Inhaber verwandter Schutzrechte in Erwägung gezogen; vgl. dazu näher 7. Teil E.III.

87 A.a.O., S. 56.

88 Vgl. näher oben in diesem Teil B.II.1.a.

3. *Ausländisches Recht*

Auch im Ausland ist die Frage der Einordnung des on-line Angebots bzw. der on-line Abfrage in das jeweilige nationale System bestehender Verwertungsrechte zumeist nicht eindeutig geklärt. Die bislang hierzu gemachten Vorschläge zeigen, daß die einzelnen nationalen Lösungen in großem Maß von den jeweiligen Besonderheiten der bestehenden nationalen Urheberrechtsgesetze abhängig sind. Einigkeit besteht allerdings insofern, als alle Vorschläge davon ausgehen, daß dem Urheber das Recht, sein Werk Dritten on-line zum Abruf zugänglich zu machen, als ausschließliches Recht vorbehalten werden soll.

a) *USA*

Der U.S. Copyright Act kennt gegenwärtig kein umfassendes Recht der öffentlichen Wiedergabe. Das Recht der öffentlichen Aufführung (»public performance right«) erfaßt zwar auch Übertragungen mittels irgendeines Mittels, ist jedoch auf die Übertragung von öffentlichen Aufführungen beschränkt,[89] erfaßt also nicht die Übermittlung zuvor elektronisch vervielfältigter Werkstücke. Unklar ist zugleich, ob die elektronische Übermittlung von Vervielfältigungsstücken vom Verbreitungsrecht (»distribution right«) erfaßt ist.
Aus diesem Grund schlägt das Weißbuch der NII-Arbeitsgruppe[90] vor, die online Übertragung geschützter Werke dem Verbreitungsrecht zu unterwerfen;[91] ein neues Recht soll durch diese Klarstellung nicht geschaffen werden. Daß der Übermittlungsvorgang zugleich möglicherweise einen oder mehrere Eingriffe in das Vervielfältigungsrecht mit sich bringt, stehe der Anerkennung eines elektronischen Verbreitungsrechts umso weniger entgegen, als ein Bedürfnis für die getrennte Lizenzierung beider Rechte bestehe. Zur Rechtfertigung des Vorschlags wird darauf verwiesen, daß das Ergebnis der Übertragung an mehrere Empfänger wirtschaftlich der Verbreitung einer gleichen Anzahl von Vervielfältigungsstücken entspreche. Hinsichtlich des Begriffs der Öffentlichkeit soll auf die Abgrenzung durch die Rechtsprechung vertraut werden;[92]

89 Seit dem »Digital Performance Right in Sound Recordings Act 1995« (Publ. L. 104-39 v. 1.11.1995) steht dieses ausschließliche Recht der öffentlichen Aufführung auch Tonträgerherstellern hinsichtlich der digitalen Tonübertragung zu, ist jedoch zum einen hinsichtlich bestimmter nichtkommerzieller (Weiter-)Übertragungen beschränkt und zum anderen in erheblichem Umfang einer gesetzlichen Lizenz unterworfen.

90 Information Infrastructure Task Force (Hrsg.), Intellectual Property and the National Information Infrastructure – The Report of the Working Group on Intellectual Property Rights, Washington, September 1995. – Vgl. dazu auch v.Lewinski, GRUR Int. 1995, 858 ff. und zur Entwurfsfassung Stögmüller, GRUR Int. 1995, 855 ff.

91 A.a.O., S. 213 ff.

92 A.a.O., S. 215. – Für das »public performance right« ist der Begriff der Öffentlichkeit dagegen seit 1988 ausdrücklich unabhängig davon definiert, ob die Mitglieder der Öffentlichkeit die Vorführung an ein und dem selben Platz oder an verschiedenen Plätzen und zur selben Zeit oder zu unterschiedlichen Zeiten wahrnehmen.

nichtöffentlich ist danach vor allem die Übertragung zwischen Einzelpersonen etwa im Wege einer privaten e-mail Nachricht.

b) *Japan*

Die eindeutige rechtliche Einordnung digitaler on-line Übermittlungen sucht auch der Bericht der Arbeitsgruppe des japanischen Kulturministeriums zu erfassen.[93] Vorgeschlagen wird die Schaffung eines umfassenden Begriffs der Übermittlung (»transmission«) entweder in Erweiterung des Sendebegriffs (»broadcasting«) oder im Wege der ausdrücklichen Anwendung des gegenwärtigen Übertragungsbegriffs auf alle Akte unkörperlicher Werkübermittlung, mögen sie drahtlos oder drahtgebunden, zeitgleich oder nicht zeitgleich erfolgen. Ein weiterer Vorschlag geht dahin, den Urhebern ausdrücklich auch die Übermittlung in sog. Local Area Networks (LAN) vorzubehalten.

c) *Frankreich*

Der französische Sirinelli-Bericht[94] geht offensichtlich ohne weiteres davon aus, daß die on-line Übermittlung schon jetzt dem umfassenden Darbietungsrecht (»droit de représentation«) unterfällt;[95] auf das Problem der sukzessiven Öffentlichkeit wird nicht näher eingegangen. Näher diskutiert wird allein der digitale Rundfunk[96] vor allem im Hinblick auf die sog. Spartenkanäle.[97]

d) *Kanada*

Nach Ansicht des kanadischen Berichts[98] sollte das gegenwärtige Recht der öffentlichen Wiedergabe im Wege der Telekommunikation auch on-line-

93 Working Group of the Subcommittee on Multimedia (Hrsg.), A Report on Discussions, Tokyo, Februar 1995, S. 11 ff. – Vgl. dazu auch Heath, GRUR Int. 1995, 843 ff.

94 Commission Sirinelli (Hrsg.), Industries culturelles et nouvelles technologies, Paris 1994 (vorliegend zitiert nach der dem Minister vorgelegten Originalfassung); vgl. dazu auch Dreier, GRUR Int. 1995, 840 ff. – Dagegen befaßt sich der bislang noch unveröffentlichte zweite Sirinelli-Bericht »Le régime juridique et la gestion des oeuvres multimédia« lediglich mit der Einordnung von Multimediawerken sowie mit Fragen der Rechtswahrnehmung; vgl. zum Inhalt bereits Genton, GRUR Int. 1996, 693 ff.

95 Definiert in Art. L. 122-2 des Code de la propriété intellectuelle als das Recht der »Mitteilung des Werkes an die Öffentlichkeit durch irgendein Verfahren«.

96 A.a.O., S. 68 ff.

97 Nach französischem Recht haben Tonträgerhersteller und ausübende Künstler zwar ein ausschließliches Recht der öffentlichen Wiedergabe, während ihnen hinsichtlich der Wiedergabe im Wege der Rundfunksendung sowie der zeitgleichen, unveränderten Kabelweiterleitung nur ein Vergütungsanspruch zusteht. Angesichts der Entwicklung hin zu On-demand-Diensten und dem Pay-per-listen und der Gefahr durch die digitale Privatkopie spricht sich der Bericht hier für die Schaffung eines die digitale Übermittlung betreffenden ausschließlichen Rechts aus; vgl. 7. Teil, E II und III.

98 Copyright Subcommittee (Hrsg.), Copyright and the Information Highway, März 1995. – Vgl. dazu auch v.Lewinski, GRUR Int. 1995, 851 ff.

Übertragungen erfassen, bei der die Mitglieder der Öffentlichkeit die Werke nach eigener Entscheidung zu unterschiedlichen Zeiten empfangen können. Ausgeschlossen sind dagegen Punkt-zu-Punkt Kommunikationen z.B. im Wege der e-mail. Eventuelle Unklarheiten in dieser von der Rechtsprechung bislang nicht entschiedenen Frage empfiehlt der Bericht ausdrücklich durch eine gesetzliche Klarstellung zu beseitigen.

e) *Australien*

Die 1994 vorgelegte australische Studie,[99] die sich vornehmlich mit der Klärung der bei der digitalen Werkübermittlung betroffenen Rechte befassen sollte, schlägt die Einführung eines neuen, umfassenden Übertragungsrechts (»transmission right«) vor, das das Senderecht (»broadcasting right«) als Unterfall beibehalten, das bestehende Recht der Übermittlung an Abonnenten eines Verbreitungsdienstes ersetzen und vom gegenwärtigen Aufführungsrecht (»public performance right«) unterschieden sein solle.[100]
Einen interessanten Weg schlägt der Bericht dagegen hinsichtlich der Definition der Öffentlichkeit vor: zwar solle der Begriff der Öffentlichkeit weiterhin der Auslegung durch die Gerichte offenstehen, doch solle gesetzlich verankert werden, daß eine Übermittlung mit elektronischen oder ähnlichen Mitteln in jedem Fall dann als öffentliche Übermittlung gelte, wenn sie kommerziellen Zwecken dient.[101]

III. *Die Lage nach dem deutschen UrhG*

Bei der Beurteilung nach deutschem Recht stellt sich zunächst die Frage, ob bzw. inwieweit das on-line Angebot und die on-line Übermittlung – abgesehen von den bereits genannten Vervielfältigungshandlungen[102] – eher dem Recht der körperlichen oder aber dem der unkörperlichen Verwertung zuzuordnen ist.
Zwar scheint eine Zuordnung zur körperlichen Werkverwertung auf den ersten Blick eher fern zu liegen, doch sind einige der digitalen Übermittlungs-

99 Copyright Convergence Group (Hrsg.), Highways to Change – Copyright in the new Communications Environment, August 1994. – Vgl. dazu auch Dreier, GRUR Int. 1995, 837 ff.
100 A.a.O., Empfehlung 1. – Dieses »transmission right« soll auch den Sendeunternehmen und den Herstellern von Tonträgern zustehen und die gesetzliche Lizenz zur Benutzung von Tonträgern auf solche Rundfunksendungen begrenzt werden, die ohne Gegenleistung empfangbar sind.
101 A.a.O., Empfehlung 3.
102 Vgl. dazu oben in diesem Teil A.III.2.

vorgänge jedenfalls von ihrem wirtschaftlichen Ergebnis her durchaus der Verbreitung von Werkexemplaren in körperlicher Form vergleichbar. Aus diesem Grunde wird mitunter die Einordnung des on-line Angebots bzw. der on-line Übermittlung beim Verbreitungsrecht erwogen und ggf. auf die Regeln des Vermiet- und Verleihrechts verwiesen.[103] Für eine solche Schlußfolgerung spricht immerhin, daß es rechtspolitisch bedenklich erschiene, zwei Vorgänge der Werkverwertung, die aus der Sicht der Verwerter wie der Nutzer als gleichwertig erscheinen, allein aufgrund der unterschiedlichen, dabei verwandten Technik einer unterschiedlichen Behandlung zu unterwerfen und die Befugnisse der Urheber – hinsichtlich der Erschöpfung sowie im Bereich der Schrankenbestimmungen – auf unterschiedliche Weise auszugestalten.

1. *Verbreitungsrecht*

a) *Inhalt und Umfang*

§ 17 Abs. 1 UrhG umschreibt das Verbreitungsrecht als das Recht, das Original oder Vervielfältigungsstücke eines Werkes der Öffentlichkeit anzubieten oder in Verkehr zu bringen. Ist ein solches Original oder Vervielfältigungsstück mit Zustimmung des zur Verbreitung Berechtigten innerhalb der Gemeinschaft in Verkehr gebracht, so ist das Verbreitungsrecht – vorbehaltlich der Vermietung, die nach wie vor dem Urheber vorbehalten bleibt – erschöpft.

Die Erschöpfung des Verbreitungsrechts bringt den Gegensatz zwischen dem Interesse des Urhebers an einer möglichst weitreichenden Kontrolle über sein Werk und dem Interesse der Allgemeinheit an freier Zirkulierbarkeit einmal im Wege der Veräußerung in Verkehr gebrachter Werkexemplare zum Ausgleich. Die Erschöpfung dient damit vornehmlich Verkehrsschutzinteressen; dem Urheber dagegen wird zugemutet, bereits im Zuge der ersten Veräußerung eine – mit Ausnahme der ihm nach wie vor vorbehaltenen Vermietung – allen nachgeordneten Verbreitungshandlungen des jeweiligen Werkexemplars entsprechende Vergütung zu erzielen.[104] Das Verbreitungrecht ist also zum einen auf Angebot und Inverkehrbringen körperlicher Werkexemplare beschränkt und zum anderen insoweit untrennbar mit der Erschöpfung verbunden.

103 Vgl. z.B. die Ausführungen im EU-Grünbuch, oben in diesem Kapitel B.II.2.e sowie die Nachw. bei B.II.2.a.

104 Vgl. statt vieler eingehend Joos, Die Erschöpfungslehre im Urheberrecht, München 1991, S. 51 ff.

b) *Verbreitungsrecht und digitale Übermittlung*

Keinem Zweifel unterliegt zunächst, daß das Anbieten und Inverkehrbringen von Exemplaren körperlicher off-line Medien (bespielte Disketten, CD-ROM, CD-I u.a.) dem Verbreitungsrecht nach § 17 Abs. 1 UrhG unterfällt.[105]

Dagegen werden beim öffentlichen on-line Angebot bzw. bei der on-line Übermittlung oder Abfrage keine körperlichen Vervielfältigungsstücke veräußert; vielmehr werden die Daten des geschützten Werkes vom Absender zum Empfänger drahtlos oder per Draht, d.h. auf unkörperliche Weise übermittelt und dort – sei es auf dem Bildschirm, im Lautsprecher oder im Wege nachfolgenden Ausdrucks, sei es unter zusätzlicher Zwischenspeicherung im Computer des Empfängers – beim Empfänger wieder als Werk wahrnehmbar gemacht.

Zwar unterfällt dem Verbreitungsrecht des § 17 Abs. 1 UrhG bereits das Angebot eines Vervielfältigungsstückes an die Öffentlichkeit. Da ein solches Vervielfältigungsstück immerhin auf dem Server des on-line Anbieters vorhanden ist, könnte man versucht sein, zumindest insoweit auf die Anwendbarkeit des Verbreitungsrechts zu schließen. § 17 Abs. 1 UrhG erfaßt das Anbieten jedoch als eine die nachfolgende Verbreitung vorbereitende Handlung, um der Gefährdung der Interessen des Urhebers bereits in diesem frühen Stadium zu begegnen und ein Einschreiten nicht erst dann zu ermöglichen, wenn bereits eine konkrete Verbreitung eines Werkexemplars erfolgt. Damit aber ist für das Verbreitungsrecht auch insoweit Voraussetzung, daß das angebotene Werkexemplar selbst zur Zirkulation bestimmt ist.[106]

Eine direkte Anwendung des Verbreitungsrechts auf das on-line Angebot geschützter Werke kommt mithin schon aus grundsätzlichen Erwägungen nicht in Betracht. Das gilt für Angebot und Übermittlung des Inhalts ganzer Datenbanken ebenso wie für Angebot und Übermittlung einzelner Werke.

In Betracht gezogen werden könnte daher allein eine analoge Anwendung des Verbreitungsrechts nach § 17 Abs. 1 UrhG und damit zugleich wohl des Vermietungs- und des Verleihrechts auch auf digitale on-line Übermittlungen geschützter Werke. Dabei ist jedoch zunächst zu bedenken, daß bei einer dem Wesen nach unkörperlichen Werkwiedergabe die mit dem Verbreitungsrecht verknüpfte Erschöpfungswirkung nicht paßt; diese wäre bei einer analogen Heranziehung des Verbreitungsrechts auf unkörperliche Werknutzungen dann

105 Das schließt den Vertrieb des Inhalts von on-line Datenbanken auf körperlichen Datenträgern mit ein; vgl. statt vieler Katzenberger, Elektronische Printmedien und Urheberrecht, Stuttgart 1996, S. 37 f.

106 Ebenso Katzenberger, a.a.O., S. 39. – Das gilt auch in den Fällen, in denen das angebotene Werkstück zum Zeitpunkt des Angebots noch nicht hergestellt war; vgl. dazu BGH, GRUR 1991, 316, 317 – Einzelangebot.

– systemwidrig – zumindest für nachfolgende unkörperliche Werknutzungen wiederum einzuschränken. Vor allem aber unterscheidet sich gerade das Vermieten und Verleihen körperlicher Werkexemplare von der on-line Übermittlung geschützter Werke darin, daß das vermietete bzw. das verliehene Werkexemplar beim Vermieter bzw. beim Verleiher für die Dauer des Vermietens bzw. des Verleihens nicht verbleibt; umgekehrt kehrt das vermietete oder verliehene Werkexemplar nach Beendigung von Vermietung und Verleih wieder zum Vermieter und Verleiher zurück, während es bei der on-line Übermittlung in aller Regel beim on-line Abfrager verbleibt.[107] Zu bedenken ist schließlich, daß das geltende Recht in § 27 Abs. 2 UrhG im Fall des Verleihens, d.h. der unentgeltlichen Gebrauchsüberlassung dem Urheber lediglich einen Vergütungsanspruch gewährt; im on-line Bereich dürfte dies den legitimen Kontrollinteressen der Urheber jedoch nicht genügen.
Raum für eine Anwendung des Verbreitungsrechts ist bislang vor allem dort angenommen worden, wo die unkörperliche Übermittlung nicht als on-line Angebot zum individuellen Abruf durch den Nutzer erscheint, sondern vielmehr lediglich als Teil des Herstellungsvorganges der Werkexemplare, die in die Hände der Empfänger gelangen sollen. Das wäre insbesondere im Fall der sog. Fernkopie der Fall, bei denen der Absender – anstatt körperliche Vervielfältigungsstücke zu versenden – die Daten eines bestimmten Werkes on-line an mehrere Empfänger übermittelt, damit diese selbst das materielle Vervielfältigungsstück im Wege des Ausdrucks erstellen können. Hier besteht in der Tat eine Schutzlücke, solange und soweit zum einen die Datenfernübermittlung nicht dem Recht der unkörperlichen Werkwiedergabe unterfällt und zum anderen der Vervielfältigungsakt, den der Empfänger vornimmt, nach § 53 UrhG privilegiert ist.[108] Das Bedürfnis für eine solche analoge Anwendung entfällt jedoch in dem Umfang, in dem mit dem on-line Angebot auch die Datenfernübertragung zur Speicherung dem Recht der unkörperlichen Wiedergabe zugeordnet[109] und zugleich die Privilegierung des § 53 UrhG in Bezug auf die digitale Vervielfältigung eingeschränkt wird.[110]

107 Freilich ließe sich hier argumentieren, daß der Verbleib des Werkes beim on-line Empfänger – ebenso wie ein eventueller Verbleib des vermieteten oder verliehenen körperlichen Werkexemplars im Wege privater Vervielfältigung oder der Reprographie beim Mieter oder Entleiher, der den Charakter des Vermietens und Verleihens als Akt der Verbreitung ja auch unberührt lasse – gleichfalls einen vom Angebot und der Übermittlung unabhängigen Akt der Vervielfältigung (Speicherung oder Ausdruck) voraussetze. Damit aber wird deutlich, daß sich Ableitungen insoweit nicht streng logisch sondern letztlich nur unter Berücksichtigung wertender Zusammenhänge vornehmen lassen.

108 Vgl. dazu eingehend Katzenberger, a.a.O., S. 47 ff., sowie für den Parallelfall des Einzelangebots der Versendung einer Diskette mit gespeichertem Computerspiel bereits BGH, GRUR 1991, 316 – Einzelangebot.

109 Vgl. dazu sogleich nachfolgend 2.d.

110 Vgl. dazu näher 5. Teil III.4.e.

2. *Recht der öffentlichen Wiedergabe*

Liegt es also näher, beim on-line Angebot geschützter Werke einen Eingriff in das Recht der unkörperlichen Werknutzung zu sehen, so stellt sich die Frage, in welches der Verwertungsrechte unkörperlicher Wiedergabe nach § 15 Abs. 2 UrhG konkret eingegriffen wird.[111] Dabei wird davon ausgegangen, daß dem Urheber das Recht, Dritten den on-line Zugriff auf geschützte Werke zu ermöglichen, dem internationalen Trend entsprechend auch nach deutschem Urheberrecht grundsätzlich vorbehalten sein sollte.

a) *Systematik der §§ 15 Abs. 2, 19 ff. UrhG*

§ 15 Abs. 2 UrhG gewährt dem Urheber das ausschließliche Recht, sein Werk in unkörperlicher Form öffentlich wiederzugeben. Die dort genannten Rechte der §§ 19 – 22 UrhG betreffen zum einen den Live-Vortrag von Sprachwerken (§ 19 Abs. 1 UrhG) und die Live-Aufführung von Musikwerken (§ 19 Abs. 2 UrhG), jeweils unter Einschluß zeitgleicher technischer Übermittlungshandlungen zur öffentlichen Wahrnehmbarmachung (§ 19 Abs. 3 UrhG) sowie das Recht der Vorführung der übrigen, in Art. 2 Abs. 1 UrhG genannten Werkarten unter Einsatz technischer Mittel (§ 19 Abs. 4 UrhG); zum anderen das Senderecht (§ 20 UrhG) und schließlich die Rechte der öffentlichen Wahrnehmbarmachung unter Benutzung von Bild- oder Tonträgern (§ 21 UrhG) und Funksendungen (§ 22 UrhG).
Diese Rechte sind lediglich beispielhaft genannt; das Recht der öffentlichen Wiedergabe ist damit nicht etwa erschöpfend umschrieben. Daraus folgt zugleich, daß jede Verwertung eines geschützten Werkes, die nicht in körperlicher Form erfolgt, eine Verwertung in unkörperlicher Form darstellt.[112] Körperliche und unkörperliche Verwertung zusammen umschreiben mithin alle denkbaren Arten der Verwertung; eine weitere Verwertungsart, die von § 15 Abs. 1 und 2 UrhG nicht erfaßt wäre, kann es daher nicht geben.[113] Aus die-

111 Vertreten werden hier im aktuellen Schrifttum sowohl die Einordnung als unbenanntes Verwertungsrecht der unkörperlichen Werkwiedergabe oder als Senderecht, als auch eine Analogie zu den Vorschriften über die unkörperliche Wiedergabe; vgl. statt vieler die Nachweise bei Hoeren, CR 1996, 517, 518 f. Bisweilen wird für die Schaffung eines neuen umfassenden Verwertungsrechts mit eigenen, verwertungsspezifischen Schrankenbestimmungen und einer gesondert zugeschnittenen Rechtserschöpfung plädiert; so insbesondere Lehmann, Digitalisierung und Urhebervertragsrecht, in: Lehmann (Hrsg.), Internet- und Multimediarecht, Stuttgart 1997, S. 58 ff.

112 Fraglich mag eben allenfalls die Grenzlinie zwischen körperlicher und unkörperlicher Werkverwertung sein.

113 Dem steht nicht schon entgegen, daß alle gesetzlich ausdrücklich genannten Formen der unkörperlichen Werkverwertung dadurch gekennzeichnet sind, daß sie die unmittelbare, mit der Verwertung synchrone Wahrnehmung des Werkes ermöglichen. Denn zum einen spiegeln die in § 15 Abs. 2 Nr. 1 – 4 UrhG ausdrücklich genannten Formen der unkörperli-

sem Grund bedarf es zur Erfassung des on-line Angebots auch keiner Schaffung eines neuen umfassenden Verwertungsrechts.[114]

b) *Senderecht (§ 20 UrhG)*

Zu denken wäre bei einer Zuordnung des on-line Angebots geschützter Werke zu den in § 15 Abs. 2 UrhG ausdrücklich benannten Rechten der unkörperlichen Werkwiedergabe zunächst an das Senderecht nach § 20 UrhG. Denn dieses stellt darauf ab, ob Werke der Öffentlichkeit »zugänglich« gemacht werden. Es kommt dort also von vorneherein nicht darauf an, ob diejenigen, denen ein Werk zugänglich gemacht wird, an ein und demselben Ort versammelt sind, noch darauf, ob sie das Werk tatsächlich wahrnehmen. Ob das geschützte Werk drahtlos oder per Draht zugänglich gemacht wird, ist ebenfalls nicht entscheidend. Schließlich besteht auch hinsichtlich der Technik der Übermittlung als solcher zwischen der herkömmlichen Sendung und dem online Angebot geschützter Werke kein Unterschied.
Allerdings unterscheidet sich der übermittelte Inhalt in einem Punkt doch erheblich voneinander: während durch Sendung ein Programm ausgestrahlt wird, das dadurch charakterisiert ist, daß der Sendende als Anbieter sowohl Reihenfolge als auch zeitliche Abfolge der einzelnen Programmbestandteile festlegt, ist es beim on-line Angebot der Nachfrager, der darüber entscheidet, welches Werk er zu welchem Zeitpunkt übermittelt bekommen möchte. In Bezug auf das einzelne übermittelte Werk erscheint eine Sendung als etwas Flüchtiges, Vorübergehdes, während das on-line Angebot durch die kontinuierliche Verfügbarkeit jedes einzelnen Werkes gekennzeichnet ist. Zwar ließe sich dieser Unterschied möglicherweise im Wege der Analogie überwinden, doch dürfte es letztlich an der tatsächlichen Vergleichbarkeit der zu regelnden Sachverhalte fehlen.
Es erscheint nämlich – zumindest einstweilen – aus wenigstens drei Gründen angezeigt, auch künftig eine rechtlich unterschiedliche Behandlung von Sendung im traditionellen Sinn einerseits und von on-line Angebot andererseits beizubehalten: zum ersten bestehen beide Formen des öffentlichen Zugänglichmachens nach wie vor phänomenologisch und in weiten Teilen auch soziologisch deutlich unterscheidbar nebeneinander fort;[115] zum zweiten ermöglicht eine Zuordnung zu unterschiedlichen Verwertungsrechten eine differenzierte Schrankenregelung;[116] und zum dritten erlaubt eine Unterscheidung ins-

chen Werkverwertung nur den seinerzeitigen – analogen – Stand der Verwertungstechnik wider; versteht man das on-line Angebot zum anderen als eine fortdauernde Handlung, so finden auch hier Verwertungshandlung und Wahrnehmung synchron statt.

114 So aber Lehmann, a.a.O. (Fußn. 111).

115 Das gilt – zumindest gegenwärtig – selbst dann, wenn ein und dasselbe Unternehmen sowohl ein Programm sendet als auch zugleich sein Archiv dem on-line Zugriff öffnet.

116 Vgl. dazu näher den 5. Teil III.

besondere im Bereich der verwandten Schutzrechte eine aufgrund der verschiedenen wirtschaftlichen Ausgangssituation nach wie vor sinnvoll erscheinende differenzierte rechtliche Behandlung.[117]

c) *Rechte der Wahrnehmbarmachung (§§ 19 Abs. 3 und 4, 21 sowie 22 UrhG)*

Während die auf die öffentliche Live-Mitteilung abstellenden Rechte des § 19 Abs. 1 und 2 UrhG für die Einordnung des on-line Angebots von vorneherein ausscheiden, könnte man insoweit doch immerhin an die Rechte der Wahrnehmbarmachung (§§ 19 Abs. 3 und 4, 21 sowie 22 UrhG) denken; denn auch dem on-line Angebot liegt mit dem Server des Anbieters ein Bild- oder Tonträger zugrunde,[118] ggf. ermöglicht der on-line Anbieter auch den Zugriff auf Live-Vorträge und -Aufführungen bzw. fremde Funksendungen. Allerdings setzen alle genannten Rechte voraus, daß die Werke »wahrnehmbar« gemacht, d.h. unmittelbar für die menschlichen Sinne wiedergegeben werden;[119] der Empfängerkreis muß daher zwangsläufig an einem Ort versammelt sein.[120] In die Nähe des on-line Angebots gerät man hier daher allenfalls deshalb, weil sowohl § 19 Abs. 3 UrhG – der entsprechend auch für Wahrnehmbarmachungen nach den §§ 21 und 22 UrhG gilt – als auch § 19 Abs. 4 UrhG den betreffenden Rechten auch die öffentliche Wahrnehmbarmachung durch »technische Einrichtungen« bzw. durch Bildschirm und Lautsprecher »ähnliche technische Einrichtungen« zuordnet. Zu diesen technischen Einrichtungen zählen zweifellos auch die Übertragungswege, an deren Ende die Werke wahrnehmbar gemacht werden. Allerdings muß auch am Ende dieser technischen Einrichtungen das Werk wieder »wahrnehmbar« gemacht werden, es muß dort also wiederum den Sinnen einer am gleichen Ort versammelten Öffentlichkeit unmittelbar zugänglich sein. Daran scheitert es jedoch in der Regel bei den on-line Systemen; denn die individuellen Abfrager sind nicht an einem Ort versammelt,[121] und zur Wahrnehmung des Werkes bedarf es neben des Abrufs noch des Aufrufs am Bildschirm bzw. über den Lautsprecher.[122] Die Vor-

117 Die genaue, ggf. am Medienrecht zu orientierende Grenzziehung, insbesondere die Einordnung von sog. digitalen Spartensendern, die sich vor allem bei den verwandten Schutzrechten auswirkt, kann daher an dieser Stelle einstweilen dahingestellt bleiben; vgl. dazu eingehend 7. Teil E.III.

118 Zur Einbeziehung auch von Datenträgern in den Begriff des Bild- oder Tonträgers nach § 16 Abs. 2 UrhG vgl. oben in diesem Teil A.III.2.a.

119 Vgl. statt vieler Schricker/v.Ungern-Sternberg, § 21 Rdnr. 7.

120 A.a.O., Rdnr. 10. m.w.Nachw. und neuerdings ausdrücklich BGH, NJW 1996, 3084 – Zweibettzimmer im Krankenhaus.

121 Selbst wenn man mehrere parallele technische Übermittlungsvorgänge annehmen wollte, fehlte es doch vor jedem einzelnen Terminal an der entsprechenden Öffentlichkeit.

122 Allerdings sei in diesem Zusammenhang angeregt, den auf den ersten Blick möglicherweise zuwenig deutlichen Begriff der »Wahrnehmbarmachung« in Abgrenzung vom »Zugänglichmachen« i.S.v. § 20 UrhG und dem hier nachfolgend vorgeschlagenen Recht des unkörperlichen Angebots (vgl. nachfolgend d) im Gesetz ausdrücklich zu präzisieren.

schriften sind in der Praxis heute daher weit weniger bedeutend als ihr Umfang auf den ersten Blick vermuten lassen könnte.

d) *Unbenanntes Recht der unkörperlichen Wiedergabe (§ 15 Abs. 2 UrhG)*

Nach alledem scheint es daher derzeit wohl am überzeugendsten, ein unbenanntes Recht der öffentlichen Wiedergabe nach § 15 Abs. 2 UrhG anzunehmen.

Da dieses Recht im Prinzip[123] schon jetzt vom Recht der unkörperlichen Wiedergabe nach § 15 Abs. 2 UrhG umfaßt ist, bedürfte es an sich keiner ausdrücklichen Gesetzesänderung. Gleichwohl wird hier eine ausdrückliche Nennung des Rechts des on-line Angebots geschützter Werke in einer gesonderten Ziffer des § 15 Abs. 2 UrhG empfohlen. Damit soll zum einen die bislang äußerst kontrovers geführte Diskussion über den Charakter des Rechts möglichst rasch beendet und damit der Rechtssicherheit gedient werden; ein weiterer Grund besteht zum anderen darin, daß in der Praxis durchaus ein wirtschaftliches Bedürfnis für eine im Vergleich insbesondere zum Senderecht des § 20 UrhG – aber auch zu den übrigen Rechten der §§ 19, 21 und 22 UrhG – getrennte Lizenzierung des Rechts der on-line Abfrage besteht.

Auf bestehende Verträge dürfte eine solche ausdrückliche gesetzliche Nennung des Rechts des on-line Angebots keine nennenswerten Auswirkungen haben. Denn es wird gerade kein neues, bislang nicht existierendes Recht geschaffen. Soweit Altverträge dem nicht Rechnung tragen, steht einer Übertragung ohnehin in weitem Umfang § 31 Abs. 4 UrhG entgegen;[124] Altverträge jüngeren Datums dagegen dürften auf das on-line Angebot schon angesichts des Spezifizierungsgebotes des § 31 Abs. 5 UrhG regelmäßig – und sei es im Wege einer inhaltlichen Umschreibung – Bezug nehmen.

Genannt werden könnte dieses Recht das »Recht des on-line Angebots« oder – wollte man vermeiden, daß der materielle Charakter des zur Übermittlung eingesetzten technischen Mittels zu sehr betont wird – das »Recht des unkörperlichen Angebots«; darin käme jedoch wohl nicht deutlich genug zum Ausdruck, daß nicht nur das reine Angebot, sondern auch die Übermittlung selbst mit erfaßt sein soll. Unter die verwandte Benennung »Recht der unkörperlichen Zugänglichmachung« fiele jedoch wohl auch die Sendung. Vorzuziehen scheint daher – nicht zuletzt in Anlehnung an den englischsprachigen Begriff des »transmission right« – die Benennung als »Recht der unkörperlichen Übertragung« oder kurz als »Übertragungsrecht«. Soweit darin nicht gänzlich zum Ausdruck kommt, daß – unabhängig davon, ob tatsächlich eine Übertra-

123 Zur weiteren Frage, ob – und wenn ja, unter welchen Umständen – das on-line Zugänglichmachen eines geschützten Werkes »öffentlich« ist, vgl. sogleich nachfolgend e).

124 Vgl. dazu näher 6. Teil I.2 und III.2.

gung stattfindet oder nicht – bereits das Bereithalten eines Werkes zum Abruf einen Eingriff in das dem Urheber vorbehaltene Ausschließlichkeitsrecht darstellt, könnte dies durch die gesetzliche Umschreibung des Rechts selbst geklärt werden.

Entscheidender als die Frage der Benennung, für die vorstehend lediglich eine Anregung gegeben worden ist, ist freilich die inhaltliche Umschreibung des neuen Rechts. Es wird hier vorgeschlagen, die Umschreibung auch im deutschen Urheberrecht an die Formulierung von Art. 10 des Vorschlages für einen Vertrag über bestimmte Fragen betreffend den Schutz literarischer und künstlerischer Werke[125] anzulehnen. Danach wäre das Recht des unkörperlichen Angebots »das Recht, geschützte Werke dem drahtlosen oder drahtgebundenen Zugriff durch die Öffentlichkeit bereitzuhalten.« Des in Art. 10 vorgesehenen Zusatzes, daß der Zugriff »in der Weise erfolgt, daß Mitglieder der Öffentlichkeit auf das Werk von einem Ort und zu einer Zeit Zugriff nehmen können, die sie selbst gewählt haben«, bedarf es hier deshalb nicht, da nachfolgend[126] vorgeschlagen wird, den Begriff der Öffentlichkeit in § 15 Abs. 3 UrhG für alle unkörperlichen Wiedergaben dahingehend zu erweitern, daß er auch die sog. sukzessive Öffentlichkeit erfaßt.

Mit der hier vorgeschlagenen Lösung wäre zugleich eine Abgrenzung sowohl zum Senderecht (§ 20 UrhG: Zugänglichmachung nicht durch Abruf, sondern durch Sendung seitens des Sendenden bzw. Empfang des Werkes zu einem vom Sendenden gewählten Zeitpunkt), als auch zu den Rechten der Wahrnehmbarmachung mit technischen Mitteln (§§ 19 Abs. 3 und 4, 21 und 22 UrhG: die Wahrnehmenden müssen an einem Ort versammelt sein) erreicht.

e) *Öffentlichkeit*

Eine Wiedergabe geschützter Werke unterfällt § 15 Abs. 2 UrhG nur dann, wenn sie öffentlich ist. Den Begriff der Öffentlichkeit definiert § 15 Abs. 3 UrhG einheitlich für alle Arten der unkörperlichen Werkverwertung. Danach kommt es zwar quantitativ auf eine Mehrzahl von Personen an; letztlich entscheidend ist jedoch das qualitative Merkmal der fehlenden bestimmten Abgrenzbarkeit und der fehlenden persönlichen Verbundenheit der Personen untereinander oder zum Veranstalter.

§ 15 Abs. 3 UrhG selbst enthält keine Präzisierung dahingehend, ob die Mitglieder der Öffentlichkeit an einem Ort versammelt sein und/oder ob sie das wiedergegebene Werk zur gleichen Zeit wahrnehmen können müssen. Die Rechtsprechung differenziert hinsichtlich des Ortes danach, ob es sich um die Rechte der Wahrnehmbarmachung (§§ 19 Abs. 3 und 4, 21 und 22 UrhG)

125 Vgl. oben in diesem Teil B.II.1.a
126 S. sogleich e).

oder um das Senderecht (§ 20 UrhG) handelt: ist im ersten Fall die gleichzeitige Anwesenheit an einem Ort Voraussetzung,[127] so kommt es im zweiten auf die Identität des Ortes nicht an. Öffentlich ist danach sowohl die Wiedergabe geschützter Werke in Gemeinschaftsräumen als auch – zumindest bei der Sendung – die Wiedergabe in einer Mehrzahl einzelner Räumlichkeiten. Allerdings scheint der BGH hier nochmals zwischen Kabelsendeanlagen und hausinternen Verteilnetzen differenzieren zu wollen.[128] Vor allem aber steht eine Entscheidung hinsichtlich des zeitlichen Auseinanderfallens der Wahrnehmung (sog. sukzessive Öffentlichkeit) gegenwärtig noch aus. Da § 15 Abs. 3 UrhG lediglich darauf abstellt, daß die Wiedergabe für eine Mehrzahl von Personen »bestimmt« ist, kann dem Wortlaut selbst nichts dahingehend entnommen werden, daß die Mitglieder der Öffentlichkeit ein und dasselbe Werk jeweils zur gleichen Zeit wahrnehmen können müssen. Dennoch wird diese Voraussetzung – wohl aus historischen Gründen[129] und um die Frage der Einordnung des on-line Abrufs nicht zu präjudizieren – von der Literatur häufig in § 15 Abs. 3 UrhG hineingelesen.[130]
Aus diesem Grund erscheint eine Klärung dahingehend angezeigt, daß zumindest im Fall des on-line Zugänglichmachens auch eine sukzessive Öffentlichkeit ausreicht. Dazu könnte etwa bereits das Recht, geschützte Werke on-line zum Abruf anzubieten, so formuliert werden, daß über seine Betroffenheit beim Erreichen einer sukzessiven Öffentlichkeit keine Zweifel bestehen,[131] oder aber für dieses Recht neben dem gegenwärtigen § 15 Abs. 3 UrhG ein

127 So jetzt ausdrücklich wieder BGH, NJW 1986, 3084 – Zweibettzimmer im Krankenhaus; vgl. dazu auch bereits oben in diesem Teil B.III.2.c.

128 So heißt es zum einen in BGH, GRUR 1994, 45 – Verteileranlagen: »nicht nur die Werkübertragung durch Rundfunkvermittlungsanlagen mit unselbständigen Empfangsstellen, auch die Werkübertragung durch Verteilnetze mit selbständigen Empfangsgeräten unterliegt dem Senderecht«; ebenso BGH, GRUR 1994, 797 – Verteileranlage im Krankenhaus; nach BGH, NJW 1996, 3084 – Zweibettzimmer im Krankenhaus soll das Senderecht im Fall der hausinternen Zuleitung »von Fersehsendungen über ein Verteilernetz« zum anderen dagegen nicht betroffen sein; eine Gesamtbetrachtung der in 483 Zweibettzimmern – insgesamt immerhin knapp 1000 – erreichbaren Patienten als »Öffentlichkeit« wird nicht einmal in Erwägung gezogen. – Abgesehen davon, daß damit zu kommerziellen Zwecken betriebene Anlagen urheberrechtlich freigestellt werden, deren Größe diejenige von unzweifelhaft dem Senderecht unterfallenden kleinen Kabelnetzen übesteigt, mag auch die rechtliche Differenzierung zwischen hausinternen Rundfunkvermittlungsanlagen einer- und hausinternen Weiterleitungssystemen mit kompletten Empfangsgeräten kaum einzuleuchten.

129 Vgl. dazu bereits oben in diesem Teil III.B.2.a. – Vor der Einrichtung von Netzwerken war ein Erreichen mehrerer unverbundener Personen technisch anders als gleichzeitig lange Zeit gar nicht möglich; zugleich mußte jedes nacheinander erfolgende Wahrnehmbarmachen als eine Summe unverbundener Einzelakte erscheinen, für deren Zusammenrechnung kein Anlaß bestand.

130 Vgl. statt vieler nur Schricker/v.Ungern-Sternberg, § 15 Rdnr. 30 m.w.Nachw.: es komme auf die konkrete Werkwiedergabe an; wie hier jedoch schon früher LG Berlin, Schulze Rspr. LGZ 98,5 – Schallplatten-Espresso.

131 Vgl. dazu bereits Art. 10 des Vorschlages für einen Vertrag über bestimmte Fragen betreffend den Schutz literarischer und künstlerischer Werke in diesem Teil B.II.1.a sowie den Vorschlag eines neuen, in § 15 Abs. 2 UrhG eigens benannten Übertragungsrechts soeben unter B.III.2.d.

eigenständiger Öffentlichkeitsbegriff geschaffen werden. Gesetzestechnisch eleganter und im Ergebnis vorzuziehen erscheint es jedoch, den Öffentlichkeitsbegriff für alle Arten der unkörperlichen Werkwiedergabe nach § 15 Abs. 2 UrhG den Erfordernissen entsprechend neu zu formulieren.[132] Eine solche Neufassung des § 15 Abs. 3 UrhG könnte wie folgt lauten: »Die Wiedergabe ist öffentlich, wenn sie für eine oder für mehrere Personen erfolgt, die der Öffentlichkeit angehören. Eine Öffentlichkeit ist nicht gegeben, wenn zwischen der oder den Personen und dem Veranstalter persönliche Beziehungen bestehen.« Diese Formulierung, die bereits ein Glied der Öffentlichkeit mit einbezieht, hätte den Vorzug, daß das Problem der fehlenden Identität von Ort und Zeit nicht mehr eigens angesprochen zu werden bräuchte.

Dagegen sollte die Frage, wann die einzelnen Personen zusammen eine Öffentlichkeit ausmachen, angesichts der Vielzahl unterschiedlicher Fallkonstellationen – und auch um einen hinreichenden Spielraum für künftige Entwicklungen freizuhalten – nach wie vor den Gerichten zur Entscheidung in jedem Einzelfall überlassen bleiben.

IV. *Vorschläge für eine Anpassung des deutschen UrhG*

Die vorstehenden Vorschläge für eine Anpassung der bestehenden Vorschriften des UrhG über die Verwertungsrechte lassen sich wie folgt zusammenfassen:

1. *Verbreitungsrecht*

Eine analoge Anwendung des seinem Wesen nach nur auf Akte körperlicher Werkverwertung zugeschnittenen Verbreitungsrechts auch auf Akte der unkörperlichen Werkwiedergabe wird ebensowenig vorgeschlagen wie eine analoge Heranziehung des Vermiet- und/oder des Verleihrechts.

132 Materielle Rückwirkungen auf die anderen Rechte der öffentlichen Wiedergabe (z.B. § 21 UrhG durch das Einspielen von Musik in Wartepausen bei Telefonvermittlungen; § 22 UrhG bei Radiomusik im Taxi) stehen wohl nicht zu befürchten; vielmehr gelänge es zugleich, bisherige Wertungswidersprüche hinsichtlich der traditionellen Übermittlung geschützter Werke zu beseitigen. – Im übrigen lassen sich sukzessive Werkwiedergaben, die nicht auf ein Bereithalten on-line zurückgehen, nach wie vor über das Erfordernis – nicht der gleichen Wiedergabe, sondern – der Wiedergabe des gleichen Werkes ausscheiden.

2. *Anpassung des Rechts der öffentlichen Wiedergabe*

a) *Recht des on-line Angebots*

Um das on-line Angebot eines geschützten Werkes eindeutig in das System der Verwertungsrechte des UrhG einordnen zu können, wird eine ausdrückliche Nennung des Rechts des on-line Angebots geschützter Werke in einer gesonderten Ziffer des § 15 Abs. 2 UrhG vorgeschlagen:

- Dieses Recht könnte als »Recht der unkörperlichen Übertragung« oder kurz als »Übertragungsrecht« bezeichnet werden;
- die Umschreibung dieses Rechtes könnte sich an die Formulierung von Art. 10 des Vorschlages für einen Vertrag über bestimmte Fragen betreffend den Schutz literarischer und künstlerischer Werke anlehnen und etwa definiert werden als »das Recht, geschützte Werke dem drahtlosen oder drahtgebundenen Zugriff durch die Öffentlichkeit bereitzuhalten«;
- dieses Recht wäre als ein ausdrücklich genannter Unterfall des Rechts der unkörperlichen Wiedergabe sowohl vom Senderecht (§ 20 UrhG) als auch von den Rechten der Wahrnehmbarmachung mit technischen Mitteln (§§ 19 Abs. 3 und 4 sowie 21 und 22 UrhG) unterschieden.

b) *Präzisierung des Öffentlichkeitsbegriffs*

Empfohlen wird eine Neufassung von § 15 Abs. 3 UrhG für alle Arten der öffentlichen Werkwiedergabe des § 15 Abs. 2 UrhG.

- Die Neufassung des § 15 Abs. 3 UrhG könnte folgenden Wortlaut haben: »Die Wiedergabe ist öffentlich, wenn sie für eine oder für mehrere Personen erfolgt, die der Öffentlichkeit angehören. Eine Öffentlichkeit ist nicht gegeben, wenn zwischen der oder den Personen und dem Veranstalter persönliche Beziehungen bestehen«;
- wann die einzelne Person bzw. die mehreren Personen im Einzelfall einer Öffentlichkeit angehören, kann nach wie vor der Rechtsprechung zur Klärung überlassen bleiben.

5. Teil: Schrankenbestimmungen

I. *Problemstellung*

1. *Funktion der Schrankenbestimmungen*

Die Schranken des Urheberrechts dienen der Feinabstimmung der Konturen der dem Urheber vorbehaltenen ausschließlichen Rechte. Sie bringen die Belange der Urheber mit den schutzwürdigen Interessen der Verwerter, der Endnutzer und der Allgemeinheit zum Ausgleich. Dabei stehen sich der verfassungsrechtlich verbürgte Schutz des Eigentums (Art. 14 GG) sowie der Persönlichkeit (Art. 1, 2 Abs. 1 GG)[1] des Urhebers und auf seiten der Allgemeinheit vor allem Interessen der Informationsfreiheit und der Freiheit des geistigen Schaffens gegenüber.[2] Aus diesem Grunde sind de lege lata bestehende Schrankenbestimmungen grundsätzlich eng auszulegen; auch eine analoge Anwendung kommt i.d.R. nicht in Betracht.[3] De lege ferenda steht dem Gesetzgeber bei der Gewichtung der genannten Interessen im Wege der inhaltlichen Ausgestaltung des Urheberrechts als Eigentum i.S.v. Art. 14 Abs. 1 GG grundsätzlich zwar ein weiterer Spielraum zur Verfügung, doch hat sich die jeweilige Güterabwägung insbesondere an dem verfassungsrechtlichen Grundsatz der Verhältnismäßigkeit zu orientieren.[4] Dazu stehen – von der Zwangslizenz bis zur gänzlichen Erlaubnis- und Vergütungsfreiheit[5] – grundsätzlich mehrere Möglichkeiten zur Verfügung, die ein abgestuftes Vorgehen ermöglichen.

1 Vgl. zum Schutz der idellen Belange des Urhebers 3. Teil I.2. – Von Ausnahmen abgesehen (vor allem die Einschränkung des Veröffentlichungsrechts nach § 12 UrhG durch die §§ 45, 53 Abs. 1, 2 Nr. 1 und 2, 57 UrhG) bleibt das Urheberpersönlichkeitsrecht von den Schrankenbestimmungen unberührt und ist auch insoweit nach Maßgabe der §§ 62 (Änderungsverbot) und 63 UrhG (Gebot der Quellenangabe) zu beachten.

2 Zu einer vollständigen Aufzählung der im UrhG berücksichtigten »schutzwürdigen Belange der Allgemeinheit« vgl. die amtl. Begr., M. Schulze, Materialien, S. 69 ff., sowie Schricker/Melichar, vor §§ 45 ff. Rdnr. 4.

3 Vgl. Schricker/Melichar, vor §§ 45 ff. Rdnr. 15 m.w.Nachw. zur st. Rspr.

4 Vgl. nur BVerfGE 31, 229, 239 = GRUR 1972, 481 – Kirchen- und Schulgebrauch; BVerfGE 49, 382, 392 = GRUR 1980, 44 – Kirchenmusik.

5 Bei der *Zwangslizenz* besteht zwar das Erfordernis der Erlaubnis durch den Urheber fort, doch ist dieser verpflichtet, sie zu angemessenen, nicht diskriminierenden Bedingungen zu erteilen. Einschränkender kann – wie jüngst das Kabelweitersenderecht in Art. 9 der Satelliten- und Kabelrichtlinie 93/83/EWG – das *Ausschließlichkeitsrecht* mit der Folge des Abschlußzwanges nach § 11 WahrnG *verwertungsgesellschaftenpflichtig* gemacht werden (dagegen ist die in den nordischen Ländern bekannte Allgemeinverbindlicherklärung zuvor ge-

Gesetzestechnisch privilegieren die Schrankenbestimmungen zumeist den Werkvermittler, sei es, um ihm seine Vermittlungstätigkeit zu erleichtern,[6] sei es, um den Endnutzern im Ergebnis eine bestimmte Werknutzung ohne Zustimmung des Urhebers zu ermöglichen[7] und sie ggf. darüberhinaus vor einer möglichen Überwälzung des Nutzungsentgeltes zu bewahren, das der Werkvermittler andernfalls an den Urheber entrichten müßte.[8] Der Endnutzer selbst kann vom Gesetz immer nur dann privilegiert werden, wenn er zum Werkgenuß selbst eine urheberrechtlich relevante Handlung vornimmt.[9]

2. *Schwierigkeiten der Anwendung der Schrankenbestimmungen im digitalen Kontext*

a) *Ausgangslage*

Die bestehenden Schrankenbestimmungen des deutschen Urheberrechts beziehen sich immer auf eines oder mehrere einzelne der in §§ 15 ff. UrhG genannten Verwertungsrechte und schränken diese – je nach dem mit der Schrankenbestimmung verfolgten Zweck und den dementsprechenden Bedürfnissen des Einzelfalles – in jeweils unterschiedlicher Weise ein. Dabei orientieren sich die gegenwärtigen Schrankenbestimmungen an der Unterscheidung der Werkverwertung in körperlicher und in unkörperlicher Form (§ 15 Abs. 1 und 2 UrhG), wie sie durch die Verwertung in analoger Form geprägt ist.

schlossener Kollektivverträge dem UrhG fremd). Bei der *gesetzlichen Lizenz* schließlich verbleibt dem Urheber lediglich ein Vergütungsanspruch, dessen Höhe entweder – wie bislang im Fall der §§ 53 ff. UrhG – gesetzlich festgelegt oder als Anspruch auf »angemessene« Vergütung im einzelnen der Aushandlung durch die Parteien überlassen sein kann. Darüberhinaus hat es sich insbesondere bei Massennutzungen aus der Sicht der Urheber wie der Werknutzer als praktisch erwiesen, die Geltendmachung bloßer Vergütungsansprüche allein durch Verwertungsgesellschaften zuzulassen. Schließlich läßt sich der Vergütungsanspruch – nach dem Modell von § 27 Abs. 1 UrhG n.F. – auch dadurch verstärken, daß er verpflichtend selbst neben einem Ausschließlichkeitsrecht gewährt wird und im voraus nur an eine Verwertungsgesellschaft abgetreten werden kann.

6 So etwa in den Fällen der Vervielfältigung durch Sendeunternehmen (§ 55 UrhG) und des unwesentlichen Beiwerks (§ 57 UrhG).

7 So z.B. in den Fällen des § 46 UrhG (Sammlungen für den Kirchen-, Schul- oder Unterrichtsgebrauch).

8 So z.B. im Fall der Katalogbildfreiheit (§ 58 UrhG).

9 Das war bislang im analogen Bereich bei der Vervielfältigung zum privaten und sonstigen eigenen Gebrauch (§§ 53, 54 ff. UrhG) der Fall; im digitalen Bereich kommen jedoch weitere Benutzungshandlungen durch den Endnutzer ins Blickfeld (vgl. für die Benutzung von Computerprogrammen § 69d Abs. 1 UrhG).

b) *Subsumtionsprobleme*

Damit ist die erste Schwierigkeit der Anwendung bestehender Schrankenbestimmungen im digitalen Kontext angesprochen:

- solange und soweit nicht geklärt ist, welche Rechte bei der digitalen Werkübermittlung genutzt werden, kann auch die Subsumtion unter die dazugehörigen Schrankenbestimmungen nicht zu eindeutigen Ergebnissen führen;
- darüberhinaus enthalten die historisch gewachsenen Schrankenbestimmungen eine Reihe technologiespezifischer Begriffe,[10] die sich auf den digitalen Kontext kaum problemlos anwenden lassen. Selbst dort jedoch, wo der Gesetzeswortlaut technologieneutral erscheint bzw. im Wege der Auslegung auch Werknutzungen in digitaler Form zu erfassen vermag, gilt zu bedenken, daß Art und Umfang der Beschränkung vor dem Hintergrund der seinerzeitigen wirtschaftlichen Verhältnisse des damaligen technologischen Umfeldes festgelegt worden sind; es ist daher nicht sicher, ob er den sich änderndern oder bereits geänderten Umständen des digitalen Kontexts nach wie vor gerecht wird;[11]
- schließlich ist es angesichts der verschwimmenden Grenzen zwischen körperlicher und unkörperlicher Werkverwertung in digitaler Form insbesondere in einer vernetzten Umgebung häufig nur von technischen Zufällen abhängig, ob zu einem bestimmten, gesetzlich privilegierten Zweck in das Recht der körperlichen oder in das der unkörperlichen Verwertung eingegriffen wird.

3. *Kultur- und wettbewerbspolitische Fragen*

Die Anwendung bestehender Schrankenbestimungen und vor allem deren Anpassung an die Besonderheiten der Werkverwertung in digitaler Form hat sich mithin folgenden kultur- und wettbewerbspolitischen Fragen zu stellen:

- angesichts der Anfälligkeit geschützter Werke in digitaler Form gegen eine Kopie ohne jeglichen Qualitätsverlust und zu Kosten, die weit niedriger sind als der zu ihrer Schaffung erforderliche Investitionsaufwand, haben Urheber und Rechteinhaber ein erheblich erhöhtes Schutz- und Kontrollbedürfnis;
- erfordern umgekehrt Nutzungen, die bislang frei waren, im digitalen Kontext Handlungen, die dem Urheber vorbehalten sind, so besteht ein gegenläufiges Interesse an deren urheberrechtlicher Freistellung, sollen die mit den bis-

10 So vor allem § 49 UrhG: »Zeitungsartikel«; »Rundfunkkommentare« und vor allem »Informationsblätter«.

11 Als Beispiele genannt seien vor allem die angesichts der Reprographie und privater Bild- und Tonaufzeichnungsgeräte geschaffenen §§ 53 ff. UrhG.

herigen Schrankenbestimmungen verfolgten Zwecke noch erreicht werden. Dieses Interesse ist um so größer, je umfänglicher das Vervielfältigungsrecht[12] und je weiter der Begriff der Öffentlichkeit in § 15 Abs. 3 UrhG definiert wird;[13]

– die Angleichung der bislang unterschiedlichen Rollen von Urheber, Werkvermittler und Werknutzer im digitalen Umfeld wirft die grundsätzliche Frage auf, inwieweit Schrankenbestimmungen dieser Entwicklung jeglichen Spielraum lassen oder inwieweit sie sie umgekehrt zum Schutz der berechtigten Erwartungen von Urhebern und Rechteinhabern – und damit letztlich aller Beteiligter, die von den geschaffenen Werken profitieren – in bestimmten Bahnen lenken sollen. Es geht dabei um den bisherigen reinen Werknutzer, der im vernetzten Umfeld die materiellen Werkexemplare nicht nur in weit größerem Maß als bisher selbst herstellt, sondern der zugleich problemlos zum Anbieter fremder geschützter Werke werden kann. Im Blickpunkt steht auch die künftige Rolle vor allem der Bibliotheken, die in der Vernetzung eine Chance der besseren Wahrnehmung der ihnen schon jetzt obliegenden Aufgaben sehen, und schließlich geht es um die Tätigkeit neuer – zumeist kommerzieller – Beteiligter wie etwa Recherche- und Informationsvermittlungsdienste;

– in dem Umfang, in dem sich der Akzent des Urheberrechts von einem Kultur- zu einem Industrierecht verschiebt,[14] stehen sich darüberhinaus an der Grenze, welche die Schrankenbestimungen zwischen den dem Urheber vorbehaltenen und den erlaubnis- und/oder vergütungsfreien Handlungen ziehen, nicht mehr nur Urheber und Werkvermittler bzw. Nutzer einander gegenüber, sondern Unternehmen, die urheberrechtlich geschützte Produkte anbieten und Unternehmen, die solche Produkte nachfragen, um sie weiterzuverwerten. Jede Neuvermessung der Grenze bedeutet damit zugleich eine (Neu-)Zuteilung von Märkten und damit einen direkten Eingriff in das wirtschaftliche Geschehen.

Bei alledem darf nicht vergessen werden, daß der Typ des individuellen Urhebers, der weder in ein Arbeitsverhältnis noch in eine Gemeinschaftsproduktion eingebunden ist, trotz fortschreitender Industrialisierung der Schaffensprozesse auch weiterhin existiert. Gleichzeitigkeit charakterisiert auch das Verhältnis der Verwertung geschützter Werke in analoger und in digitaler Form.

12 Ggf. bis hin zur Erfassung selbst der nur vorübergehenden teilweisen Vervielfältigung zu maschineninternen Zwecken; vgl. oben 4. Teil A.III.2 und dort insbesondere d).

13 Vgl. oben 4. Teil B.III.2.e.

14 Vgl. nur Schricker, GRUR 1992, 242 ff.

II. *Internationales, Europäisches und ausländisches Recht*

1. *Internationales Recht*

a) *RBÜ*

Die RBÜ enthält eine unsystematische Anzahl historisch gewachsener Schrankenbestimmungen:

– allgemeine, jeweils einem bestimmten Zweck dienende und daher Rechte der körperlichen wie der unkörperlichen Werknutzung betreffende Schrankenbestimmungen bestehen hinsichtlich des Zitats aus einem der Öffentlichkeit bereits erlaubterweise zugänglich gemachten Werk unter Einschluß von Zitaten aus Zeitungs- und Zeitschriftenartikeln in Form von Pressespiegeln (Art. 10 Abs. 1); hinsichtlich der Benutzung von Werken »zur Veranschaulichung des Unterrichts durch Veröffentlichungen, Rundfunksendungen oder Aufnahmen auf Bild- oder Tonträger« (Art. 10 Abs. 2); hinsichtlich der Freiheit der Vervielfältigung sowie der Rundfunksendung und drahtgebundenen Sendung »von Artikeln über Tagesfragen wirtschaftlicher, politischer oder religiöser Natur, die in Zeitungen oder Zeitschriften veröffentlicht worden sind, oder von durch Rundfunk gesendeten Werken« (Art. 10bis Abs. 1) sowie hinsichtlich der Freiheit der Berichterstattung über Tagesereignisse durch Photo, Film und im Wege drahtloser oder drahtgebundener Sendung (Art. 10bis Abs. 2). Ihre Grenze finden diese Schranken in dem durch den Zweck gebotenen Umfang (Art. 10 Abs. 1; 10bis Abs. 2) bzw. den anständigen Gepflogenheiten (Art. 10 Abs. 2), oder sie sind davon abhängig, daß die betreffende Nutzung nicht ausdrücklich vorbehalten ist (Art. 10bis Abs. 1);[15]

– einzelne Rechte sind nur in den folgenden drei Fällen ausdrücklich einer Beschränkungsmöglichkeit unterworfen: nach Art. 9 Abs. 2 darf das Vervielfältigungsrecht in »gewissen Sonderfällen« eingeschränkt werden, sofern die betreffende »Vervielfältigung weder die normale Auswertung des Werkes beeinträchtigt noch die berechtigten Interessen des Urhebers unzumutbar verletzt«;[16] Art. 11bis Abs. 2 überläßt es den Verbandsländern, die Voraussetzungen festzulegen, unter denen die Rechte der Rundfunksendung und öffent-

15 Daneben besteht ein Gebot der Angabe der Quelle (Art. 10 Abs. 3; 10bis Abs. 1 Satz 2) und des Urhebers (Art. 10 Abs. 3).

16 Danach sind nationale Schranken mit Art. 9 Abs. 2 RBÜ selbst dann nicht vereinbar, wenn sie, obwohl auf Sonderfälle der Vervielfältigung beschränkt, zwar nicht die normale Verwertung des Werkes, gleichwohl jedoch die berechtigten Interessen des Urhebers beeinträchtigen. Ob eine solche Beeinträchtigung im Einzelfall vorliegt oder nicht, hängt u.a. entscheidend davon ab, ob und in welcher Höhe eine Vergütung gezahlt wird; vgl. die Erläuterungen, WIPO Dok. CRNR/DC/4, Ziff. 12.05 unter Hinweis auf S. 1145, Ziff. 85 der Stockholmer Konferenzmaterialien.

lichen Wiedergabe von Rundfunksendungen von Werken der Literatur und Kunst ausgeübt werden können, sofern nur das Urheberpersönlichkeitsrecht und ein Anspruch auf angemessene Vergütung verbleibt; und nach Art. 13 Abs. 1 können Verbandsländer gegen Zahlung einer angemessenen Vergütung unfreiwillige Lizenzen für die Aufnahme musikalischer und literarischer Werke auf Tonträger vorsehen, wenn der Urheber bereits zuvor einer derartigen Aufnahme zugestimmt hat;

– keinen ausdrücklichen Beschränkungsmöglichkeiten unterworfen sind dagegen das Übersetzungsrecht (Art. 8), die Rechte der unkörperlichen Werkverwertung der Urheber von dramatischen, dramatisch-musikalischen und musikalischen Werken (Art. 11) sowie das Vortragsrecht und das Recht der öffentlichen Wiedergabe von Vorträgen von Werken der Literatur (Art. 11ter), das Bearbeitungsrecht (Art. 12) und schließlich die Rechte der Urheber verfilmter Werke (Art. 14) sowie die entsprechenden Rechte der Inhaber des Urheberrechts an einem Filmwerk (Art. 14bis Abs. 1 S. 2). Insoweit kommen jedoch die sowohl in Brüssel 1948 als auch in Stockholm 1967 erwähnten sog. »petites reserves« in Betracht.[17]

Der Vorschlag für einen Vertrag über bestimmte Fragen betreffend den Schutz literarischer und künstlerischer Werke enthält drei Regelungen:

– zum einen übernimmt er in Art. 12 für alle Rechte nunmehr[18] den allgemein gehaltenen Wortlaut von Art. 9 Abs. 2 RBÜ. Danach sollen die Vertragsstaaten sowohl die neuen Rechte des Vertrages (Art. 12 Abs. 1) als auch – in Übereinstimmung mit Art. 13 TRIPS – sämtliche Rechte der RBÜ (Art. 12 Abs. 2) nur in gewissen Sonderfällen beschränken dürfen, die weder die normale Auswertung des Werkes beeinträchtigen noch die berechtigten Interessen des Urhebers unzumutbar verletzen;[19]

– zum zweiten soll es den Vertragsstaaten nach Art. 7 Abs. 2 weiterhin freistehen, Ausnahmen vom Vervielfältigungsrecht des Art. 9 Abs. 1 RBÜ vorzusehen, wenn eine vorübergehende (»temporary«) Vervielfältigung allein dazu dient, das Werk wahrnehmbar zu machen, oder wenn die Vervielfältigung lediglich flüchtiger (»transient«) oder beiläufiger (»incidental«) Natur ist; denn diese Handlungen sind letztlich ohne wirtschaftliche Bedeutung.[20] Voraussetzung ist jedoch in beiden Fällen, daß die Vervielfältigung im Rahmen einer

17 Vgl. dazu a.a.O., Ziff. 12.06 unter Hinweis auf S. 100 der Brüsseler sowie S. 1166, Ziff. 209 der Stockholmer Konferenzmaterialien.

18 Zu Beginn waren vom Internationalen Büro der WIPO noch detaillierte Schrankenregelungen vorgeschlagen worden; vgl. das ursprüngliche Memorandum des Internationalen Büros der WIPO, Copyright 1992, 30 ff., 66 ff. (BCP/CE/I/3, Ziff. 102).

19 Die Erläuterungen, WIPO Dok. CRNR/DC/4, Ziff. 10.22 gehen für das vorgeschlagene Recht der Mitteilung (s. Teil 4 B.II.2.a) ausdrücklich von der Zulässigkeit zumindest der sog. »petites reserves« aus.

20 Vgl. die Erläuterungen, WIPO Dok. CRNR/DC/4, Ziff. 7.07.

erlaubten bzw. einer gesetzlich zulässigen Nutzung des Werkes erfolgt und daß die Grenzen von Art. 9 Abs. 2 RBÜ gewahrt bleiben;

– schließlich wird in Art. 6 Abs. 1 die Abschaffung unfreiwilliger Lizenzen gem. Art. 11bis Abs. 2 RBÜ zugunsten drahtlos – sei es terrestrisch oder über Satelliten – sendender Erstsendunternehmen[21] sowie in Art. 6 Abs. 2 die Abschaffung der Ermächtigung zu nationalen Zwangslizenzen zur Herstellung von Tonträgern nach Art. 13 RBÜ jeweils binnen einer Übergangsfrist von drei Jahren vorgeschlagen.

b) *WUA*

Das WUA, das einen insgesamt geringeren Schutz vorsieht als die RBÜ, gewährt seinen Vertragsstaaten dementsprechend auch weitergehende Möglichkeiten innerstaatlicher Ausnahmen:

– nach Art. IVbis Abs. 2 WUA kann zunächst jeder Vertragsstaat für die dem Urheber nach Abs. 1 zustehenden »grundlegenden Rechte, die die Interessen des Urhebers schützen«, Ausnahmen vorsehen; diese dürfen jedoch »dem Geist und den Bestimmungen« des WUA nicht widersprechen und es muß für das Recht ein »angemessenes Maß an wirksamem Schutz« gewährt werden;

– darüberhinaus erlaubt Art. V Abs. 2 Buchst. a – f WUA in Einschränkung des Übersetzungsrechts unter bestimmten Umständen die Erteilung unfreiwilliger Lizenzen gegen Zahlung einer angemessenen Vergütung, wie sie in ähnlicher Weise Art. III und IV des Anhangs der RBÜ für Entwicklungsländer kennen; für diese enthalten die Art. V^{bis} – V^{quater} WUA nochmalige Erleichterungen.

c) *TRIPS*

Art. 13 TRIPS übernimmt den Wortlaut von Art. 9 Abs. 2 RBÜ und erweitert seinen Anwendungsbereich auf alle von TRIPS erfaßten ausschließlichen Rechte, d.h. gem. Art. 9 Abs. 1 TRIPS auf alle Rechte der RBÜ sowie auf das Vermietrecht nach Art. 11 TRIPS. Selbst eine eventuelle Neuverhandlung des TRIPS dürfte weder inhaltlich noch hinsichtlich des Grades der Differenziertheit über den Vorschlag für einen die RBÜ ergänzenden Vertrag hinausgehen.

21 Nicht jedoch hinsichtlich drahtgebunden sendender Erstsendeunternehmen sowie hinsichtlich drahtlos oder drahtgebunden sendender Weitersendeunternehmen; Erläuterungen, a.a.O., Ziff. 6.01.

2. *Europäisches Recht*

Die meisten der bislang erlassenen Richtlinien der EU enthalten spezielle urheberrechtliche Schrankenbestimmungen.

a) *Computerprogrammrichtlinie*

Mit der Computerprogrammrichtlinie hat die EG zum ersten Mal auf den digitalen Kontext zugeschnittene Schrankenbestimmungen formuliert. Angesichts insbesondere des weit gefaßten Vervielfältigungsrechts[22] sind nach Art. 5 Abs. 1 zunächst diejenigen Handlungen ohne Zustimmung des Rechtsinhabers zulässig, die für eine bestimmungsgemäße Benutzung des Computerprogramms durch den berechtigten Benutzer[23] notwendig sind. Inwieweit diese Ausnahme im Wege einer engen Umschreibung der »bestimmungs«gemäßen Benutzung zur Disposition des Rechtsinhabers steht, oder aber einen abredefesten Kern enthält,[24] ist umstritten. Vertraglich nicht untersagt werden[25] können jedenfalls die Befugnis des zur Benutzung des Programms Berechtigten zur erlaubnisfreien Anfertigung einer Sicherungskopie, sofern diese für die Benutzung des Programms erforderlich ist (Art. 5 Abs. 2), sowie dessen weiteres Recht, das Funktionieren eines Programms im Rahmen der normalen Programmbenutzung zu beobachten, untersuchen oder zu testen (Art. 5 Abs. 3) sowie schließlich das Recht, das Programm unter den engen, in Art. 6 genannten Voraussetzungen und zu dem dort genannten Zweck zu dekompilieren. Ihren Grund haben diese Ausnahmen darin, daß sowohl die Benutzung eines geschützten Programms als auch der Zugang zu den ungeschützten Ideen, die dem geschützten Programm zugrunde liegen, in den meisten Fällen die Vornahme dem Urheber vorbehaltener Handlungen, insbesondere Akte teilweiser oder vollständiger Vervielfältigungen erfordern.[26] Weitergehende nationale Schrankenbestimmungen dürften zulässig sein, sofern sie nicht in Widerspruch zu abschließenden Regelungen der Richtlinie stehen.[27]

22 Vgl. oben 4. Teil A.II.2.a.

23 Dazu, daß der »rechtmäßige Erwerber« auch einen rechtmäßigen Lizenznehmer umfaßt vgl. etwa Czarnota/Hart, Legal Protection of Computer Programs, London 1991, S. 64.

24 So der Wortlaut des 17. Erwägungsgrundes. – Soweit dieses »Nutzerrecht« vertraglich abdingbar ist, handelt es sich freilich eher um eine Auslegungsvermutung als um eine echte Schrankenbestimmung.

25 Gem. Art. 9 Abs. 1 Satz 2.

26 Art. 5 Abs. 1 und 2 suchen die Rechte des rechtmäßigen Nutzers eines Programms zu sichern und die Art. 5 Abs. 3 und Art. 6 – unter gegenseitiger Abwägung der Interessen von Rechteinhabern, Nutzern und Dritten –, den Zugang zu urheberrechtlich freien Ideen insbesondere mit dem Ziel der Herstellung kompatibler Produkte zu gewährleisten; vgl. die Erwägungsgründe 20 ff. der Computerprogrammrichtlinie.

27 Vgl. dazu im einzelnen Dreier, GRUR 1993, 781, 784.

b) *Datenbankrichtlinie*

Art. 6 Abs. 1 der Datenbankrichtlinie enthält zunächst eine der Ausnahmebestimmung von Art. 5 Abs. 1 der Computerprogrammrichtlinie parallele Regelung; ohne gesonderte Zustimmung zulässig sind danach alle diejenigen Handlungen, die »für den Zugang zum Inhalt der Datenbank und deren normale Benutzung durch den rechtmäßigen Benutzer erforderlich sind«.
Neben dieser im nationalen Recht der Mitgliedstaaten zwingend vorzusehenden Regelung bleibt es den Mitgliedstaaten nach Art. 6 Abs. 2 vorbehalten, weitere Schranken einzuführen oder aufrechtzuerhalten, und zwar hinsichtlich der privaten Vervielfältigung nichtelektronischer Datenbanken (Buchst. a), für die Benutzung allein zur Veranschaulichung des Unterrichts oder zu Zwekken der wissenschaftlichen Forschung, vorausgesetzt, es werden keine kommerziellen Zwecke verfolgt (Buchst. b), sowie für die Verwendung zu Zwekken der öffentlichen Sicherheit oder eines Verwaltungs- oder Gerichtsverfahrens (Buchst. c); das gilt schließlich auch für traditionelle Schranken des Urheberrechts, vorausgesetzt, diese stehen nicht im Widerspruch zu den vorgenannten Möglichkeiten (Buchst. d). Damit dürfte angesichts des abschließenden Wortlauts von Buchst. a insbesondere die Ausnahme zugunsten der privaten Vervielfältigung urheberrechtlich geschützter elektronischer Datenbanken ausgeschlossen sein.[28] Allerdings erstrecken sich Urheberrechtsschutz von Datenbanken und entsprechende Schrankenbestimmungen allein auf die Originalität der Struktur der Datenbank, nicht jedoch auf deren Inhalt.[29]
Nach Art. 6 Abs. 3 sind alle Schrankenbestimmungen in Übereinstimmung mit Art. 13 TRIPS ausdrücklich der allgemeinen Begrenzung unterworfen, wie sie bislang Art. 9 Abs. 2 RBÜ für das Vervielfältigungsrecht vorsieht.

c) *Vermiet- und Verleihrichtlinie*

Während das Vermietrecht keinerlei Schranken unterworfen ist, können die Mitgliedstaaten das Recht des öffentlichen Verleihs nach Art. 5 Abs. 1 und 2 der Vermiet- und Verleihrichtlinie zu einem bloßen Anspruch auf eine Vergütung herabstufen, und diese Vergütung – mit Ausnahme hinsichtlich Tonträgern, Filmen und Computerprogrammen – entsprechend ihren kulturpoliti-

28 So etwa Gaster, Der Rechtsschutz von Datenbanken im Lichte der Diskussion zu den urheberrechtlichen Aspekten der Informationsgesellschaft, in: Dittrich (Hrsg.), Beiträge zum Urheberrecht IV, Wien 1996, S. 22 f.

29 Zusätzlich besteht jedoch das Schutzrecht sui generis nach Art. 7 ff.; dessen Untersuchung war jedoch ebenso wie die Frage eines nachbarrechtlichen Schutzes für diejenigen Multimediahersteller, die weder Hersteller einer Datenbank noch Filmhersteller sind, nicht Bestandteil des Auftrags zu dieser Studie. – Anders als z.T. noch die Vorentwürfe enthält die endgültige Fassung der Datenbankrichtlinie dagegen keine Schrankenregelung mehr hinsichtlich der Nutzung in der Datenbank gespeicherter urheberrechtlich geschützter Werke.

schen Zielen festsetzen. Nach Art. 5 Abs. 3 ist es auch zulässig, bestimmte Einrichtungen von der Zahlung dieser Vergütung auszunehmen.

d) *Satelliten- und Kabelrichtlinie*

Art. 2 und 3 Abs. 2 der Satelliten- und Kabelrichtlinie, denenzufolge das Erstsenderecht der grenzüberschreitenden Satellitensendung ausschließlichen Charakter hat und nur vertraglich erworben werden kann,[30] schließen es aus, das Recht einer gesetzlichen oder auch nur einer Zwangslizenz zu unterwerfen.[31] Art. 9 macht das Kabelweitersenderecht zur Lösung des sog. Außenseiterproblems verwertungsgesellschaftenpflichtig; nach Art. 8 Abs. 2 sind bestehende gesetzliche Lizenzen zu beseitigen.

e) *Grünbuch über Urheberrecht in der Informationsgesellschaft*

Das Grünbuch der EU-Kommission[32] hat den urheberrechtlichen Schrankenbestimmungen im digitalen Kontext keinen eigenen Abschnitt gewidmet, immerhin jedoch den Zusammenhang zwischen dem Umfang des jeweiligen Ausschließlichkeitsrechts und dessen Begrenzung durch Schrankenregelungen betont. Im Blick hat die Kommission dabei hauptsächlich die Abgrenzung von urheberrechtlich relevanter öffentlicher und urheberrechtlich irrelevanter privater Nutzung; anderen Zwecken als der Freiheit der privaten Nutzung dienende Schrankenregelungen bleiben dagegen unangesprochen.[33]
Näher erörtert wird eine »Reduzierung« der Ausschließlichkeitsrechte auf einen »einfachen Vergütungsanspruch«[34] sowie die »Nutzung zum privaten Gebrauch« bzw. des »fair use«[35] allein – und auch dort wieder recht allgemein – im Zusammenhang mit dem Vervielfältigungsrecht.[36] Nach Ansicht der Kom-

30 Das gilt vorbehaltlich der hier nicht weiter interessierenden Ausnahmeregelung der Allgemeinverbindlicherklärung von Kollektivverträgen in Art. 3 Abs. 2 der Richtlinie.

31 Solche Lizenzen dürften angesichts der faktischen grenzüberschreitenden Wirkung mit Art. 11bis Abs. 2 RBÜ allerdings ohnehin nicht vereinbar sein. – Eine inhaltlich parallele Bestimmung enthält auch Art. 4 Abs. 1 der Europäischen Konvention über urheber- und leistungsschutzrechtliche Fragen im Bereich des grenzüberschreitenden Satellitenrundfunks. Im übrigen enthalten Abkommen des Europarates hinsichtlich der urheberrechtlichen Schrankenbestimmungen keine einschränkenden bindenden Vorgaben.

32 Grünbuch »Urheberrecht und verwandte Schutzrechte in der Informationsgesellschaft«, Dok. KOM(95) 382 endg. v. 19.7.1995. – Vgl. zum Inhalt auch v.Lewinski, GRUR Int. 1995, 831 ff.

33 Vgl. etwa a.a.O., Kap. 2, Abschnitt IV, Ziff. 1 hinsichtlich des Rechts der öffentlichen Wiedergabe, wo das Tatbestandsmerkmal der »Öffentlichkeit« über eine Abgrenzung zur »privaten« Nutzung konkretisiert wird.

34 A.a.O., Kap. 1, Ziff. 59.4.

35 A.a.O., Ziff. 59.5.; ebenso a.a.O., Ziff. 70.

36 A.a.O., Kap. 2, Abschnitt III, Ziff. 1 a.E., 2.1. und insbesondere 3. – Auf die Begrenzung ausschließlicher Senderechte nach Art. 11bis Abs. 2 RBÜ wird hingewiesen (a.a.O., Kap. 2, Abschnitt VI, Ziff. 2.1), doch ist der innergemeinschaftliche grenzüberschreitende Sendeverkehr bereits durch die Gewährung eines ausschließlichen Satellitensenderechts in Art. 2 und 3 der Satelliten- und Kabelrichtlinie 93/83/EWG harmonisiert.

mission würde die Aufrechterhaltung der bestehenden unterschiedlichen nationalen Regelungen – mögen sie auch mit Art. 9 Abs. 2 RBÜ vereinbar sein – zu einer Behinderung des freien Verkehrs innerhalb der Gemeinschaft führen.[37] Es bedürfe daher eines »gewissen Maßes« an Harmonisierung und im Zusammenhang damit der gründlichen Überlegung, inwieweit bestehende Ausnahmen auf nationaler Ebene aufrecht erhalten werden können. Es wird jedoch darauf hingewiesen, daß die Rechtfertigung für die Legalität der digitalen Kopie und die Reduzierung des Vervielfältigungsrechts zu einem bloßen Vergütungsanspruch ebenso wie der Zwang zur Harmonisierung in dem Maße abnimmt, in dem es die Technik den Rechteinhabern gestattet, Handlungen der privaten Vervielfältigung zu kontrollieren.

3. *Ausländisches Recht*[38]

Eine Gruppe spezieller, auf den digitalen Kontext zugeschnittener Schrankenregelungen findet sich im Ausland zunächst im Zusammenhang mit der Regelung des Schutzes von Computerprogrammen; stellvertretend für diese ist vorstehend bereits die Computerprogrammrichtlinie der EU erläutert worden.[39]

Im übrigen wenden die nationalen Urheberrechte zum gegenwärtigen Zeitpunkt – von vereinzelten Ausnahmen abgesehen – die traditionellen Schrankenbestimmungen auch auf die Verwertung von Werken in digitaler Form an. Allerdings wird die Anspassung dieser Schrankenbestimmungen an das digitale Umfeld von allen nationalen Berichten erörtert, die bislang Überlegungen de lege ferenda angestellt haben.

a) *USA*

Die U.S.A. haben bereits zwei punktuelle Gesetzesänderungen vorgenommen, die auf die digitale Herausforderung reagieren. Zum einen hat der »Audio Home Recording Act 1992«[40] Herstellung, Vertrieb und Einfuhr digitaler Tonaufzeichnungsgeräte untersagt, die kein sog. Serial Copy Management System (SCMS) oder einen vergleichbaren Mechanismus enthalten, der

37 So auch hinsichtlich des Rechts der öffentlichen Wiedergabe, a.a.O., Kap. 2 Abschnitt IV, Ziff. 3.

38 Wie bereits in den vorangegangenen Teilen kann auch hier keine umfassende rechtsvergleichende Darstellung erfolgen; die Ausführungen beschränken sich daher auf eine Reihe ausgewählter Staaten, die Gesetzesänderungen im digitalen Bereich entweder bereits vorgenommen haben oder diese doch erwägen.

39 S. oben in diesem Teil II.2.a.

40 Publ. L. 102-563 v. 2.10.1992, der dem Copyright Act der U.S.A. die §§ 1001 – 1010 hinzugefügt hat.

zwar die erste digitale Kopie, nicht jedoch weitere digitale Kopien von dieser ersten Kopie zuläßt. Zugleich wurde ein Vergütungsanspruch in Höhe von 2% des Verkaufspreises für Geräte und von 3% für Leerkassetten eingeführt.[41] Zum anderen hat der »Digital Performance Right in Sound Recordings Act 1995«[42] zugunsten der Tonträgerhersteller ein ausschließliches Recht der öffentlichen Aufführung im Wege einer digitalen Tonübertragung geschaffen, dieses Recht dann jedoch zum einen hinsichtlich bestimmter nichtkommerzieller (Weiter-)Übertragungen beschränkt und zum anderen in erheblichem Umfang einer gesetzlichen Lizenz unterworfen, sowie die bisherige Zwangslizenz zur Herstellung und zum Vertrieb von Tonträgern nichtdramatischer Musikwerke auch auf die digitale Übermittlung von Tonträgern ausgedehnt.

Das Weißbuch der NII-Arbeitsgruppe[43] schließlich widmet den Schranken des Urheberrechts immerhin ein eigenes Kapitel.[44] Untersucht wird die Anwendung bestehender Schranken, insbesondere des sog. »fair use« nach Sec. 107, zugunsten von Bibliotheken nach Sec. 108 sowie zu Unterrichtszwecken nach Sec. 110 des U.S.-amerikanischen Copyright Act 1976 im digitalen Kontext.[45]

Vor allem in der Anwendung der Ausnahme des »fair use« hat die höchstrichterliche Rechtsprechung in den U.S.A.[46] schon bislang große Zurückhaltung gezeigt, ohne damit jedoch auf eine hinreichende Flexibilität zu verzichten. So zeigt sich das Weißbuch im Ergebnis ebenfalls zurückhaltend und faßt ein Tätigwerden des Gesetzgebers nur für den Fall ins Auge, daß sich die an der »Conference on Fair Use« Beteiligten nicht auf entsprechende Guidelines für die Lizenzierung einigen können.[47]

41 Vgl. den Bericht in GRUR Int. 1993, 96.

42 Publ. L. 104-39 v. 1.11.1995, in Änderung von 17 U.S.C. §§ 106 ff. Vgl. dazu den Hinweis in GRUR Int. 1996, 77 f.

43 Information Infrastructure Task Force (Hrsg.), Intellectual Property and the National Information Infrastructure – The Report of the Working Group on Intellectual Property Rights, Washington, September 1995. – Vgl. dazu auch v.Lewinski, GRUR Int. 1995, 858 ff. und zur Entwurfsfassung Stögmüller, GRUR Int. 1995, 855 ff.

44 A.a.O., S. 73 – 100.

45 Darüberhaus ist ein Abschnitt den Auswirkungen der Erschöpfung des Verbreitungsrechts (sog. »first sale doctrine«) gem. Sec. 109 und ein weiterer den übrigen Schranken des U.S.-amerikanischen Copyright Act 1976 gewidmet. Auf die Darstellung von Einzelheiten kann hier jedoch verzichtet werden.

46 Sony Corp. v. Universal City Studios, Inc. 464 U.S. 417 (1984); Harper & Row, Publishers, Inc. v. Nation Enterprises, 471 U.S. 539 (1985); Stewart v. Abend, 495 U.S. 207 (1990); Campbell v. Acuff-Rose Music, Inc. 114 S.Ct. 1164 (1994).

47 Kritisch stehen dieser eher restriktiven Haltung allerdings die organisierten Nutzerverbände (z.B. die »Last Frontier Foundation«) gegenüber, da sie bei gleichzeitiger Erweiterung der dem Urheber im digitalen Kontext vorbehaltenen Rechte das Gleichgewicht zwischen Rechteinhabern und Nutzern gestört sehen. Gesehen wird dabei häufig nur die Alles-oder-Nichts Alternative von Ausschließlichkeitsrecht auf der einen und gänzlicher Erlaubnis- und Vergütungsfreiheit auf der anderen Seite, wie sie dem U.S.-amerikanischen »fair use«-Konzept zugrunde liegt; dabei kennen auch die U.S.A. in Bezug auf die Werkverbreitung mit neueren technischen Mitteln differenziertere Ansätze gesetzlicher Vergütungsansprüche.

Dagegen wird empfohlen,[48] die Ausnahmen zugunsten von Bibliotheken nach Sec. 108 – die sich bislang nicht auf eine digitale Vervielfältigung erstrecken – dahingehend zu erweitern, daß künftig die Anfertigung von maximal drei digitalen Kopien zulässig sein soll, von denen gleichzeitig jeweils nur eine benutzt werden darf; zulässig sein soll darüberhinaus die Anfertigung digitaler Kopien zu Erhaltungszwecken, damit Bibliotheken und Archive auch in Zukunft die ihnen obliegenden Aufgaben mit den modernsten Mitteln erfüllen können. Eine gesonderte Ausnahme wird schließlich für Herstellung und Vertrieb von Ausgaben für Sehbehinderte durch gemeinnützige Organisationen vorgeschlagen,[49] die sich auch auf digitale Medien erstrecken dürfte; allerdings soll den Rechteinhabern insoweit eine Vergütung zu entrichten sein.

b) *Japan*

Auch in Japan hat die Arbeitsgruppe des Kulturministeriums in ihrem Bericht[50] den Schranken der Vervielfältigung zu privaten Zwecken, der Vervielfältigung in und durch Bibliotheken und des kostenlosen Verleihens zu nicht gewinnorientierten Zwecken ein eigenes Kapitel gewidmet und jeweils mehrere Alternativen einer Gesetzesanpassung vorgeschlagen.[51]
Hinsichtlich der Vervielfältigung zu persönlichen Zwecken – wo das japanische Urheberrechtsgesetz schon jetzt einen Vergütungsanspruch für die digitale Aufnahme von Ton- und Bildmaterial zu persönlichen Zwecken kennt[52] – werden als Alternativen erwogen: (1) die Ausnahme zum privaten Gebrauch für die digitale Kopie von Werken in digitaler Form gänzlich abzuschaffen, sie (2) nur hinsichtlich mit Kopiersperren versehener Werke oder (3) nur hinsichtlich der für die Kopie besonders anfälligen Computerprogramme und Datenbanken zu beseitigen.
Hinsichtlich der in und durch Bibliotheken zulässigen Handlungen[53] wird vorgeschlagen, (1) entweder die bislang zulässige Anfertigung von Vervielfältigungsstücken für Bibliotheksbenutzer ganz abzuschaffen, oder (2) die Urheber dann, wenn Bibliotheken ihren Nutzern die Anfertigung von Vervielfältigungsstücken durch eine on-line Übermittlung der Werke ermöglichen, im Fall der Vervielfältigung der kabelgebundenen öffentlichen Mitteilung einen

48 White Paper, a.a.O., S. 225 – 228, sowie der Vorschlag für eine Gesetzesänderung, Anhang 1, S. 3 ff.
49 Zusätzliche Voraussetzung soll sein, daß der Rechtsinhaber nicht selbst binnen eines Jahres nach Erscheinen der ersten Standardausgabe in den U.S.A. entsprechende Produkte angeboten hat.
50 Working Group of the Subcommittee on Multimedia (Hrsg.), A Report on Discussions, Tokyo, Februar 1995. – Vgl. dazu auch Heath, GRUR Int. 1995, 843 ff.
51 A.a.O., S. 29 – 36.
52 Art. 30 Abs. 2 japan.UrhG.
53 Bisher geregelt in Art. 31 japan.UrhG.

Vergütungsanspruch zu gewähren. Auch hier werden die Beteiligten dazu aufgerufen, sich nach Möglichkeit selbst ins Benehmen zu setzen.
Schließlich wird angeregt, die bisherige, ohnehin enge Ausnahme des kostenlosen Verleihs[54] (1) entweder für bestimmte Werke zu beseitigen, oder (2) Rechteinhabern hinsichtlich bestimmter oder (3) aller von der Ausnahme erfaßten Werke einen Vergütungsanspruch zu gewähren.

c) *Frankreich*

Der französische Sirinelli-Bericht[55] dagegen erörtert von den Schranken des französischen Urheberrechts[56] allein die Ausnahme der privaten Vervielfältigung; diese soll selbst angesichts der Gefahren, die von der digitalen Kopie für die Verwertungsinteressen der Rechteinhaber ausgehen, nicht gänzlich ausgeschlossen, sondern stattdessen die Möglichkeiten der Rechtswahrnehmung verbessert werden;[57] darüberhinaus bedarf es nach Ansicht der Kommission allenfalls einer Anpassung des Gesetzeswortlautes. Auch der bislang noch unveröffentlichte zweite Sirinelli-Bericht[58] scheint sich mit den Schranken im digitalen Kontext nicht weiter zu befassen.

d) *Kanada*

Der kanadische Bericht[59] befaßt sich in Kapitel 9 mit der Ausnahmebestimmung des »fair dealing«. Diese wird jedoch – zumal sie von den kanadischen Gerichten offensichtlich enger gehandhabt wird und den Interessen der Allgemeinheit einen geringeren Stellenwert einräumt als die vergleichbare »fair use« Ausnahme des U.S.-amerikanischen Urheberrechts – für angemessen erachtet, um den Rechteinhabern auch im digitalen Kontext einen hinreichenden Schutz zu gewähren. Allerdings wird erwogen, zulässige Ausnahmen insbesondere im Schulbereich aus Gründen der Rechtssicherheit in ausdrück-

54 Art. 38 Abs. 4 japan.UrhG; die Ausnahme erstreckt sich gegenwärtig jedoch nicht auf Filmwerke.
55 Commission Sirinelli (Hrsg.), Industries culturelles et nouvelles technologies, Paris 1994 (vorliegend zitiert nach der dem Minister vorgelegten Originalfassung). – Vgl. dazu auch Dreier, GRUR Int. 1995, 840 ff.
56 Art. L. 122-5 ff. frz.UrhG.
57 A.a.O., S. 72 f. (Teil 2, II.A.4). – Nach Veröffentlichung des Berichts ist das ausschließliche Recht der Vervielfältigung veröffentlichter Werke nach dem Vorbild des Kabelweitersenderechts in der EG-Richtlinie 93/83/EWG verwertungsgesellschaftenpflichtig gemacht worden (Art. L. 122-10 ff. frz.UrhG, eingefügt durch Gesetz Nr. 95-4 v. 3.1.1995).
58 Le régime juridique et la gestion des oeuvres multimédia. Vgl. zum Inhalt jedoch bereits Genton, GRUR Int. 1996, 693 ff.
59 Copyright Subcommittee (Hrsg.), Copyright and the Information Highway, März 1995. – Vgl. dazu auch v.Lewinski, GRUR Int. 1995, 851 ff.

liche gesetzliche Regelungen zu fassen. Im übrigen wird eine weitere Beobachtung der Entwicklung empfohlen; die Wirkung sonstiger bestehender sondergesetzlicher Schrankenbestimmungen läßt der Bericht unerörtert.

e) *Australien*

Angsichts des Auftrages, der im Wesentlichen auf die Klärung der bei der digitalen Werkübermittlung betroffenen Rechte beschränkt war, hatte sich die 1994 vorgelegte australische Studie[60] mit den Schrankenbestimmungen nicht zu befassen. Dennoch wird angesichts der Bedeutung vor allem der elektronischen Dokumentenübermittlung in der künftigen Informationsgesellschaft eine alsbaldige Diskussion angeregt.[61] Das betrifft vor allem etwaige Sondervorschriften für die elektronische Informationsbeschaffung durch Bibliotheken und die Ausdehnung oder Begrenzung gesetzlicher Lizenzen im Kopierbereich; hinsichtlich einer Ausdehnung der Bestimmungen über die Aufzeichnung von Rundfunksendungen zu Schulzwecken auch auf digitale Übertragungsarten äußert die Arbeitsgruppe dagegen eher Zurückhaltung.

III. *Die Lage nach dem deutschen UrhG*

1. *Abhängigkeit von der Einordnung der digitalen Nutzung in das System der Verwertungsrechte*

Für die nachfolgende Subsumtion digitaler Verwertungshandlungen soll von dem im 4. Teil gefundenen Ergebnis ausgegangen werden, insbesondere also davon, daß das on-line Zugänglichmachen geschützter Werke an Mitglieder der Öffentlichkeit keine Sendung i.S.v. § 20 UrhG, sondern eine – de lege lata noch nicht genannte und de lege ferenda gesondert zu benennende – Form der öffentlichen Wiedergabe i.S.v. § 15 Abs. 2 UrhG darstellt, die das – ggf. ebenfalls neu zu definierende – Kriterium der Öffentlichkeit erfüllt.[62]

60 Copyright Convergence Group (Hrsg.), Highways to Change – Copyright in the new Communications Environment, August 1994. – Vgl. dazu auch Dreier, GRUR Int. 1995, 837 ff.
61 A.a.O., S. 59 ff.
62 S. 4. Teil B.III.2.

2. *Ton- und Bildtonträger und Multimediaprodukte*

Im weiteren wird davon ausgegangen, daß die dem Vervielfältigungsrecht unterfallende Übertragung auf Bild- oder Tonträger[63] auch die Speicherung von Werken auf digitalen Trägern (Disketten, digitale Bänder, künftige beschreibbare CD's) erfaßt.[64]
Schließlich liegt der nachfolgenden Subsumtion die Aufassung zugrunde, daß nicht alle »Multimedia«produkte Sammelwerke, Datenbanken oder Filmwerke sind.[65]

3. *Methode der Anpassung*

Für eine Anpassung der Schrankenbestimmungen an die Werkverwertung in digitaler Form stehen grundsätzlich mehrere Wege offen:
- so könnten die Schrankenbestimmungen für die digitale Werkverwertung gänzlich neu definiert werden. Das ermöglichte zwar zugleich, auch die mit den Schranken verfolgten Zwecke einer Revision zu unterziehen, doch ist dafür gegenwärtig kein Bedürfnis dargetan;[66]
- umgekehrt könnte man sich vorerst jeder Anpassung enthalten und die künftige Entwicklung abwarten. Die technische Entwicklung scheint jedoch bereits hinreichend fortgeschritten und ihr weiterer Verlauf zumindest in Umrissen hinreichend erkennbar, daß zumindest erste Anpassungen angeraten erscheinen, mögen diese auch keinen »Ewigkeitscharakter« besitzen;
- eine Lösung könnte dann in einer Parallele zu anglo-amerikanischen Kon-

63 Obwohl die Legaldefinition in § 16 Abs. 2 von »Bild- oder Tonträgern« spricht, sind bereits im analogen Bereich unstreitig auch Bild- und Tonträger erfaßt; vgl. nur Schricker/Melichar, § 47 Rdnr. 17 und den Hinweis auf den Mitschnitt von Fernsehsendungen in der amtl. Begr., M. Schulze, Materialien, S. 146.

64 S. 4. Teil A.III.2.a.

65 S. 1. Teil III.4.b.bb. – Die Auswirkungen der Umsetzung der Schrankenbestimmungen der Datenbankrichtlinie auf komplexe Werke in digitaler Form, die möglicherweise dem Begriff der Datenbank unterfallen, bleibt nachfolgend jedoch ausgeblendet; den Schrankenbestimmungen des Schutzrechts sui generis gemäß Art. 9 der Datenbankrichtlinie müßte ohnehin gesondert Rechnung getragen werden.

66 Vor allem aber liefe ein solcher Ansatz Gefahr, allzu technologiespezifisch auf den gegenwärtigen Entwicklungsstand abzustellen. Da überdies digitale und analoge Werkverwertung zumindest mittel-, wenn nicht gar langfristig nebeneinander bestehen werden, müßten in dieser Zeit neue »digitale« parallel zu den alten »analogen« Schranken bestehen; das ist gesetzestechnisch jedoch schon deshalb problematisch, da bereits die bestehenden Schranken auf die Verwertungsrechte der körperlichen und unkörperlichen Werkverwertung Bezug nehmen und damit schon jetzt die Verwertung sowohl in analoger als auch in digitaler Form erfassen. Die Schaffung eigenständiger digitaler Schranken hätte – anders als in Teil 4 vorgeschlagen – also zur Folge, daß bereits auf der Stufe der Verwertungsrechte zwischen der Werkverwertung in analoger und in digitaler Form unterschieden werden müßte.

zepten des »fair use« bzw. des »fair dealing« liegen;[67] doch ist eine solche Generalklausel dem deutschen UrhG nicht nur fremd, sondern die Erfahrungen insbesondere in den U.S.A. legen nahe, daß sich eine für die Entwicklung der Werkverwertung in digitaler Form hinreichende Rechtssicherheit auf diese Weise nicht erzielen läßt.
Empfohlen wird daher eine evolutive Anpassung der bestehenden Schrankenbestimmungen in den §§ 45 ff. UrhG. Dabei ist der gegenwärtige Wortlaut in dreierlei Hinsicht zu überprüfen:
- zum einen ist er dort zu erweitern, wo er nicht ausreicht, um den mit der betreffenden Schranke verfolgten Zweck im digitalen Kontext zu erfüllen;
- zum anderen ist er dort einzuschränken, wo er die digitale Verwertung zwar erfaßt, die Interessen der Rechteinhaber damit aber über Gebühr beeinträchtigt würden;
- schließlich ist zu prüfen, inwieweit angesichts der Besonderheiten digitaler Werkverwertung zusätzliche Ausnahmebestimmungen zu schaffen sind, für die im Rahmen der Verwertung in rein analoger Form bislang noch kein Anlaß bestand.[68]

4. *Die Schrankenbestimmungen im einzelnen*

a) *Rechtspflege und öffentliche Sicherheit (§ 45 UrhG)*

§ 45 Abs. 1 UrhG erlaubt schon nach der derzeitigen Gesetzeslage auch die digitale Vervielfältigung aller Werke zur Verwendung in den genannten gerichtlichen oder behördlichen Verfahren; der Anfertigung von mehr als den erlaubten einzelnen Vervielfältigungsstücken wird es in der Praxis selbst bei einer gänzlichen Digitalisierung der Arbeitsgänge bei Gerichten und Behörden kaum bedürfen, da der Begriff auf die Anzahl abstellt, die im Verfahren jeweils benötigt wird.
Ähnliches gilt auch für die digitale Vervielfältigung von Bildnissen zu Zwekken der Rechtspflege und öffentlichen Sicherheit nach § 45 Abs. 2 UrhG; auch hier ist eine Tätigkeit der Gerichte und Behörden mit modernen digitalen Mitteln schon jetzt gedeckt, zumal nach § 45 Abs. 3 UrhG mit jeder Art der

67 Dabei sei darauf hingewiesen, daß insbesondere der Copyright Act der U.S.A. neben der allgemeinen Ausnahme des »fair use« nach 17 U.S.C. § 107 in den §§ 108 -112, 119 gerade für neuere Verwertungstechniken eigenständige Schrankenbestimmungen enthält, die in ihrer Regelungsdichte weit über die §§ 45 ff. dt.UrhG hinausgehen.

68 Dabei lassen sich die vorgeschlagenen Anpassungen von dem Grundsatz leiten, daß die Ausschließlichkeitsrechte so wenig wie möglich und so weit wie nötig einzuschränken sind, um im digitalen Umfeld einen angemessenen Ausgleich zwischen den Interessen aller Beteiligten herbeizuführen.

Verbreitung und der öffentlichen Mitteilung auch die digitale Übermittlung zulässig vervielfältigter Werke und Bildnisse sowie deren Sichtbarmachung am Bildschirm etwa von Fahndungs- und sonstigen vernetzten Computern zustimmungs- und erlaubnisfrei zulässig ist.
Eine nennenswerte Beeinträchtigung der Verwertungsmöglichkeiten der Urheber ist weder im analogen noch im digitalen Bereich zu befürchten; Gesetzesänderungen sind hier mithin nicht angezeigt.

b) *Kirchen-, Schul- und Unterrichtsgebrauch (§§ 46, 47 UrhG)*

– *Sammlungen für Kirchen-, Schul- oder Unterrichtsgebrauch (§ 46 UrhG)*

§ 46 UrhG privilegiert wegen des Interesses der Allgemeinheit an der Jugenderziehung und Religionspflege[69] die Verleger von Sammlungen zum Kirchen-, Schul- und Unterrichtsgebrauch im Wege einer gesetzlichen Lizenz. Die zustimmungsfreie, aber vergütungspflichtige Übernahme ist jedoch auf Teile von Werken und ansonsten auf Sprach- und Musikwerke[70] geringen Umfangs sowie einzelne Werke der bildenden Künste und Lichtbilder beschränkt. Eingeschränkt ist darüberhinaus allein das Vervielfältigungs- und das Verbreitungsrecht, dem seinerzeitigen Stand der Technik entsprechend nicht jedoch das Recht der öffentlichen Wiedergabe. Zulässig ist danach schon jetzt die Übernahme der genannten Werke unter Einschluß von Teilen von Multimediawerken in digitalen off-line Medien, nicht jedoch zugleich deren on-line Angebot.
Da die zustimmungsfreie Aufnahme ganzer Werke nach dem Zweck der Vorschrift nur in bestimmten Ausnahmefällen mit den Interessen der Rechteinhaber vereinbar ist, kommt eine Erstreckung auf die zustimmungsfreie Aufnahme ganzer Multimediawerke nicht in Betracht; erwogen werden könnte allenfalls, die Aufnahme von Multimediawerken geringen Umfangs zustimmungsfrei zuzulassen. Da es wenig sinnvoll erscheint, zwischen der digitalen off-line Verbreitung und dem digitalen on-line Angebot zu differenzieren, sollte erwogen werden, § 46 UrhG über die körperliche Verbreitung hinaus auch auf das digitale on-line Angebot zu erweitern; Mißbräuche dürften angesichts der zusätzlichen Voraussetzungen, insbesondere angesichts der eindeutigen Zweckbestimmung, die der privilegierten Sammlung zukommen muß, nicht zu befürchten sein.

69 Vgl. nur Schricker/Melichar, § 46 Rdnr. 1 m.w.Nachw.
70 § 46 Abs. 2 UrhG schränkt die Privilegierung für Musikwerke durch den Ausschluß der Aufnahme in Sammlungen für die Musikschulen weiter ein.

- *Schulfunksendungen (§ 47 UrhG)*

§ 47 UrhG ermöglicht im Interesse des Bildungswesens bzw. der Jugenderziehung, Schulfunksendungen nicht nur im Zeitpunkt von deren Ausstrahlung, sondern mittels Vervielfältigung zeitlich versetzt im Unterricht zu verwenden. Ob die Aufzeichung mit analogen oder digitalen Mitteln erfolgt, ist danach ohne Belang; privilegiert ist allerdings nur die der späteren Verwendung dienende Aufnahme von Sendungen i.S.v. § 20 UrhG.
Damit sind Schulfunksendungen, sollten sie künftig on-line zugänglich gemacht werden, zwar nicht erfaßt. Allerdings bedarf es deren Einbeziehung gar nicht, da das on-line Angebot gerade den jederzeitigen Zugriff ermöglicht und eine Privilegierung der Herstellung von Vervielfältigungsstücken zur zeitversetzten Wiedergabe[71] insoweit überflüssig macht.

c) *Berichterstattung, Informationsfreiheit (§§ 48, 49, 50 und 51 UrhG)*

- *Öffentliche Reden (§ 48 UrhG)*

§ 48 UrhG beschränkt in Abs. 1 Nr. 1 und 2 im Interesse der Öffentlichkeit an rascher Unterrichtung[72] und der Pressefreiheit sowohl das Vervielfältigungs- und das Verbreitungs- als auch das Recht der öffentlichen Wiedergabe. Eine Einschränkung erfährt diese Privilegierung in Abs. 2 dahingehend, daß sie sich nicht auf die Herstellung und Verbreitung von Sammlungen erstreckt, die überwiegend Reden desselben Urhebers enthalten. Privilegiert ist mit den genannten Reden die Nutzung einer bestimmten Art von Ausgangswerken. Dabei erfaßt Nr. 1 gegenwärtig nur Reden, die im Rundfunk gehalten worden sind, nicht jedoch solche, die der Öffentlichkeit on-line zugespielt werden; privilegiert ist mit der öffentlichen Wiedergabe zugleich zwar auch die digitale on-line Übermittlung, angesichts der Beschränkung auf eine Vervielfältigung in Zeitschriften oder anderen Informationsblättern nicht jedoch die Verwendung digitaler off-line Medien.[73]
Es wird vorgeschlagen den mit § 48 UrhG verfolgten Zweck auch im digitalen Bereich zu privilegieren. Die Vorschrift sollte daher auf solche Reden über Tagesfragen erweitert werden, die der Öffentlichkeit on-line zugänglich

71 Die zeitversetzte Wiedergabe einer Schulfunksendung im Unterricht dürfte dabei frei sein (arg. § 47 Abs. 2 Satz 1 UrhG). Das Zeigen einer on-line Wiedergabe in der Schule impliziert wohl keine zusätzliche Verwertungshandlung.

72 Vgl. die amtl. Begr., M. Schulze, Materialien, S. 147.

73 Zwar mögen CD-ROM, die im wesentlichen Tagesinteressen Rechnung tragen, einstweilen noch kaum denkbar sein; das mag sich jedoch mit Einführung (wieder-)beschreibbarer DVD's ändern, und schon jetzt ist es nicht ausgeschlossen, daß Zeitungen und Zeitschriften in Diskettenform verbreitet werden.

gemacht werden; zugleich sollte die Verbreitung dieser Reden auch mittels Datenträgern zulässig sein, sofern diese im wesentlichen den Tagesinteressen Rechnung tragen. Darüberhinaus empfiehlt es sich, die Ausnahme nach Abs. 2 klarstellend[74] auf die öffentliche Wiedergabe solcher Sammlungen zu erweitern.

– *Zeitungsartikel und Rundfunkkommentare (§ 49 UrhG)*

Nach § 49 Abs. 1 UrhG sind im Interesse der Allgemeinheit an umfassender und rascher Berichterstattung[75] die Vervielfältigung, d.h. der Nachdruck und die Verbreitung sowie die öffentliche Wiedergabe einzelner Artikel und Rundfunkkommentare, die politische, wirtschaftliche oder religiöse Tagesfragen betreffen, gegen Zahlung einer verwertungsgesellschaftenpflichtigen Vergütung zustimmungsfrei zulässig.[76] Dem seinerzeitigen Stand der Technik entsprechend und auf die Erörterung aktueller Fragen beschränkt dürfen Artikel nur aus Zeitungen und anderen, lediglich Tagesinteressen dienenden Informationsblättern entnommen und selbst wieder nur in solchen übernommen werden.[77] Zugleich vergütungsfrei zulässig ist die Vervielfältigung, Verbreitung und öffentliche Wiedergabe zum einen kurzer Auszüge aus mehreren Kommentaren oder Artikeln in Übersichtsform (Abs. 1 Satz 2)[78] sowie zum anderen von vermischten Nachrichten tatsächlichen Inhalts und von Tagesneuigkeiten, die durch Presse oder Funk veröffentlicht sind (Abs. 2).
Im digitalen Bereich zählen nach dem Wortlaut des § 49 Abs. 1 UrhG mithin nicht zum Kreis der Werke, die zustimmungsfrei übernommen werden dürfen, Artikel oder Kommentare, die der Öffentlichkeit on-line zugänglich gemacht werden;[79] ebensowenig erfaßt der Wortlaut Übernahmen in Form digitaler

74 Klarstellend deshalb, weil das on-line Angebot einer Datenbank, die überwiegend Reden eines einzigen Urhebers enthält, gem. Abs. 2 bereits dessen Zustimmung zur dazu erforderlichen Speicherung erfordert.
75 So jedenfalls die amtl. Begr. zum Gesetz von 1965, M. Schulze, Materialien, S. 148.
76 Sofern der einzelne Artikel oder Kommentar nicht mit einem diesbezüglichen Vorbehalt der Rechte versehen ist.
77 In der Praxis nimmt die VG Wort die Vergütungsansprüche jedoch nicht nur für Übernahmen in Zeitungen, die selbst einen eigenen redaktionellen Teil haben, sondern zugleich auch gegenüber reinen Pressespiegeln wahr (vgl. Schricker/Melichar, § 49 Rdnr. 16; auch die Begründung der Einführung der Verwertungsgesellschaftenpflicht 1985 spricht von Ansprüchen »gegenüber den Herausgebern von Pressespiegeln«; M. Schulze, Materialien, S. 338). Umstritten ist, inwieweit dies über interne, nicht kommerzielle Pressespiegel auch für von dritten Unternehmen hergestellte und generell vertriebene kommerzielle Pressespiegel gilt; vgl. zum Meinungsstand zuletzt Katzenberger, Elektronische Printmedien und Urheberrecht, Stuttgart 1996, S. 59 f.
78 Sog. Presseschauen oder Pressespiegel im engeren Sinn.
79 Das ergibt sich aus der Beschränkung auf Artikel »aus Zeitungen« und Informations»blättern« ebenso wie aus der Beschränkung auf »Rundfunk«kommentare. In Betracht käme insoweit allenfalls eine analoge Anwendung von § 49 Abs. 1 UrhG.

off-line Medien wie etwa CD-ROM.[80] Umstritten ist vor allem die Zulässigkeit digitaler on-line Pressespiegel; während diese nach einer Ansicht der öffentlichen Wiedergabe unterfallen sollen, scheitert es nach anderer Ansicht bereits daran, daß die dazu erforderliche digitale Speicherung von § 49 Abs. 1 UrhG nicht privilegiert ist.[81] Abs. 2 schließlich schließt vermischte Nachrichten und Tagesneuigkeiten von der Privilegierung dann aus, wenn diese der Öffentlichkeit on-line zugänglich gemacht werden.

De lege ferenda könnten hier zunächst auch solche Werke bzw. vermischte Nachrichten und Tagesneuigkeiten in die Regelung einbezogen werden, die der Öffentlichkeit on-line angeboten werden. Dagegen ließe sich zwar einwenden, daß die Privilegierung die Zusammenstellung verstreuter Äußerungen zum Zweck erleichterter Information ermöglichen soll, wohingegen der Nutzer eine solche Zusammenstellung mittels sog. Suchmaschinen im Rahmen einer on-line Abfrage gerade selbst vornehmen kann.[82] Wenn hier gleichwohl angeregt wird, die Übernahme auch on-line angebotener Werke in § 49 Abs. 1 Satz 1 und Abs. 2 UrhG einzubeziehen, so zum einen deshalb, weil der Zugriff auf einzelne Artikel nicht selten durch Zugangssperren zu on-line angebotenen primären Informationsquellen insgesamt versperrt ist,[83] und zum anderen, weil die bloße Möglichkeit der Suche durch den Nutzer – trotz im Vergleich zu den Printmedien gesteigerter Zugriffs- und Selektionsmöglichkeiten – bei der Fülle der on-line angebotenen Informationen einer fertigen Zusammenstellung nach wie vor nicht vergleichbar scheint. Ein Mißbrauch steht nicht zu befürchten, dürfen doch immer nur einzelne Artikel usw. übernommen werden.

Unbedenklich und sachgerecht erscheint ferner eine Erstreckung des Kreises der Medien, in die übernommen werden darf, auf die digitalen off-line Medien, soweit diese Tagesinteressen dienen; auch insoweit sei eine Erweiterung des § 49 Abs. 1 UrhG empfohlen. Nicht ganz so einfach ist dagegen die Frage einer Einbeziehung der elektronischen on-line Angebote. Abgesehen davon, daß die digitale Zugriffsmöglichkeit nicht zuletzt aufgrund der unkontrollierbaren Weiterverwertung eine erheblich intensivierte Nutzungsintensität er-

80 Das ergibt sich aus der Beschränkung der Übernahme in anderen »Zeitungen« und Informations»blättern«. A.A. selbst für on-line »Zeitungen« bereits de lege lata Hoeren, in: Lehmann, Internet- und Multimediarecht, Stuttgart 1997, S. 98 f., demzufolge das Trägermedium nicht entscheidend sein könne.

81 Nur vereinzelt wird auch vertreten, der vom Nutzer veranlaßte selektive Ausdruck sei von § 49 Abs. 1 UrhG gedeckt. Vgl. zum Meinungsstand, Katzenberger, a.a.O., S. 61 f. sowie Loewenheim, GRUR 1996, 636, 638 ff. und ders., Urheberrechtliche Grenzen der Verwendung geschützter Dokumente in Datenbanken, Stuttgart 1994, S. 72 ff.

82 Hinzu kommt, daß der Begriff der Öffentlichkeit beim on-line Angebot (vgl. 4. Teil B.III.2.e) erheblich weiter ist als vom Gesetzgeber bei Zeitungen und Rundfunksendungen seinerzeit wohl implizit vorausgesetzt.

83 So ist etwa die New York Times schon jetzt über das Internet grundsätzlich zugänglich, doch bedarf der Zugriff auf die einzelnen Artikel insgesamt einer gesonderten Zugangsberechtigung.

möglicht, bestünde wohl die Gefahr, daß Dritte dann der digitalen Verwertung des übernommenen Materials durch dessen Rechteinhaber unmittelbar Konkurrenz machen; das wäre nach Art. 9 Abs. 2 RBÜ für das Verbreitungs- und nach Art. 13 TRIPS jetzt auch im Hinblick auf alle Verwertungsrechte[84] deshalb bedenklich, weil die Verwertung analogen Archivmaterials in digitaler Form inzwischen wohl zur normalen Auswertung gerechnet werden muß, die durch nationale Schrankenbestimmungen nicht beeinträchtigt werden darf.[85] Andererseits dürfte ein diesbezügliches Ausschließlichkeitsrecht in der Praxis vor allem dann kaum effektiv zu kontrollieren sein,[86] wenn die digitale Übernahme nur firmen- oder konzernintern erfolgt. Hinsichtlich zumindest des nutzerinternen on-line Angebots erscheint deshalb ein bloßer Vergütungsanspruch – unter Aufrechterhaltung der Verwertungsgesellschaftenpflicht – als die bei Abwägung der Interessen angemessene Lösung. Eine Privilegierung der Herstellung von on-line Pressespiegeln durch dritte Unternehmen, die sie an die Nutzer vertreiben, erscheint dagegen nicht empfehlenswert.

– *Bild- und Tonberichterstattung (§ 50 UrhG)*

§ 50 UrhG stellt im Informationsinteresse der Allgemeinheit die Vervielfältigung, Verbreitung und öffentliche Wiedergabe aller Werke im gebotenen Umfang zustimmungs- und vergütungsfrei, die im Verlauf der Vorgänge wahrnehmbar werden, über die in Bild- und/oder Ton berichtet wird.[87] Da mit öffentlicher Wiedergabe auch das on-line Angebot erfaßt ist, ist auch die digitale Bild- und/oder Tonberichterstattung schon jetzt vom Wortlaut des § 50 UrhG privilegiert.

Gleichwohl erscheint eine Ausdehnung in zweierlei Hinsicht angezeigt, soll § 50 UrhG seinen Zweck auch im digitalen Umfeld erfüllen. Da die on-line Berichterstattung sich nicht auf Bild und Ton beschränkt, sondern auch reine Texte wiedergibt, sollte zum einen die Beschränkung auf Bild- und Tonberichterstattung gestrichen werden.[88] Zum anderen sollte auch eine digitale on-

84 Vgl. jetzt auch den Vorschlag der WIPO, die Regelung international als allgemeine Schrankenbestimmung zu übernehmen, in diesem Teil II.1.a.

85 Nicht in Vergessenheit geraten darf dabei jedoch, daß mit den Urhebern der übernommenen Beiträge eine dritte Gruppe besteht, deren Interessen nach der gegenwärtigen vertragsrechtlichen Praxis eher in Richtung eines von Verwertungsgesellschaften wahrgenommenen Vergütungsanspruchs zielt.

86 Selbst digitale Zugangssperren vermögen hier kaum zu helfen, geht es doch weitestgehend um die Übernahme analogen Materials, das von jedermann problemlos eingescannt werden kann.

87 Vgl. dazu näher BGH, GRUR 1983, 25 – Pressewiedergabe und Kunstberichterstattung I, sowie GRUR 1983, 28 – Pressewiedergabe und Kunstberichterstattung II.

88 Möglicherweise läßt sich dieses Ergebnis bereits im Wege einer weiten Auslegung von § 50 UrhG erzielen, wenn man davon ausgeht, daß »Bild- und Ton« allein die Berichterstattung in Funk und Film umschreibt, während in Zeitungen nicht allein die Bild- sondern auch die Textberichterstattung (z.B. die Wiedergabe von Auszügen einer öffentlich gehaltenen Rede,

line Berichterstattung in gleicher Weise wie die Berichterstattung in Funk und Film privilegiert sein; vorgeschlagen wird daher, die Begriffe »Funk und Film« durch den umfassenderen Begriff der »öffentlichen Wiedergabe« zu ersetzen.

– *Zitate (§ 51 UrhG)*

Nach § 51 UrhG ist das Zitieren aus fremden geschützten Werken im Allgemeininteresse an freier geistiger Auseinandersetzung zustimmungs- und vergütungsfrei zulässig. Die Vorschrift privilegiert einen Eingriff in das Vervielfältigungs- und das Verbreitungsrecht ebenso wie in das Recht der öffentlichen Wiedergabe und gestattet damit das Zitieren sowohl in digitalen off- als auch in digitalen on-line Medien. Soweit die Nrn. 2 und 3 die Werkarten beschränken, in denen das Zitat angeführt werden darf, hält die h.M. eine erweiternde und analoge Anwendung des § 51 UrhG ausnahmsweise sowohl für geboten aus auch urheber- und verfassungsrechtlich für zulässig.[89]
Einer Korrektur des § 51 UrhG bedarf es daher nicht, zumal der Umfang des Zitats ganz allgemein durch den jeweiligen Zweck begrenzt wird. Eine Zitatensammlung in Form einer digitalen Datenbank ist von § 51 UrhG nicht gedeckt, weil es an der Aufnahme des Zitats in ein selbständiges Werk fehlt.

d) *Erwerbszweck- und entgeltlose Wiedergabe (§ 52 UrhG)*

– *Öffentliche Wiedergabe (§ 52 UrhG)*

§ 52 Abs. 1 UrhG nimmt im Interesse der Allgemeinheit bestimmte öffentliche Wiedergaben erschienener Werke, die keinem Erwerbszweck des Veranstalters dienen,[90] von der Zustimmungs- und in den Fällen des Abs. 1 Satz 3 darüberhinaus von der Vergütungspflicht aus; Abs. 2 stellt die öffentliche Wiedergabe erschienener Werke im Rahmen von Gottesdiensten und kirchlichen Feiern zustimmungsfrei. Von der Privilegierung insgesamt ausgenommen ist nach Abs. 3 jedoch die öffentliche Wiedergabe u.a. im Wege der Funksendung.[91] Dem Erwerbszweck des Veranstalters dient die öffentliche

über die berichtet wird) zustimmungs- und vergütungsfrei zulässig ist; die vorgeschlagene Änderung hätte dann klarstellenden Charakter. Sie sei dennoch empfohlen, da zugleich die Beschränkung auf die Berichterstattung durch Funk und Film um die on-line Berichterstattung ergänzt werden soll, mit der sich die Begriffe Bild- und Ton nicht mehr notwendig dekken.

89 Vgl. statt vieler Schricker/Schricker, § 51 Rdnr. 8, 41 und 45.

90 Weitere Voraussetzungen sind die entgeltlose Zulassung der Teilnehmer der Veranstaltung sowie im Fall des Vortrages oder der Aufführung eines geschützten Werkes, daß die ausübenden Künstler keine besondere Vergütung erhalten.

91 Das gleiche gilt für die öffentliche bühnenmäßige Aufführung und die öffentliche Vorführung eines Filmwerkes.

Wiedergabe nach h.M. dann, wenn sie den eigenen Erwerb unmittelbar oder auch nur mittelbar fördert.[92]
Wer also geschützte Werke on-line anbietet, bedarf dazu der Erlaubnis des Urhebers, sofern er den eigenen Erwerb damit auch nur mittelbar fördert; fehlt es an der Förderung eigenen Erwerbs, so hat der Veranstalter eine angemessene Vergütung zu zahlen (Abs. 1 Satz 2), es sei denn, die Privilegierung des § 52 Abs. 1 Satz 3 UrhG greift ein; diese entfällt, wenn dem Erwerbszweck eines Dritten gedient wird (§ 52 Abs. 1 Satz 4 UrhG).[93] Zustimmungsfrei, aber vergütungspflichtig sind danach regelmäßig die on-line Angebote, die – wie etwa die Aufnahme geschützter Werke in WWW-Homepages – rein privaten Zwecken dienen. Da die Rechtsprechung die zustimmungs- und vergütungsfreie Ausnahme des Abs. 1 Satz 3 auf »zeitlich begrenzte Einzelereignisse, die aus bestimmtem Anlaß stattfinden« beschränkt hat,[94] wird das dauernde online Angebot selbst zu den dort genannten an sich privilegierten Zwecken von der Privilegierung nicht erfaßt; eine vergütungs- und zustimmungsfreie Handlung im on-line Bereich kommt daher – anders als bei der Benutzung von CD-ROM zu einer Veranstaltung nach Abs. 1 Satz 3 – kaum in Betracht.
Da § 52 Abs. 3 UrhG bereits jetzt öffentliche Wiedergaben im Wege der Funksendung ausnimmt, liegt es nahe, diese Ausnahme ganz allgemein auf das on-line Angebot auszudehnen. Will man nicht in Kauf nehmen, daß damit auch das rein privaten Zwecken dienende Angebot einem in der Praxis nur schwer kontrollierbaren Verbotsrecht unterworfen wird, so müßte – da sich das Problem der Rechtsdurchsetzung auch nach geltendem Recht für den Vergütungsanspruch stellt[95] – die öffentliche Wiedergabe von Werken zu rein privaten Zwecken im Wege des on-line Angebots vom Urheberrecht gänzlich freigestellt werden, was jedoch wiederum nicht wertungsgerecht erscheint.

92 So schon die amtl. Begr., M. Schulze, Materialien, S. 156); vgl. im übrigen nur Schricker/Melichar, § 52 Rdnr. 12 ff. m.w.Nachw.

93 Die meisten on-line Angebote dürften ohnehin Erwerbszwecken des Anbieters dienen und damit der Zustimmung des Urhebers bedürfen. Das gilt umso mehr als Anbieter des on-line Angebots eines geschützten Werkes und damit Veranstalter der öffentlichen Wiedergabe i.S.v. § 52 UrhG derjenige ist, auf dessen Veranlassung das Werk hin auf dem Server gespeichert und dort dem Zugriff durch die Öffentlichkeit anheim gegeben wird (dabei mag zwischen Contentprovider und dem Serverbetreiber Mittäterschaft bestehen). Das gilt selbst dann, wenn derjenige, der den Speicherplatz auf dem Server bereitstellt, keinen eigenen Erwerbszweck verfolgt und möglicherweise auch nicht selbst in das Recht der öffentlichen Wiedergabe eingreift, sondern nur mittelbarer Störer sein sollte (wie u.U. der Betreiber eines kostenlosen Bulletin Board Service, sog. BBS). Dagegen geht § 52 UrhG erkennbar davon aus, daß der Dritte, dessen Ewerbszweck durch die Veranstaltung gefördert wird, selbst nicht in das fremde Urheberrecht eingreift.

94 So jetzt BGH, GRUR 1992, 386 – Altenwohnheim II, verfassungsrechtlich bestätigt durch BVerfG, NJW 1996, 2022; BGH, GRUR 1994, 45, 47 – Verteileranlagen.

95 Auch eine Verwertungsgesellschaftenpflicht hilft hier angesichts der fehlenden Organisiertheit der privaten on-line Anbieter nicht weiter; theoretisch denkbar wäre allenfalls eine Einbeziehung des Vergütungsanspruchs in die Geräteabgabe gem. §§ 54, 54a UrhG.

e) *Vervielfältigung zum privaten und sonstigen eigenen Gebrauch (§§ 53 – 54h UrhG)*

Die §§ 53 – 54h UrhG privilegieren zum einen Handlungen im internen Bereich, wenn diese entweder zum privaten oder zu einem der gesetzlich aufgezählten Fälle des eigenen Gebrauchs erfolgen;[96] darüberhinaus tragen sie der technischen Entwicklung Rechnung, die es dem Nutzer mit Tonbandgerät, Videorecorder und Kopiergerät zum ersten Mal ermöglichte, ohne Schwierigkeiten und zu geringen Kosten selbst Vervielfältigungsstücke fremder Werke herzustellen. Da sich ein Verbotsrecht mangels Kontrollmöglichkeit insoweit zum einen praktisch nicht durchsetzen läßt, den Urhebern und Rechteinhabern aufgrund der Eigentumsgarantie des Art. 14 GG zum anderen gleichwohl das vermögenswerte Ergebnis der Verwertung ihrer Schöpfungen zuzuordnen ist,[97] hat sich das dt.UrhG insoweit für eine Vergütungspflicht unter den jetzt in §§ 54 ff. genannten Voraussetzungen entschieden.[98]
Eingeschränkt ist allein das Vervielfältigungsrecht. Dabei darf, wer die Ausnahme für sich in Anspruch nimmt, die Herstellung der Vervielfältigungsstücke auch durch einen Dritten vornehmen lassen;[99] im Rahmen des privaten Gebrauchs[100] muß das Herstellenlassen dann unentgeltlich[101] erfolgen, wenn Werke auf Bild- oder Tonträger übertragen oder Werke der bildenden Künste vervielfältigt werden. Selbst zulässig hergestellte Vervielfältigungsstücke dürfen nach Abs. 5 weder verbreitet noch zu öffentlichen Wiedergaben benutzt werden; eine Ausnahme besteht hier seit 1985 zur Erleichterung des Bibliotheksbetriebs[102] allein hinsichtlich des Verleihs zulässigerweise hergestellter Kopien von Zeitungen und vergriffenen Werke.[103] Gänzlich ausgeschlossen ist nach Abs. 6 vor allem die zustimmungsfreie Aufnahme

96 Dabei kann der eigene Gebrauch auch beruflichen oder erwerbswirtschaftlichen Zwecken dienen; vgl. BGH, GRUR 1978, 474 – Vervielfältigungsstücke; Schricker/Loewenheim, § 53 Rdnr. 12.

97 Vgl. BVerfGE 31, 229 = GRUR 1972, 481 – Kirchen- und Schulgebrauch; Gegenäußerung der Bundesregierung zur Stellungnahme des Bundesrates, M. Schulze, Materialien, S. 380 f.

98 Die Betreiberabgabe hat das BVerfG entgegen der Auffassung der Vergütungspflichtigen für verfassungsmäßig erklärt; BVerfG, NJW 1997, 247 und NJW 1997, 248.

99 D.h. die Herstellung wird dann ihm zugerechnet und nicht demjenigen, der die tatsächliche Vervielfältigung vornimmt; vgl. Katzenberger, Elektronische Printmedien und Urheberrecht, S. 40, m.w.Nachw.

100 Für den eigenen Gebrauch nach § 53 Abs. 2 und 3 UrhG gilt diese Einschränkung hingegen nicht; Schricker/Loewenheim, § 53 Rdnr. 13.

101 Unentgeltlichkeit bedeutet, daß für die Herstellung keine Gegenleistung gefordert und erbracht werden darf; die Erstattung reiner Unkosten soll dagegen nicht zur Entgeltlichkeit führen; Schricker/Loewenheim, § 53 Rdnr. 11.

102 Vgl. amtl. Begr., M. Schulze, Materialien, S. 344; gedacht war vor allem an aus Gründen schlechter Papierqualität mikroverfilmte Zeitungen.

103 Sowie – hier nicht weiter interessant – hinsichtlich Werkstücken, bei denen kleine beschädigte oder abhanden gekommene Teile durch Vervielfältigungen ersetzt worden sind.

öffentlicher Vorträge, Aufführungen oder Vorführungen auf Bild- oder Tonträger.[104]

Vergütungspflichtig sind nach §§ 54, 54a UrhG sowohl die Hersteller bzw. Importeure und Händler von Geräten und unbespielten Bild- oder Tonträgern, als auch die Betreiber von Kopiergeräten in den in § 54a Abs. 2 UrhG genannten Einrichtungen.[105] Die Vergütungsansprüche sind verwertungsgesellschaftenpflichtig.[106]

Die Anwendung der §§ 53 ff. UrhG auf neue Technologien hat angesichts des auf die seinerzeit bekannten technischen Vervielfältigungsmöglichkeiten zugeschnittenen Wortlauts und angesichts der gegenläufigen Interessen von Urhebern, Verlegern, Hardwareherstellern und Nutzern zu Schwierigkeiten geführt. Entschieden hat die Rspr. bereits, daß der Vergütungspflicht auch sog. Readerprinter,[107] Faxgeräte[108] und – nach Ansicht bislang jedenfalls der Schiedsstelle – auch Scanner[109] unterfallen. Bislang noch nicht höchstrichterlich geklärt ist zum einen die Frage, ob der Kopienversand auf Bestellung selbst dann noch vom Privileg des § 53 Abs. 2 Nr. 4 a UrhG gedeckt ist, wenn der Besteller nicht lediglich um Übersendung bestimmter Kopien bittet,[110] sondern sich an den Informationsdienst mit einem allgemeinen Rechercheauftrag wendet; nicht abschließend geklärt ist zum anderen, ob die Tätigkeit digitaler on-line Anbieter dem Privileg der Archivierung gem. § 53 Abs. 2 Nr. 2 UrhG unterfällt. Ein Teil der bisherigen Rspr.[111] hält die Grenzen der Privile-

104 Sowie – hier ebenso nicht weiter von Interesse – die Ausführung eines Werkes der bildenden Künste und des Nachbaus eines Werkes der Baukunst.

105 D.h. in Schulen, Hochschulen sowie Bildungseinrichtungen, Forschungseinrichtungen, öffentlichen Bibliotheken sowie den sog. Copy-Shops, die Geräte zur entgeltlichen Ablichtung bereithalten. Nicht vergütungspflichtig sind danach die Betreiber von Kopiergeräten in der privaten Wirtschaft.

106 § 54h Abs. 1 UrhG. – Die im Zuge der Schaffung des gemeinsamen Marktes der EU eingefügten §§ 54b ff. UrhG (Gesetz v. 25.7.1994, BGBl. I, 1739) betreffen vor allem Einzelheiten des Verfahrens, auf die im Rahmen dieser Untersuchung nicht näher eingegangen zu werden braucht.

107 BGH, GRUR 1993, 553 – Readerprinter.

108 OLG Köln, Urteil v. 4.10.1996, Az. 6 U 125/95, und zuvor LG Stuttgart, ZUM 1996, 426 sowie LG Düsseldorf, ZUM 1993, 436 sowie die Schiedsstelle, ZUM 1993, 149.

109 Schiedsstelle v. 11.7.1996, Az. Sch-Urh 25/95.

110 Daß derjenige, der die Kopie technisch herstellt, ein eigenes und nicht etwa ein Exemplar des Bestellers verwendet, schließt die Privilegierung dagegen wohl nicht aus; so jedenfalls im Umkehrschluß zur Voraussetzung der Verwendung eines eigenen Exemplars in § 53 Abs. 2 Nr. 2 UrhG sowohl OLG Köln, GRUR 1995, 165, 267 – Infobank als auch OLG Frankfurt, GRUR 1996, 351, 354 – CB-Infobank.

111 So OLG Frankfurt, GRUR 1996, 351 – CB-Infobank = EWiR § 53 UrhG 1/96 m. Anm. Schricker: keine Vergleichbarkeit zur Tätigkeit von Copyshops, dem Versand von Einzelkopien durch Bibliotheken und der Ausgangssituation, die der Gesetzgeber im Auge hatte (vgl. amtl. Begr., M. Schulze, Materialien, S. 166), und ebenso die Vorinstanz; zumindest für den on-line Zugriff im Ergebnis ähnlich auch LG Hamburg, CR 1996, 734: nicht einmal Privilegierung des Kunden nach § 53 Abs. 2 Nr. 4 a UrhG, da mehr als nur einzelne Beiträge und Vervielfältigungen angefertigt werden; in diesem Sinne auch OLG Düsseldorf, CR 1996, 728. – *A.A.* für den Kopienversand jedoch OLG Köln, GRUR 1995, 265 – Infobank und ebenso die Vorinstanz, LG Köln, WM 1993, 807; dem folgend offensichtlich auch LG München, Urteil v. 15.5.1995 (7 O 1987/94).

gierung in diesen sowie in Fällen, in denen lediglich Kundenexemplare digital aufbereitet werden, wohl zutreffend für überschritten.[112]
Für den digitalen Bereich stellt sich nun die Frage, inwieweit digitale Vervielfältigungen, d.h. die Herstellung eines digitalen Vervielfältigungsstücks von § 53 UrhG privilegiert sein soll, mit der Folge, daß als Ausgleich für eine solche Privilegierung nach § 54a Abs. 1 UrhG eine Geräteabgabe auch für Geräte geschuldet würde, bei denen die Herstellung digitaler Kopien im Rahmen des § 53 UrhG zu erwarten ist. Die Suche nach einer angemessenen Antwort bewegt sich hier im Spannungsfeld zwischen dem Wunsch der Nutzer, die Freiheit der Vervielfältigung im privaten Bereich möglichst weitgehend gewahrt zu wissen (schon um die digitalen Möglichkeiten nicht über Gebühr einzuschränken) und dem Wunsch der Urheber und Rechteinhaber, einer Gefährdung ihrer Rechte, die jede digitale Vervielfältigung mit sich bringt, durch ein möglichst weitreichendes Ausschließlichkeitsrecht zu begegnen. Zu berücksichtigen ist ferner das Interesse des Bibliotheks- und Dokumentationswesens, die ihm obliegenden Aufgaben auch weiterhin mit digitalen Mitteln in angemessener Weise erfüllen zu können.
Ausgangspunkt der Überlegungen ist zunächst, daß die digitale Vervielfältigung – sei es analogen, sei es digitalen Materials – nach dem gegenwärtigen Rechtszustand dem Begriff der Vervielfältigung unterfällt.[113] Damit sind digitale Vervielfältigungshandlungen zu den Zwecken und in den Grenzen von § 53 UrhG gegenwärtig grundsätzlich zustimmungsfrei zulässig. Angesichts der gesteigerten Nutzungsmöglichkeiten und mithin der Gefährdung, die von digitalen Vervielfältigungsstücken für die berechtigten Verwertungsinteressen der Rechteinhaber ausgehen, kommt mithin lediglich eine Einschränkung des bisherigen Gesetzeswortlauts in Betracht.[114]
Diese Einschränkung soll jedoch nicht soweit gehen, daß ein allgemeines Kopierverbot digitaler Werke – wie es zwischenzeitlich für Computerprogramme bestanden hat[115] – und ggf. selbst der Digitalisierung analoger Werke vorgeschlagen würde. Denn gerade hinsichtlich der Kontrollierbarkeit digitaler Vervielfältigungshandlungen, die der Einzelne im privaten Bereich vornimmt, gelten nach wie vor dieselben Bedenken, die der Gesetzgeber seiner-

112 So entgegen der Vorinstanz OLG Düsseldorf, CR 1996, 728: weit über Papierarchive hinausgehende Nutzungsmöglichkeiten, deren Regelung dem Gesetzgeber vorbehalten bleiben müsse, »der bei Zulassung dieser fortschrittlichen Archivform dann auch eine sachgerechte Vergütungsregelung zugunsten der Urheber schaffen kann«. – Vgl. zum Meinungsstand allgemein Katzenberger, Elektronische Printmedien und Urheberrecht, a.a.O., S. 51 ff.; Loewenheim, Urheberrechtliche Grenzen der Verwendung geschützter Dokumente in Datenbanken, a.a.O., S. 48 ff. So jetzt auch BGH v. 16.1.1997, I ZR 9/95 und I ZR 38/96.
113 Vgl. oben 4. Teil A.III.2.b – e.
114 Zur Frage, ob Handlungen berechtigter Werknutzer eine Erweiterung der bisherigen Schrankenbestimmungen bedürfen, vgl. in diesem Teil III.5.b.
115 So der 1985 eingefügte § 53 Abs. 4 Satz 2 UrhG a.F., der 1993 im Zuge der Umsetzung der Computerprogrammrichtlinie der EU wieder gestrichen wurde; zu den neuen, in den §§ 69d und e UrhG umgesetzten Ausnahmebestimmungen vgl. in diesem Teil II.2.a und III.5.b.

zeit bei Einführung der gesetzlichen Lizenz nach § 53 UrhG ausgeführt hat.[116] Auch das Vertrauen auf rein technische Lösungen – wie etwa die Verpflichtung zur Installierung von Kopiersperren in Hardware, zu der die U.S.A. isoliert für digitale Tonaufzeichnungsgeräte Zuflucht genommen haben[117] – dürfte im Computerumfeld wohl kaum zum Erfolg führen.[118]

Aus diesem Grund wird vielmehr folgendes vorgeschlagen:

- die Privilegierung der digitalen Vervielfältigung zum privaten Gebrauch nach § 53 Abs. 1 Nr. 1 UrhG sollte aufrechterhalten werden;
- das gleiche gilt hinsichtlich der digitalen Vervielfältigung zum eigenen wissenschaftlichen Gebrauch nach § 53 Abs. 2 Nr. 1 UrhG, soweit die Vervielfältigung zu diesem Zweck geboten ist;
- schließlich sollte klargestellt[119] werden, daß die Aufnahme in ein digitales Archiv nach § 53 Abs. 2 Nr. 2 UrhG künftig nur zum privaten, sowie zum eigenen wissenschaftlichen Gebrauch zulässig ist, immer vorausgesetzt, daß der Umfang des Gebotenen nicht überschritten und daß dabei ein eigenes Werkexemplar verwandt wird;
- um die Gefährdung für die Rechteinhaber durch die digitale Vervielfältigung entsprechend gering zu halten, sollte die Privilegierung in allen soeben genannten Fällen jedoch auf Handlungen beschränkt werden, die der Privilegierte selbst vornimmt; die Zulässigkeit der Herstellung durch Dritte sollte für digitale Vervielfältigungen mithin gestrichen werden. Denn zum einen besteht – da Computer weit verbreiteter sind als analoge Kopiergeräte – im Umfang der hier vorgeschlagenen Privilegierungen in den meisten Fällen schon kein Bedürfnis, daß der Privilegierte die digitale Vervielfältigung von einem Dritten vornehmen läßt; zum anderen erscheint ein Dritter, den der nach § 53 UrhG Privilegierte ausnahmsweise mit einer digitalen Vervielfältigung beauftragt,[120] in vielen Fällen vergleichsweise kontrollierbar. Vor allem aber hätte der Ausschluß des Herstellenlassens zur Folge, daß die bestehenden Unsicherheiten der Einordnung des elektronischen Dokumentenversandes durch Dritte auf Bestellung beseitigt würden. Zwar sind derartige Informationsdienste durchaus sinnvoll; ihre Tätigkeit soll auf gesetzlichem Wege daher auch möglichst wenig behindert werden. Da sie jedoch in vielen Fällen in erheblichem Umfang in die normale Verwertung der Archive der Urheber und Pro-

116 Vgl. amtl. Begr. von 1965, M. Schulze, Materialien, S. 159 f.

117 Vgl. in diesem Teil II.3.a.

118 Ohnehin hält die Technik zunehmend Möglichkeiten bereit, Zugriffs- und Weiterverwertungssperren in den genutzten Werken selbst zu installieren.

119 Zum unterschiedlichen Verständnis des »Archiv«-Begriffs nach geltendem Recht vgl. bei zusätzlicher Beschränkung auf einzelne Vervielfältigungsstücke zumindest grundsätzlich bejahend OLG Düsseldorf, CR 1996, 728, und – da nicht nur, wie vom Gesetzgeber beabsichtigt, eine nach sachlichen Gesichtspunkten geordnete Sammel- und Aufbewahrungsstelle geschaffen, sondern eine Quelle zusätzlicher Verwertung eröffnet werde – verneinend LG Hamburg, CR 1996, 734.

120 Zu denken wäre vor allem an Unternehmen, die über leistungsfähige Scanner verfügen.

duzenten des übernommenen Materials eingreifen werden, gebietet es die Abwägung mit den Verwertungsinteressen der Rechteinhaber ebenso wie bindende Vorgaben internationalen Rechts,[121] diese Art der Nutzung von der Zustimmung der Rechteinhaber abhängig zu machen.[122] Das Argument der Vergleichbarkeit mit der Privilegierung des Versandes analoger Kopien auf Bestellung vermag hier nicht durchzugreifen;

– im übrigen sollte die digitale Vervielfältigung dagegen von § 53 UrhG ausgenommen werden; das gilt für die sonstigen Fälle der Archivierung[123] ebenso wie für die Fälle von § 53 Abs. 2 Nr. 3, 4 a und b sowie Abs. 3 UrhG. Insoweit sollte es beim ausschließlichen Verbotsrecht verbleiben. Um hier schließlich dennoch den Interessen des Bibliotheks- und Dokumentationswesens Rechnung zu tragen, könnte jedoch erwogen werden, das Ausschließlichkeitsrecht – sollten Mandatsverträge auf freiwilliger Grundlage nicht zustandekommen – insoweit verwertungsgesellschaftenpflichtig zu machen.

Da die hier vorgeschlagene Lösung auch im digitalen Bereich im soeben genannten Umfang einen Vergütungsanspruch vorsieht, müßte darüberhinaus in den §§ 54 Abs. 1 und § 54a Abs. 1 UrhG klargestellt werden, daß eine Abgabe auch für leere, bespielbare Speichermedien (DAT, Mini-Disc, Disketten, bespielbare CD u.a.) sowie auch für Geräte geschuldet wird, bei denen die Herstellung digitaler Kopien im Rahmen des § 53 UrhG zu erwarten ist.

Im Rahmen des gesetzlichen Vergütungsanspruchs kommt es schließlich ganz entscheidend auf die Höhe der Vergütung an.[124] Als verfehlt hat sich in diesem Zusammenhang 1985 der Ansatz erwiesen, die Höhe des Vergütungsanspruchs nach §§ 54 Abs. 1 und 54a Abs. 1 UrhG gesetzlich festzuschreiben.[125] Trotz mehrfacher Anmahnung seitens der Rechteinhaber[126] ist eine Anpassung der Sätze selbst nur an die allgemeine Teuerungsrate in den vergangenen 10 Jahren unterblieben. Die Höhe der angemessenen Vergütung sollte daher künftig grundsätzlich zwischen den Beteiligten gem. §§ 12, 13 WahrnG ausgehandelt werden. Im Streitfall steht gem. §§ 14, 16 WahrnG der Weg über

121 Art. 9 Abs. 2 RBÜ und Art. 13 TRIPS; vgl. dazu in diesem Teil II.1.a.

122 Daß dies auch in der Praxis durchführbar ist, belegen die in den zitierten Entscheidungen immer wieder genannten Verträge, mit denen on-line Anbieter die Bestände anderer, bereits bestehender Datenbanken in ihr Angebot mit einbeziehen.

123 Eine weitere Ausdehnung der Archivierungsfreiheit auch zu anderen Zwecken des eigenen Gebrauchs drohte nämlich die schon jetzt im analogen Bereich bestehende Beschränkung auf einzelne Beiträge gem. § 53 Abs. 2 Nr. 4 a UrhG zu unterlaufen.

124 Freileich lassen sich hier Zweifel nicht gänzlich ausschließen, inwieweit eine Vergütung gem. §§ 54 und 54a UrhG auf Scanner, Speichermedien und Ausgabegeräte die den Rechteinhabern auf diese Weise entgehenden Verwertungserlöse hinreichend zu kompensieren vermag.

125 Zu den seinerzeitigen Gründen vgl. die amtl. Begr. des damaligen Entwurfs, M. Schulze, Materialien, S. 349 f. sowie den Bericht des Rechtsausschusses, BT-Drucks. 10/3360, S. 20: angesichts der wirtschaftlichen Bedeutung der Vergütung ausdrückliches Absehen von einer Änderung im Verordnungswege.

126 Vgl. nur die Eingaben der GRUR, GRUR 1994, 351; 1992, 837; 1991, 670 sowie 1990, 343.

die Schiedsstelle zum streitentscheidenden, unabhängigen gerichtlichen Entscheid offen.
Insgesamt wäre mit der hier vorgeschlagenen Lösung die Hauptquelle bisheriger Unsicherheiten beseitigt und auch für künftige Entwicklungen eine klare Trennlinie gezogen.

f) *Privilegierung geringfügiger Eingriffe (§§ 55, 56 und 57 UrhG)*

– *Vervielfältigungen durch Sendeunternehmen (§ 55 UrhG)*

§ 55 Abs. 1 UrhG gestattet es den Sendeunternehmen, zur reibungslosen Durchführung ihrer Sendungen diejenigen Werke, zu deren Sendung sie berechtigt sind, für den Zweck einer einmaligen Sendung vorübergehend auf Sendebändern aufzunehmen (sog. ephemere Aufnahmen). Nach Abs. 2 dürfen diese Aufnahmen in Ausnahmefällen und unter bestimmten Voraussetzungen archiviert werden. Der Begriff der Übertragung auf Bild- oder Tonträger erfaßt auch die digitale Speicherung des zu sendenden Werkes,[127] so daß Sendeunternehmen im Rahmen der Zweckbestimmung des § 55 UrhG auch die digitale Technologie benutzen können. Insoweit bedarf es also keiner Erweiterung. Sendeunternehmen i.S.v. § 87 UrhG ist im weiteren allerdings nur dasjenige Unternehmen, das im Wege des § 20 UrhG sendet; dagegen sind diejenigen, die ihre Datenbanken oder Multimediawerke on-line anbieten, von § 55 UrhG nicht privilegiert.[128]
Einer solchen Privilegierung bedarf es für die Genannten jedoch auch gar nicht. Denn das on-line Angebot setzt ohnehin eine mehr als nur vorübergehende Speicherung voraus. Wer ein geschütztes Werk also on-line anbieten will, muß ohnehin das diesbezügliche Recht der öffentlichen Wiedergabe auf vertraglichem Wege erwerben; bei dieser Gelegenheit kann ihm durchaus zugemutet werden, sich auch das Recht der permanenten Speicherung einräumen zu lassen.[129]

127 Zur digitalen Abspeicherung als Vervielfältigung i.S.v. § 16 Abs. 1 UrhG vgl. 4. Teil A.III.2.b und c und zur Aufnahme auf Bild- oder Tonträger 4. Teil A.III.2.a.
128 Zur Beschränkung des Senderechts auf Sendungen von Programmen vgl. 4. Teil B.III.2.b.
129 So auch jetzt im analogen Sendebereich bereits die gängige Vertragspraxis. Da § 55 UrhG ohnehin nur zur Aufnahme, nicht jedoch zur Sendung berechtigt, hat § 55 UrhG in der Praxis eine eigenständige Bedeutung nur dort, wo das Sendeunternehmen zur Sendung aufgrund einer Schrankenregelung oder gesetzlichen Lizenz auch ohne vertragliche Erlaubnis berechtigt ist, also etwa im Fall des § 48 Abs. 1 Nr. 2 UrhG (der aber selbst schon die Vervielfältigung zuläßt) und insbesondere im Fall der Sendung von Handelstonträgern (für die ausübenden Künstlern und Tonträgerherstellern gem. §§ 76 Abs. 2, 86 UrhG lediglich eine angemessene Vergütung zusteht). Insoweit sollen ausübende Künstler und Tonträgerhersteller hinsichtlich des digitalen on-line Angebots nach dem hier Vorgeschlagenen (7. Teil E.III.2) de lege ferenda jedoch ein Verbotsrecht erhalten, so daß auch unter diesem Gesichtspunkt kein Raum für eine erweiternde Anwendung des § 55 Abs. 1 UrhG bleibt.

Angeregt wird jedoch, die ausnahmsweise zulässige Archivierung nach § 55 Abs. 2 UrhG angesichts der schon jetzt bestehenden Abgrenzungsschwierigkeiten,[130] vor allem aber hinsichtlich der Gefahren, die von einer zustimmungslosen und vergütungsfreien Archivierung digitaler Aufzeichungen selbst in Ausnahmefällen für die Verwertungsinteressen der Urheber und Rechteinhaber ausgehen, entweder ganz oder doch zumindest im Hinblick auf nach § 55 Abs. 1 UrhG zulässige digitale Aufzeichungen zu streichen.

– *Vervielfältigung und öffentliche Wiedergabe durch Geschäftsbetriebe (§ 56 UrhG)*

§ 56 UrhG privilgiert im Interesse des Handels mit technischen Wiedergabegeräten die zu deren Vorführung und Instandsetzung erforderlichen Eingriffe in das Vervielfältigungs- sowie in die Rechte der öffentlichen Wiedergabe. Faßt man den Begriff der Bild- oder Tonträger weit, so daß ihm auch Datenträger unterfallen, so sind zwar Computer, Scanner und möglicherweise Computerbildschirme,[131] wohl nicht jedoch andere digitale Geräte wie z.B. Drukker oder Modems erfaßt.
Da § 56 UrhG darüberhinaus dem seinerzeitigen Stand der Technik entsprechend auf Geräte zum Empfang von Funksendungen sowie auf die öffentliche Wahrnehmbarmachung von Funksendungen von Werken beschränkt ist, sollte er ganz allgemein auf Geräte zur digitalen Datenverarbeitung, jedenfalls aber auf Geräte erstreckt werden, die zum Abruf von on-line Angeboten geeignet sind.

– *Unwesentliches Beiwerk (§ 57 UrhG)*

§ 57 UrhG stellt sowohl die Vervielfältigung und Verbreitung als auch die öffentliche Wiedergabe von Werken aller Art zustimmungs- und vergütungsfrei, wenn diese lediglich unwesentliches Beiwerk neben dem eigentlichen Gegenstand der Vervielfältigung, Verbreitung oder öffentlichen Wiedergabe sind. Die Privilegierung erfaßt daher auch die Aufnahme und Nutzung unwesentlichen Beiwerks in digitalen off- wie on-line Medien. Einer Erweiterung der Vorschrift bedarf es daher nicht.[132]

130 Vgl. nur Schricker/Melichar, § 55 Rdnr. 11 ff. – Aus diesem Grund und weil § 55 Abs. 2 UrhG den Sendeunternehmen keinerlei Verwertungsrechte an den archivierten Aufnahmen verschafft, enthalten die wohl meisten Sendeverträge inzwischen auch insoweit ausdrückliche vertragliche Abreden.

131 Einwenden ließe sich hier möglicherweise jedoch, daß Bildschirme als Einzelkomponenten einen Bild- oder Tonträger weder selbst herstellen noch als solche allein wiedergeben.

132 Zu der aus der Sicht der Praxis damit verwandten Problematik der Abwendungsbefugnis nach § 101 UrhG vgl. in diesem Teil III.5.c.

g) *Sonstige Schrankenbestimmungen (§§ 58, 59 und 60 UrhG)*

– *Katalogbilder (§ 58 UrhG)*

§ 58 UrhG privilegiert die Vervielfältigung und Verbreitung öffentlich ausgestellter oder dazu bzw. zur Versteigerung bestimmter Werke der bildenden Künste in Verzeichnissen, die vom Veranstalter zur Durchführung der Ausstellung bzw. der Versteigerung herausgegeben werden. Ihren Grund hat die Zustimmungsfreiheit darin, daß Museen und Versteigerer wie auch die Eigentümer der ausgestellten Werkoriginale an diesen gem. § 44 Abs. 1 UrhG in der Regel keine Nutzungsrechte innehaben. Ein Erwerb der Rechte vom jeweiligen Künstler würde jedoch die Arbeit der Museen und Versteigerer über Gebühr behindern, zumal sowohl Ausstellungen als auch Versteigerungen aufgrund des Folgerechts nach § 26 UrhG letztlich den Urhebern der Werke zugute kommen. Das gilt in allerdings weit schwächerem Maße auch hinsichtlich der in § 58 UrhG vorgesehenen Vergütungsfreiheit.
Multimediawerke dürfen demnach gem. § 58 UrhG nur dann in Katalogen aufgenommen werden, wenn sie ausnahmsweise den Werken der bildenden Künste zuzurechnen sind.[133] Da der Begriff »Verzeichnisse« dem seinerzeitigen Stand der Technik entsprechend wohl nur Druckwerke erfaßt, sind auch Herstellung und Verbreitung digitaler Ausstellungsbegleiter von § 58 UrhG nicht erfaßt. Gleiches gilt schließlich für das on-line Angebot der genannten Werke durch Museen oder Versteigerer; zu denken ist hier an digitale Besucherterminals ebenso wie an Informationen, die ausstellungs- bzw. versteigerungsbegleitend on-line zugänglich gemacht werden. Ganz abgesehen davon, daß es in der Praxis zunehmend schwierig werden dürfte zu unterscheiden, wann eine digitale Nutzung zur Durchführung einer Ausstellung bzw. einer Versteigerung bestimmt ist und wann nicht,[134] eröffnen selbst ausstellungsbzw. versteigerungsbegleitende digitale »Kataloge« ebenso wie begleitende on-line Angebote weit intensivere Nutzungsmöglichkeiten als traditionelle Kataloge.
Vorgeschlagen wird daher zum einen sowohl die Aufhebung der Beschränkung des § 58 UrhG auf Werke der bildenden Künste[135] als auch diejenige der

133 § 58 UrhG unterfallen – offensichtlich aufgrund eines Redaktionsversehens – gleichfalls nicht in Museen ausgestellte bzw. in Versteigerungen gegebene Lichtbildwerke; kritisch dazu Schricker/Gerstenberg, § 58 Rdnr. 1.

134 So wäre etwa eine den Katalog ersetzende CD-ROM sicherlich dann ein Mittel zur Durchführung der Ausstellung, wenn während der Ausstellung Abspielgeräte (sog. Disc-man) zur Verfügung gestellt werden. Problematisch erscheint die Grenzziehung jedoch dann, wenn auf eine künftige Ausstellung bzw. Versteigerung bezogene Informationen bereits vorab online zugänglich gemacht werden.

135 Ein Ausufern der Privilegierung steht nicht zu befürchten, sollen doch auch weiterhin nur solche Eingriffe in fremde Rechte zulässig sein, die vom Veranstalter zur Durchführung der

Aufnahme nur in Verzeichnissen; zum anderen sollte – um den von § 58 UrhG Privilgierten diese Möglichkeit nicht zu verschließen – auch die öffentliche Wiedergabe im Wege des on-line Angebots zustimmungsfrei zulässig sein. Als Ausgleich zu dieser Erweiterung der Privilegierung könnte die Nutzung in dem dann nach § 58 UrhG zustimmungsfreien Umfang insgesamt vergütungspflichtig gemacht und dieser Vergütungsanspruch verwertungsgesellschaftenpflichtig gemacht werden. Den praktischen Bedürfnissen entsprechende, in der Höhe abgestufte Vergütungen könnten dann von den Beteiligten direkt ausgehandelt werden.

– *Werke an öffentlichen Plätzen (§ 59 UrhG)*

§ 59 UrhG macht im Interesse der sog. Straßenbildfreiheit die Abbildung bleibend im öffentlichen Raum befindlicher geschützter Werke – vornehmlich Außenansichten geschützter Gebäude sowie permanent aufgestellter Werke der bildenden Künste – zustimmungs- und vergütungsfrei. Eingeschränkt werden zwar sowohl das Vervielfältigungs- und das Verbreitungsrecht als auch das Recht der öffentlichen Wiedergabe; gleichwohl beschränkt sich die Freistellung gegenwärtig darauf, daß dies nur mit den bislang denkbaren Mitteln der »Malerei oder Graphik, durch Lichtbild oder durch Film« zulässig ist.
Es ist jedoch kein Grund ersichtlich, weswegen nicht auch die Verwertung des öffentlichen Straßenbildes mit den Mitteln von Multimedia privilegiert sein sollte.[136] Es wird daher vorgeschlagen, die Privilegierung des § 59 UrhG auch auf die Vervielfältigung, Verbreitung und öffentliche Wiedergabe mittels Multimediawerken zu erstrecken.

– *Bildnisse (§ 60 UrhG)*

§ 60 UrhG schränkt die Rechte des Urhebers von Bildnissen[137] zugunsten des Bestellers (Abs. 1) sowie des Abgebildeten bzw. dessen Angehörigen (Abs. 2

Ausstellung bzw. Versteigerung vorgenommen werden. Insbesondere ließe es sich kaum rechtfertigen, die Privilegierung auch auf den kommerziellen Vertrieb von sonstigen Museumsprodukten, wie sie sich typischerweise in Museumsshops finden, zu erstrecken.

136 Soweit sich die Verwertung mittels Multimediaerzeugnissen auf das bloße Abscannen und die Verwertung dieser abgescannten Daten beschränkt, dürfte dieser Vorgang freilich schon jetzt von der Privilegierung der Verwertung »durch Lichtbild« abgedeckt sein (vgl. die Ausführungen nachfolgend zu § 60 UrhG) darüberhinaus sollte berücksichtigt werden, daß Abbildungen im Rahmen von Multimediaerzeugnissen nicht auf statische, zweidimensionale Abbildungen beschränkt sind, sondern durchaus etwa auch dreidimensionale Bewegtanimationen enthalten können, die von denjenigen schon jetzt zulässiger Abbildung mit den Mitteln des Films (also etwa räumlichen Kameraschwenks) nicht allzu verschieden sind.

137 Bildnisse sind im Gegensatz zu Bildern Abbildungen von einer oder mehreren Personen, auf denen diese erkennbar sind; vgl. auch § 22 Satz 1 KUG und statt vieler Schricker/Gerstenberg, § 60 Rdnr. 3.

und 3) ein. Nur dann, wenn das Bildnis selbst ein Lichtbildwerk i.S.v. § 2 Abs. 1 Nr. 5 UrhG ist (und nicht etwa ein Werk der bildenden Künste gem. § 2 Abs. 1 Nr. 4, also z.B. ein Gemälde, eine Büste u.ä.), darf es auch auf andere Weise vervielfältigt werden als durch Lichtbild. § 60 UrhG unterfällt daher zum einen auch ein mittels einer digitalen Kamera aufgenommenes Bildnis; zum anderen ist die Vervielfältigung im Wege des Abscannens eine Vervielfältigung mittels Lichtbild, wird die Vorlage doch auch beim Abscannen mittels strahlender Energie und damit in einem dem Lichtbild ähnlichen Verfahren hergestellt. § 60 UrhG beschränkt jedoch nur das Vervielfältigungs- und das Verbreitungsrecht; damit ist zwar die Speicherung des Bildnisses in digitaler Form einschließlich seiner Verbreitung in off-line Medien zulässig; soll das Bildnis dagegen öffentlich wiedergegeben, insbesondere also gesendet oder auch on-line übermittelt werden, bedürfen die Betreffenden dazu nach geltendem Recht der Zustimmung des Bildnisurhebers.

Ob tatsächlich eine Erweiterung des § 60 im Hinblick auf digitale on-line Übermittlungstechniken angezeigt ist, mag bezweifelt werden. Der Gesetzgeber hatte 1965 wohl nur die Verbreitung der Bildnisse im privaten Bereich privilegieren wollen;[138] diese ist jedoch schon jetzt auch on-line (also etwa mittels e-mail) zulässig, sofern das Bildnis nicht über den privaten Bereich hinaus Mitgliedern der Öffentlichkeit zugespielt oder zugänglich gemacht wird. Nach der Rspr. erlaubt § 60 UrhG jedoch auch die Verwendung des Bildnisses zu Zwecken der gewerblichen oder politischen Eigenwerbung auf Plakaten, Handzetteln und kostenlos abgegebenen Zeitungen[139] oder im Schaukasten eines Gewerbetreibenden;[140] das wiederum würde für eine Ausweitung auch der zustimmungs- und vergütungsfreien Verwertung von Bildnissen auch mittels unkörperlicher Wiedergabe sprechen. Als Kompromiß wird daher vorgeschlagen, das Privileg des § 60 UrhG auch auf das – de lege ferenda als gesondertes Verwertungsrecht in § 15 Abs. 2 aufzuführende[141] – digitale on-line Angebot, nach wie vor nicht jedoch auf die Sendung gem. § 20 UrhG zu erstrecken.

138 Vgl. amtl. Begr. M. Schulze, S. 170.

139 A.A. für kostenlos abgegebene Anzeigenblätter wegen deren Werbefinanzierung Fromm/Nordemann, § 60 Rdnr. 3. – Bei sonstigen Tageszeitungen ist eine Entgeltlichkeit dagegen gegeben; LG München I UFITA 87 (1980), 338, 340.

140 OLG Hamm, UFITA 91 (1980) 338; danach entfällt die Unentgeltlichkeit i.S.d. § 60 Abs. 1 S. 3 UrhG nicht aufgrund des mit der Eigenwerbung verfolgten wirtschaftlichen Nutzens; a.A. jedoch Gerstenberg, Anm. zu Schulze OLGZ 236, S. 4 f.; Schricker/Gerstenberg, § 60 Rdnr. 11.

141 Vgl. oben, 4. Teil B.III.2.d.

h) *Zwangslizenz zur Herstellung von Tonträgern (§ 61 UrhG)*

Die Zwangslizenz nach § 61 UrhG kommt gegenwärtig nur für Tonträger in Betracht, die ausschließlich Musik und einen mit dieser verbundenen Text[142] enthalten. Von ihr profitieren daher nur herkömmliche digitale Audio-CDs, nicht jedoch die große Mehrzahl der übrigen off-line Multimedia-Erzeugnisse[143] und schon gar nicht digitale on-line-Produkte. Soweit die betreffenden Rechte von Verwertungsgesellschaften wahrgenommen werden, greift ohnehin nicht § 61 UrhG sondern der Abschlußzwang nach §§ 11 und 12 WahrnG ein.
Angesichts der geringen praktischen Bedeutung der Zwangslizenz und der internationalen Tendenz zu ihrer Abschaffung,[144] kommt eine Ausweitung ohnehin nicht in Betracht; stattdessen sollte auch der deutsche Gesetzgeber den internationalen Vorgaben folgen und § 61 UrhG streichen.

i) *Urheberpersönlichkeitsrecht (§§ 62 und 63 UrhG)*

Die §§ 45 ff. schränken nur die Verwertungsrechte nach §§ 15 ff. ein;[145] das Urheberpersönlichkeitsrecht ist daher nach Maßgabe der §§ 62 (Änderungsverbot) und 63 UrhG (Gebot der Quellenangabe) auch im Bereich der Schrankenregelungen zu beachten. Dafür, im digitalen Bereich hiervon abzuweichen, besteht kein Anlaß.[146] Angezeigt erscheint allenfalls eine Anpassung der dortigen Regelungen an die Besonderheiten der Verwertung in digitaler off- und on-line Form.

– *Änderungsverbot (§ 62 UrhG)*

Für ein Abweichen vom generellen Änderungsverbot in § 62 Abs. 1 UrhG scheint kein Bedarf vorzuliegen, zumal die Abs. 2 und 3 zum einen Änderungen im Wege von Auszügen sowie Übertragungen in eine andere Tonart oder Stimmlage zulassen, soweit diese der Benutzungszweck erfordert, und zum

142 Die Sprachwerke müssen sich mit der Musik zu einer Werkverbindung i.S.v. § 9 UrhG vereinen; vgl. Schricker/Melichar, § 61 Rdnr. 4; das Nebeneinander von Musik und erläuterndem (Begleit-)Text, wie es für viele der gängigen CD-ROM charakteristisch ist, fällt dagegen also nicht darunter.

143 Das gilt selbst in dem Umfang, in dem Multimedia-Erzeugnisse als Filmwerke einzustufen sind; denn nach § 61 Abs. 1 S. 2 UrhG ist der Urheber nicht verpflichtet, die Benutzung des Werkes zur Herstellung eines Filmes zu gestatten.

144 Vgl. oben in diesem Kapitel II.1.a.

145 Eine Ausnahme bildet insoweit das Recht der (ersten) Veröffentlichung nach § 12 UrhG. Dieses ist in den Fällen der §§ 45, 53 Abs. 1, 2 Nr. 1 und 2, 57 UrhG eingeschränkt, im übrigen setzt jede Nutzung im Rahmen der Schrankenbestimmungen voraus, daß das betreffende Werk zumindest veröffentlicht (§ 6 Abs. 1 UrhG), wenn nicht gar bereits erschienen (§ 6 Abs. 2 UrhG) ist.

146 Vgl. zum Urheberpersönlichkeitsrecht allegemein oben 3. Teil.

anderen Veränderungen, welche das für eine nach §§ 45 ff. UrhG zulässige Vervielfältigung erforderliche Verfahren mit sich bringt, zumindest für bestimmte Werke ausdrücklich für zulässig erklären. Abs. 4 schließlich enthält für die nach § 46 UrhG (Kirchen-, Schul- oder Unterrichtsgebrauch) zulässigen Fälle weitere, vom Zweck gedeckte Einschränkungsmöglichkeiten.
Eine Anpassung des gegenwärtigen Gesetzeswortlautes erscheint lediglich im Hinblick auf Abs. 3 angezeigt; hier sollte die bislang auf vervielfältigungsbedingte Änderungen bei Werken der bildenden Künste und bei Lichtbildwerken beschränkte Änderungsbefugnis verallgemeinert werden und schlechthin jede Änderung für zulässig erklärt werden, die das zur körperlichen wie zur unkörperlichen Verwertung angewendete Verfahren mit sich bringt, sofern berechtigte Interessen des Urhebers dadurch nicht beeinträchtigt werden.

– *Quellenangabe (§ 63 UrhG)*

Eine Einschränkung des Gebots der Quellenangabe nach § 63 UrhG – das in bestimmten Fällen über die Urhebernennung nach § 13 UrhG hinaus auch die Nennung des Verlags sowie die Kenntlichmachung von Kürzungen und anderen Änderungen (Abs. 1) bzw. der Quelle, der ein nach § 49 Abs. 1 UrhG genutzter Artikel oder Kommentar entstammt (Abs. 3), erfordert – erscheint nicht angezeigt. Denn im Vergleich zur Verwertung in analoger Form erfordert die Urhebernennung und die Beifügung der genannten Angaben im Rahmen einer digitalen Verwertung einen vergleichsweise geringeren Aufwand. Dies dürfte sich in Zukunft bei der on-line Verwertung auch im Rahmen der Verkehrssitte niederschlagen, auf die Abs. 2 abstellt.[147]

5. *Sonstige beschränkende Regelungen*

a) *Vergütung für Vermietung und Verleihen (§ 27 UrhG)*

§ 27 Abs. 1 UrhG n.F. enthält seit Umsetzung der Vermiet- und Verleihrichtlinie auf der Grundlage von deren Art. 4 einen unverzichtbaren Vergütungsanspruch. Dabei handelt es sich allerdings nicht um eine Beschränkung im eigentlichen Sinn,[148] tritt der Vergütungsanspruch doch neben das ausschließliche Vermietrecht nach § 17 Abs. 1, 2 UrhG. Dadurch soll sichergestellt werden, daß der Urheber tatsächlich an den wirtschaftlichen Früchten der ausschließlichen Verwertung seines Werkes im Wege der Vermietung teilhat.

147 Eine Änderung von Abs. 2 käme daher allenfalls dann in Betracht, wenn man das Gebot der Quellenangabe generell stärken wollte.

148 Anders noch der Anspruch nach § 27 Abs. 1 a.F. UrhG, der dem Urheber an Stelle des nach § 17 Abs. 2 UrhG a.F. erschöpften Verbreitungsrechts einen Vergütungsanspruch gewährte.

Diesen Vergütungsanspruch für digitale Vervielfältigungsstücke[149] einzuschränken, besteht mithin keinerlei Anlaß.
Etwas anders könnte dagegen hinsichtlich des Vergütungsanspruchs nach § 27 Abs. 2 UrhG für das gem. § 17 Abs. 1 UrhG zulässige Verleihen von Vervielfältigungsstücken gelten. Hier hat der Gesetzgeber seinerzeit die von der Richtlinie vorgegebene Möglichkeit der Einführung auch eines ausschließlichen Verleihrechts für Computerprogramme und damit eine Sonderregelung für das Verleihen von Computerprogrammen in Bibliotheken zwar vermieden; dies war jedoch wohl nur deshalb möglich, weil die Bibilotheken das legitime Interesse der Hersteller von Computerprogrammen, die Rechte an ihren Programmen nicht durch das Verleihen gefährdet zu sehen,[150] anerkannt und sich hinsichtlich der Verleihmodalitäten einer Selbstbeschränkung unterworfen haben. Es erschiene ideal, wenn es Verwertungsgesellschaften und Bibliotheksverbänden gelänge, auch hinsichtlich des Verleihs digitaler Vervielfältigungsstücke sonstiger Werkarten sowie von Multimediawerken ähnliche Vereinbarungen zu treffen, in deren Rahmen sowohl die Modalitäten des Verleihens als auch die Höhe der Vergütung ausgehandelt werden könnten. Die Einführung eines ausschließlichen Verleihrechts für digitale Werkstücke hat demgegenüber kaum Vorteile, drohte sie doch, die künftige Tätigkeit von Bibliotheken über Gebühr zu beschränken, ohne die Beteiligten von den Verhandlungen zu entlasten. Ein Unterschied zwischen diesen beiden Lösungen besteht freilich darin, wer – Urheber und Verleger im einen oder Verwertungsgesellschaften im anderen Fall – die Kontrolle über das Verleihen geschützter Werke ausübt; eventuelle Differenzen sollten hier jedoch durch eine engere Kooperation gelöst werden können. Im Ergebnis wird eine Änderung des § 27 Abs. 2 UrhG – im Sinne der Schaffung eines ausschließlichen Verleihrechts für digitale Vervielfältigungsstücke – mithin einstweilen nicht vorgeschlagen.

b) *Ausnahmebestimmungen für Computerprogramme (§§ 69d f. UrhG)*

Zu prüfen ist im weiteren, inwieweit es im Rahmen der Verwertung und Benutzung geschützter Werke und Leistungen in digitaler Form zusätzlicher, in den bisherigen §§ 45 ff. UrhG für den analogen Bereich noch nicht vorgesehener Schrankenbestimmungen bedarf. Als Vorbild in Frage kämen hier

149 Nach der hier vertretenen Auffassung kommt das Vermietrecht bei unkörperlichen Verwertungsarten nicht in Betracht; vgl. 4. Teil B.III.1.b.

150 Zwar mag das Laufenlassen des entliehenen Programms durch den Entleiher gem. § 69d Abs. 1 UrhG zulässig sein, da er aufgrund der vorangegangenen Erschöpfung des Verbreitungsrechts am Programm zur Benutzung des Programms berechtigt ist; die in der Praxis häufige Kopie des entliehenen Programms durch den Entleiher hingegen stellt eine eigenständige lizenzpflichtige Nutzung dar, doch ist diese praktisch nicht zu kontrollieren.

die besonderen Ausnahmebestimmungen für Computerprogramme in den §§ 69d f. UrhG.
§ 69e UrhG scheidet insoweit jedoch von vorneherein aus, handelt es sich doch um eine speziell auf Computerprogramme zugeschnittene Vorschrift. Zwar mag es nicht gänzlich ausgeschlossen sein, daß der Zugang zu den einem Multimediawerk zugrundeliegenden ungeschützten Ideen dessen Dekompilierung bedarf, doch geht es in diesen Fällen nicht um die Herstellung von Interoperabilität, die Rechtfertigungsgrund für die Ausnahme nach § 69e UrhG ist.[151] Programmspezifisch erscheint auch das nach § 69d Abs. 3 UrhG unabdingbare sog. line-monitoring, d.h. das Beobachten, Untersuchen oder Testen eines Programms während des Programmlaufs. Auch die Erstellung einer Sicherungskopie (vgl. § 69d Abs. 2 UrhG) dürfte für den Benutzer eines Multimediawerkes regelmäßig nicht erforderlich sein.[152]
Übernahmefähig erscheint damit allein § 69d Abs. 1 UrhG,[153] der vorbehaltlich vertraglicher Bestimmungen diejenigen Handlungen zustimmungs- und vergütungsfrei stellt, die für eine bestimmungsgemäße Benutzung des Computerprogramms durch den berechtigten Programmnutzer erforderlich sind. Auch bei der Benutzung von Werken in digitaler Form sind – wenn auch nicht an allen Abspielgeräten, so doch zumeist wohl bei Verwendung eines Computers – mit der Nutzung technische Vervielfältigungshandlungen erforderlich; Bearbeitungshandlungen seitens des Nutzers eines digitalen Werkes einschließlich eines Multimediawerkes dagegen sind – anders als bei der Benutzung eines Computerprogrammes – allerdings wohl nicht erforderlich. Zwar bedarf es der Ausnahme des § 69a Abs. 1 UrhG vor allem deswegen, weil die §§ 69a ff. UrhG für Computerprogramme keine dem § 53 UrhG vergleichbare Privilegierung von Vervielfältigungen zum privaten und eigenen Gebrauch enthalten, während vorliegend die Beibehaltung dieser Ausnahme für die Werkverwertung in digitaler Form vorgeschlagen wird.[154] Die Benutzung eines digitalen Werkes zu kommerziellen Zwecken durch den berechtigten Nutzer ist jedoch nach § 53 Abs. 1 UrhG (privater Gebrauch) überhaupt nicht, und nach § 53 Abs. 2 und 3 UrhG (eigener Gebrauch) nur in den dort eigens genannten Fällen zulässig.

151 Vgl. näher zur Ausnahme der Dekompilierung Dreier, CR 1991, 577, 581 f. – Soweit das Zusammenwirken von Multimediawerken mit der zum Abspielen benötigten Hardware in Rede steht, handelt es sich ohnehin zumeist um eine Frage der Interoperabilität der selbständig schützbaren Softwarekomponente des Multimediawerkes mit der betreffenden Hardware; insoweit kommt § 69e UrhG ohnehin direkt zur Anwendung.

152 Das gilt dann, wenn das Multimediawerk auf einer CD-ROM vertrieben wird ebenso wie wenn es on-line angeboten wird.

153 Eine entsprechende, gleichfalls ins deutsche UrhG umzusetzende Parallelvorschrift enthält Art. 6 Abs. 1 der Datenbankrichtlinie hinsichtlich der Befugnisse des rechtmäßigen Benutzers einer urheberrechtich geschützten Datenbank.

154 S. oben in diesem Teil III.4.e.

Es wird daher die Schaffung einer § 69d Abs. 1 UrhG parallelen Bestimmung vorgeschlagen, derzufolge diejenigen Vervielfältigungshandlungen nicht der Zustimmung des Rechtsinhabers bedürfen, die für die bestimmungsgemäße Benutzung durch den rechtmäßigen Benutzer erforderlich sind.[155]

c) *Abwendungsbefugnis (§ 101 UrhG)*

Schließlich wäre zu erwägen, den Anwendungsbereich der sog. Abwendungsbefugnis nach § 101 UrhG zu erweitern, um mit dieser Vorschrift Schwierigkeiten bei der Erzielung eines vollständigen Rechteerwerbs bei digitalen Produktionen zu begegnen.[156] § 101 Abs. 1 UrhG ermöglicht es dem schuldlos handelnden Verletzer, die Unterlassungs-, Beseitigungs- und Vernichtungsansprüche gem. §§ 97, 98 und 99 UrhG gegen Zahlung einer Entschädigung abzuwenden, wenn ihm durch die Erfüllung der Ansprüche ein unverhältnismäßig großer Schaden entstehen würde und dem Verletzten die Abfindung in Geld zuzumuten ist. Im Auge hatte der Gesetzgeber dabei den Filmhersteller, der sich »versehentlich ein zur Auswertung des Filmwerkes erforderliches Nutzungsrecht nicht hat einräumen lassen«.[157]

Die Lage des Filmherstellers, der eine Vielzahl einzelner Rechte erwerben muß, ist derjenigen des Herstellers von Multimediawerken vergleichbar. § 101 Abs. 1 UrhG hilft jedoch – da fehlendes Verschulden Voraussetzung ist – in all den Fällen nicht weiter, in denen der Hersteller die Urheberschutzfähigkeit zwar erkannt, gleichwohl jedoch den oder die Rechteinhaber trotz aller Anstrengungen nicht hat ermitteln können. Es wird daher angeregt, den Anwendungsbereich des § 101 Abs. 1 UrhG zu erweitern und die Abwendungsbefugnis unter Beibehaltung der schon jetzt geltenden Voraussetzungen des drohenden unverhältnismäßig großen Schadens und der Zumutbarkeit der Abwendung in Geld auf Fälle verschuldeter Verletzung auszudehnen, bei denen der Verletzer den Verletzten trotz aller zuvor unternommenen zumutbaren Anstrengungen nicht hat ausfindig machen können; darüberinaus könnte zur Voraussetzung gemacht werden, daß der Verletzer vor Beginn der Verwertung eine angemessene Vergütung hinterlegt hat.[158]

155 Dagegen mag man zwar einwenden, daß die durch eine derartige Vorschrift erfaßten Vervielfältigungen grundsätzlich auf vertraglichem Wege geregelt werden könnten; es wird vorliegend jedoch dem gesetzlichen Gleichklang der Regelung von Computerprogrammen, Datenbanken und allen übrigen Werken in digitaler Form der Vorzug gegeben.

156 Vgl. zu diesen Schwierigkeiten eingehend Dreier, in: Beier, u.a. (Hrsg.), Urhebervertragsrecht, FS-Schricker, München 1995, S. 193 ff. und zu § 101 UrhG dort S. 213 f., 221 f., sowie nachfolgend 6. Teil III.1.

157 Amtl. Begr. zu § 111 des RegE, M. Schulze, Materialien, S. 234.

158 So bereits Dreier, FS-Schricker, a.a.O., S. 224.

IV. *Vorschläge für eine Anpassung des deutschen UrhG*

Zusammenfassend lassen sich Schrankenbestimmungen ohne Anpassungsbedarf, von Schrankenbestimmungen unterscheiden, in denen eine Anpassung dagegen – sei es aus Gründen der Klarstellung, sei es mit dem Ziel der Erweiterung oder aber der Einschränkung bestehender Schrankenbestimmungen – angezeigt erscheint.[159]

1. *Schrankenbestimmungen ohne Anpassungsbedarf*

Keiner Anpassung bedürfen folgende Schrankenbestimmungen:
- § 45 UrhG (Rechtspflege und öffentliche Sicherheit);
- § 47 UrhG (Schulfunksendungen);
- § 51 UrhG (Zitate);
- § 55 Abs. 1 UrhG (Vervielfältigung durch Sendeunternehmen);[160]
- § 57 UrhG (Unwesentliches Beiwerk);
- § 62 Abs. 1, 2 und 4 UrhG (Änderungsverbot);[161]
- § 63 UrhG (Quellenangabe).

Das gilt auch für die Vergütungsansprüche gem. § 27 Abs. 1 und 2 UrhG.

2. *Vorgeschlagene Anpassungen*

Vorgeschlagen werden dagegen folgende Klarstellungen, Änderungen, Anpassungen und Streichungen:
- § 46 UrhG (Sammlungen für Kirchen-, Schul- oder Unterrichtsgebrauch) könnte dem Zweck der Vorschrift entsprechend auf die zustimmungsfreie Aufnahme von Multimediawerken geringen Umfangs ebenso erweitert werden wie um die Übermittlung privilegierter Sammlungen im Wege des digitalen on-line Angebots;
- § 48 UrhG (öffentliche Reden) sollte zum einen auch auf Reden über Tagesfragen erweitert werden, die der Öffentlichkeit on-line zugänglich gemacht werden, und deren Verbreitung könnte zum anderen unter den dortigen Einschränkungen auch mittels Datenträgern zugelassen werden. Klarstellend sollte darüberhinaus die Ausnahme nach Abs. 2 auf die öffentliche Wiedergabe erweitert werden;

159 Zur Methode, mit der der Anpassungsbedarf ermittelt worden ist, vgl. oben in diesem Teil III.3.
160 Zu § 55 Abs. 2 UrhG vgl. in diesem Teil IV.2.
161 Zu § 62 Abs. 3 UrhG vgl. in diesem Teil IV.2.

- bei § 49 UrhG sollte zum einen der Kreis zustimmungsfrei übernehmbarer Artikel, Kommentare, Nachrichten und Tagesneuigkeiten in Abs. 1 Satz 1 und in Abs. 2 auch auf on-line angebotene Meinungsäußerungen erweitert werden. Problemlos können zum anderen die übernehmenden Medien um digitale off-line Medien erweitert werden; hinsichtlich der Übernahme in digitalen on-line Medien erscheint eine Ausdehnung der Privilegierung auf die interne Verwendung zum eigenen Gebrauch angemessen;
- § 50 UrhG (Bild- und Tonberichterstattung) sollte im Bereich der unkörperlichen Werknutzung durch die Streichung der Zusätze »Bild- und Ton« auf jegliche Art der Berichterstattung ausgedehnt werden. Zugleich sollte nicht nur die Berichterstattung »durch Funk und Film« sondern generell jede Berichterstattung im Wege der öffentlichen Wiedergabe – also unter Einschluß der on-line Berichterstattung – privilegiert werden;
- in § 52 Abs. 1 UrhG (öffentliche Wiedergabe) sollte die öffentliche Wiedergabe von Werken im Wege des on-line Angebots von der Privilegierung ausgenommen werden; in § 52 Abs. 3 UrhG (öffentliche Wiedergaben) sollte die Beschränkung der Privilegierung bestimmter öffentlicher Wiedergaben auf die öffentliche Wiedergabe im Wege des on-line Angebots ausgedehnt und ggf. die öffentliche Wiedergabe von Werken zu rein privaten Zwecken im Wege des on-line Angebots vom Urheberrecht freigestellt werden;
- in § 53 Abs. 1 und Abs. 2 Nr. 1 und 2 UrhG sollte klargestellt werden, daß die digitale Vervielfältigung, d.h. die Herstellung eines digitalen Vervielfältigungsstücks zum privaten und zum eigenen wissenschaftlichen Gebrauch freigestellt wird und daß auch die Aufnahme in ein digitales Archiv zum privaten sowie zum eigenen wissenschaftlichen Gebrauch im gebotenen Umfang zustimmungsfrei zulässig ist, wenn hierfür ein eigenes Werkexemplar verwandt wird. Zulässig sein sollte insoweit nur die eigene Herstellung, nicht das Herstellenlassen. Ansonsten sollte die digitale Vervielfältigung von § 53 UrhG ausgenommen werden. Im Interesse des Bibliotheks- und Dokumentationswesens könnte erwogen werden, das Ausschließlichkeitsrecht dann, wenn Mandatsverträge auf freiwilliger Grundlage nicht zustandekommen, verwertungsgesellschaftenpflichtig zu machen;
- in §§ 54 Abs. 1 und 54a Abs. 1 UrhG sollte klargestellt werden, daß eine Abgabe auch für lerre, bespielbare digitale Speichermedien sowie für Geräte geschuldet wird, bei denen die Herstellung digitaler Kopien im Rahmen des § 53 UrhG zu erwarten ist;
- in § 54d Abs. 1 UrhG sollte die Bezugnahme auf die in der Anlage bestimmten Sätze gestrichen werden;

- § 55 Abs. 2 UrhG (Vervielfältigung durch Sendeunternehmen)[162] sollte entweder ganz oder doch zumindest in Bezug auf die Archivierung nach § 55 Abs. 1 UrhG zulässig hergestellter digitaler Aufzeichnungen gestrichen werden;
- § 56 UrhG (Vervielfältigung und öffentliche Wiedergabe durch Geschäftsbetriebe) sollte – wenn nicht auf Geräte zur digitalen Datenverarbeitung schlechthin, so doch zumindest – auf Geräte erstreckt werden, die zum Abruf von on-line Angeboten geeignet sind;
- in § 58 UrhG (Katalogbilder) sollte zum einen sowohl die Beschränkung auf Werke der bildenden Künste als auch diejenige der Aufnahme in Verzeichnissen gestrichen werden. Zum anderen sollte auch die öffentliche Wiedergabe im Wege des on-line Angebots zustimmungsfrei zulässig sein. Im Gegenzug könnte den Urhebern dann ein verwertungsgesellschaftenpflichtiger Vergütungsanspruch gewährt werden;
- § 59 UrhG (Werke an öffentlichen Plätzen) sollte auch auf die Vervielfältigung, Verbreitung und öffentliche Wiedergabe des freien Straßenbildes mittels Multimediawerken erstreckt werden;
- § 60 UrhG (Bildnisse) sollte zugunsten der dort Privilegierten auf das digitale on-line Angebot – nicht jedoch auf die Sendung gem. § 20 UrhG – erweitert werden;
- § 61 UrhG (Zwangslizenz zugunsten der Tonträgerhersteller) sollte in Übereinstimmung mit dem Vorschlag der WIPO auch hinsichtlicher digitaler Tonträger abgeschafft werden;
- § 62 Abs. 3 UrhG (Änderungsverbot)[163] sollte über die dort genannten Fälle hinaus ganz allgemein jede Änderung zulassen, die das zur körperlichen wie zur unkörperlichen Verwertung angewendete Verfahren mit sich bringt, sofern berechtigte Interessen des Urhebers dadurch nicht beeinträchtigt werden;
- darüberhinaus könnte die Abwendungsbefugnis nach § 101 Abs. 1 UrhG auf Fälle verschuldeter Verletzung erweitert werden, bei denen der Verletzer den Verletzten trotz aller zuvor unternommener zumutbarer Anstrengungen nicht hat ausfindig machen können und in denen er ggf. vor Beginn der Verwertung eine angemessene Vergütung hinterlegt hat;
- schließlich sollten in Parallele zu § 69d Abs. 1 UrhG künftig diejenigen Vervielfältigungshandlungen nicht der Zustimmung des Rechtsinhabers bedürfen, die für die bestimmungsgemäße Benutzung geschützter Werke in digitaler Form durch den rechtmäßigen Benutzer erforderlich sind.

162 Zu § 55 Abs. 1 UrhG vgl. in diesem Teil IV.1.
163 Zu § 62 Abs. 1, 2 und 4 UrhG vgl. in diesem Teil IV.1.

6. Teil: Urhebervertragsrecht

I. *Problemstellung*

1. *Ausgangspunkt*

Das geltende deutsche Urhebervertragsrecht ist durch eine »nahezu unbegrenzte Vertragsfreiheit«[1] gekennzeichnet. Das gilt sowohl für die Freiheit zum Abschluß von Verträgen über Urheberrechte und verwandte Schutzrechte als auch für die Freiheit zur inhaltlichen Ausgestaltung solcher Verträge[2]. Gesetzliche Bestimmungen über Urheberrechtsverträge finden sich vor allem[3] im Urheberrechtsgesetz und im Verlagsgesetz. Sie sind jedoch überwiegend dispositiver Art, können also durch vertragliche Vereinbarung abbedungen bzw. durch abweichende vertragliche Regelung ersetzt werden. Für das Verlagsgesetz gilt dies fast ausnahmslos[4]. Das Urheberrechtsgesetz enthält demgegenüber auch einige wichtige zwingende Vorschriften vertragsrechtlicher Art, namentlich in bezug auf die inhaltliche Ausgestaltung von Urheberrechtsverträgen.

Was dabei zunächst die vertragliche Abschlußfreiheit betrifft, so wird in diese lediglich durch § 61 UrhG eingegriffen, der eine Zwangslizenz zur Herstellung von Tonträgern in bezug auf Werke der Musik mit oder ohne Text vorsieht. In der Praxis ist diese Vorschrift bisher aufgrund der Wahrnehmung der Rechte zur Herstellung und Verbreitung von Tonträgern durch die GEMA ohne Bedeutung geblieben[5]. Das Gesetz räumt in § 61 Abs. 1 UrhG einer solchen Rechtewahrnehmung selbst den Vorrang ein.

Im Hinblick auf die inhaltliche Ausgestaltung von Urheberrechtsverträgen werden der Vertragsfreiheit vor allem durch drei gesetzliche Regelungen wichtige Grenzen gesetzt, die sich zugunsten der Urheber im Sinne einer Einschränkung der rechtsgeschäftlichen Rechteübertragung auswirken, und zwar

1 So BGH, GRUR 1984, 45, 48 – Honorarbedingungen: Sendevertrag.
2 S. zu diesen beiden Gesichtspunkten der Vertragsfreiheit Ulmer, § 91 I 1, 2 (S. 386).
3 Das Urheberrechtswahrnehmungsgesetz mit seinen Bestimmungen über die Wahrnehmung von Urheberrechten und verwandten Schutzrechten durch Verwertungsgesellschaften ist nicht Gegenstand der vorliegenden Untersuchung.
4 S. Bappert/Maunz/Schricker, Verlagsrecht Kommentar, 2. Auflage, 1984, Einl., Rdnr. 9, § 36, Rdnr. 1, 9. Einzige Ausnahme ist § 36 des Gesetzes über den Konkurs des Verlegers.
5 S. Schricker/Melichar, § 61, Rdnr. 1; Ulmer, § 76 II 2 (S. 336).

insbesondere auch im Zusammenhang mit neuen Techniken der Werkverwertung und entsprechenden Nutzungsmöglichkeiten und Erwerbschancen:

a) Das Urheberrecht als solches ist durch Rechtsgeschäft unter Lebenden grundsätzlich nicht übertragbar (§ 29 UrhG). Dasselbe gilt für die urheberrechtlichen Verwertungsrechte, wie das Vervielfältigungsrecht, das Verbreitungsrecht, das Senderecht usw.[6]. Möglich ist nur die Einräumung von Nutzungsrechten nach §§ 31 ff. UrhG.
b) Die Einräumung von Nutzungsrechten für noch nicht bekannte Nutzungsarten und rechtsgeschäftliche Verpflichtungen hierzu sind unwirksam (§ 31 Abs. 4 UrhG).
c) Der Umfang eines vertraglich eingeräumten Nutzungsrechts bestimmt sich nach dem mit der Einräumung verfolgten Zweck, wenn die Nutzungsarten, auf die sich das eingeräumte Nutzungsrecht erstrecken soll, bei der Rechtseinräumung nicht einzeln bezeichnet sind (§ 31 Abs. 5 UrhG).

Die zuletzt genannte Regelung ist Ausdruck des sog. Zweckübertragungsprinzips, von dem das deutsche Urhebervertragsrecht allgemein beherrscht wird[7]. Der Sache nach setzt dieses Prinzip vor allem umfassend formulierten pauschalen Rechtseinräumungen Grenzen, so daß man insbesondere § 31 Abs. 5 UrhG als wichtigste Konkretisierung dieses Prinzips auch als Formvorschrift mit abgeschwächter Sanktionierung verstehen kann: Bei fehlender einzelner Bezeichnung der Nutzungsarten anläßlich der Rechtseinräumung ist diese nicht unwirksam, aber tendenziell einschränkend auszulegen[8]. Über die Regel, daß derjenige, der sich auf den vertraglichen Erwerb eines Nutzungsrechts beruft, dies beweisen muß, folgt daraus in der Praxis ein erheblicher Zwang zum Abschluß schriftlicher Verträge, und zwar, weil nach dem Schutzzweck des Prinzips die Wirksamkeit umfassender, pauschaler Vertragszweckdeklarationen zumindest zweifelhaft ist, mit detaillierten Bezeichnungen der einzelnen Nutzungsarten, für welche der Werkverwerter Nutzungsrechte erwerben will[9]. Dies gilt unabhängig davon, daß das Gesetz für die Einräumung von Nutzungsrechten nur ganz ausnahmsweise Schriftform verlangt[10].
Besondere Regeln sind in den §§ 88 ff. UrhG in bezug auf Filmwerke und, über § 95 UrhG, auf sog. Laufbilder, d.h. Filme ohne Werkeigenschaft, enthalten. Ihr genereller Zweck ist es, dem Filmhersteller im Hinblick auf die Rechte der beteiligten Urheber und ausübenden Künstler die Filmherstellung und insbesondere die Filmverwertung zu erleichtern. Sie enthalten daher in

6 S. Schricker, Vor §§ 28 ff., Rdnr. 18; Schricker/v. Ungern-Sternberg, § 15, Rdnr. 2.
7 S. Schricker, §§ 31/32, Rdnr. 36 ff.; dort, Rdnr. 36, auch zur Anwendbarkeit des § 31 Abs. 5 UrhG auf Rechtsgeschäfte über verwandte Schutzrechte und zwischen Verwerterunternehmen.
8 S. Schricker, §§ 31/32, Rdnr. 34.
9 S. Schricker, §§ 31/32, Rdnr. 34 mit 39.
10 S. Schricker, §§ 31/32, Rdnr. 34, § 40, Rdnr. 14.

bezug auf die Einräumung von Nutzungs- bzw. Übertragung von Einwilligungsrechten an den Filmhersteller gesetzliche Auslegungsregeln zu dessen Gunsten (§§ 88, 89, 92 UrhG), Bestimmungen über die Einschränkung bzw. den Ausschluß vertragsrechtlicher Befugnisse der Urheber (§ 90 UrhG) und in § 91 UrhG die schon in anderem Zusammenhang[11] angesprochene Zuordnung der Inhaberschaft von Rechten an den Filmeinzelbildern zum Filmhersteller.[12]

Darüber hinaus ist mit gleicher Tendenz in § 93 UrhG der persönlichkeitsrechtliche Schutz der Urheber und Inhaber verwandter Schutzrechte gegen Entstellung eingeschränkt worden. Auf diese Bestimmung sowie auf Rechtsgeschäfte über Urheberpersönlichkeitsrechte[13] ist bereits im 3. Teil der vorliegenden Untersuchung eingegangen worden, so daß sich eine weitere Erörterung im vorliegenden Zusammenhang erübrigt. Dasselbe gilt für die von § 90 UrhG betroffenen vertragsrechtlichen Befugnisse der Urheber mit persönlichkeitsrechtlicher Tendenz[14].

2. *Aktuelle Probleme*

Aus der Sicht des Urhebervertragsrechts ergeben sich durch die digitalen Techniken der Werk- und Leistungsverwertung und die Multimediawerke vor allem drei aktuelle Problembereiche:

a) Der erste betrifft die Verwertung bestehender, urheberrechtlich geschützter Werke und Ergebnisse von Leistungen, die durch verwandte Schutzrechte geschützt sind, mittels digitaler Techniken, wie auf Text-, Musik-, Bild- und Bewegtbild- bzw. Film-CD-ROMs, über entsprechende Online-Datenbanken sowie im Rahmen von Multimediawerken, und zwar ganz im allgemeinen. Insbesondere im Hinblick auf Multimediaerzeugnisse ist die Frage zu beantworten, wie deren Produzenten der Zugang zu dem benötigten, jedoch geschützten Material erleichtert oder überhaupt erst ermöglicht werden kann. Dabei ist zu bedenken, daß für solche Erzeugnisse unter Umständen eine sehr große Zahl von geschützten Werken und Leistungsergebnissen, möglicherweise, wenn nicht sogar wahrscheinlich, auch nur in Form von größeren oder kleineren Teilen, benötigt wird[15]. Die Fragestellung konzentriert sich in diesem Bereich aus vertragsrechtlicher Sicht[16] auf die Aspekte der Zwangslizenz

11 S. oben 2. Teil I 1.
12 S. zum Vorstehenden Schricker/Katzenberger, Vor §§ 88 ff., Rdnr. 9-11, 14; § 92 i.d.F. vom 23.6.1995.
13 S. insbesondere zu diesen oben 3. Teil III 1 c, 2 c, 3 a.
14 S. oben 3. Teil III 3 c.
15 S. oben 1. Teil I 1, III 2 b.

oder gesetzlichen Lizenz, des gesetzlichen Zwangs zur Rechtevergabe bzw. zur Rechtewahrnehmung über Verwertungsgesellschaften und damit letztlich auf die vertragliche Abschlußfreiheit[17] oder aber alternativ auf technische Identifizierungssysteme und eine zentrale Rechteinformation und -verwaltung auf freiwilliger Basis.

b) Der zweite Problembereich ist mit dem ersten verwandt, bezieht sich aber auf diejenigen speziellen Fälle, in denen der Verwerter, der sich nunmehr der digitalen Techniken bedienen bzw. Multimediaerzeugnisse produzieren und vertreiben oder entsprechende Lizenzen vergeben will, mit den Inhabern von Rechten an den benötigten Werken oder Leistungsergebnissen bereits in vertraglichen Nutzungsbeziehungen steht. Die besondere Fragestellung in diesem Zusammenhang betrifft die Reichweite der ursprünglichen Rechtseinräumung, vor allem unter den Gesichtspunkten des § 31 Abs. 4 und 5 UrhG[18], und, wenn diese nicht ausreichend ist, eventuelle außerordentliche vertragsrechtliche Hilfen sowie gegebenenfalls ergänzende gesetzliche Maßnahmen de lege ferenda.

c) Den dritten Problembereich bilden die Vertragsverhältnisse der Hersteller von neuartigen digitalen Produkten und Multimediaerzeugnissen mit speziell dafür beauftragten oder angestellten Urhebern und Inhabern von durch verwandte Schutzrechte geschützten Leistungen. Die Fragestellung in diesem Zusammenhang betrifft insbesondere den Aspekt der Anwendbarkeit de lege lata und de lege ferenda der §§ 88 ff. UrhG, nämlich in bezug auf die mit Filmwerken verwandten[19] Multimediawerke, sowie die Frage, ob für solche Vertragsverhältnisse neue gesetzliche Regelungen benötigt werden oder aber ob die bestehenden ausreichen. Der Aspekt der Urheberschaft bzw. der Rechtsinhaberschaft ist dabei im allgemeinen bereits behandelt worden[20]; offen ist nur noch aufgrund ihres Zusammenhangs mit der Regelung des Filmrechts in den §§ 88 ff. UrhG die Bestimmung des § 91 UrhG über die Rechte an Filmeinzelbildern[21].

16 Ein anderer Aspekt ist derjenige der urheberrechtlichen Befugnisse und ihrer Schranken, S. oben 3.-5. Teil.
17 S. oben 1.
18 S. oben 1.
19 S. oben 1. Teil III 4 b bb.
20 S. oben 2. Teil.
21 Erwähnt ist diese Bestimmung auch bereits oben, 2. Teil I 1.

II. *Internationales, europäisches und ausländisches Recht*

1. *Internationales Recht*

a) *RBÜ*

Die RBÜ als die älteste und zugleich detaillierteste internationale Konvention auf dem Gebiet des Urheberrechts enthält einige Vorschriften, die dem Urhebervertragsrecht zuzurechnen sind. Sie beziehen sich zum einen auf die Freiheit zum Abschluß von Urheberrechtsverträgen und zum anderen auf die inhaltliche Ausgestaltung und die Form solcher Verträge. In ersterer Hinsicht sind sie im Zusammenspiel mit den durch die RBÜ selbst gewährleisteten ausschließlichen Rechten, den sog. Mindestrechten, von grundsätzlicher Bedeutung. In der zweiten Hinsicht enthalten sie überwiegend nur punktuelle Regelungen.

aa) Die Bedeutung der zuerst angesprochenen Vorschriften liegt darin, daß sie in Verbindung mit den Mindestrechten den Verbandsländern der Berner Union nur sehr begrenzte Möglichkeiten gewähren, die ausschließlichen Rechte der Urheber und mit diesen auch die Freiheit der Urheber zum Abschluß von Verträgen über die Nutzung ihrer Werke durch gesetzliche Lizenzen oder Zwangslizenzen einzuschränken. Dies gilt namentlich auch für das ausschließliche Vervielfältigungsrecht (Art. 9 Abs. 1, 3 RBÜ, Pariser Fassung) als zentrales Verwertungsrecht der Urheber im allgemeinen und im Zusammenhang mit der digitalen Werknutzung jeder Art im besonderen[22].
Die Verbandsländer können aus der Sicht der RBÜ gesetzliche oder Zwangslizenzen weitreichender Art[23] nur auf den Gebieten des Rundfunks und der Tonträger einführen[24], und zwar im Rundfunkbereich nur partiell. Im Fall der Tonträger (Art. 13 Abs. 1 RBÜ, Pariser Fassung) ist nur das Vervielfältigungsrecht betroffen, weil die RBÜ kein allgemeines Verbreitungsrecht anerkennt[25]. Auf dem Rundfunkgebiet gestattet Art. 11bis Abs. 2 i.V.m. Abs. 1

22 S. zu letzterem Katzenberger, Elektronische Printmedien und Urheberrecht, S. 25 ff.; derselbe, in: Straus, Aktuelle Herausforderungen des geistigen Eigentums, Festgabe von Freunden und Mitarbeitern für Friedrich-Karl Beier zum 70. Geburtstag, 1996, S. 379, 382.

23 Im Unterschied zu gesetzlichen Lizenzen im Sinne von Schranken der Verwertungsrechte für bestimmte Sonder- und Ausnahmefälle; s. dazu insgesamt oben 5. Teil I 1 Fn. 5 sowie zur RBÜ im einzelnen II 1 a. Zur Abgrenzung s. Katzenberger, in: Straus, S. 386 f.

24 S. Katzenberger, in: Straus, S. 387. Etwas anderes gilt nach Art. II-VI des Anhangs zur RBÜ (Pariser Fassung) nur für Entwicklungsländer.

25 S. oben 4. Teil B II 1 a. Daher ist der oben I 1 angesprochene § 61 UrhG, der auch das Verbreitungsrecht der Tonträger-Zwangslizenz unterwirft, mit der RBÜ vereinbar, obwohl Art. 13 Abs. 1 derselben sich nur auf das Vervielfältigungsrecht bezieht.

RBÜ (Pariser Fassung) gesetzliche oder Zwangslizenzen zugunsten von Erstsendeunternehmen nur in bezug auf drahtlose Rundfunksendungen, im übrigen zugunsten jeder Art der Weitersendung oder öffentlichen Wiedergabe einer Sendung. Dagegen sehen diejenigen Bestimmungen der RBÜ, die in bezug auf bestimmte Werkkategorien, wie Musikwerke, verfilmte Werke und Filmwerke, ein aussschließliches Recht der öffentlichen unkörperlichen Wiedergabe gewährleisten[26], in das auch eine Sendung eines Erstsendeunternehmens über Draht oder Kabel eingreifen kann[27], solche Möglichkeiten nicht vor[28]. Dem besonders wichtigen ausschließlichen Vervielfältigungsrecht können außerhalb der Tonträgervervielfältigung nur in bestimmten Sonder- bzw. Ausnahmefällen gesetzliche Schranken gezogen werden, die außerdem die normale Auswertung des Werkes nicht beeinträchtigen und die berechtigten Interessen des Urhebers nicht unzumutbar verletzen dürfen (Art. 9 Abs. 2 RBÜ, Pariser Fassung)[29]. Ein solcher Ausnahmefall ist im Rundfunkbereich die sog. ephemere Aufnahme eines Werkes auf Bild- oder Tonträger zu Sendezwecken (Art. 11bis Abs. 3 Sätze 2, 3 RBÜ, Pariser Fassung).
Der für die Diplomatische Konferenz im Dezember 1996 ausgearbeitete Vorschlag für einen Vertrag über bestimmte Fragen betreffend den Schutz von Werken der Literatur und Kunst[30] sieht im übrigen in seinem Art. 6 sogar vor, daß die Möglichkeiten zur Einführung gesetzlicher oder Zwangslizenzen im Rundfunk- und Tonträgerbereich innerhalb einer Übergangsfrist von drei Jahren abgeschafft werden sollen[31].

bb) Was die inhaltliche Ausgestaltung von Urheberrechtsverträgen betrifft, so sind die Regelungen der RBÜ abgesehen von dem wichtigen Grundsatz der Übertragbarkeit des Urheberrechts[32] nur rudimentär: Sie beziehen sich ausschließlich auf die Bereiche Rundfunk und Film und enthalten in zwei Fällen Auslegungsregeln bzw. Vermutungen im Zusammenhang mit vertraglichen Rechtseinräumungen von seiten der Urheber, und zwar zu deren Gunsten im ersten, den Rundfunk betreffenden Fall und zu ihren Ungunsten im zweiten Fall, der sich auf das Verhältnis von Filmurhebern und Filmherstellern bezieht. Die dritte einschlägige Regelung (Art. 14bis Abs. 2 Buchstabe c RBÜ, Pariser Fassung) betrifft die Form der Verträge, durch die sich Filmurheber gegenüber dem Filmhersteller zur Leistung von Beiträgen zur Herstellung des Filmwerks verpflichten, und ist als Sonderregelung gegenüber dem

26 S. oben 4. Teil B II 1 a.
27 S. Schricker/v. Ungern-Sternberg, § 20, Rdnr. 12.
28 S. oben 5. Teil II 1 a.
29 S. oben 5. Teil II 1 a.
30 Dok. CRNR/DC/4 vom 30.8.1996.
31 S. oben 5. Teil II 1 a.
32 S. oben 2. Teil II 1 a. Als Ausnahme davon ist in Art. 14ter Abs. 1 RBÜ (Pariser Fassung) das Folgerecht als »unveräußerliches Recht« ausgestaltet.

bekannten Satz »locus regit actum« internationalprivatrechtlicher Art.[33] Darüber hinausgehende Vorschriften über die Form von Urheberrechtsverträgen enthält die RBÜ nicht[34].
Die ersterwähnte Bestimmung ist Art. 11bis Abs. 3 Satz 1 RBÜ (Pariser Fassung). Sie besagt, daß eine Erlaubnis, die der Urheber zur Rundfunksendung seines Werkes oder zur öffentlichen Wiedergabe seines durch Rundfunk gesendeten Werkes erteilt hat, mangels gegenteiliger Vereinbarung nicht die Erlaubnis umfaßt, das durch Rundfunk gesendete Werk auch auf Bild- oder Tonträger aufzunehmen. Die zweiterwähnte Regelung (Art. 14bis Abs. 2 Buchstabe b RBÜ, Pariser Fassung) bezieht sich auf diejenigen Verbandsländer, die in ihrer innerstaatlichen Gesetzgebung als Inhaber des Urheberrechts am Filmwerk nicht allein den Filmhersteller[35], sondern nur oder auch dessen tatsächliche geistige Schöpfer anerkennen. Mit dem Ziel, dem Filmhersteller auch in diesem Fall die umfassende Filmauswertung zu ermöglichen, enthält die Vorschrift eine Vermutung der Legitimation des Filmherstellers zur Ausübung der Rechte am Filmwerk. Davon sind allerdings nach Art. 14bis Abs. 3 RBÜ (Pariser Fassung) mangels anderweitiger innerstaatlicher Regelung die Drehbuchautoren, die Urheber der Dialoge und der Filmmusik sowie der Hauptregisseur ausgenommen[36].
Der bereits am Ende des vorhergehenden Abschnitts[37] erwähnte Abkommensvorschlag für die Diplomatische Konferenz im Dezember 1996 sieht einerseits keine Aufhebung oder Änderung der soeben genannten vertragsrechtlichen Regelungen der RBÜ, andererseits aber auch keine neuen Vorschriften ähnlicher Art vor.

b) *WUA*

Das WUA geht ebenfalls von der vertraglichen Übertragbarkeit des Urheberrechts aus und steht auch gesetzlichen Regelungen seiner Vertragsstaaten nicht entgegen, welche z.B. Vermutungen für Rechtsübertragungen von seiten der Urheber oder gar eine cessio legis vorsehen[38].
Im übrigen enthält das WUA keine Bestimmungen, welche sich auf die inhaltliche Ausgestaltung von Urheberrechtsverträgen beziehen.
Dagegen sind den Vertragsstaaten des WUA im Vergleich mit der RBÜ[39] erweiterte Möglichkeiten eingeräumt, den ausschließlichen Verwertungsrechten des Urhebers Schranken durch weitreichende gesetzliche oder Zwangs-

33 S. zum Ganzen Katzenberger, in: Beier/Götting/Lehmann/Moufang, S. 236 ff.
34 S. Katzenberger, in: Beier/Götting/Lehmann/Moufang, S. 238.
35 S. dazu oben 2. Teil III 1 a.
36 S. dazu im einzelnen Katzenberger, in: Beier/Götting/Lehmann/Moufang, S. 237.
37 Oben aa.
38 S. oben 2. Teil II 1 b.
39 S. oben a aa.

lizenzen[40] sowie durch Schutzausnahmen für Sonderfälle zu ziehen. Dies folgt bereits daraus, daß das WUA nur das Übersetzungsrecht als Mindestrecht des Urhebers im strengen Sinne anerkennt[41] und selbst in bezug auf dieses Recht nicht nur Entwicklungsländern, sondern auch anderen Vertragsstaaten unter bestimmten Voraussetzungen die Einführung von Zwangslizenzen gestattet (Art. V und V^{bis}, V^{ter} WUA, Pariser Fassung)[42]. Darüber hinaus sind die in Art. I und IVbis WUA (Pariser Fassung) angesprochenen grundlegenden Rechte zum Schutz der wirtschaftlichen Interessen der Urheber, wie insbesondere das Vervielfältigungsrecht, das Aufführungsrecht und das Rundfunksenderecht, so allgemein formuliert, daß es umstritten ist, ob sie als Mindestrechte der Urheber in dem aus der RBÜ bekannten Sinne beurteilt werden können[43]. Jedenfalls sind die Vertragsstaaten verpflichtet, diese Rechte zu schützen. Sie können von ihnen aber Ausnahmen vorsehen, die dem Geist und den Bestimmungen des Abkommens nicht widersprechen und jedem der Rechte ein angemessenes Maß an wirksamem Schutz belassen[44].
Im übrigen ergibt sich aber aus dem WUA keine Befugnis der entwickelten Vertragsstaaten zur Einführung eines allgemeinen Zwangslizenzsystems[45].

c) *TRIPS*

Nach dem TRIPS-Übereinkommen (Art. 9 Abs. 1 Satz 1) sind zunächst alle materiellrechtlichen Bestimmungen der RBÜ in deren Pariser Fassung (Art. 1-21 und der Anhang) und damit auch die darin enthaltenen vertragsrechtlichen Vorschriften für die TRIPS-Mitglieder verbindlich[46]; sinngemäß muß dies auch für die Art. 11bis Abs. 2 und 13 Abs. 1 RBÜ (Pariser Fassung) über mögliche gesetzliche und Zwangslizenzen im Rundfunk- und Tonträgerbereich gelten. Weitergehende diesbezügliche Möglichkeiten und damit eine Einschränkung der urheberrechtlichen Befugnisse über das in der RBÜ vorgesehene Maß hinaus sieht TRIPS nicht vor. Im Gegenteil verallgemeinert Art. 13 TRIPS das Prinzip des Art. 9 Abs. 2 RBÜ (Pariser Fassung), so daß gesetzliche Schranken der urheberrechtlichen Verwertungsrechte für bestimmte Sonder- bzw. Ausnahmefälle die normale Auswertung des Werkes nicht beeinträchtigen und die berechtigten Interessen des Urhebers nicht unzumutbar

40 S. zu diesen Begriffen und zur Abgrenzung von den gesetzlichen Schranken der Verwertungsrechte oben a aa.
41 So im Ergebnis Nordemann/Vinck/Hertin/Meyer, Art. 4bis WUA, Rdnr. 1.
42 Die Einführung weitergehender Zwangslizenzen in bezug auf das Vervielfältigungsrecht ist den Entwicklungsländern nach Maßgabe des Art. V^{quater} WUA, Pariser Fassung, gestattet.
43 S. Schricker/Katzenberger, Vor §§ 120 ff., Rdnr. 27; verneinend Nordemann/Vinck/Hertin/Meyer, Art. IVbis WUA, Rdnr. 1.
44 S. dazu oben 5. Teil II 1 b.
45 S. Nordemann/Vinck/Hertin/Meyer, Art. IVbis WUA, Rdnr. 5.
46 S. Katzenberger, GRUR Int. 1995, 447, 456.

verletzen dürfen[47]. Spezielle »Bern-plus«-Elemente in bezug auf das Urhebervertragsrecht enthält TRIPS nicht[48].

d) *Rom-Abkommen, GTA, TRIPS*

Auch hinsichtlich der internationalen Abkommen über die mit dem Urheberrecht verwandten Schutzrechte kann danach unterschieden werden, ob eventuelle vertragsrechtliche Regelungen sich auf die Freiheit zum Abschluß von Verträgen über solche Rechte oder auf die inhaltliche Ausgestaltung solcher Verträge beziehen.

aa) Was dabei zunächst die Abschlußfreiheit und damit zugleich die Möglichkeiten der Vertragsstaaten betrifft, diese Freiheit durch gesetzliche oder Zwangslizenzen einzuschränken, so ist von der Feststellung auszugehen, daß bereits der Kreis der Befugnisse der Inhaber verwandter Schutzrechte, welche durch die in Frage stehenden Abkommen als ausschließliche Mindestrechte[49] geschützt sind, erheblich enger gezogen ist als derjenige der konventionsgeschützten Rechte der Urheber[50]. Entsprechend freier sind die Vertragsstaaten bei der Gewährung und Ausgestaltung der Rechte der Inhaber von verwandten Schutzrechten und gegebenenfalls bei der Einführung von gesetzlichen oder Zwangslizenzen von vorneherein gestellt.
Dies wird am deutlichsten anhand der Rechtslage in bezug auf die Verwertung von zu Handelszwecken veröffentlichten Tonträgern, an die auch im digitalen Kontext und bei Multimediaerzeugnissen zu denken ist: Ausübende Künstler, deren Darbietungen auf den Tonträgern festgelegt sind, und die Hersteller der Tonträger sind gegen deren sog. Zweitverwertung zu Sendungen oder öffentlichen Wiedergaben nach Art. 12 RA nicht durch ein ausschließliches Recht, sondern nur durch einen Vergütungsanspruch geschützt; dies kommt einer gesetzlichen Lizenz gleich. Darüber hinaus kann jeder Vertragsstaat nach Art. 16 Abs. 1 Buchstabe a) RA selbst diesen Schutz jederzeit durch Erklärung eines entsprechenden Vorbehalts ausschließen. TRIPS sieht in dieser Hinsicht überhaupt keinen für die Mitglieder verbindlichen Schutz vor[51], und dasselbe gilt für das GTA[52], das im übrigen nur Tonträgerhersteller schützt. Keinerlei Schutzvorgaben durch internationale Abkommen in Form eines verwandten Schutzrechts gibt es in bezug auf die Nutzung von Bild- und

47 S. oben a bb sowie 5. Teil II 1 c; s. ferner Katzenberger, GRUR Int. 1995, 447, 467.
48 S. hierzu den Überblick über diese Elemente bei Katzenberger, GRUR Int. 1995, 447, 463 ff.
49 Zum Charakter des Rechtsschutzes durch die hier fraglichen Abkommen als Mindestschutz s. Schricker/Katzenberger, Vor §§ 120 ff., Rdnr. 46 f. (RA); Nordemann/Vinck/Hertin/Meyer, Art. 2 GTA, Rdnr. 3; Katzenberger, GRUR Int. 1995, 447, 463 (TRIPS).
50 S. dazu im einzelnen unten 7. Teil E II 1 a.
51 S. Katzenberger, GRUR Int. 1995, 447, 468.
52 S. Schricker/Katzenberger, Vor §§ 120 ff., Rdnr. 50, 52.

Bild-Tonträgern bzw. von den darauf festgelegten Filmen. Für den Hersteller solcher Träger einschließlich deren Tonteils gibt es überhaupt keinen Abkommensschutz, der mit dem Schutz des Tonträgerherstellers vergleichbar wäre[53]. Der Schutz der auf Bild- oder Bild-Tonträgern festgelegten Darbietungen ausübender Künstler durch das Rom-Abkommen endet gemäß dessen Art. 19, sobald die Künstler ihre Zustimmung dazu erteilt haben, daß ihre Darbietungen einem solchen Träger eingefügt werden. TRIPS schützt ausübende Künstler überhaupt nur in bezug auf die Festlegung ihrer Darbietungen auf Tonträgern[54].

Der als Mindestschutz ausgestaltete Abkommensschutz[55], und zwar nicht nur durch einen Vergütungsanspruch, erstreckt sich demgegenüber aber beispielsweise auf die – auch digitale[56] – Vervielfältigung von Tonträgern und darauf festgelegten Darbietungen ausübender Künstler und bezüglich der Tonträgerhersteller auch auf die Verbreitung und Einfuhr der nachgemachten Vervielfältigungsstücke. Der Vervielfältigungsschutz z.B. gegen Einspeicherung in Online-Datenbanken und Übernahme in Multimedia-CD-ROMs folgt für ausübende Künstler aus Art. 7 Abs. 1 Buchstabe c) Ziffer (ii) RA und für Tonträgerhersteller aus Art. 10 RA, für beide zudem aus Art. 14 Abs. 1 Satz 2, Abs. 2 TRIPS und für Tonträgerhersteller auch aus Art. 2 GTA, der den letzteren Schutz auch gegen die Verbreitung und Einfuhr der nachgemachten Vervielfältigungsstücke gewährt.[57] Entsprechend konventionsrechtlich geschützt gegen die Festlegung und weitere Vervielfältigung ihrer Sendungen sind auch Sendeunternehmen gemäß Art. 13 Buchstaben b), c) Ziffer (i) RA und, wenn auch nur fakultativ[58], nach Art. 14 Abs. 3 TRIPS.

Soweit danach der Mindestschutz der internationalen Abkommen reicht, sind die Vertragsstaaten und unter ihnen Deutschland auch auf dem Gebiet der verwandten Schutzrechte nicht frei, diesen Schutz über Ausnahmefälle hinaus nach Belieben durch gesetzliche oder Zwangslizenzen einzuschränken. Was zunächst begrenzte Schutzausnahmen für Sonderfälle betrifft, so erlaubt sie Art. 15 Abs. 1 RA nur in bezug auf die private Benutzung, die Benutzung kurzer Bruchstücke für die aktuelle Berichterstattung, die ephemere Festlegung

53 S. Katzenberger, GRUR Int. 1992, 513, 519; Schricker/Katzenberger, Vor §§ 120 ff., Rdnr. 43 (zum RA). In Betracht kommt lediglich die Urheberrechtsinhaberschaft des Filmherstellers an urheberrechtlich geschützten Filmwerken; s. oben 2. Teil II 1 a, c, III 2 b.

54 S. Katzenberger, GRUR Int. 1995, 447, 468.

55 In bezug auf ausübende Künstler nicht notwendigerweise durch ein subjektives ausschließliches oder vergleichbares Recht, sondern zulässigerweise z.B. auch durch das Strafrecht. Deutschland und die meisten anderen Vertragsstaaten haben sich für die erstere Schutzform entschieden.

56 Zum umfassenden Vervielfältigungsbegriff auch in bezug auf verwandte Schutzrechte s. Art. 3 Buchstabe e) RA, Art. 1 Buchstabe c) GTA.

57 Zum Schutz der ausübenden Künstler und Tonträgerhersteller gegen Bearbeitung, On-Demand-Übertragung und Übermittlung durch Mehrkanaldienste s. unten 7. Teil D II 1, E II 1 a.

58 S. Katzenberger, GRUR Int. 1995, 447, 468.

durch Sendeunternehmen und die Benutzung ausschließlich zu Zwecken des Unterrichts und der wissenschaftlichen Forschung. Zulässig sind darüber hinaus nach Art. 15 Abs. 2 Satz 1 RA Beschränkungen gleicher Art, wie sie der jeweilige Vertragsstaat für den Schutz des Urheberrechts vorsieht. Jedoch heißt es in Satz 2 dieser Vorschrift, daß Zwangslizenzen nur insoweit vorgesehen werden können, als sie mit den Bestimmungen des Rom-Abkommens vereinbar sind.

Letzteres ist z.B. dort der Fall, wo das Rom-Abkommen, wie in dem bereits erwähnten Art. 12 in bezug auf die Zweitverwertung von Handelstonträgern zu Zwecken der Sendung und der öffentlichen Wiedergabe, selbst nur einen Vergütungsanspruch vorsieht oder, wie in Art. 13 in bezug auf die öffentliche Wiedergabe von Fernsehsendungen gegen Entgelt, die Regelung der Bedingungen der Rechtsausübung der innerstaatlichen Gesetzgebung überläßt[59]. Mit dem Rom-Abkommen nicht vereinbar wäre aber eine Zwangslizenz oder vergleichbare gesetzliche Lizenz nach dem Muster der Tonträger-Zwangslizenz, wie Art. 13 Abs. 1 RBÜ sie vorsieht[60], oder, über den Anwendungsbereich des Art. 12 RA hinaus[61], eine Zwangslizenz entsprechend Art. 11bis Abs. 2 RBÜ[62] zugunsten von Sendeunternehmen[63]. Dies folgt speziell im Hinblick auf Darbietungen ausübender Künstler, die der Sendung dieser Darbietungen zugestimmt haben, in bezug auf die Weitersendung, die Festlegung für Sendezwecke und die Vervielfältigung und sonstige Nutzung einer solchen Festlegung trotz Regelungskompetenz der Vertragsstaaten nach Art. 7 Abs. 2 Unterabs. (1) und (2) RA aus Unterabsatz (3) dieser Bestimmung. Danach darf den ausübenden Künstlern durch die nationale Gesetzgebung nicht die Befugnis entzogen werden, ihre Beziehungen zu den Sendeunternehmen vertraglich zu regeln. Dies gilt u.a. auch im Hinblick auf Kollektivverträge und insbesondere Tarifverträge der Gewerkschaften angestellter ausübender Künstler mit den Rundfunkunternehmen[64].

Noch restriktiver als im Rom-Abkommen sind die Möglichkeiten der Vertragsstaaten, Zwangslizenzen oder vergleichbare gesetzliche Lizenzen einzuführen, in Art. 6 GTA geregelt. Zwar gelten nach Art. 6 Satz 1 GTA für gewöhnliche Ausnahmen vom Schutz der Hersteller von Tonträgern dieselben Beschränkungsmöglichkeiten wie in bezug auf den Schutz der Urheber. Eine Zwangslizenz darf aber bezüglich des Vervielfältigungsrechts der Tonträgerhersteller gemäß Art. 6 Satz 2 GTA nur vorgesehen werden, wenn drei Bedingungen zusammen erfüllt sind. Eine davon ist, daß die Vervielfältigung »aus-

59 S. zu diesen Fällen Nordemann/Vinck/Hertin/Meyer, Art. 15 RA, Rdnr. 9.
60 S. oben a aa.
61 Z.B. im Hinblick auf das Weitersenderecht der Sendeunternehmen nach Art. 13 Buchstabe a) RA.
62 S. oben a aa.
63 So im Ergebnis wohl auch Nordemann/Vinck/Hertin/Meyer, Art. 15 RA, Rdnr. 9.
64 S. Nordemann/Vinck/Hertin/Meyer, Art. 7 RA, Rdnr. 11.

schließlich für den Gebrauch im Unterricht oder in der wissenschaftlichen Forschung bestimmt« ist (Art. 6 Satz 2 Buchstabe a) GTA). Ferner ist die Zwangslizenz nur auf die Vervielfältigung im Inland und nicht auf die Ausfuhr von Vervielfältigungsstücken zu erstrecken und mit einem Anspruch der Tonträgerhersteller auf angemessene Vergütung zu verbinden (Buchstaben b) und c) der Vorschrift).

In bezug auf den TRIPS-Schutz der verwandten Schutzrechte können die Mitgliedstaaten »Bedingungen, Beschränkungen, Ausnahmen und Vorbehalte« in demselben Umfang vorsehen, wie sie das Rom-Abkommen gestattet (Art. 14 Abs. 6 Satz 1 TRIPS).

Der Vorschlag eines Vertrags über bestimmte Fragen betreffend den Schutz der Rechte der ausübenden Künstler und der Hersteller von Tonträgern für die Diplomatische Konferenz im Dezember 1996[65] sieht in seinen Art. 13 und 20 Schutzeinschränkungsmöglichkeiten der Vertragsstaaten für bestimmte Sonderfälle entsprechend ihrer innerstaatlichen Gesetzgebung über Urheberrechte vor, was Art. 15 Abs. 2 Satz 1 RA entspricht. Ferner sollen für solche Schutzeinschränkungen dieselben Voraussetzungen gelten, wie sie in Art. 9 Abs. 2 RBÜ (Pariser Fassung) und Art. 13 TRIPS vorgesehen sind[66]. Weitreichende Zwangslizenzen oder entsprechende gesetzliche Lizenzen sollen offensichtlich im Prinzip überhaupt nicht mehr zugelassen werden, was dem Vorhaben entspricht, auf dem Gebiet des Urheberrechts die gesetzlichen oder Zwangslizenzen im Rundfunk- und Tonträgerbereich abzuschaffen[67].

bb) Regeln über die inhaltliche Ausgestaltung oder die Form von Verträgen über verwandte Schutzrechte enthalten das Rom-Abkommen, das GTA und das TRIPS-Übereinkommen nicht. Die Übertragbarkeit der durch diese drei Abkommen gewährten Rechte ist jure conventionis nicht eingeschränkt, zumal nicht nur TRIPS, sondern auch das Rom-Abkommen keinen Schutz des Persönlichkeitsrechts der ausübenden Künstler vorsieht[68]. Gegebenenfalls können die Vertragsstaaten jedoch in ihrer innerstaatlichen Gesetzgebung Einschränkungen der Übertragbarkeit von Rechten vorsehen[69].

Im Rahmen des bereits am Ende des Abschnitts aa) erwähnten Abkommensvorschlags für die Diplomatische Konferenz im Dezember 1996 gibt es offensichtlich keine Pläne, die soeben geschilderte Rechtslage zu ändern.

65 Dok. CRNR/DC/5 vom 30.8.1996.
66 S. oben a aa.
67 S. oben a aa.
68 S. zum RA Nordemann/Vinck/Hertin/Meyer, Art. 7 RA, Rdnr. 13; ferner Art. 14 Abs. 1 TRIPS.
69 So Nordemann/Vinck/Hertin/Meyer, Art. 8 RA, Rdnr. 1, zu den Rechten der ausübenden Künstler.

2. *Europäisches Recht*

Auch im Rahmen der Darstellung des europäischen Rechts empfiehlt es sich, zwischen gesetzlichen und Zwangslizenzen einerseits und Regelungen zu unterscheiden, die sich auf die inhaltliche Ausgestaltung von Verträgen über Urheberrechte und verwandte Schutzrechte beziehen.

aa) Zum Thema gesetzliche oder Zwangslizenzen, die weiter reichen als Schutzausnahmen für gewisse Sonderfälle[70], kann zunächst festgestellt werden, daß die bisher erlassenen Harmonisierungsrichtlinien davon weitgehend frei sind. Zwangslizenzen im strengen Sinne sind ausdrücklich nur in Art. 10 Abs. 2 Satz 2 der Vermietrechtsrichtlinie in bezug auf diejenigen Rechte erwähnt, die Art. 6 bis 9 der Richtlinie zugunsten der ausübenden Künstler, der Hersteller von Tonträgern, der Filmhersteller und der Sendeunternehmen vorsehen. Diese Rechte können durch die Mitgliedstaaten der EG einer Einschränkung durch Zwangslizenzen nur insoweit unterworfen werden, als sie mit den Bestimmungen des Rom-Abkommens[71] vereinbar sind. Davon sind nach Art. 10 Abs. 2 Satz 1 der Richtlinie sonstige Schutzausnahmen in Sonderfällen zu unterscheiden, die sich ebenfalls an der Rechtslage nach dem Rom-Abkommen und daher mittelbar an der jeweiligen innerstaatlichen Gesetzeslage auf dem Gebiet des Urheberrechts[72] orientieren.
Mit der Einführung von gesetzlichen oder Zwangslizenzen wäre vor allem im Rahmen der Satelliten- und Kabelrundfunkrichtlinie zu rechnen gewesen[73]. Die Richtlinie sieht von einer solchen Maßnahme jedoch ab und betont in Art. 3 Abs. 1 und in Art. 8 Abs. 1 sowohl in bezug auf Satellitensendungen als auch bezüglich der Kabelweiterverbreitung das Erfordernis des vertraglichen Rechteerwerbs[74]. Allerdings gestattet Art. 3 Abs. 2 der Richtlinie den Mitgliedstaaten die Allgemeinverbindlicherklärung kollektiver Verträge, die Verwertungsgesellschaften mit Sendenunternehmen über das Satellitensenderecht geschlossen haben, im Hinblick auf Außenseiter. Jedoch muß ein solcher Außenseiter jederzeit berechtigt sein, die Ausdehnung des kollektiven Vertrags auf seine Werke auszuschließen und seine Rechte individuell oder kollektiv selbst wahrzunehmen. Durch diesen Vorrang selbständiger Rechtewahrnehmung dürften mögliche zukünftige Konflikte mit dem internationalen

70 S. zu dieser Abgrenzung oben 1 a aa zu Fn. 23.
71 S. dazu oben 1 d aa zu Art. 15 Abs. 2 Satz 2 RA.
72 S. dazu oben 1 d aa zu Art. 15 Abs. 1 und 2 Satz 1 RA.
73 Der Richtlinienvorschlag 1986 über die Ausübung der Rundfunktätigkeit und das Grünbuch über Urheberrecht und die technische Herausforderung von 1988 beispielsweise sahen für die Kabelweiterverbreitung von Rundfunksendungen noch die Einführung einer gesetzlichen Lizenz vor.
74 Nach Art. 8 Abs. 2 können hinsichtlich der Kabelweiterverbreitung Regelungen der Mitgliedstaaten für gesetzliche Lizenzen bis längsten Jahresende 1997 beibehalten werden.

urheberrechtlichen Konventionsrecht im Hinblick auf die geplante Abschaffung von gesetzlichen und Zwangslizenzen im Rundfunkbereich[75] in jedem Fall ausgeschlossen sein. Von der Möglichkeit der Allgemeinverbindlicherklärung von Kollektivverträgen sind im übrigen gemäß Art. 3 Abs. 3 der Richtlinie Filmwerke und ähnlich geschaffene Werke ausdrücklich ausgenommen.

In bezug auf die von Satellitensendungen betroffenen Rechte der ausübenden Künstler, der Tonträgerhersteller und der Sendeunternehmen stellt die Satelliten- und Kabelrundfunkrichtlinie durch Verweisung auf die Vermietrechtsrichtlinie in Art. 4 auf Übertragungsvermutungen[76] und damit auf den Aspekt der inhaltlichen Vertragsgestaltung ab.

Was die Kabelweiterverbreitung betrifft, so dient der bereits erwähnte Grundsatz des Art. 8 Abs. 1 der Satelliten- und Kabelrundfunkrichtlinie betreffend das Erfordernis des vertraglichen Rechteerwerbs in erster Linie dazu, gesetzliche und Zwangslizenzen auf diesem Gebiet auszuschließen[77]. Dem Erfordernis kann nach derselben Bestimmung durch individuelle oder kollektive Verträge zwischen den Urheberrechtsinhabern, den Inhabern verwandter Schutzrechte und den Kabelunternehmen Rechnung getragen werden. Darüber hinaus verpflichtet Art. 9 Abs. 1 der Richtlinie die Mitgliedstaaten, dafür Sorge zu tragen, daß das Kabelweiterverbreitungsrecht der Inhaber von Urheberrechten und verwandten Schutzrechten nur durch eine Verwertungsgesellschaft geltend gemacht werden kann. Diese gilt nach Art. 9 Abs. 2 der Richtlinie zugleich als ermächtigt, die Rechte von nicht organisierten Außenseitern wahrzunehmen; dem Außenseiter verbleibt nur die Möglichkeit, gegen die für ihn zuständige Verwertungsgesellschaft einen entsprechenden Vergütungsanspruch durchzusetzen[78]. Von der Verwertungsgesellschaftenpflicht ausgenommen sind jedoch nach Art. 10 der Richtlinie die Sendeunternehmen, und zwar sowohl hinsichtlich ihrer originären eigenen verwandten Schutzrechte als auch in bezug auf diejenigen Rechte, die sie von Urhebern und Inhabern verwandter Schutzrechte erworben haben[79].

Mit dem Konventionsrecht ist die Verwertungsgesellschaftenpflichtigkeit des Kabelweiterverbreitungsrechts zu Lasten der Urheber schon deshalb vereinbar, weil Art. 11bis Abs. 2 RBÜ (Pariser Fassung) und ihm folgend auch TRIPS sogar eine gesetzliche oder Zwangslizenz zuließen[80], denen gegenüber die Verwertungsgesellschaftenpflicht ein Minus an Intensität des Eingriffs in die Vertragsfreiheit darstellt. Die geplante Abschaffung der gesetzlichen und

75 S. dazu oben 1 a aa am Ende.
76 S. dazu unten bb).
77 S. v. Lewinski, in: Schricker/Bastian/Dietz, S. 49, 56.
78 S. Vogel, in: Schricker/Bastian/Dietz, S. 79, 84.
79 S. v. Lewinski und Vogel, in: Schricker/Bastian/Dietz, S. 56, 84.
80 S. oben 1 a aa; zum Ergebnis auch Vogel, in: Schricker/Bastian/Dietz, S. 84.

Zwangslizenz auf dem Gebiet des Rundfunks[81] soll sich auch nicht auf das mit dem Kabelweiterverbreitungsrecht übereinstimmende Weitersenderecht erstrecken[82]. Im Hinblick auf den Konventionsschutz der ausübenden Künstler folgt die Vereinbarkeit der Richtlinienregelung mit diesem Schutz trotz Unanwendbarkeit der Rundfunk-Zwangslizenz im Rahmen des Rom-Abkommens[83] aus mehreren Gründen: Soweit es sich um auf Handelstonträgern festgelegte Darbietungen handelt, gewährt das Rom-Abkommen allenfalls einen Vergütungsanspruch, TRIPS überhaupt keinen verbindlichen Schutz[84]. Auf Bild- oder Bildtonträgern festgelegte Darbietungen ausübender Künstler sind nach dem Rom-Abkommen nicht über die Festlegung hinaus[85] und nach TRIPS wiederum überhaupt nicht geschützt[86]. Soweit es sich um Live-Darbietungen für Sendeunternehmen handelt, folgt die Vereinbarkeit der Richtlinienregelung mit dem Vertragsvorbehalt gemäß Art. 7 Abs. 2 Unterabs. 3 RA[87] und entsprechend auch mit TRIPS[88] zum einen aus der Erstreckung dieses Vorbehalts auf Kollektivverträge[89] und zum anderen daraus, daß, wie bereits soeben festgestellt, die Verwertungsgesellschaftenpflicht nach Art. 10 der Richtlinie auf die Rechte der Sendeunternehmen einschließlich der von ausübenden Künstlern erworbenen Rechte gar nicht anwendbar ist.

In bezug auf die Rechte der Hersteller von Tonträgern folgt die Vereinbarkeit der Richtlinienregelung mit dem Rom-Abkommen und TRIPS wiederum aus Art. 12 RA und der Unanwendbarkeit des TRIPS-Schutzes auf die Weitersendung, im Hinblick auf die Rechte der Filmhersteller[90] daraus, daß deren verwandtes Schutzrecht bislang überhaupt nicht durch eine internationale Konvention geschützt ist[91]. Darüber hinaus sieht auch das europäische Recht nicht vor, daß das verwandte Schutzrecht des Filmherstellers das Senderecht umfaßt[92].

Die Schutzausnahmen nach Art. 5 und 6 der Computerprogrammrichtlinie betreffend die bestimmungsgemäße Benutzung und die Dekompilierung sowie nach Art. 6 der Datenbankrichtlinie betreffend ebenfalls die bestimmungsgemäße Benutzung (Art. 6 Abs. 1) sowie in bezug auf bestimmte Sonderfälle (Art. 6 Abs. 2)[93] fallen nicht in den Themenbereich der gesetzlichen oder

81 S. oben 1 a aa am Ende.
82 S. Dok. CRNR/DC/4 vom 30.8.1996, S. 26, Anmerkung 6.01 Satz 3.
83 S. oben 1 d aa zu Art. 15 Abs. 2 Satz 2 RA.
84 S. oben 1 d aa zu Art. 12 RA.
85 S. oben 1 d aa zu Art. 19 RA.
86 S. oben 1 d aa.
87 S. oben 1 d aa zu dieser Bestimmung.
88 S. oben 1 d aa zu Art. 14 Abs. 6 Satz 1 TRIPS.
89 S. oben 1 d aa zu Art. 7 Abs. 2 Unterabs. 3 RA.
90 Zu deren europäischem Schutz S. Art. 2, 6 und 9 der Vermietrechtsrichtlinie.
91 S. oben 1 d aa).
92 S. v. Lewinski, in: Schricker/Bastian/Dietz, S. 58, 61.
93 Dasselbe gilt für Art. 9 der Richtlinie betreffend Ausnahmen vom Datenbank-Schutzrecht sui generis.

Zwangslizenzen[94]. Dasselbe ist in bezug auf die Schutzausnahmen vom ausschließlichen Vermiet- und Verleihrecht nach Art. 5[95] und in bezug auf die Ausnahmen von den Rechten der Inhaber verwandter Schutzrechte nach Art. 10 Abs. 1 und Abs. 2 Satz 1 der Vermietrechtsrichtlinie[96] anzunehmen. Die in ihrer Qualifizierung umstrittene, im ersten Fall zwingende und im zweiten Fall fakultative Zuweisung der Inhaberschaft der wirtschaftlichen Rechte an den Arbeitgeber an von Arbeitnehmern im Rahmen ihres Arbeitsverhältnisses geschaffenen Computerprogrammen und Datenbanken nach Art. 2 Abs. 3 der Computerprogrammrichtlinie sowie Erwägungsgrund (29) und Art. 4 der Datenbankrichtlinie sind bereits im Rahmen des 2. Teils dieser Untersuchung behandelt worden[97].

Alles in allem betrachtet sind danach die Möglichkeiten der EG-Mitgliedstaaten, die ausschließlichen Rechte der Urheber und Inhaber von verwandten Schutzrechten in bezug auf mehr oder weniger traditionelle Formen der Verwertung von Werken und Leistungen durch gesetzliche oder Zwangslizenzen einzuschränken, durch die bisherigen europäischen Harmonisierungsrichtlinien sehr restriktiv geregelt. Diese Richtlinien orientieren sich im übrigen, soweit sie solche unfreiwilligen Lizenzen zulassen, streng an den konventionsrechtlichen Vorgaben. Mit einer Änderung dieser Politik ist auch für die Zukunft nicht zu rechnen, wie das Grünbuch über »Urheberrecht und verwandte Schutzrechte in der Informationsgesellschaft« aus dem Jahre 1995[98] in bezug auf die durchaus erkannten Probleme des Rechteerwerbs und der finanziellen Bedingungen der Lizenzvergabe für Multimediawerke erkennen läßt: Eine Erweiterung bestehender gesetzlicher Lizenzen wird als Problemlösung eindeutig abgelehnt. Statt dessen setzt das Grünbuch auf neue Organisationsformen für den Erwerb und die Wahrnehmung von Rechten, nämlich auf eine »zentrale Anlaufstelle« der Verwertungsgesellschaften und eine Clearingstelle für die Aushandlung individueller Lizenzen sowie auf technische Identifizierungs- und Schutzssysteme[99].

94 Die Regeln der Art. 5 und 6 der Computerprogrammrichtlinie und des Art. 6 Abs. 1 der Datenbankrichtlinie folgen aus der speziellen Art der Schutzgegenstände und den Bedürfnissen der legitimen Benutzung dieser Gegenstände; s. dazu oben 5. Teil II 2 a, b.

95 Die Bestimmung betrifft das öffentliche Verleihwesen und könnte noch am ehesten im Sinne einer Ermächtigung der Mitgliedstaaten zur Einführung einer diesbezüglichen gesetzlichen Lizenz verstanden werden. Die Frage ist aber hier nicht weiter zu vertiefen. Konventionsrechtlich ist bisher nur das Vermietrecht, nicht das Verleihrecht anerkannt, und zwar ausschließlich in Art. 11, 14 Abs. 4 TRIPS; s. dazu Katzenberger, GRUR Int. 1995, 447, 465 ff., 468.

96 Zur Zwangslizenzregelung des Satzes 2 der letztgenannten Bestimmung s. oben zu Beginn dieses Abschnitts (aa)).

97 S. oben 2. Teil I 1, II 2.

98 KOM(95) 382 endg. v. 19.7.1995, S. 71 f.

99 S. KOM(95) 382 endg. v. 19.7.1995, S. 37, 74 ff.; ferner bereits oben 2. Teil II 2 und v. Lewinski, GRUR Int. 1995, 831, 836.

bb) Die inhaltliche Ausgestaltung von Verträgen über Urheberrechte und verwandte Schutzrechte ist in den bisher erlassenen europäischen Harmonisierungsrichtlinien nur partiell geregelt[100]. Vier der insgesamt fünf bislang erlassenen Richtlinien enthalten entsprechende Bestimmungen, wenn man die Regelungen der Computerprogramm- und der Datenbankrichtlinie über die Rechtsinhaberschaft des Arbeitgebers an im Rahmen von Arbeitsverhältnissen geschaffenen Werken[101] wegen ihres Vorbehalts für abweichende vertragliche Vereinbarungen zum Vertragsrecht rechnet[102]. Sie erschöpfen sich allerdings in diesem Aspekt und sind in der vorliegenden Untersuchung bereits im Zusammehang mit der Rechtsinhaberschaft behandelt worden[103] und bedürfen daher hier keiner weitergehenden Erörterung. Die folgende Darstellung beschränkt sich demzufolge auf die zwei übrigbleibenden Richtlinien, d.h. auf die Vermietrechtsrichtlinie und die Satelliten- und Kabelrundfunkrichtlinie[104].

Zunächst ist allgemein davon auszugehen, daß die in den Richtlinien vorgesehenen Rechte rechtsgeschäftlich übertragen werden und Gegenstand vertraglicher Lizenzen sein können[105]; eine Ausnahme gilt nur für den unverzichtbaren Vergütungsanspruch der Urheber und ausübenden Künstler nach Art. 4 der Vermietrechtsrichtlinie[106]. Aus den nur in der Vermietrechtsrichtlinie enthaltenen diesbezüglichen ausdrücklichen Regelungen kann für die anderen Richtlinien, die solche Bestimmungen nicht enthalten, nichts Gegenteiliges entnommen werden[107]. Dabei ist auch zu berücksichtigen, daß alle bisher erlassenen Richtlinien das Urheberpersönlichkeitsrecht und das entsprechende Recht der ausübenden Künstler nicht mit regeln[108].

Im übrigen bestehen die vertragsrechtlichen Regelungen der Vermietrechtsrichtlinie zum einen aus Bestimmungen über Vermutungen der Rechtsübertragung und zum anderen aus dem bereits erwähnten Art. 4 über den unverzichtbaren Vergütungsanspruch der Urheber und ausübenden Künstler bei Übertragung des Vermietrechts.

Was dabei zunächst die Vermutungsregelungen betrifft, so läßt sich deren Inhalt wie folgt zusammenfassen[109]: Eine zwingende, von den Mitgliedstaaten

100 S. v. Lewinski und Peifer, in: Schricker/Bastian/Dietz, S. 49, 87, 101.
101 S. dazu oben 2. Teil I 1 und II 2.
102 So z.B. v. Lewinski, in: Schricker/Bastian/Dietz, S. 50.
103 S. oben 2. Teil I 1 und II 2.
104 S. dazu v. Lewinski, in: Schricker/Bastian/Dietz, S. 51 ff.
105 So v. Lewinski, in: Schricker/Bastian/Dietz, S. 51, in bezug auf die in der Vermietrechtsrichtlinie enthaltenen ausdrücklichen Regelungen (Art. 2 Abs. 4, Art. 7 Abs. 2 und Art. 9 Abs. 4) sowie auf dieselbe Rechtslage bei den in Art. 6 und 8 der Richtlinie geregelten Rechten.
106 S. v. Lewinski, in: Schricker/Bastian/Dietz, S. 51 f.
107 S. in diesem Sinne wohl auch v. Lewinski, in: Schricker/Bastian/Dietz, S. 51 f., aufgrund der dort erläuterten Klarstellungsfunktion der Regelungen in der Vermietrechtsrichtlinie.
108 S. Peifer, in: Schricker/Bastian/Dietz, S. 87, 91, 122 f.
109 Im Anschluß an v. Lewinski, in: Schricker/Bastian/Dietz, S. 52 ff., 54.

in ihrer innerstaatlichen Gesetzgebung umzusetzende Übertragungsvermutung gilt nur für das Vermietrecht der ausübenden Künstler bei Abschluß eines Filmproduktionsvertrags mit einem Filmhersteller[110]. Zugunsten der betroffenen ausübenden Künstler muß die Vermutung widerlegbar oder der Filmproduktionsvertrag schriftlich abgefaßt sein; außerdem verbleibt den ausübenden Künstlern ihr unverzichtbarer Vergütungsanspruch nach Art. 4 der Richtlinie[111]. In bezug auf die sonstigen ausschließlichen Rechte der ausübenden Künstler nach Art. 6 bis 9 der Richtlinie können (nicht: müssen) die Mitgliedstaaten wiederum für Filmproduktionsverträge eine entsprechende Vermutungsregelung vorsehen, und zwar unter denselben Schutzbedingungen zugunsten der Künstler einschließlich des unverzichtbaren Vergütungsanspruchs nach Art. 4 der Richtlinie[112]. Dagegen soll es den Mitgliedstaaten nicht gestattet sein, eine solche Übertragungsvermutung auch für andere Verträge der ausübenden Künstler, wie für Verträge mit Sendeunternehmen oder Tonträgerherstellern über Musikproduktionen, einzuführen[113]. Die fakultative Übertragungsvermutung unter denselben Schutzbedingungen mit Ausnahme der Schriftformalternative gilt auf dem Gebiet der Filmproduktionsverträge jedoch auch zu Lasten der Urheber[114]. Für andere Verträge der Urheber soll die gesetzliche Einführung einer solchen Vermutung aber wiederum nicht zulässig sein[115].

Als generelle, nicht nur im Rahmen von Übertragungsvermutungen wirksame Regelung sieht Art. 4 der Richtlinie für alle Formen der Übertragung des ausschließlichen Vermietrechts durch Urheber und ausübende Künstler vor, daß diesen ein unverzichtbarer Anspruch auf angemessene Vergütung verbleibt (Art. 4 Abs. 1, 2). Der Anspruch kann einer Verwertungsgesellschaft zur Wahrnehmung übertragen werden (Art. 4 Abs. 3). Die Mitgliedstaaten können u.a. vorsehen, daß der Anspruch nur durch eine Verwertungsgesellschaft geltend gemacht werden kann.

Ein entsprechender unverzichtbarer Vergütungsanspruch der Urheber und ausübenden Künstler ist in der Satelliten- und Kabelrundfunkrichtlinie nicht vorgesehen[116]. In bezug auf Übertragungsvermutungen beschränkt sich diese Richtlinie darauf, in ihrem Art. 4 Abs. 3 ausschließlich in bezug auf das Satellitensenderecht und auf die Rechte der ausübenden Künstler, der Tonträgerhersteller und der Sendeunternehmen auf die Vermietrechtsrichtlinie zu

110 Dies entspricht in der Tendenz § 92 UrhG.

111 Art. 2 Abs. 5, 7 Satz 1 der Richtlinie.

112 Art. 2 Abs. 7 Satz 2 und Erwägungsgrund(19) Halbsatz 1 der Richtlinie; zum Ergebnis einschließlich Art. 4 der Richtlinie s. v. Lewinski, in: Schricker/Bastian/Dietz, S. 53.

113 So v. Lewinski, in: Schricker/Bastian/Dietz, S. 53 f., zu Erwägungsgrund (19) Halbsatz 2 der Richtlinie.

114 Art. 2 Abs. 6 der Richtlinie.

115 S. v. Lewinski, in: Schricker/Bastian/Dietz, S. 53.

116 S. dazu v. Lewinski, in: Schricker/Bastian/Dietz, S. 55.

verweisen, so daß deren fakultative Übertragungsvermutung für Filmproduktionsverträge insoweit auch in bezug auf das Satellitensenderecht gilt[117]. Die Außenseiterregelung der Art. 3 Abs.2, 3 und Art. 9 Abs. 2 sowie die Verwertungsgesellschaftenpflicht nach Art. 9 Abs. 1 dieser Richtlinie sind bereits unter dem Aspekt der vertraglichen Abschlußfreiheit behandelt worden[118]. Aus dem Grünbuch über »Urheberrecht und verwandte Schutzrechte in der Informationsgesellschaft« von 1995 sind keine weiteren Perspektiven des europäischen Rechts betreffend Regelungen über den Inhalt von Urheberrechtsverträgen erkennbar.

3. *Ausländisches Recht*

a) *USA*

Sowohl das Grünbuch als auch das Weißbuch zur »National Information Infrastructure« beschäftigen sich mit den Problemen der Rechtseinräumung und des Rechteerwerbs in bezug auf die digitalen Verwertungstechniken und Multimediawerke, beispielsweise im Hinblick auf die Reichweite früherer Rechtseinräumungen, die ohne Berücksichtigung der neuen Nutzungsformen vorgenommen wurden,[119] sowie auf Forderungen nach Einführung von Zwangslizenzen zugunsten von Multimediawerken[120]. Die übereinstimmende und eindeutige Tendenz beider Berichte ist dabei gegen Zwangslizenzen gerichtet: Die Lizenzierung solle vielmehr auch in bezug auf die neuen Techniken dem freien Markt überlassen bleiben[121]. Im übrigen setzen die beiden Berichte auf eine Senkung der Transaktionskosten durch technische Identifizierungs- und Rechteverwaltungssysteme[122]. Empfehlungen für gesetzliche Regelungen des Urhebervertragsrechts finden sich in beiden Berichten nicht[123].

b) *Japan*

Das zuletzt zu den USA Gesagte gilt auch für die beiden unter der Ägide des MITI verfaßten Studien, die sich auf die Themen Copyright Clearance Center und Schutz der Werkintegrität beschränken[124].

117 S. von Lewinski, in: Schricker/Bastian/Dietz, S. 54, zu Art. 2 Abs. 7 und Erwägungsgrund (19) der Vermietrechtsrichtlinie.
118 S. oben aa.
119 S. Stögmüller, GRUR Int. 1995, 855, 856, 857, zum Grünbuch.
120 S. v. Lewinski, GRUR Int. 1995, 858, zum Weißbuch.
121 S. Stögmüller, GRUR Int. 1995, 855, 857; v. Lewinski, GRUR Int. 1995, 858.
122 S. dazu bereits oben 2. Teil II 3 a.
123 S. den Empfehlungskatalog des Grünbuchs, S. 120 ff., insbesondere S. 134 zum Thema »Licensing«; sowie den entsprechenden Katalog des Weißbuchs, S. 211 ff.
124 S. dazu ausführlich oben 2. Teil II 3 b.

Unter den beiden Berichten des japanischen Kultusministeriums[125] befaßt sich insbesondere der jüngere aus dem Jahr 1995 auch mit Fragen des Urhebervertragsrechts. Erwogen wird dabei zunächst, entweder nur die Übertragung von Urheberrechten oder auch die Einräumung von Nutzungsrechten nur noch durch formpflichtige Verträge zu gestatten. Zur Erleichterung der multimedialen Nutzung von Werken sind zwei Vorschläge unterbreitet worden:

- (a) Soweit der Urheber nichts Gegenteiliges erklärt hat, soll die Erlaubnis zur digitalen Formatierung auch die Befugnis beinhalten, das Werk in digitaler Form gegen Vergütung zu nutzen.
- (b) Erteilt der Urheber eine Nutzungsbefugnis, so soll dies die Vermutung begründen, daß die Befugnis sich auch auf zukünftige Nutzungsarten bezieht. Für eine tatsächliche Nutzung ist dem Urheber eine angemessene Vergütung zu zahlen.

Beiden Vorschlägen ist aber auch entgegengehalten worden, daß die Art und Weise der multimedialen Nutzung sich gegenwärtig noch nicht absehen lasse, so daß es unter Umständen besser sei, eine Lösung innerhalb der bestehenden rechtlichen Regelungen zu suchen. Diese Regelungen sind allerdings sehr rudimentär; sie enthalten noch nicht einmal eine Bestimmung ähnlich derjenigen des § 31 Abs. 5 des deutschen Urheberrechtsgesetzes. Auch die japanischen Gerichte haben bisher zum Zweckübertragungsprinzip noch nicht Stellung genommen.[126]
Diese Erörterungen, aber auch die japanischen Überlegungen in Richtung auf ein Copyright Clearance Center und zur Stärkung der Rechtsstellung der Urheber in bezug auf Film- und Multimediawerke[127] zeigen im übrigen, daß auch in Japan nicht ernsthaft an die Einführung von gesetzlichen oder Zwangslizenzen gedacht wird.

c) *Frankreich*

In dieselbe Richtung weisen auch die französischen Berichte über das Urheberrecht und die neuen digitalen Techniken und Multimediawerke: Sie beinhalten kaum Gesetzgebungsvorschläge, sondern beschränken sich im wesentlichen auf Überlegungen zur Einordnung der neuartigen technischen Phänomene in die traditionellen französischen Regelungen und Rechtsinstitute, auf die zweckmäßige Vertragsgestaltung und auf organisatorische Maßnahmen[128]. Ein einziger wesentlicher Reformvorschlag bezieht sich auf einen Regelungswiderspruch im französischen gesetzlichen Urhebervertragsrecht, der

125 S. dazu Näheres oben 2. Teil II 3 b.
126 S. zum Vorstehenden Heath, GRUR Int. 1995, 843, 848.
127 S. oben 2. Teil II 3 b.
128 S. dazu ausführlicher oben 2. Teil II 3 c.

beseitigt werden sollte[129]. Er besteht darin, daß nach einer Bestimmung[130] die Gesamtabtretung des Vervielfältigungsrechts nur dann rechtswirksam ist, wenn die Modalitäten der Verwertung einzeln spezifiziert sind, nach einer anderen[131] ein Verwertungsrecht grundsätzlich auch dann erworben werden kann, wenn die Form der Verwertung im einzelnen noch nicht voraussehbar oder im Zeitpunkt des Vertragsabschlusses noch nicht vorgesehen ist.

d) *Kanada*

Auch in Kanada sind Überlegungen, den Zugang zu urheberrechtlich geschütztem Material für die digitale Nutzung und für Multimediawerke u. a. durch Einführung einer entsprechenden Zwangslizenz zu erleichtern, letztlich zugunsten der Schaffung von Systemen zur erleichterten freiwilligen Lizenzierung verworfen worden[132]. Vorschläge zum Urhebervertragsrecht finden sich in dem Bericht über das Urheberrecht und die Datenautobahn aus dem Jahre 1995 nicht[133].

e) *Australien*

Das soeben zu Kanada Gesagte gilt im Prinzip gleichermaßen für den australischen Bericht aus dem Jahre 1994 über das Urheberrecht im neuen Kommunikationsumfeld[134]. Unter den darin enthaltenen sechzehn Empfehlungen für eine rasche punktuelle Anpassung des australischen Urheberrechtsgesetzes[135] zielen zwei auf eine Einschränkung bisher anerkannter Fälle der erlaubnisfreien Nutzung geschützten Materials ab, die auch als gesetzliche Lizenzen gedeutet werden können: zum einen die Nutzung von Tonträgern zu Rundfunksendungen und zum anderen die zeitgleiche und unveränderte Weitersendung von Rundfunksendungen innerhalb des intendierten Empfangsbereichs[136]. Demgegenüber ist an keiner Stelle der Empfehlungen von einer Erweiterung oder Neueinführung von gesetzlichen Lizenzen oder Zwangslizenzen die Rede. Selbst im Hinblick auf Werke von Urhebern, die nicht identifiziert werden können oder deren Aufenthalt nicht festgestellt werden kann, wurde trotz einem Vorbild im kanadischen Recht die Einführung eines gesetzlichen Nutzungsrechts zugunsten einer späteren vertieften Überlegung zu-

129 S. dazu Genton, GRUR Int. 1996, 693, 696.
130 Art. L. 122-7 Code de la propriété intellectuelle.
131 Art. L. 131-6 Code de la propriété intellectuelle.
132 S. oben 2. Teil II 3 d.
133 S. dazu die Liste der Empfehlungen auf S. 50 ff. des Berichts. Zum Thema »Ownership« als Teil dieser Liste s. oben 2. Teil II 3 d.
134 S. dazu Näheres oben 2. Teil II 3 e.
135 S. Dreier, GRUR Int. 1995, 837, 838 f.
136 S. Dreier, GRUR Int. 1995, 837, 839, zu 1. und 4.

rückgestellt[137]. Auch Empfehlungen zu gesetzlichen Regelungen des Urhebervertragsrechts sind nicht ausgesprochen worden[138].

III. *Die Lage nach dem deutschen UrhG*

1. *Zugang zu geschützten Werken und Leistungsergebnissen für die digitale Nutzung und Multimediawerke*

a) *Ausgangspunkt*

Das deutsche Recht baut auf dem Grundsatz auf, daß Urhebern an ihren urheberrechtlich geschützten Werken in umfassender Weise ausschließliche Rechte zustehen, die ihnen die freie Entscheidung darüber gewährleisten, ob, zu welchen Bedingungen und welchen Werkverwertern sie Rechte zur Nutzung einräumen wollen. In eingeschränktem Maße gilt dasselbe auch für ausübende Künstler und andere Inhaber von mit dem Urheberrecht verwandten Schutzrechten[139]. Wesentliche Ausnahmen von diesem Grundsatz auf gesetzlicher Grundlage sieht das deutsche Recht im Hinblick auf das Urheberrecht bisher nur in § 61 UrhG vor, der die sog. Tonträger-Zwangslizenz statuiert[140].

Auf dem Gebiet der verwandten Schutzrechte sehen die §§ 76 Abs. 2, 77 sowie 86 UrhG zu Lasten der ausübenden Künstler und Tonträgerhersteller eine in der Sache vergleichbare Regelung vor: Erlaubterweise auf erschienene Bild- oder Tonträger aufgenommene Darbietungen ausübender Künstler und die Tonträger selbst dürfen gegen bloße Zahlung einer angemessenen Vergütung ohne Einwilligung der Rechtsinhaber zu Funksendungen und zu öffentlichen Wiedergaben benutzt werden. Die verwandten Schutzrechte der Sendeunternehmen und der Filmhersteller nach §§ 87, 94 und 95 UrhG sind nicht in dieser Weise beschränkt[141]. Im übrigen findet die Tonträger-Zwangslizenz auf die genannten verwandten Schutzrechte nach §§ 84, 85 Abs. 3, 87 Abs. 3 und 94 Abs. 4 UrhG keine Anwendung.

Eine weitere Einschränkung der durch ausschließliche Verwertungsrechte an sich begründeten Entscheidungsfreiheit der Rechtsinhaber folgt aus der

137 So der Bericht auf S. 68 zu Punkt 7.12.

138 S. Dreier, GRUR Int. 1995, 837, 838 f., zu den 16 Empfehlungen des Berichts.

139 S. zu letzterem die Parallele des internationalen Konventionsrechts, oben II 1 d sowie unten 7. Teil.

140 S. dazu bereits oben I 1.

141 S. Schricker/Katzenberger, § 94, Rdnr. 8, zum verwandten Schutzrecht des Filmherstellers.

Wahrnehmung solcher Rechte durch Verwertungsgesellschaften. Diese sind aufgrund des sog. Abschlußzwangs nach § 11 Abs. 1 WahrnG verpflichtet, aufgrund der von ihnen wahrgenommenen Rechte jedermann auf Verlangen zu angemessenen Bedingungen Nutzungsrechte einzuräumen oder Einwilligungen zu erteilen.
Über die vorstehend geschilderten Einschränkungen der Entscheidungsfreiheit der Urheber und sonstigen Rechtsinhaber hinaus gestatten die gesetzlichen Schranken der ausschließlichen Verwertungsrechte und vergleichbaren Rechte[142] nach §§ 45 ff. UrhG und den darauf verweisenden Bestimmungen über die verwandten Schutzrechte die Nutzung geschützter Gegenstände ohne Einwilligung der Rechtsinhaber, und zwar teils mit, teils ohne Vergütung, nur in bestimmten Ausnahmefällen[143]. Die ungehinderte gewerbsmäßige Nutzung für die Herstellung und Weiterverwertung von Erzeugnissen und Diensten für den allgemeinen Markt, wie sie im Hinblick auf den Einsatz der digitalen Techniken sowie auf Multimediaerzeugnisse in erster Linie in Frage steht, wird dadurch jedoch nicht erfaßt[144]. Nur in sehr engen Grenzen gestattet im übrigen § 24 UrhG eine sog. »freie Benutzung«.

b) *Aktuelle Probleme*

Aus der soeben dargestellten Rechtslage ergeben sich mit Notwendigkeit diejenigen Probleme, die im Rahmen der Erörterungen der urheberrechtlichen Implikationen der neuartigen digitalen Techniken und insbesondere der Multimediawerke die zentrale Stelle einnehmen[145], nämlich die Probleme des Zugangs zu dem geschützten Material, das für den Einsatz der neuen Techniken im allgemeinen und für die Produktion und Verwertung von Multimediaerzeugnissen im besonderen benötigt wird. Wesentliche Aspekte dieser Probleme sind die Identifizierung der Urheber und sonstigen Rechtsinhaber, die Feststellung ihres Aufenthalts, der Erwerb von Nutzungsrechten von den Rechtsinhabern bzw. deren Überzeugung oder Überredung, Nutzungsrechte einzuräumen, sowie die Kosten dieser Maßnahmen und des Rechteerwerbs. Wenn, wie vor allem bei Multimediaerzeugnissen, unter Umständen Hunderte oder noch mehr von Rechten für ein einziges Produkt erworben werden müssen und dabei hohe Vergütungen zu zahlen sind und manche Rechtsunsicherheiten im Hinblick etwa auf die Rechtsinhaberschaft aufgrund unsicherer Ver-

142 Nämlich der sog. Einwilligungsrechte der ausübenden Künstler i. S. d. §§ 74, 75 Abs. 1 und 2, 76 Abs. 1 , 80 UrhG.
143 S. dazu oben 5. Teil.
144 S. oben 5. Teil.
145 S. dazu insbesondere oben II 3 und ausführlicher bereits im 2. Teil II 3 zu den dort vorgestellten ausländischen Berichten und Studien.

tragsverhältnisse bestehen bleiben, so mag dies viele Hersteller solcher Erzeugnisse vor vornherein entmutigen.
Die entscheidende Frage geht dahin, ob diese Probleme mit gesetzgeberischen Mitteln gelöst werden können und müssen oder ob es andere Lösungsmöglichkeiten gibt. Als rechtliches Mittel kommt dabei in erster Linie eine Einschränkung der ausschließlichen Rechte der Urheber und Inhaber von mit dem Urheberrecht verwandten Schutzrechten durch neue gesetzliche oder Zwangslizenzen in Betracht, wenn man das Urheberrecht und die verwandten Schutzrechte bzw. die von den neuen Techniken betroffenen Verwertungsbefugnisse nicht generell beseitigen will. Eine gesetzliche Lizenz hätte dabei gegenüber einer bloßen Zwangslizenz den wesentlichen Vorzug, daß mit der Nutzung sofort begonnen werden könnte, während unter dem Regime einer bloßen Zwangslizenz vor der Nutzung erforderlichenfalls erst ein gerichtliches Verfahren gegen jeden einzelnen Rechtsinhaber durchgeführt werden müßte. Die bloße Ausdehnung bestehender oder Einführung einzelner neuer gesetzlicher Schranken der ausschließlichen Rechte im Sinne beschränkter Ausnahmeregelungen für Sonderfälle scheidet als Lösungsmöglichkeit aus, weil die abzusehende Nutzungsintensität den Rahmen solcher Regelungen sprengen bzw. eine Orientierung solcher Regelungen an dieser Nutzungsintensität wiederum den Charakter einer gesetzlichen Lizenz annehmen würde. Als alternative gesetzliche Lösung anstelle von gesetzlichen oder Zwangslizenzen kommt dagegen in Betracht, vorzusehen, daß die ausschließlichen Befugnisse der Urheber und Inhaber verwandter Schutzrechte, in welche die in Frage stehenden neuartigen Nutzungen eingreifen, nur durch eine Verwertungsgesellschaft geltend gemacht werden können. Die individuellen Rechtsinhaber wären bei einer solchen Lösung auf bloße Ansprüche auf Beteiligung an den Ausschüttungen der jeweils zuständigen Verwertungsgesellschaft verwiesen.

c) *Einführung von gesetzlichen Lizenzen, Zwangslizenzen oder der Verwertungsgesellschaftenpflicht zugunsten der digitalen und multimedialen Nutzung bestehender Werke und Leistungsergebnisse?*

Was zunächst gesetzliche oder Zwangslizenzen betrifft, so scheitert eine Neueinführung solcher Instrumente in das deutsche Recht von vornherein am internationalen Konventionsrecht, zu dessen Beachtung Deutschland als Vertragsstaat aller in Betracht kommenden Abkommen verpflichtet ist. Eine Sonderregelung in bezug auf von den Konventionen nicht erfaßte, insbesondere inländische Werke und Leistungsergebnisse wäre nicht nur wegen der damit verbundenen Inländerdiskriminierung unerwünscht, sondern auch nur von sehr begrenztem Vorteil, weil die digitale und multimediale Nutzung sich voraussichtlich in den meisten Fällen nicht auf inländische Werke und Leistungsergebnisse beschränken läßt. Auch wären die unter dem Schirm einer solchen beschränkten unfreiwilligen Lizenz in Deutschland hergestellten Erzeugnisse nicht exportfähig und im Ausland absetzbar, wo die deutschen Urheber und sonstigen Rechtsinhaber sich auf den Konventionsschutz berufen können[146].

Wie die Darstellung über die Zulässigkeit von gesetzlichen Lizenzen und Zwangslizenzen insbesondere nach der RBÜ und TRIPS gezeigt hat[147], sind auf dem Gebiet des Urheberrechts zur Zeit unfreiwillige Lizenzen nur auf den Gebieten des Rundfunks und der Werkauswertung durch Tonträger überhaupt zugelassen. Dadurch sind insbesondere die Bedürfnisse der Multimediaproduzenten keinesfalls abzudecken. In Zukunft ist sogar mit einer Abschaffung der betreffenden Konventionsregeln zu rechnen. Selbst im Rahmen des WUA wäre die Einführung eines allgemeinen Zwangslizenzsystems unzulässig[148].

Auch der Konventionsschutz der verwandten Schutzrechte läßt keinen ausreichenden Spielraum für gesetzliche oder Zwangslizenzen insbesondere zugunsten von Multimediaproduzenten. Auf diesem Gebiet sind zwar bestimmte Rechte, wie diejenigen zur sog. Zweitverwertung von Handelstonträgern zu bestimmten, begrenzten Zwecken, nicht als ausschließliche Mindestrechte ausgestaltet, jedoch sind hier im übrigen die Möglichkeiten, gesetzliche oder Zwangslizenzen einzuführen, noch restriktiver geregelt als im Bereich des Urheberrechts; sie decken noch nicht einmal eine Tonträger- oder Rundfunk-Zwangslizenz erschöpfend ab[149]. Lediglich in bezug auf Darbietungen ausübender Künstler, die im Rahmen von Filmen auf Bild- oder Bild-Tonträgern festgelegt sind, sowie auf den Leistungsschutz der Hersteller solcher Träger gibt es bislang keine konventionsrechtliche Bindung der Staaten, die der Einführung von neuen gesetzlichen oder Zwangslizenzen entgegenstünden[150].

Von diesen rechtlichen Hindernissen abgesehen zeigt das übereinstimmende und noch nicht einmal immer konventionsrechtlich argumentierende Vorbild der ausländischen Berichte und Studien[151], daß gesetzliche oder Zwangslizenzen nicht der adäquate Schlüssel zur Problemlösung sind. Wie im Ausland fast allgemein vorgeschlagen, ist vielmehr zunächst zu versuchen, die Probleme durch technische und administrative Maßnahmen in den Griff zu be-

146 Zur Inlandsbeschränkung von nationalen gesetzlichen oder Zwangslizenzen s. § 61 Abs. 3 UrhG sowie Art 11bis Abs. 2 Satz 1, Art. 13 Abs. 1 RBÜ (Pariser Fassung).

147 S. oben II 1 a aa, c.

148 S. oben II 1 b.

149 S. oben II 1 d aa.

150 S. oben II 1 d aa.

151 S. oben II 3 sowie 2. Teil II 3. Im allgemeinen untergeordnete und in die Zukunft gerichtete Überlegungen zum Konventionsrecht finden sich vor allem in den amerikanischen und französischen Studien.

kommen. In Deutschland ist in diesem Sinne mit der Gründung der »Clearingstelle Multimedia« durch die Verwertungsgesellschaften[152] bereits ein erster wichtiger Schritt in diese Richtung getan worden. Er wird zumindest die Identifizierung der Rechtsinhaber über eine zentrale Stelle wesentlich erleichtern. Auch im Hinblick auf die bereits geplante Einführung einheitlicher Techniken und Maßnahmen für die Information über Rechtsinhaber und Lizenzbedingungen in digitalisierten Werkverkörperungen ist mit einer freiwilligen Kooperation von Rechtsinhabern, wie insbesondere von Verlagen, Tonträger- und Filmproduzenten und Sendeunternehmen, schon deshalb zu rechnen, weil sich mit solchen Techniken und Maßnahmen zugleich Schutzinstrumente zur Aufdeckung und Verfolgung von Rechtsverletzungen im digitalen Umfeld verbinden lassen.

Weitere Lösungsmöglichkeiten zeichnen sich ab. So ist durchaus vorstellbar, wenn nicht sogar zu erwarten, daß Rechtsinhaber, wie Verlage, mit zunehmender Nachfrage nach multimedialer Nutzung kleiner Werkteile bereit sein werden, die entsprechende Rechtewahrnehmung einer Verwertungsgesellschaft auf kollektiver Grundlage zu überlassen. Dies zeigt sich am Beispiel der Verwertungsgesellschaft Wort, die schon seit längerem unter dem Titel »Kleine Senderechte« im Auftrag von Autoren und Verlagen das ausschließliche Senderecht für nicht-szenische Lesungen aus erschienenen, nicht-dramatischen Sprachwerken bis zu zehn Minuten im Fernsehen und bis zu fünfzehn Minuten im Hörfunk wahrnimmt[153].

Ein anderes, innovatives Beispiel für eine zentrale, nicht-kollektive Rechteverwaltung ist der von der Verwertungsgesellschaft Wort vor kurzem erarbeitete Mandatsvertrag über die Rechtewahrnehmung an kleinen Teilen erschienener Sprachwerke und an Beiträgen zu Zeitschriften für sog. Inhouse Kommunikationssysteme[154], der mit Verlagen geschlossen werden soll. Die individuelle Art der Rechtewahrnehmung vermeidet den für die kollektive Wahrnehmung verbindlichen sog. Tarifzwang nach § 13 WahrnG und ermöglicht es daher den Verlagen, die Höhe der für die Nutzung zu zahlenden Vergütung individuell festzulegen. Dadurch kann insbesondere den bei Werken unterschiedlicher Qualität und Auflagenhöhe möglicherweise sehr unterschiedlichen Seitenpreisen Rechnung getragen werden. Eine Aufteilung des Aufkommens der Verwertungsgesellschaft unter Autoren und Verlagen wird dadurch nicht ausgeschlossen. In dem erwähnten Mandatsvertrag ist eine Aufteilung im Verhältnis 50 % für den Urheber und 50 % für den Verlag vorgesehen.

152 S. oben 2. Teil III 2 d.

153 S. Melichar, Die Wahrnehmung von Urheberrechten durch Verwertungsgesellschaften, 1983, S. 109.

154 Local Area Networks (LAN).

Auch in bezug auf das Problem der Höhe der Tarifvergütungen der Verwertungsgesellschaften bei der kollektiven Rechtewahrnehmung und insbesondere der Akkumulierung der für jedes benutzte Werk oder Leistungsergebnis zu zahlenden Vergütung bei Multimediaerzeugnissen, die eine Vielzahl von vorbestehenden Werken und Werkteilen beinhalten, ist mit Lösungsmöglichkeiten auf der Grundlage des geltenden Rechts zu rechnen. So ist nach der Rechtsprechung des Bundesgerichtshofs bei der Beurteilung der Angemessenheit[155] des Tarifs einer Verwertungsgesellschaft beispielsweise zu berücksichtigen, ob ein Erzeugnis, wie ein Tonträger oder ein Film, Werke oder Leistungsergebnisse nur eines einzigen Rechtsinhabers oder von mehreren Rechtsinhabern beinhaltet; im letzteren Fall ist die einem einzelnen Rechtsinhaber zustehende Vergütung niedriger anzusetzen als im ersten Fall[156].

Mit diesen Hinweisen auf die Entwicklungstendenzen im Ausland und auf mögliche Problemlösungen auf der Grundlage des geltenden deutschen Rechts ist auch bereits eine Entscheidung dagegen verbunden, zu versuchen, die Probleme der digitalen und multimedialen Werk- und Leistungsnutzung durch gesetzliche Einführung einer allgemeinen Verwertungsgesellschaftenpflicht in bezug auf alle diejenigen Rechte zu lösen, die von der digitalen und multimedialen Werknutzung tangiert werden. Zwar bedeutet eine solche Verwertungsgesellschaftenpflicht ein Weniger an Eingriffsintensität gegenüber den Rechtspositionen und der Vertragsfreiheit der individuellen Rechtsinhaber als eine gesetzliche Lizenz oder eine Zwangslizenz, jedoch beeinträchtigt auch sie die Entscheidungsfreiheit der Urheber und sonstigen Rechtsinhaber in bezug auf das Ob, die Bedingungen und die Partner von Vertragsbeziehungen beträchtlich. Der Vertragsfreiheit aber gebührt auf dem Gebiet des Urheberrechts im allgemeinen ein hoher Stellenwert[157].

Die Bedenken gegenüber einer allgemeinen Verwertungsgesellschaftenpflicht auf dem Gebiet der digitalen Werk- und Leistungsnutzung und der Multimediawerke verstehen sich vor allem auch angesichts des gegenwärtigen Konzepts des Wahrnehmungsgesetzes und des damit zusammenhängenden Begriffs der Verwertungsgesellschaften, der nach § 1 Abs. 1 und 4 WahrnG durch das Merkmal der Wahrnehmung der Rechte mehrerer Inhaber »zur gemeinsamen Auswertung« geprägt ist, was eine kollektive Rechtewahrnehmung zu pauschalierten oder einheitlichen Nutzungsbedingungen impliziert[158].

155 Nach § 11 Abs. 1 WahrnG ist eine Verwertungsgesellschaft bei kollektiver Rechtewahrnehmung verpflichtet, jedermann Nutzungsrechte zu »angemessenen Bedingungen« einzuräumen.
156 S. BGH, GRUR 1986, 376, 378 – Filmmusik.
157 S. Ulmer, § 91 I (S. 386).
158 S. dazu Schricker, Einl., Rdnr. 25; Schricker/Reinbothe, § 1 WahrnG, Rdnr. 7.

Solche Bedingungen können geeignet sein, den Preiswettbewerb der gewerblichen Rechtsinhaber untereinander um Abnehmer ihrer Erzeugnisse und Dienste sowie um Autoren und Künstler zu beeinträchtigen. Es könnte deshalb erwogen werden, durch eine Novellierung des Wahrnehmungsgesetzes eine individuelle Rechtewahrnehmung nach dem Muster des bereits erwähnten Mandatsvertrags über die Inhouse Kommunikationssysteme als einen weiteren Aufgabenbereich der Verwertungsgesellschaften zu statuieren und dadurch auch den Begriff der Verwertungsgesellschaften zu erweitern. Eine solche Maßnahme könnte unter Umständen auch die zentrale Vergabe von Nutzungsrechten für digitale und multimediale Erzeugnisse und Dienste zu individuellen Bedingungen fördern. Weitergehende Überlegungen in diese Richtung würden jedoch den Aufgabenbereich der vorliegenden Untersuchung, der eine mögliche Reform des Wahrnehmungsrechts nicht umfaßt, überschreiten.

2. *Zugang zu geschützten Werken und Leistungsergebnissen für die digitale Nutzung und Multimediawerke im Rahmen bestehender Vertragsbeziehungen*

a) *Ausgangspunkt*

Wie bereits einführend dargestellt[159], wird das deutsche Urhebervertragsrecht im allgemeinen vor allem durch drei Regelungen beherrscht: die grundsätzliche Unübertragbarkeit des Urheberrechts insgesamt und der urheberrechtlichen Verwertungsrechte als solcher, an deren Stelle die Möglichkeit tritt, Nutzungsrechte vertraglich einzuräumen (§§ 29, 31 ff. UrhG), die Unwirksamkeit der Einräumung von Nutzungsrechten für unbekannte Nutzungsarten (§ 31 Abs. 4 UrhG) und das Zweckübertragungsprinzip im Hinblick insbesondere auf die inhaltliche Reichweite der vertraglichen Einräumung von Nutzungsrechten (§ 31 Abs. 5 UrhG).
Darüber hinaus enthält das Urheberrechtsgesetz in den §§ 88 ff. spezielle Regelungen überwiegend vertragsrechtlicher Art in bezug auf Filmwerke und nicht-schöpferische Filme, d.h. sog. Laufbilder (§ 95 UrhG). Unter diesen Bestimmungen enthalten die §§ 88, 89 und 92 UrhG Vermutungen betreffend die Einräumung von Nutzungsrechten bzw. die Übertragung von Einwilligungsrechten an den Filmhersteller zu dessen Gunsten, wobei zwischen den Vermutungen in bezug auf die zur Filmherstellung benutzten Werke, einschließlich Drehbuch und Filmmusik, (§§ 88, 89 Abs. 3 UrhG) einerseits und auf das Filmwerk selbst (§§ 89 Abs. 1, 92 Abs. 1 UrhG) andererseits zu unterscheiden ist. Die Vermutungen der ersteren Art besitzen eine beschränkte

159 Oben I 1.

Reichweite, die Vermutung der zweiten Art ist grundsätzlich umfassend, macht aber, im Fall des § 89 Abs. 1 UrhG, wiederum vor unbekannten Nutzungsarten halt; d.h. die Vermutung zugunsten der Rechtseinräumung an den Filmhersteller in bezug auf das Filmwerk selbst umfaßt solche Nutzungsarten nicht, die zur Zeit der Rechtseinräumung noch unbekannt waren.

b) *Aktuelle Probleme*

Das bereits im allgemeinen behandelte[160] zentrale Problem des Zugangs der Nutzer der neuartigen digitalen und multimedialen Techniken zu dem bereits bestehenden, geschützten Material stellt sich in einer besonderen Variante dar, wenn der Nutzer der neuen Techniken mit dem Inhaber der Rechte an dem geschützten Material bereits in vertraglichen Beziehungen steht. Das Problem der Freiheit zum Abschluß von Urheberrechtsverträgen sowie der Möglichkeiten, diese Freiheit durch legislative Maßnahmen einzuschränken, erweitert sich in einem solchen Fall um die Fragen nach der inhaltlichen Reichweite der Rechtseinräumung im Rahmen der schon bestehenden Vertragsbeziehungen sowie bei unzureichender Rechtseinräumung nach anderen vertragsrechtlichen Hilfen oder gesetzgeberischen Maßnahmen unter Berücksichtigung der Vertragsbeziehungen.
Zu denken ist in diesem Zusammenhang beispielsweise an das aktuelle Problem der zusätzlichen elektronischen Nutzung von Zeitungen und Zeitschriften und den darin enthaltenen Wort- und Bildbeiträgen auf CD-ROMs und in Online-Datenbanken der Zeitungs- und Zeitschriftenverlage[161]. Eine Erweiterung des Problems um den Aspekt der Weiterübertragung oder Unterlizenzierung von Nutzungsrechten kann es darstellen, wenn der Verlag die Online-Nutzung einem rechtlich selbständigen Datenbankbetreiber überläßt[162]. Andere Beispiele im Printbereich sind enzyklopädische Werke, Lexika und Wörterbücher, die nunmehr auch elektronisch ausgewertet werden können. Bildarchive, die bisher nur Presseverlage und Sendeunternehmen beliefert haben, können nunmehr selbst oder über Vertragspartner auch elektronische Produkte und Dienste, wie wiederum CD-ROMs und Online-Datenbanken, mit ihrem Bildmaterial ausstatten oder dieses Multimediaproduzenten zur Verfügung stellen. Ähnliches gilt für Archive von Tonträger- und Filmproduzenten sowie von Sendeunternehmen.
In allen diesen und ähnlichen Fällen stellt sich zunächst zum einen die Frage nach der inhaltlichen Reichweite der ursprünglichen Rechtseinräumung. Diese Frage kann von Fall zu Fall unter Anwendung der eingangs dargestellten gesetzlichen Regelungen, und zwar des Zweckübertragungsprinzips auch

160 S. oben 1.
161 S. zu diesem Fragenkreis Katzenberger, Elektronische Printmedien und Urheberrecht, 1996.
162 S. dazu Katzenberger, Elektronische Printmedien und Urheberrecht, S. 108 ff.

bereits in bezug auf Rechtseinräumungen aus der Zeit vor Inkrafttreten des Urheberrechtsgesetzes am 1. Januar 1966[163], höchst unterschiedlich zu beantworten sein.
So können bei Rechtseinräumungen aus neuerer Zeit die Vertragsbedingungen von Werkverwertern bereits den neuen technischen Möglichkeiten angepaßt gewesen sein. Hat ein Werkverwerter bereits seinen Betriebszweck auf die neuen Techniken eingestellt, indem der z.B. als Zeitungs- oder Zeitschriftenverlag nunmehr auch elektronische Versionen seiner Printprodukte anbietet, und ist dies seinen Autoren bekannt, so kommt mangels Erklärung eines entsprechenden Vorbehalts auch eine stillschweigende Rechtseinräumung in Betracht, welche die elektronische Nutzung mit umfaßt[164]. Im Hinblick speziell auf Werke und Leistungsergebnisse, die im Rahmen von üblichen Dauerarbeitsverhältnissen geschaffen worden sind, ist zu erwägen, ob Rechtseinräumungen an den Arbeitgeber nach Maßgabe des § 43 UrhG nicht ungeachtet § 31 Abs. 4 UrhG auch zukünftige, neue betriebliche Zwecke mit abdekken[165]. Wenn neue digitale Produkte lediglich alte analoge Erzeugnisse ersetzen, ohne eine auch wirtschaftlich selbständige Nutzungsart zu begründen, so kann dies zur Verneinung einer eigenständigen Nutzungsart und dazu führen, daß Rechtseinräumungen aus der Zeit der alten Technik trotz § 31 Abs. 4 UrhG auch die technisch neue Nutzung mit umfassen[166].
In vielen anderen Fällen, darunter möglicherweise auch bei manchen untypischen Arbeitsverhältnissen[167], wird man zu dem Ergebnis kommen, daß Rechtseinräumungen vor allem aus älterer Zeit die neuen digitalen Techniken in ihrer Gesamtheit und Nutzungen in Form von Multimediawerken aufgrund von § 31 Abs. 4 oder Abs. 5 UrhG nicht mit umfassen. Als dem entsprechende, früher unbekannte und auch unter sich je selbständige Nutzungsarten werden z.B. die Online-Datenbank- und die CD-ROM-Nutzung von Presseerzeugnissen im Volltext[168] sowie die multimediale Nutzung[169] genannt, als ungefähre Zeitpunkte ihres Bekanntwerdens in der genannten Reihenfolge etwa zwischen 1982 und 1984, 1988 und Beginn der 90er Jahre[170].

163 S. dazu Schricker, §§ 31/32, Rdnr. 31. Dagegen ist § 31 Abs. 4 UrhG auf solche Rechtseinräumungen nicht anzuwenden; s. Schricker/Katzenberger, § 132, Rdnr. 3. Am Ergebnis ändert dies in der Regel allerdings nichts, weil unbekannte Nutzungsarten im allgemeinen bei Rechtseinräumungen nicht einzeln bezeichnet werden können und auch vom Vertragszweck nicht mit umfaßt zu werden pflegen.
164 S. Katzenberger, Elektronische Printmedien und Urheberrecht, S. 105.
165 In diesem Sinne z.B. Katzenberger, Elektronische Printmedien und Urheberrecht, S. 127 ff., im Anschluß an Schricker/Rojahn, § 43, Rdnr. 54.
166 So. z.B. im Hinblick auf Musik-CDs im Verhältnis zu herkömmlichen Tonträgern v. Gamm, ZUM 1994, 591, 593; a.A. Fromm/Nordemann/Hertin, §§ 31/32, Rdnr. 18.
167 S. BGH, GRUR 1991, 133, 135 – Videozweitauswertung.
168 So Katzenberger, Elektronische Printmedien und Urheberrecht, S. 95 ff., 97 f.
169 So Hoeren, CR 1995, 710, 712 f.
170 S. Katzenberger, Elektronische Prinmedien und Urheberrecht, S. 99 ff., 102; Hoeren, CR 1995, 710, 713.

Diese Fragen sind im vorliegenden Zusammenhang nicht abschließend zu entscheiden. Ihre Beantwortung im einzelnen kann den Gerichten und der Rechtspraxis überlassen werden. Zu überlegen ist jedoch, ob die Probleme, die daraus entstehen, daß insbesondere Rechtseinräumungen aus früherer Zeit in vielen Fällen die neuartigen digitalen und multimedialen Techniken nicht umfassen, mit herkömmlichen vertragsrechtlichen Grundsätzen angemessen gelöst werden können oder ob es hierzu gesetzlicher Maßnahmen bedarf.

c) *Nachträglicher vertraglicher Rechteerwerb oder gesetzliche Erleichterung des Rechteerwerbs durch den ursprünglichen Verwerter von Werken und Leistungsergebnissen?*

Die eingangs dargestellten[171] Grundregeln des deutschen Urhebervertragsrechts verfolgen das Ziel, den Urheber[172] als die in der Regel schwächere und weniger erfahrene Vertragspartei gegen zu weitreichende, in ihren wirtschaftlichen Auswirkungen zur Zeit des Vertragsschlusses nicht überschaubare, insbesondere umfassend pauschal formulierte Rechtseinräumungen an Werkverwerter zu schützen. Es soll ihnen dadurch auch aus der Sicht des Vertragsrechts die Möglichkeit gesichert werden, tunlichst an jeder, auch an jeder zukünftigen Form der Verwertung ihrer Werke angemessen wirtschaftlich beteiligt zu werden.[173]
Es ist die natürliche und seit jeher erfahrene Folge einer solchen vertragsrechtlichen Konzeption, daß immer wieder Situationen entstehen, in denen der Werkverwerter nachträglich ein Interesse daran hat, das Werk auf eine Art und Weise zu nutzen, an die ursprünglich nicht gedacht worden ist und für die er dem Urheber daher auch keine Vergütung gezahlt hat. Eine Erweiterung seiner betrieblichen Zwecke, geschäftliche Kontakte mit Werkverwertern anderer Branchen und insbesondere die Entwicklung neuer Verwertungstechniken sind die Hauptursachen für ein solches nachträgliches Interesse. Die ebenso naheliegende weitere Folge ist, daß ein solcher Werkverwerter sich bemühen wird, die nunmehr benötigten Nutzungsrechte nachträglich zu erwerben, und er wird dabei in der Regel auch bereit sein, dem Urheber für die Einräumung zusätzlicher Nutzungsrechte auch ein angemessenes Entgelt zu bezahlen. Damit erfüllt sich zugleich der Gesetzeszweck.
Er erfüllt sich allerdings auch dann, wenn ein Konkurrent des ursprünglichen Werkverwerters dem Urheber in bezug auf die vertraglich noch freien Nutzungsarten ein günstigeres Angebot unterbreitet und der Urheber dieses annimmt. Auch mag der Urheber ein Interesse daran haben, daß die zusätzliche

171 Oben a.
172 Dasselbe gilt insbesondere auch für die ausübenden Künstler.
173 S. zum Vorstehenden Schricker, § 29, Rdnr. 4, §§ 31/32, Rdnr. 10, 25, 32.

Nutzung unterbleibt, z.B. weil er sein Werk für diese Nutzung als nicht geeignet erachtet, ohne aber zugleich das ursprünglich eingeräumte Nutzungsrecht zurückrufen zu wollen, oder weil es ihm ein Verzicht auf die neue Nutzung ermöglicht, dieser Nutzung ein anderes Werk zu günstigeren Bedingungen zuzuführen.

Es ist daher zwar ein auf den ersten Blick naheliegender, aber kein zwingender Gedanke, dem ursprünglichen Werkverwerter einen bevorzugten Zugriff auf das Werk auch in bezug auf ursprünglich nicht ins Auge gefaßte Nutzungsarten zu gewähren. Es besteht daher auch im allgemeinen kein Anlaß, in solchen Situationen zugunsten des ursprünglichen Werkverwerters den Gesetzgeber zu Hilfe zu rufen oder allgemeine Grundsätze des Vertragsrechts, wie denjenigen von Treu und Glauben, zu bemühen. Dies gilt umso mehr, als dem ursprünglichen Werkverwerter in vielen Fällen in Form eines eigenen verwandten Schutzrechts an Werkverkörperungen, die für eine neue Nutzung technisch benötigt werden, ein Mittel zur Verfügung steht, mit dessen Hilfe er zumindest bestimmte Formen der Werkverwertung durch den Urheber oder einen Konkurrenten mit Einverständnis des Urhebers verhindern kann. Dies betrifft beispielsweise Tonträgerhersteller, Filmhersteller und Sendeunternehmen und insbesondere auch Leistungen von ausübenden Künstlern für diese. Die gegenseitige Abhängigkeit stärkt die Position des ursprünglichen Verwerterunternehmens. Ähnliches gilt für Fälle, in denen der Werkverwerter sich darauf berufen kann, daß das von ihm erworbene negative Verbietungsrecht weiter reicht als sein positives Benutzungsrecht.

Unter besonderen Bedingungen kann es sich aber anders verhalten, kann Anlaß bestehen, die Dispositionsfreiheit einzelner Rechteinhaber einzuschränken. So sieht das Gesetz z.B. in §§ 8 Abs. 2 Satz 2 und 9 Mitwirkungsverpflichtungen im Verhältnis zwischen Miturhebern und Urhebern verbundener Werke vor, die mittelbar auch einen ursprünglichen Werkverwerter begünstigen können, wenn er jeweils auch nur einen dieser Urheber für eine neue Nutzung gewonnen hat. In § 80 UrhG ist in bezug auf Ensembledarbietungen von ausübenden Künstlern die Wahrnehmung der Leistungsschutzrechte dieser Künstler den Vorständen oder dem Leiter der Gruppe anvertraut, u.a. um zu verhindern, daß ein einzelnes Gruppenmitglied z.B. eine Tonträgeraufnahme oder eine Rundfunksendung eines Konzerts verhindern und seine Kollegen um zusätzliches Entgelt bringen kann[174].

Unter Berufung auf diese und weitere gesetzliche Bestimmungen, die Zustimmungspflichten zur Nutzung und Rücksichtspflichten gegenüber Werkverwertern und anderen beteiligten Rechtsinhaber statuieren, auf das verlagsvertragliche Treueverhältnis sowie auf eine Reihe gesetzlicher Erleichterungen zugunsten der Verlage von Zeitungen und Zeitschriften bzw. von Sammel-

174 So die amtliche Gesetzesbegründung, BT-DruckS. IV/270, S. 94 (zu § 90).

werken und Werksammlungen ist die Auffassung vertreten worden, daß die Beitragsurheber bei nicht ausreichender Rechtseinräumung nach Treu und Glauben verpflichtet seien, der elektronischen Nutzung von Zeitungen und Zeitschriften durch deren Verlage zuzustimmen, wenn ihnen dafür ein angemessenes Entgelt zur Verfügung gestellt bzw. zur Anforderung bereitgehalten wird. Zur Begründung wurde dabei auch auf die Schwierigkeiten eines nachträglichen und vollständigen vertraglichen Rechteerwerbs bei einer Vielzahl von beteiligten Urhebern hingewiesen.[175]

Dieser Lösungsansatz eines in der Tat aktuellen Problems begegnet zwei Bedenken. Das Prinzip von Treu und Glauben eignet sich für die Lösung von Einzelfallgestaltungen, weniger für generelle Lösungen, und die Verhältnisse insbesondere bei verschiedenen Zeitschriften können sich, was die Zahl der Beitragsurheber und die Anzahl der rückwärtserfaßten Jahrgänge für die elektronische Nutzung betrifft, höchst unterschiedlich darstellen. In manchen Fällen mag es dabei für die Verlage durchaus zumutbar sein, sich um eine nachträgliche Rechtseinräumung zu bemühen und unter Umständen auch Lücken in ihren elektronischen Produkten in Kauf zu nehmen. Sie können daher auch nicht sicher sein, daß die Gerichte ihnen in Streitfällen immer recht geben. Andererseits wird die elektronische Nutzung von Zeitungen und Zeitschriften seit Jahren praktiziert, ohne daß den Urhebern in vielen Fällen die ihnen zustehenden Vergütungen auch tatsächlich ausgezahlt wurden. Zugleich dürfte es in machen Fällen, insbesondere bei der elektronischen Nutzung auch älterer Jahrgänge mit einer Vielzahl von Autoren, für die Verlage tatsächlich schwierig sein, Urheber und Urhebererben auch nur zu dem Zweck ausfindig zu machen, ihnen Vergütungen, unter Umständen nur in relativ geringer Höhe, überweisen zu können.

Eine Beendigung dieses allseits unbefriedigenden Zustandes erscheint wünschenswert. Sie müßte den Verlagen Rechtssicherheit garantieren und den Urhebern und ihren Rechtsnachfolgern auf möglichst einfache Weise zu ihren Vergütungen verhelfen. Als Lösung bietet sich an, von Gesetzes wegen vorzusehen, daß die Rechte zur elektronischen Nutzung von Zeitungen und Zeitschriften nur durch eine Verwertungsgesellschaft geltend gemacht werden können, soweit mit einiger Sicherheit davon ausgegangen werden kann, daß die Verlage über diese Rechte nicht bereits verfügen. Dies sind diejenigen Fälle, in denen die elektronische Nutzung sich auf Jahrgänge erstreckt, die in der Zeit vor Bekanntwerden der verschiedenen elektronischen Nutzungsarten erschienen sind. Eine solche begrenzte Lösung dürfte auch dazu beitragen, die

175 S. zum Vorstehenden Katzenberger, Elektronische Printmedien und Urheberrecht, S. 175 ff.; derselbe, in: Lehmann, Internet- und Multimediarecht (Cyberlaw), S. 219, 232 f. Ähnliche Überlegungen, aber zurückhaltender in Fällen des § 31 Abs. 4 UrhG bei Dreier, in: Beier/Götting/Lehmann/Moufang, S. 193, 219 f.; s. auch Loewenheim, in: Erdmann/Gloy/Herber, Festschrift für Henning Piper, 1996, S. 709, 724.

betroffenen Urheber dagegen zu schützen, daß ihre Beiträge von beliebigen Dritten unter Berufung auf den Abschlußzwang der Verwertungsgesellschaft elektronisch genutzt werden. Diesem Schutzinteresse könnte im übrigen auch dadurch Rechnung getragen werden, daß die in Frage stehende elektronische Nutzung auf die vollinhaltliche Nutzung der jeweiligen Zeitung oder Zeitschrift unter ihrem Titel beschränkt wird.

Bei der Ausgestaltung ihrer Tarife »zu angemessenen Bedingungen« kann die Verwertungsgesellschaft auch berücksichtigen, daß in Einzelfällen auch eine Nullvergütung angemessen sein kann, beispielsweise in Fällen, in denen die Autoren bereits für den Abdruck in den Printausgaben keine Vergütung erhalten haben.

Im übrigen sollten Beiträge angestellter Autoren, insbesondere der Zeitungs- und Zeitschriftenredakteure, von der Regelung ausgenommen werden, um einer Beurteilung ihrer Rechtslage nach § 43 UrhG[176] und der Regelung ihrer Rechtsbeziehungen zu den Verlagen durch Tarifverträge[177] nicht vorzugreifen.

Letztlich wäre zu bedenken, ob es nicht weitere Bereiche gibt, in denen die Verhältnisse ähnlich liegen. Eine vergleichbare Lösung bietet sich beispielsweise im Hinblick auf enzyklopädische Werke an. Sie könnten zwanglos dadurch mit erfaßt werden, daß auf den übergreifenden, auch Zeitungen und Zeitschriften umfassenden Begriff der Sammelwerke abgestellt wird. Zu denken wäre an eine ähnliche Lösung auch für Filmwerke, an denen in der Regel ebenfalls eine Vielzahl von Rechteinhabern beteiligt ist. Jedoch dürfte es schwer fallen, für Filmwerke eine der Zeitungs- und Zeitschriften- bzw. Sammelwerkssituation vergleichbare elektronische Nutzungsform zu definieren. Eine allgemeine Verwertungsgesellschaftenpflicht für die elektronische Nutzung von Filmwerken würde die Vertragsfreiheit der individuellen Rechtsinhaber übermäßig beschränken[178]. Von einer entsprechenden Regelung ist daher abzusehen.

Letzteres gilt im übrigen nach dem eingangs Gesagten auch für die elektronische Nutzung von Werken der bildenden Künste und Fotografie und für einfache Fotografien, auch als Bestandteile von Bildarchiven, für musikalische Werke und Darbietungen ausübender Künstler auf Tonträgern in Archiven der Tonträgerhersteller sowie für entsprechende Werke und Leistungen in den Archiven der Sendeunternehmen.

176 S. zu hierzu möglichen Erwägungen Katzenberger, Elektronische Printmedien und Urheberrecht, S. 113 ff.

177 S. auch hierzu Katzenberger, Elektronische Printmedien und Urheberrecht, S. 135 ff.

178 S. in diesem Sinne auch bereits oben 1 c.

3. *Vermutungen der Rechtseinräumung und andere Fragen des Vertragsrechts im Hinblick auf Multimediawerke*

a) *Ausgangspunkt*

Die §§ 88 ff. UrhG enthalten eine Reihe von überwiegend vertragsrechtlichen Bestimmungen in bezug auf Filmwerke und nicht-schöpferische Filme, die sog. Laufbilder (§ 95 UrhG). Unter diesen Regelungen ist auf die §§ 88, 89 und 92 bereits an anderer Stelle[179] ausführlicher eingegangen worden; darauf sei hier verwiesen. § 90 UrhG beinhaltet Einschränkungen bzw. den Ausschluß bestimmter vertraglicher Befugnisse der Urheber in bezug auf Filmwerke und Filme. § 91 UrhG statuiert eine cessio legis zugunsten des Filmherstellers in bezug auf die filmische Verwertung der Filmeinzelbilder und ist daher auch bereits im Zusammenhang mit der Rechtsinhaberschaft angesprochen worden[180], soll aber wegen seines Zusammenhangs mit den filmrechtlichen Vorschriften abschließend hier behandelt werden. § 93 UrhG und die übrigen persönlichkeitsrechtlichen Bezüge des Filmrechts sind im 3. Teil der Untersuchung behandelt und daher im folgenden auszuklammern.[181]

b) *Aktuelle Probleme*

Aufgrund der Verwandtschaft von Multimediawerken mit Filmwerken[182] ist zu fragen, ob die filmrechtlichen Vorschriften auch auf Multimediawerke anzuwenden sind und ob verneinendenfalls für solche Werke ähnliche gesetzliche Regelungen benötigt werden.

c) *Anwendung der Vorschriften des Filmrechts auf Multimediawerke?*

An den filmrechtlichen Vorschriften der §§ 88 ff. UrhG mit ihren gravierenden Eingriffen vor allem in die Rechtsstellung der Haupturheber von Filmwerken und der an der Filmproduktion beteiligten ausübenden Künstler ist vielfach berechtigte Kritik geübt worden[183]. Es besteht daher schon aus dieser Sicht kaum Grund, diese Bestimmungen über ihren unmittelbaren Anwendungsbereich hinaus auch auf die neue Werkkategorie der Multimediawerke anzuwenden. Darüber hinaus ist die Verwandtschaft der Multimediawerke mit Filmwerken eher konzeptionell begründet[184], als daß die Produktionsver-

179 S. oben 2 a.
180 S. 2. Teil I 1.
181 S. zum Vorstehenden auch bereits oben I 1 am Ende.
182 S. oben 1. Teil III 4 b bb.
183 S. m.w.Nachw. Schricker/Katzenberger, Vor §§ 88 ff., Rdnr. 38 ff.; zu § 92 a. F.
184 S. oben 1. Teil III 4 b bb.

hältnisse bei Spielfilmen als eine der wesentlichen Ursachen für die besonders herstellerfreundlichen Filmrechtsregelungen vergleichbar wären. Dies erweist sich speziell im Hinblick auf die umfassende Vermutung der Rechtseinräumung nach § 89 UrhG zugunsten des Filmherstellers und zu Lasten der dort als Filmurheber bezeichneten Filmschaffenden. Sie wird vor allem mit den unübersichtlichen Verhältnissen bei den üblichen Filmdreharbeiten begründet[185]. In bezug auf Multimediaprodukte ist mit solchen Verhältnissen kaum zu rechnen, oder es handelt sich bei ihnen in Wahrheit um Filmwerke, auf die dann die § 88 ff. UrhG auch angewendet werden können. Im übrigen ist zwar auch bei Multimediaprodukten im allgemeinen mit hohen Produktionskosten zu rechnen, jedoch haben sie dieses Merkmal nicht nur mit Filmwerken gemein[186]. Entsprechendes gilt für § 92 UrhG n.F.
Darüber hinaus erscheint beispielsweise § 88 Abs. 1 UrhG mit seiner Unterscheidung zwischen Vorführfilm und Fernsehfilm[187] kaum geeignet für eine Anwendung auf Multimediawerke mit ihren neuartigen Nutzungstechniken in Form von CD-ROMs oder Datenbankabruf, Interkativität und dergleichen. Der weiterhin besonders umstrittene § 90 UrhG[188] sollte keinesfalls weitergehende Anwendung als unbedingt notwendig finden. Im Rahmen dieser Gesamtkonzeption besteht dann auch kein Anlaß, allein noch § 91 UrhG über die Rechte an Einzelbildern auf Multimediawerke oder auch nur auf deren Bewegtbildpassagen anzuwenden. Sämtliche Fragen können in diesem Zusammenhang auch vertraglich gelöst werden.
Als Ergebnis empfiehlt es sich, so zu verfahren, wie auch zur Frage der Urheberschaft[189]: Bei einer Einbeziehung der Multimediawerke in § 2 Abs. 1 Nr. 6 UrhG wäre der bisherige Wortlaut der §§ 88 ff. UrhG beizubehalten und in der Gesetzesbegründung klarzustellen, daß diese Bestimmungen auf die Vertragsverhältnisse an und bezüglich Multimediawerken als solchen nicht anzuwenden sind.

d) *Besondere vertragsrechtliche Regelungen für Multimediawerke?*

Mit einer Verneinung der Anwendbarkeit der §§ 88 ff. UrhG auf Multimediawerke ist auch bereits eine Vorentscheidung für diese letzte Frage gefallen. Es ist kein Gesichtspunkt ersichtlich, warum den Anforderungen an die Nutzung solcher Werke nicht mit klaren vertraglichen Vereinbarungen und hilfsweise mit den allgemeinen Regeln, insbesondere mit § 31 Abs. 4 und 5 UrhG, ent-

185 S. dazu Schricker/Katzenberger, § 89, Rdnr. 1.
186 S. zu diesem Argument für den besonderen Schutz der Hersteller von Filmwerken Schrikker/Katzenberger, Vor §§ 88 ff., Rdnr. 1.
187 § 88 Abs. 1 Nr. 3, 4 UrhG.
188 S. Schricker/Katzenberger, Vor §§ 88 ff., Rdnr. 38, § 90, Rdnr. 2.
189 S. oben 2. Teil III 1 d.

sprochen werden könnte. Hinzu kommen Bedenken z.B. gegen weitreichende Vermutungen für Rechtseinräumungen von seiten der Urheber und ausübenden Künstler an den Multimediaproduzenten aus der Sicht der europäischen Vermietrechtsrichtlinie, wenn man der Auffassung folgt, daß diese solche Vermutungen nur in bezug auf Filmproduktionsverträge zuläßt[190]. Auch der rechtsvergleichende Überblick[191] legt kein anderes Ergebnis nahe. Nur in Japan sind vorläufige Überlegungen in bezug auf das gesetzliche Vertragsrecht bei Multimediawerken angestellt worden[192].

e) *Besondere vertragsrechtliche Regelungen für Multimediawerke in bezug auf Arbeitnehmer- und Auftragswerke?*

Aus denselben Gründen wie zur Frage der Rechtsinhaberschaft[193] ist es auch aus vertragsrechtlicher Sicht nicht empfehlenswert, für Multimediawerke von den herkömmlichen Regeln über die Rechtseinräumung an Arbeit- und Auftraggeber zu Lasten der Arbeitnehmer-Urheber und beauftragter Urheber abzuweichen. Insbesondere enthält die gegenwärtige Fassung des § 43 UrhG eine flexible Regelung, die es ermöglicht, unterschiedlichen Verhältnissen jeweils in angemessener Weise gerecht zu werden.

IV. *Vorschläge für eine Anpassung des deutschen UrhG*

1. Die Einführung von gesetzlichen Lizenzen, Zwangslizenzen oder einer allgemeinen Verwertungsgesellschaftenpflicht zugunsten der digitalen und multimedialen Nutzung bestehender Werke und Leistungsergebnisse ist nicht zu empfehlen.
2. Zu empfehlen ist jedoch die gesetzliche Einführung einer Verwertungsgesellschaftenpflicht in bezug auf die ausschließlichen Rechte zur elektronischen, vollinhaltlichen und unter dem Titel der Originalprintausgaben erfolgenden elektronischen Nutzung von Beiträgen zu Zeitungen, Zeitschriften und anderen Sammelwerken, soweit es sich um Publikationen handelt, die vor Bekanntwerden dieser Nutzung erschienen sind. Von dieser Regelung sollten Beiträge angestellter Autoren der Zeitungs- und Zeitschriftenverlage ausgenommen werden.

190 S. oben II 2 bb.
191 Oben II 3.
192 S. oben II 3 b.
193 S. oben 2. Teil III 2 c.

3. Auf Filmwerke sollte die Regelung nicht erstreckt werden. Dasselbe gilt für andere Werke und für Leistungsergebnisse, auch wenn sie Teil von Bildarchiven oder Archiven der Tonträgerhersteller oder Sendeunternehmen sind.
4. Bei einer Gleichstellung von Multimediawerken mit Filmwerken oder einer Zusammenfassung dieser Kategorien von Werken unter dem Begriff der audiovisuellen Werke sollten die §§ 88 ff. UrhG (auch) in vertragsrechtlicher Hinsicht auf Filmwerke beschränkt bleiben.
5. Neuer vertragsrechtlicher Regelungen für Multimediawerke bedarf es nicht.
6. Dies gilt auch im Hinblick auf Arbeitnehmer- und Auftragswerke für Multimediaproduzenten.

7. Teil: Verwandte Schutzrechte

A. *Schutzgegenstände verwandter Schutzrechte*

I. *Problemstellung*

Im Zusammenhang mit der Bedeutung neuer Technologien für die Schutzgegenstände verwandter Schutzrechte sind bisher vor allem zwei Probleme diskutiert worden: die digitale Herstellung von Bild- oder Tonträgern, ohne daß klingende Töne oder sichtbare Bilder aufgenommen werden, sowie die Schutzfähigkeit von Teilen von Darbietungen ausübender Künstler und von Bild- oder Tonträgern. Letztere Frage ist insbesondere bedeutsam für das Sampling, gerade im Bereich der Tonaufnahmen.

Das zuerst genannte Problem betrifft die Frage, welche Auswirkungen die Möglichkeit, Ton- und Bildaufnahmen digital herzustellen, ohne daß je Töne erklungen sind oder Bilder sichtbar waren, auf den Begriff des Tonträgers bzw. Bild- oder Bild- und Tonträgers hat. Die digitale Technologie ermöglicht es, »Töne« und »Bilder« auf materielle Träger festzulegen, die vor der Festlegung nie hörbar bzw. sichtbar waren. So kann man elektronisch aufgezeichnete Töne oder Tonfolgen am Computer digital verändern oder diese als Grundlage für eine neue Komposition nutzen und im folgenden diese geänderte oder neu hergestellte Fassung digital aufzeichnen. Aufgezeichnet werden dabei nicht etwa (klingende) Töne, sondern nur deren (nie gehörte) digitale Verkörperungen. Töne mit neuer Klangfarbe oder auch neue Tonfolgen können also aufgrund eines Ton-Datenbestandes und eines Computerprogramms unmittelbar in kodierter Form hergestellt werden, wie es etwa beim Synthesizer praktiziert wird. Vergleichbare Möglichkeiten bestehen im Bereich des Bildes: Sowohl Einzelbilder als auch bewegliche Bilder, also Filme können am Computer hergestellt werden, ohne daß es sich dabei um eine »Abbildung« der Realität, also um eine Aufzeichnung sichtbarer Bilder, handelt. Es fragt sich nun, ob der Begriff des Tonträgers bzw. Bild- oder Bild- und Tonträgers im Recht der verwandten Schutzrechte auf die traditionellen Aufzeichnungen von Tönen bzw. Bildern beschränkt ist und eventuell erweitert werden muß (s. zum Parallelproblem beim Werkbegriff oben 1. Teil III 1 c) aa)).

Das zweite Problem, inwieweit Teile von Schutzgegenständen verwandter Schutzrechte schutzfähig sind, ist aus rechtlicher Sicht nicht neu (s. zum Parallelproblem beim Werkbegriff oben 1. Teil III 2). So wurden schon bisher

z. B. Ausschnitte aus Tonaufnahmen oder Darbietungen für die verschiedensten Zwecke verwertet. Das Problem hat allerdings durch die digitale Technologie eine neue Dimension erfahren. Diese Technologie ermöglicht es, kleinste Teile, bis hin zu einem Ton, aus einer Aufnahme herauszulösen und auf verschiedene Weise zu verwerten, etwa als Grundlage für neue Kompositionen oder als Bereicherung vorhandener Aufnahmen. Diese Möglichkeiten werden meist unter dem Begriff »Sampling« zusammengefaßt. Dieser Begriff wird in unterschiedlicher Weise verwendet. So spricht man vom Einzeltonsampling, bei dem entweder einzelne Töne live gespielt und aufgezeichnet oder von einer vorbestehenden Aufnahme abgenommen werden; dagegen werden beim Tonfolgensampling ganze polyphone Tonfolgen digital aufgezeichnet; dabei sind die Veränderungsmöglichkeiten weniger weitreichend als beim Einzeltonsampling[1].

Meist wird nicht nur eine solche Tonaufzeichnung selbst als Sampling bezeichnet, sondern auch die nachfolgenden Handlungen. So können z. B. einzelne Töne vervielfältigt und dabei in der Tonhöhe, Klangfarbe, in der Art des Vibratos, in der Lautstärke oder im Hall verändert und aneinandergereiht werden, so daß eine neue Komposition bei der Aufnahme entsteht. Tonfolgen bis hin zu einer Ausdehnung von mehreren Takten können »geloopt«, also fortlaufend wiederholt werden. Eine andere Möglichkeit, Samples zu verwerten, besteht darin, sie in vorhandene Musikaufnahmen zu integrieren. Dies ist etwa für den Produzenten eines Stückes ganz besonders interessant, wenn er den Sound eines Erfolgshits übernehmen möchte, damit sein Stück diesem möglichst ähnlich ist. Auch werden gerne charakteristische und wiedererkennbare Klänge berühmter Künstler übernommen, wie etwa der Klang der charakteristischen Schnarrsaite von Phil Collins, das Kreischen von James Brown oder auch das schreiende »Whoa« von Bruce Springsteen. Im Bereich des Bildes dürfte die Übernahme und weitere Verwertung kleinster Teile in der Praxis eher bei Lichtbildern als bei bewegten Bildern, also Filmen, von Bedeutung sein.

Die Übernahme kleinster Teile stellt zunächst eine Vervielfältigung dar; im weiteren Lauf der Verwertung sind auch weitere Rechte, z. B. diejenigen der Verbreitung oder der Sendung, betroffen. Dabei ist allein die Frage relevant, inwieweit Teile geschützter Leistungen schutzfähig sind, also wie klein Teile sein dürfen, um noch vom Schutzrecht erfaßt zu werden.

1 S. dazu *Köhn*, Die Technisierung der Popmusikproduktion – Probleme der »Kleinen Münze« in der Musik, ZUM 1994, 278, 279 f.

II. *Internationales, europäisches und ausländisches Recht*

1. *Internationales Recht*

a) *Rom-Abkommen, GTA, TRIPs-Übereinkommen*

Sowohl Art. 3 b) Rom-Abkommen als auch Art. 1 a) GTA definieren den Begriff »Tonträger« als »jede ausschließlich auf den Ton beschränkte Festlegung der Töne einer Darbietung oder anderer Töne«. Es ist offensichtlich, daß die digitale Technologie 1961 wie auch 1971 noch nicht berücksichtigt werden konnte. Allerdings erscheint die zitierte Definition so beschränkt, daß sie dem neuen, oben beschriebenen Phänomen der Aufzeichnung digitaler Verkörperungen von Tönen nicht gerecht werden kann. Versteht man entsprechend dem allgemeinen Sprachgebrauch das Wort »Ton« als eine hörbare Schwingung, so ist die genannte Definition auf die herkömmliche Aufzeichnung von (hörbaren) Tönen beschränkt und erfaßt nicht die Aufzeichnung digitaler Verkörperungen von Tönen.

Das TRIPs-Übereinkommen enthält keine Definition des Tonträgers. Auch integriert es Art. 3 b) Rom-Abkommen, anders als Vorschriften der RBÜ[2], nicht; der Verweis in Art. 1 Abs. 3 Satz 2 TRIPs-Übereinkommen bezieht sich nur auf Art. 4 bis 6 Rom-Abkommen, also auf die Anknüpfungspunkte für die Inländerbehandlung. Art. 2 Abs. 2 TRIPs-Übereinkommen stellt nur klar, daß das Rom-Abkommen unberührt bleibt, also die sich darauf gründenden Verpflichtungen der Mitglieder untereinander nicht außer Kraft gesetzt werden. Allein im Titel von Art. 14 TRIPs-Übereinkommen könnte man einen Hinweis darauf sehen, daß der Begriff »Tonträger« ähnlich wie im Rom-Abkommen und im GTA verstanden werden soll: Art. 14 betrifft den »Schutz von ... Herstellern von Tonträgern (Tonaufnahmen) ...«. Das Wort »Tonaufnahmen« bezeichnet Aufnahmen von »Tönen«, also hörbaren Schwingungen. Allerdings sollte die Hinzufügung des Begriffs »Tonaufnahmen« nicht überbewertet werden, da sie vermutlich dadurch zu erklären ist, daß der aus dem Rom-Abkommen entlehnte Begriff »Phonograms« in der originalen, englischen Fassung zur Klarstellung durch den im amerikanischen Recht verwendeten Begriff »Sound Recordings« ergänzt werden sollte.

In bezug auf die Schutzfähigkeit von Teilen geschützter Leistungen enthält keiner der drei genannten internationalen Verträge irgendeine Bestimmung oder auch nur einen Hinweis. Man darf jedoch annehmen, daß der Schutz von Teilen solcher Leistungen nicht ausgeschlossen werden sollte. Es kommt da-

2 Art. 9 Abs. 1 TRIPs-Übereinkommen verpflichtet die Mitglieder, Art. 1 bis 21 mit Ausnahme von Art. 6bis RBÜ zu befolgen.

her wiederum auf die Definition der geschützten Leistung an. Der Wortlaut der Definition des »Tonträgers« im Rom-Abkommen und im GTA impliziert, daß sogar die Festlegung von nur zwei Tönen ein Tonträger sein kann und daher ein einzelner Ton ein Teil des Tonträgers. Demnach dürfte zumindest der Wortlaut nicht gegen die Schutzfähigkeit der Aufnahme eines einzelnen Tones als Teil einer Tonaufnahme sprechen. Inwieweit ein solcher Schutz durch den Zweck des Tonträgerschutzes gedeckt oder nicht gedeckt ist, ist aus dem Rom-Abkommen und dem GTA im einzelnen nicht ersichtlich. Ein genaues Ergebnis kann auch in bezug auf den Schutz von Teilen von Darbietungen ausübender Künstler nicht festgestellt werden. Zwar kann man aus der Definition des ausübenden Künstlers gemäß Art. 3 a) Rom-Abkommen mittelbar schließen, daß die Darbietung beispielsweise in der Aufführung, im Vortrag oder auch im Spiel von Werken der Literatur oder Kunst besteht; Art. 9 Rom-Abkommen erlaubt es allerdings, den Schutz auf solche Darbietungen zu erweitern, die keine Werke betreffen.

b) *Reformarbeiten im Rahmen von WIPO*

Der mögliche neue internationale Vertrag zum Schutze der Rechte der ausübenden Künstler und Hersteller von Tonträgern (im folgenden »Neues Instrument« genannt), der ein Gegenstand der für Dezember 1996 in Genf einberufenen Diplomatischen Konferenz über bestimmte Fragen des Urheberrechts und der verwandten Schutzrechte sein soll, sieht in Anlehnung an die legislative Technik des Rom-Abkommens einen Katalog von Definitionen, u. a. des ausübenden Künstlers und des Tonträgers, vor[3]. Auf das oben unter I. zuerst genannte Problem hatte die WIPO schon in der ersten Sitzung des Sachverständigenausschusses zum »Neuen Instrument« aufmerksam gemacht und dazu eine Lösung vorgeschlagen[4], die in etwas veränderter Form in das »Basic Proposal« übernommen wurde. Demzufolge wird ein Tonträger definiert als »the fixation of the sounds of a performance or of other sounds, or of a representation of sounds; an audiovisual fixation, the representation of sounds and images or the sound part of either is not a phonogram«. Im Vergleich zur Definition des Rom-Abkommens und des GTA wurde also zur Festlegung von Tönen die Festlegung von Verkörperungen (»representations«) von Tönen hinzugefügt[5]. Dadurch sollen auch solche Tonträger, die ohne eine Aufzeichnung von (hörbaren) Tönen entstehen, unter den Schutz des Vertrages fallen. Um technik-neutral und damit offen für mögliche künf-

3 Art. 2 a) und b) des »Basic Proposal«, WIPO-Dokument CRNR/DC/5 vom 30.8.1996.
4 Committee of Experts on a Possible Instrument on the Protection of the Rights of Performers and Producers of Phonograms, First Session, Copyright 1993, 142, 147 (Ziff. 28 b).
5 Diese Hinzufügung wurde in alle relevanten Definitionen aufgenommen.

tige, technische Weiterentwicklungen zu bleiben, wurde der Vorschlag nicht auf »*digital* representations« (Hervorhebung durch die Verf.) beschränkt.
In bezug auf den Schutz von Teilen von Tonträgern und Darbietungen ausübender Künstler ist grundsätzlich nichts anderes zu sagen als unter a) im Zusammenhang mit dem Rom-Abkommen; die Definition des ausübenden Künstlers ist diesem Abkommen gegenüber nur auf die Darbietung von Folklore erweitert. Ursprünglich war von der WIPO vorgeschlagen worden, eine Definition der Vervielfältigung eines Tonträgers aufzunehmen, derzufolge ausdrücklich die teilweise Herstellung einer Kopie erfaßt sein sollte[6]. Das »Basic Proposal« enthält zwar keine Definition der Vervielfältigung und erwähnt die teilweise Vervielfältigung auch nicht im Rahmen des Vervielfältigungsrechts des ausübenden Künstlers und Tonträgerherstellers; dies wurde allerdings als überflüssig angesehen[7]. Eine solche Klarstellung, daß auch die teilweise Vervielfältigung eines Tonträgers in das Recht des ausübenden Künstlers und Tonträgerherstellers eingreift, hätte allerdings für das besondere Problem des Sampling, bei dem es gerade um die Frage geht, wie klein der vervielfältigte Teil noch sein darf, nicht genügend Klarheit erbracht. Auch aus den Arbeiten im Rahmen der WIPO können also keine konkreten Schlußfolgerungen gezogen werden.

2. *Europäisches Recht*

a) *EG-Richtlinien*

Die Vermietrichtlinie, die in Kap. II die wichtigsten verwandten Schutzrechte harmonisiert, hat den Begriff des Tonträgers und des ausübenden Künstlers bzw. der Darbietung nicht definiert. Dasselbe gilt für die Kabel- und Satellitenrichtlinie, die in ihrem Art. 4 in bezug auf die Rechte der ausübenden Künstler, Tonträgerhersteller und Sendeunternehmen nur auf die einschlägigen Vorschriften der Vermietrichtlinie verweist. Auch wenn das Kapitel über die verwandten Schutzrechte der Vermietrichtlinie in vieler Hinsicht an die Bestimmungen des Rom-Abkommens angelehnt ist, so wurden doch dessen Definitionen nicht ausdrücklich übernommen. Damit schließt der Begriff des Tonträgers die von der WIPO vorgeschlagenen Hinzufügungen zumindest nicht aus; der Wortlaut »Tonträger« erscheint weit genug, um auch der vorgeschlagenen WIPO-Definition gerecht zu werden.
Die Tatsache, daß im Rat über dieses Problem nicht gesprochen wurde, darf nicht überbewertet werden, da der EuGH die historische Auslegung regel-

6 Der relevante Teil der Definition lautete: »Reproduction of a phonogram is the making of a copy, in whole or in part, . . .«, s. Committee of Experts, a.a.O., S. 147, Ziff. 28 f.
7 S. dazu insbesondere Ziff. 7.13 des »Basic Proposal«.

mäßig nicht in Betracht zieht. Der Zweck der Richtlinie, insbesondere ein hohes Schutzniveau mit dem Ziel der Pirateriebekämpfung vorzusehen, spricht eher dafür, daß alle Tonträger unabhängig von der Art und Weise ihrer Herstellung zu schützen sind[8]. Dieses Ergebnis geht allerdings nicht eindeutig aus dem Wortlaut der Richtlinie hervor. Dasselbe gilt für den Schutz des Filmherstellers nach Art. 2 Abs. 1 vierter Gedankenstrich, der sich auf die Aufzeichnung eines »Filmes« bezieht, also eines Filmwerkes oder von Laufbildern; auch hier ist zumindest genügend Raum für eine weite Auslegung gegeben. Ob diese die einzig mögliche ist, ist nicht absolut sicher.
Auch das Problem des Schutzes von Teilen geschützter Leistungen ist in der einschlägigen Vermietrichtlinie nicht angesprochen. Selbst wenn man davon ausgehen kann, daß grundsätzlich auch Teile von solchen Leistungen zu schützen sind, gibt die Richtlinie doch keinen Aufschluß über die Frage, wie klein die Teile sein dürfen, um noch schutzfähig zu sein.

b) *Grünbuch Urheberrecht und verwandte Schutzrechte in der Informationsgesellschaft*

Die beiden unter I. beschriebenen Probleme haben in das sich auf Probleme grundsätzlicher Art beschränkende Grünbuch keinen Eingang gefunden.

3. *Ausländisches Recht*

In den in diesem Gutachten herangezogenen Berichten, Grün- und Weißbüchern und anderen offiziellen Dokumenten aus den USA, Japan, Frankreich, Kanada und Australien finden sich keine Ausführungen zu den unter I. genannten Problemen. In bezug auf das Recht der Mitgliedstaaten der EG ist festzustellen, daß zahlreiche Mitgliedstaaten die auf die Festlegung von »Tönen« beschränkte Definition des Tonträgers aus dem Rom-Abkommen übernommen haben (z. B. das Vereinigte Königreich, Spanien, Portugal und Frankreich), andere dagegen keine Definitionen oder solche vorsehen, die nicht in dieser Weise beschränkt sind.
In bezug auf den Schutz von Teilen geschützter Leistungen, insbesondere das Sampling, sind keine detaillierten gesetzlichen Vorschriften aufzufinden; auch die Rechtsprechung zu diesem Thema ist in den Mitgliedstaaten äußerst dünn gesät. So erwähnen die Gesetze vieler Mitgliedstaaten die »Teile« bei der Vervielfältigung nicht, obwohl allgemein angenommen wird, daß auch die

8 Eine andere Frage ist, ob die Herstellerleistung im Einzelfall derjenigen Leistung bei einer traditionellen Tonaufnahme zu vergleichen und daher schutzwürdig ist. Diese Frage ist im Zusammenhang mit der Rechtsinhaberschaft des Tonträgerherstellers zu erörtern.

Vervielfältigung von Teilen dem Recht der Inhaber der verwandten Schutzrechte unterliegt.
Andere Gesetze erwähnen ausdrücklich die teilweise Vervielfältigung und setzen zum Teil das Vorliegen eines »wesentlichen Teils« voraus (z. B. Vereinigtes Königreich). Die britische Rechtsprechung hat Teile von Werken (einschließlich von Filmwerken, deren Urheber zumindest auch die Produzenten sind, so daß ein Vergleich mit dem Leistungsschutzrecht des Filmherstellers denkbar ist) dann als wesentlich angesehen, wenn sie in qualitativer (und nicht quantitativer) Hinsicht bei einem Vergleich zwischen dem entnommenen Teil und dem Werk, aus dem der Teil entnommen wurde, wesentlich sind. Oft wird die Vermutung »what ist worth copying is prima facie worth protecting« angewandt. Auch ist schon die Absicht hinter der Vervielfältigung eines Teiles berücksichtigt worden: Wenn eine solche Vervielfältigung Arbeit oder Kosten sparen sollte, wurde sie als die Vervielfältigung eines wesentlichen Teiles angesehen. Auch werden Teile nach der britischen Rechtsprechung dann als wesentlich angesehen, wenn der Vervielfältiger mit dem Inhaber des Copyright am benutzten Werk in einer Wettbewerbsbeziehung steht. Im Einzelfall ist nach der Rechtsprechung schwer vorher zu sagen, wann ein Teil als »wesentlich« angesehen wird.
Unter Geltung des Copyright Act 1956, der den Film als eine Folge von sichtbaren Bildern definierte, wurde entschieden, daß selbst ein einzelnes Filmbild ein wesentlicher Teil des Filmes sei, da selbst eine Folge von zwei Filmbildern nach der genannten Definition einen Film darstelle[9]. Obwohl bisher Rechtsprechung in bezug auf Tonträger und Darbietungen nicht vorliegt, ist anzunehmen, daß dieselben Grundsätze zumindest auch für Tonträger gelten, da solche nach dem britischen Recht »copyright works« sind.

III. *Die Lage nach dem deutschen Urheberrechtsgesetz*

1. *Begriffe der relevanten Schutzgegenstände*

Der Hersteller eines Tonträgers ist gemäß §§ 85, 86 UrhG für seine Herstellerleistung geschützt. Eine Legaldefinition des Tonträgers findet sich in § 16 Abs. 2 UrhG; diese gilt für das gesamte Gesetz, also auch für den Teil über verwandte Schutzrechte[10]. Nach dieser Definition ist ein Tonträger eine Vorrichtung zur wiederholbaren Wiedergabe von Tonfolgen. Berücksichtigt man

9 Spelling Goldberg Productions Inc. v. BPC Publishing Ltd., [1981] RPC 283, 296.
10 Amtliche Begründung BT-Drucks. IV/270 S. 47.

allein diese Definition des Tonträgers, so kommt es auf die Art und Weise der Herstellung desselben nicht an; maßgeblich ist nur das Ergebnis, nämlich daß Tonfolgen von dieser Vorrichtung wiederholt wiedergegeben werden können. Dies ist auch bei Tonträgern der Fall, die ohne Aufzeichnung von (hörbaren) Tönen, allein mittels digitaler oder auch anderer Technologie hergestellt werden. Fraglich ist jedoch, inwieweit im Rahmen des Tonträgerherstellerschutzes auch die Definition des Art. 3 b) Rom-Abkommen herangezogen werden muß. Zwar sollten mit dem UrhG 1965 auch die Verpflichtungen aus dem 1961 unterzeichneten Rom-Abkommen erfüllt werden, so daß dieses bei der Auslegung des deutschen Gesetzes mit zu berücksichtigen ist; jedoch bedeutet dies nicht, daß der Schutz des deutschen Gesetzes nicht über denjenigen des Rom-Abkommens hinausgehen könnte. Anders als EG-Richtlinien hat das Rom-Abkommen keine Harmonisierung, sondern nur die Verpflichtung zu einem Mindestschutz zum Ziel. Eine Definition des Tonträgers, die einen weitergehenden Sachverhalt als denjenigen nach dem Rom-Abkommen erfaßt, ist also jedenfalls mit dem Rom-Abkommen vereinbar. Angesichts des eindeutigen Wortlauts des § 16 Abs. 2 UrhG und der eindeutigen Aussage der amtlichen Begründung zu dessen Geltung für das gesamte Urheberrechtsgesetz ist auch kein Grund ersichtlich, aus dem der Begriff des Tonträgers im Zusammenhang mit den §§ 85/86 UrhG eng, nämlich i.S.v. Art. 3 b) Rom-Abkommen auf die Festlegung von »Tönen« beschränkt, auszulegen wäre. Eine andere Frage ist, ob die Herstellerleistung im Einzelfall schutzwürdig, also vom Schutzzweck des Tonträgerherstellerrechts erfaßt ist. Diese Frage ist im Zusammenhang mit der Rechtsinhaberschaft zu erörtern[11].
Der Schutz des Filmherstellers nach §§ 94, 95 UrhG bezieht sich auf den Bildträger oder Bild- und Tonträger, auf den das Filmwerk bzw. nicht geschützte Bildfolgen und Bild- und Tonfolgen aufgenommen sind. Der Bildträger oder Bild- und Tonträger ist wie der Tonträger in § 16 Abs. 2 UrhG mit Wirkung für das gesamte Gesetz als eine Vorrichtung zur wiederholbaren Wiedergabe von Bild- oder Tonfolgen definiert. Wiederum kommt es nur auf das Ergebnis, nämlich die wiederholbare Wiedergabe der Bild- oder Tonfolgen an, nicht jedoch auf die Art und Weise der Herstellung des Bild- bzw. Bild- und Tonträgers. Auch sonst ergibt sich weder aus § 94 UrhG noch aus § 95 UrhG, daß das auf den Träger Aufgenommene in zuvor sichtbaren Bildern bzw. Bildfolgen bestehen müßte. Zwar ergibt sich aus dem Zusammenspiel von §§ 95 und 94 Abs. 1 UrhG, daß »Bildfolgen und Bild- und Tonfolgen« unabhängig davon, ob sie als Filmwerke geschützt sind, aufgenommen werden müssen; es muß sich also jedenfalls um Folgen von »Bildern« handeln. Anders als bei den §§ 85/86 UrhG, die nicht von der Aufnahme von Tonfolgen sprechen, setzt der Wortlaut von § 95 und § 94 i.V.m. § 95 UrhG die Aufnahme von Bil-

11 S. unten, 7. Teil, B.

dern, also von etwas Sichtbarem im Gegensatz zu bloßen Daten, die zur Wiedergabe von Bildern führen können, voraus. Jedoch ist der Schutzzweck des Filmherstellerrechts zu bedenken: Der Filmhersteller soll für den besonderen unternehmerischen Aufwand der Herstellung von Bildträgern oder Bild- und Tonträgern geschützt werden[12]. Angesichts dieses Schutzzweckes kommt es nicht darauf an, ob die Herstellung des Bildträgers aufgrund sichtbarer Bilder oder aufgrund von besonderen Computerprogrammen erfolgt ist. Das Wort »Bildfolgen« wäre dementsprechend im weiteren Sinne als Folgen von vor der Aufzeichnung nicht notwendigerweise sichtbaren Bildern bzw. als Folgen von in Form von Daten verkörperten Bildern zu verstehen. In Übereinstimmung mit dieser Auslegung ist auch schon die Nachkolorierung alter Schwarzweißfilme als Filmherstellung i.S.d. § 94 UrhG angesehen worden, da der Filmbegriff des UrhG so weit sei, daß im Hinblick auf § 94 UrhG daran kein Zweifel bestehen könne[13].
Im Hinblick auf die Begriffe der Tonträger und Bild- bzw. Bild- und Tonträger im Rahmen des Leistungsschutzes nach §§ 85/86 und 94/95 UrhG sind keine Änderungen des deutschen UrhG notwendig, um auch die Herstellung von Ton- bzw. Bildaufnahmen zu erfassen, die nicht aufgrund von zuvor hörbaren Tönen bzw. sichtbaren Bildern entstehen.

2. *Schutzfähigkeit von Teilen*

a) *Darbietungen ausübender Künstler*

§§ 73 ff. UrhG gewähren dem ausübenden Künstler ein verwandtes Schutzrecht an seiner Darbietung. Die Definition des ausübenden Künstlers in § 73 UrhG ist für die Gewährung dieses Schutzes entscheidend; wer nicht ausübender Künstler i.S. dieser Vorschrift ist, kann den Schutz der §§ 73 ff. UrhG nicht beanspruchen. Als ausübender Künstler ist demnach geschützt, »wer ein Werk vorträgt oder aufführt oder bei dem Vortrag oder der Aufführung eines Werkes künstlerisch mitwirkt«. Diese Tätigkeit wird in den §§ 74 ff. UrhG mit dem Oberbegriff »Darbietung« bezeichnet. Obwohl im Zusammenhang mit den einzelnen Rechten des ausübenden Künstlers nur die »Darbietung«, nicht jedoch ausdrücklich »Teile der Darbietung« genannt werden, ist es unbestritten, daß der Rechtsschutz des ausübenden Künstlers auch in bezug auf Darbietungsteile besteht.

12 *Schricker/Katzenberger*, § 94 Rdnr. 5 und 7.
13 *Schricker/Katzenberger*, § 94 Rdnr. 15 unter Hinweis auf den vergleichbaren Fall der Neuproduktion von Filmen aufgrund von Computerprogrammen, sowie von Zeichentrickfilmen. Ebenso *Fromm/Nordemann*, § 94 Rdnr. 10.

Voraussetzung einer Darbietung ist insbesondere, daß ein »Werk« vorgetragen oder aufgeführt bzw. dabei künstlerisch mitgewirkt wird. Das Werk selbst braucht nur schutzfähig, nicht aber geschützt zu sein; auch die Darbietung gemeinfreier Werke oder im Inland nicht geschützter, ausländischer Werke begründet den Schutz des ausübenden Künstlers. Werden nun Teile der Darbietungen verwertet, so sind sie unbestritten dann geschützt, wenn ihnen selbst schutzfähige Werkteile zugrunde liegen. Dagegen wird die für den Fall des Ton-Sampling relevante Frage, ob auch Teile von Darbietungen, denen schutzunfähige Werkteile zugrunde liegen, von dem verwandten Schutzrecht des ausübenden Künstlers erfaßt sind, unterschiedlich beurteilt. Zum Teil wird nah am Wortlaut dahingehend argumentiert, daß die Darbietung grundsätzlich ein schutzfähiges Werk, und dementsprechend ein geschützter Teil einer Darbietung auch einen schutzfähigen Werkteil betreffen muß, so daß gerade das Ton-Sampling, also das Vervielfältigen einzelner Töne oder Tonfolgen, nicht vom Rechtsschutz des ausübenden Künstlers erfaßt wäre; diese Schutzlücke muß demnach mit dem allgemeinen Persönlichkeitsrecht oder wettbewerbsrechtlichen Ansprüchen gefüllt werden[14]. Dafür kann man neben dem Wortlaut auch den Sinn von § 73 UrhG anführen: Er soll künstlerische Darbietungen, also zumindest Darbietungen oder Teile davon, die eine künstlerische Gestaltung darstellen, schützen[15]; jedenfalls dann, wenn der übernommene Teil nur in einem Ton besteht, dürfte daraus regelmäßig keine künstlerische Gestaltung erkennbar sein. Ein Unterschied zu dem Falle, in dem ein Künstler nur einzelne Töne zum Zwecke der Aufnahme in eine Ton-Datenbank einspielt, ist im Hinblick auf das Leistungsergebnis nicht auszumachen. Letzterer Fall ist aber eindeutig nicht von § 73 UrhG erfaßt, da der dargebotene Teil zumindest einer Werkdarbietung entnommen sein muß. Dieses Beispiel wirft die Frage auf, ob es einen Sinn ergibt, daß § 73 UrhG ausdrücklich die Darbietung eines »Werkes« fordert, wenn sogar die Verwertung einzelner Töne (als schutzunfähige Werkteile) vom Schutz der §§ 73 ff. UrhG erfaßt sein soll.
Dagegen könnte man anführen, daß auch ein Triangelspieler oder Pauker in einem Orchester den Schutz als ausübender Künstler erhält, auch wenn er im Laufe eines Werkes nur einzelne Töne zu spielen hat[16]. Angeführt wird für diese Meinung insbesondere, daß der Schutzgegenstand des Künstlerrechts nicht das dargebotene Werk, sondern die Darbietung selbst sei und es daher nicht darauf ankomme, ob gerade der vom Künstler dargebotene Werkteil die Schutzfähigkeit des Werkes begründet[17]. Rechtsprechung zu der Frage des

14 S. *Hertin* in *Fromm/Nordemann*, § 73 Rdnr. 2 und *Hoeren*, GRUR 1989, 12, wie auch *von Lewinski,* Musik und Multimedia, in: *Lehmann* (Hrsg.), Internet- und Multimediarecht, S. 149, 152.

15 So die h. M., s. *Schricker/Krüger*, § 73 Rdnr. 21 und 23.

16 Dagegen kann man wiederum einwenden, daß eine Ensembleleistung als eine Einheit zu sehen ist und jeder, der bei der Aufführung künstlerisch mitwirkt, unabhängig von seiner Einzelleistung als ausübender Künstler anzusehen ist.

17 *Schricker/Krüger*, § 73 Rdnr. 12 und *Möhring/Nicolini*, § 73 Rdnr. 2.

Schutzes von Darbietungsteilen, die schutzunfähige Werkteile betreffen, also insbesondere zum Sampling einzelner Töne, gibt es noch nicht.
Da die Rechtslage, die sich in der Literatur widerspiegelt, nicht ganz klar erscheint, ist zu erwägen, den Schutz des ausübenden Künstlers ausdrücklich auf die Darbietung schutzunfähiger Werkteile zu erstrecken. Im Einklang mit dem entsprechenden rechtspolitischen Argument im Zusammenhang mit der Annahme des UrhG 1965 wäre dabei zu beachten, daß das Ton-Sampling zu einem gewissen Grade die persönlichen Darbietungen von Künstlern verdrängen und daher deren Arbeits- und Verdienstmöglichkeiten einschränken dürfte[18]. Dem möglichen Argument, ein so weitgehender Künstlerschutz hindere die neue Musikproduktion, kann entgegengehalten werden, daß einerseits die Lizenzierung möglich bleibt, andererseits auch mit Zustimmung der Künstler Töne zum Zwecke des Sampling aufgenommen werden können und man für die Musikproduktion nicht auf die Vervielfältigung bestehender Aufnahmen angewiesen ist. Im übrigen erscheint es gerade dort gerechtfertigt, den Künstler gegen die Verwertung seiner Leistung zu schützen, wo – wie sehr oft beim Sampling – solche charakteristischen Klänge verwendet werden, deren künstlerischer Ursprung erkennbar ist. Dabei kann es sich um das charakteristische Timbre einer Gesangsstimme handeln oder auch z. B. um die bekannte Schnarrsaite der Trommel von Phil Collins. Eine solche – je nach Auffassung klarstellende oder ergänzende – Gesetzesänderung sollte im Rahmen von § 73 UrhG vorgenommen werden.

b) *Tonträgerhersteller*

Obwohl die geschützte Leistung des Tonträgerherstellers nicht an das Vorliegen eines Werkes bzw. schutzfähigen Werkteiles gebunden ist, ist auch in bezug auf den Schutz des Tonträgerherstellers im einzelnen unklar, inwieweit er gegen die Verwertung von Teilen des Tonträgers, insbesondere das Sampling, geschützt ist. Unbestritten ist der Grundsatz, daß der Tonträgerhersteller auch für Teile des Tonträgers Schutz genießt. Aus der Legaldefinition des § 16 Abs. 2 UrhG allein kann man allenfalls schließen, daß sich hieraus keine Begrenzung in bezug auf den möglichen kleinsten Teil ergibt; diese Vorschrift steht der Annahme nicht entgegen, daß auch nur einer von vielen aufgenommenen Tönen einen Teil des Tonträgers darstellt[19]. Über ihren Wortlaut hinaus muß allerdings auch der Schutzzweck des Tonträgerherstellerrechts beachtet werden. Dieser wird unterschiedlich beurteilt, so daß für die Schutzfähigkeit von Teilen unterschiedliche Konsequenzen gezogen werden.

18 S. zu diesem Argument *Schricker/Krüger*, vor §§ 73 ff. Rdnr. 8.
19 So haben etwa *Hertin* und *Schorn*, GRUR 1989, 578 ff., 580 sowie *Hertin* in *Fromm/Nordemann*, § 85/86, Rdnr. 8, vertreten, daß auch kleinste Tonelemente eines geschützten Tonträgers bis hin zu Klangfetzen vom Schutz erfaßt sind.

So ist vertreten worden, daß der Schutzzweck nur die Vervielfältigung des Tonträgers als solchen abdeckt[20]. Im übrigen wird meist die im Tonträger verkörperte besondere wettbewerbliche Herstellerleistung, der besondere unternehmerische Aufwand als Schutzgegenstand bzw. Schutzzweck angesehen[21]. Der Tonträgerherstellerschutz ist demnach ein wettbewerbsrechtlicher Sondertatbestand, dessen Schutzumfang insbesondere an der Verhinderung unmittelbarer Leistungsübernahme durch moderne technische Hilfsmittel, vornehmlich der Tonträgerpiraterie, zu orientieren ist[22]. Somit könnte es gerechtfertigt sein, den Tonträgerhersteller auch gegen die unerlaubte Übernahme kleinster Teile des Tonträgers zu schützen, sofern man bereits darin eine schutzfähige Leistung von wettbewerblicher Eigenart erblickt. Auch wenn das aus einem solchen Sampling hervorgehende Produkt nicht unmittelbar mit dem benutzten Tonträger konkurrieren wird, erspart sich jedenfalls derjenige, der die Leistung des Tonträgerherstellers unmittelbar übernimmt, den Produktionsaufwand in bezug auf die Samples und tritt mit dem aufgrund des Samples hergestellten neuen Produkt in eine Wettbewerbsbeziehung zu dem Hersteller des benutzten Tonträgers. Auch ein solcher Tatbestand könnte dann von dem Tonträgerherstellerschutz erfaßt werden.
Enger sah dagegen das OLG Hamburg in der bisher einzigen Entscheidung zum Tonträger-Sampling den Schutzzweck des § 85 UrhG: Die im Tonträger und seiner Vervielfältigung als wirtschaftlicher Wert verkörperte Herstellerleistung werde geschützt, da sonst dem Tonträgerhersteller die mit hohem Aufwand geschaffene Verwertungsmöglichkeit entzogen werden könnte. Die geschützte Position des Tonträgerherstellers werde jedoch nicht meßbar beeinträchtigt, wenn sehr kurze Teile der Klangwiedergabe in Frage stünden. Wie kurz die beurteilten Teile waren, hat das Gericht nicht genau ausgeführt; einmal bezeichnete es sie als »winzige Tonpartikel«, ein anderes Mal als »kurze Tonelemente«. In dem gegebenen Fall sah das Gericht keinen Anlaß, die Grenze festzulegen, von der an eine Entnahme einen solchen Umfang hat, daß das Tonträgerherstellerrecht nach seinem Sinn und Zweck verletzt sei[23].
Gegen einen zu weitgehenden Schutz des Tonträgerherstellers mag auch angeführt werden, daß dieser nicht weiterreichen dürfe als derjenige der Urheber. Dagegen muß man jedoch zugeben, daß ein beim Sampling weiterreichender Schutz des Herstellers im Vergleich zu dem des Urhebers mit dem Wesensunterschied der Schutzgegenstände gerechtfertigt werden kann: Einerseits ist der besondere unternehmerische Aufwand des Tonträgerherstellers zu schützen, andererseits müssen die strengen Voraussetzungen des § 2 Abs. 2 UrhG

20 *Hoeren*, GRUR 1989, 580.
21 S. *Schricker/Vogel*, § 85, Rdnr. 13 und 9 m.w.N.
22 *Schricker/Vogel*, § 85 Rdnr. 19.
23 Beschluß des Hanseatischen Oberlandesgerichts Hamburg vom 18.4.1991, GRUR Int. 1992, 390 f.

für das Vorliegen eines schutzfähigen Werkes gegeben sein. Wenn im übrigen der Tonträgerherstellerschutz u. a. bezweckt, die Amortisierung der Investitionen für den kopierten Tonträger nicht zu gefährden[24], so könnte dieser Schutz als insofern durch die §§ 85/86 UrhG verselbständigt betrachtet werden, so daß das Tonträger-Sampling grundsätzlich als von diesem Schutz erfaßt angesehen werden sollte. Probleme in der Praxis können sich allerdings bei allzu kleinen Teilen im Hinblick auf die Beweisbarkeit der Übernahme ergeben. Angesichts der Argumente pro und contra des zitierten Beschlusses des OLG Hamburg und des Fehlens einer höchstrichterlichen Entscheidung zu dieser Frage muß sie als noch nicht endgültig geklärt angesehen werden. Es sollte auch abgewartet werden, wie sich das Schutzbedürfnis in der Praxis entwikkelt. Eine gesetzliche Regelung wäre derzeit verfrüht.

IV. *Vorschläge für eine Anpassung des deutschen UrhG*

1. *Herstellung von Bild- und Tonträgern ohne Aufzeichnung von hörbaren Tönen und sichtbaren Bildern*

Die einschlägigen Begriffe des Tonträgers und des Bild- bzw. Bild- und Tonträgers im Zusammenhang mit den verwandten Schutzrechten des Tonträgerherstellers und Filmherstellers sind nicht änderungsbedürftig, da sie schon jetzt den Tatbestand der Herstellung solcher Bild- bzw. Tonträger ohne Aufzeichnung zuvor hörbarer Töne und sichtbarer Bilder, allein aufgrund digitaler oder anderer Technologien, erfassen.

2. *Schutzfähigkeit von Teilen*

Die besonders im Rahmen des Ton-Sampling relevante Frage, ob, und wenn ja, inwieweit, Teile von Leistungen ausübender Künstler und von Tonträgerherstellern schutzfähig sind, ist bisher unterschiedlich beantwortet worden. Auch wenn man in beiden Fällen davon ausgeht, daß ein Schutzbedürfnis besteht und der Schutz vielleicht sogar schon *de lege lata* gegeben ist, erscheint zumindest im Falle der Darbietungen ausübender Künstler eine gesetzliche Klarstellung empfehlenswert. Demnach sollten eindeutig auch Darbietungen von nicht schutzfähigen Werkelementen nach den §§ 73 ff. UrhG geschützt sein.

24 Eine solche Gefährdung kann durch das Sampling in der Regel nicht begründet werden.

B. *Rechtsinhaber*

I. *Problemstellung*

Im Zusammenhang mit den Auswirkungen der neuen Technologien auf die verwandten Schutzrechte stellt sich insbesondere die Frage, ob die digitale Umsetzung alter analoger Tonaufnahmen (Re-mastering) diejenige Tätigkeit darstellt, die gleichzeitig den Tonträgerhersteller definiert, nämlich die Herstellung eines Tonträgers. Wenn diese Frage bejaht wird, so führt dies dazu, daß ein neuer Schutz für den durch Re-mastering behandelten Tonträger begründet wird.
Das digitale Re-mastering alter analoger Tonaufnahmen ist heute eine gängige Praxis. Dabei werden analoge Aufnahmen nicht nur in digitaler Qualität vervielfältigt, sondern gleichzeitig von störenden Nebengeräuschen befreit und, falls notwendig, klanglich verbessert. Die Tonträgerindustrie kann nur daran interessiert sein, das digitale Re-mastering als Tonträgerherstellung ansehen und damit aus einer künstlich erscheinenden Schutzverlängerung um weitere 50 Jahre Nutzen ziehen zu können.

II. *Internationales, europäisches und ausländisches Recht*

1. *Internationales Recht*

a) *Rom-Abkommen, GTA, TRIPs-Übereinkommen*

Art. 3 c) Rom-Abkommen und Art. 1 b) GTA definieren den »Hersteller von Tonträgern« als »die natürliche oder juristische Person, die erstmals[25] die Töne einer Darbietung oder andere Töne festlegt«. Das TRIPs-Übereinkommen enthält keine Definition des Tonträgerherstellers und verweist diesbezüglich auch nicht auf das Rom-Abkommen oder das GTA[26]. Bei dem Rom-Abkommen und dem GTA muß es sich also jedenfalls um eine erstmalige Tonaufzeichnung handeln. Fraglich ist also, ob das digitale Re-mastering infolge der eventuellen klanglichen Verbesserungen und der Digitalisierung zu einer gegenüber der alten, analogen Aufnahme neuen Aufnahme wird und da-

25 In Art. 1 b) GTA lautet der Wortlaut: »zum ersten Mal«.
26 S. dazu schon oben, A. II. 1. a).

mit Ergebnis der »erstmaligen« Tonfestlegung ist. Dies wird man verneinen müssen, da keine neuen Töne festgelegt werden, sondern nur störende Geräusche entfernt werden und die Klangqualität verbessert wird[27].

b) *Reformarbeiten im Rahmen von WIPO*

Art. 2 (d) des als Grundlage der Verhandlungen bei der Diplomatischen Konferenz im Dezember 1996 dienenden »Basic Proposal« definiert den Hersteller eines Tonträgers als »the person or the legal entity, who or which first fixes the sounds of a performance or other sounds, or the representations of sounds«. Im Vergleich zur Definition des Rom-Abkommens und des GTA ist also nicht die erste Festlegung von Tönen, sondern auch diejenige von (digitalen oder anderen) Verkörperungen von Tönen die Herstellung eines Tonträgers. Diese Ergänzung der Definition des Rom-Abkommens ist gleichzeitig eine Folgeänderung der Ergänzung der Definition des »Tonträgers« in Art. 2 b) »Basic Proposal«. Der Grund für die dortige Ergänzung der Definition des Rom-Abkommens um die Festlegung von Verkörperungen (»representations«) von Tönen wurde schon erläutert[28]. Damit soll der Tatsache Rechnung getragen werden, daß durch die digitale Technologie festgelegte Töne am Computer verändert und in Form dieser Veränderung aufgezeichnet werden können, ohne daß diese veränderten »Töne« vorher erklungen sind, also »Töne« waren. Die entsprechende Änderung der Definition des Tonträgerherstellers im »Basic Proposal« erscheint auf den ersten Blick also nichts weiter als konsequent.
Betrachtet man diese Definition jedoch näher, so scheint sie das erstmalige Re-mastering als eine Tonträgerherstellung zu erfassen: Sie sieht denjenigen als Hersteller eines Tonträgers an, der erstmals digitale oder andere Verkörperungen (»representations«) von Tönen aufzeichnet. Dies geschieht auch bei der Digitalisierung alter analoger Aufnahmen, so daß das Re-mastering demnach als Tonträgerherstellung einen neuen 50jährigen Schutz für die Hersteller auslösen würde[29]. Zwar ergibt sich aus den Erläuterungen zu der im »Basic Proposal« vorgeschlagenen Definition, daß die Digitalisierung bzw. das Remastering bestehender Tonaufzeichnungen unabhängig von den erfolgten Investitionen keine »ersten Festlegungen« seien[30]. Man wird bei der Diplomatischen Konferenz darauf achten müssen, entsprechende Erläuterungen in die

27 S. zu dieser für das deutsche Recht ähnlichen Frage unten, III.
28 S. oben, A. II. 1. b).
29 Ein solches Ergebnis wurde in den Sachverständigenausschüssen allgemein nicht befürwortet, s. dazu Committee of Experts, Copyright 1993, S. 142 ff., 146 (Ziff. 21) und den Bericht über die Diskussion der Definitionen in der dritten Sitzung, WIPO-Dokument INR/CE/III/3 Suppl.
30 Basic Proposal, WIPO-Dokument CRNR/DC/5, Ziff. 2.19.

offiziellen Konferenzdokumente aufzunehmen oder sogar die Definition in diesem Sinne klarzustellen.

2. *Europäisches Recht*

Die EG-Richtlinien zum UrhG, insbesondere die die verwandten Schutzrechte grundsätzlich regelnde Vermietrichtlinie, enthalten keine Definition des Tonträgerherstellers. Grundsätzlich gingen die Mitgliedstaaten davon aus, daß das Rom-Abkommen in dieser Hinsicht ausreichend zu einer (mittelbaren) Harmonisierung beigetragen hat.
Auch im Grünbuch über Urheberrecht und verwandte Schutzrechte in der Informationsgesellschaft ist die Frage des Re-mastering nicht ausdrücklich angesprochen. Im Abschnitt III wird nur die damit verwandte Frage angeschnitten, ob die Digitalisierung von Werken und Leistungen Gegenstand eines ausschließlichen Vervielfältigungsrechts sein solle[31]. Die interessierten Kreise bejahten diese Frage weitgehend. Auch wenn das Re-mastering etwas mehr als die reine Digitalisierung ist, wird hier die große Nähe zur Vervielfältigung (im Gegensatz zur Herstellung von etwas Neuem) deutlich.

3. *Ausländisches Recht*

Keine der für dieses Gutachten herangezogenen Studien und Berichte aus den USA, Japan, Frankreich, Kanada und Australien erwähnt das Problem des digitalen Re-mastering. Diese Frage scheint im übrigen auch im nationalen Recht der EG-Mitgliedstaaten bisher nicht durch die Rechtsprechung behandelt und auch in der Literatur kaum diskutiert worden zu sein.

III. *Die Lage nach dem deutschen Urheberrechtsgesetz*

Das deutsche UrhG enthält keine Definition des Tonträgerherstellers. Aus § 85 Abs. 1 Satz 3 UrhG, demzufolge das Recht nicht durch die Vervielfältigung eines Tonträgers entsteht, ergibt sich aber jedenfalls, daß die Herstellereigenschaft nicht durch eine bloße Vervielfältigung eines vorliegenden Tonträgers begründet wird. Es ist also zu entscheiden, ob das Re-mastering eine Vervielfältigung in klanglich verbesserter Form oder aber eine Herstellung

31 S. das Grünbuch, a.a.O., S. 52.

einer neuen Vorrichtung zur wiederholbaren Wiedergabe einer Tonfolge (§ 16 Abs. 2 UrhG) darstellt. Gerade die zuletzt zitierte Definition des Tonträgers spricht dafür, das Re-mastering nicht als »Herstellung eines Tonträgers« anzusehen. Die einmal (analog) aufgezeichnete Tonfolge soll nach dem Remastering ja gerade als solche und sogar in der Art und Weise, wie sie gespielt wurde, erhalten bleiben; die klanglichen Verbesserungen sollen dieselben Tonfolgen bzw. Tonaufnahmen noch klarer, in besserer Klangqualität, erscheinen lassen. Es soll gerade an der aufgezeichneten Tonfolge selbst nichts verändert werden. Es handelt sich also um eine Vervielfältigung, die kein neues Herstellerrecht begründet[32]. Die klanglichen Verbesserungen wirken sich auf die konkret aufgezeichnete Tonfolge nicht aus.
Das Ergebnis, daß das digitale Re-mastering keinen neuen Tonträgerherstellerschutz begründet, geht also klar genug aus dem UrhG hervor, so daß eine Gesetzesänderung nicht notwendig erscheint. Auch ist das gefundene Ergebnis inhaltlich zu befürworten: So dürfte der organisatorische, technische und wirtschaftliche Aufwand, für den der Tonträgerhersteller geschützt wird, im Falle des Re-mastering mit demjenigen im Falle einer traditionellen Tonaufnahme nicht vergleichbar sein. Die Anerkennung der Neubegründung eines zusätzlichen, 50jährigen Herstellerschutzes würde auf eine de facto-Verlängerung der Schutzdauer auf 100 Jahre für die ursprüngliche Aufnahme hinauslaufen – eine Schutzdauer, die sicher nicht mehr als angemessen angesehen werden kann. Darüber hinaus ist nicht auszuschließen, daß die Anerkennung eines solchen zusätzlichen Schutzes infolge eines neuen technischen Verfahrens (nämlich des digitalen Re-mastering) einen Präzedenzfall für künftige technische Fortschritte darstellen und so gegebenenfalls zu einem immer neu verlängerten Schutz führen könnte.
Auch ist zu erwähnen, daß im Hinblick auf den Filmherstellerschutz nach §§ 94, 95 UrhG vergleichbare Fälle ebenso beurteilt werden. So wird nicht nur anerkannt, daß die Vervielfältigung eines Filmes in einem anderen Format, insbesondere die Überspielung eines Kinofilms auf ein Video-Masterband, nur eine Vervielfältigung und nicht eine Erstfestlegung eines Filmes darstellt[33], sondern auch, daß allein die technische Verbesserung alter Filmaufnahmen, also eine »Restaurierung« alter Filme, das Leistungsschutzrecht des Filmherstellers nicht begründet[34].

32 Im Ergebnis ebenso *Schricker/Vogel*, § 85 Rdnr. 19 m.w.N.; *Hertin* in *Fromm/Nordemann*, §§ 85/86 Rdnr. 7.

33 *Schricker/Katzenberger*, § 94 Rdnr. 12; *Hertin* in *Fromm/Nordemann*, § 94 Rdnr. 3.

34 *Schricker/Katzenberger*, § 94 Rdnr. 15; *Hertin* in *Fromm/Nordemann*, § 94 Rdnr. 10; in diesem Zusammenhang wird jedoch präzisiert, daß das Nachkolorieren von Schwarzweißfilmen neue Bildelemente hinzufügt, also nicht nur als technische Verbesserung und damit nicht nur als eine Vervielfältigung anzusehen ist, sondern daß es sich in diesem Fall um neue Bildfolgen handelt. Das Nachkolorieren soll also für den Filmhersteller ein neues Recht begründen.

IV. *Vorschläge für eine Anpassung des deutschen Rechts*

Da aus dem deutschen UrhG klar hervorgeht, daß das Re-mastering alter analoger Aufnahmen nur zu einer technisch verbesserten Fassung der ursprünglichen Aufnahme führt und damit eine Vervielfältigung derselben (und keine Neuherstellung) darstellt, und da dieses Ergebnis mit dem Schutzzweck des Herstellerschutzes in Einklang steht, erscheint eine Gesetzesänderung nicht als notwendig.

C. *Persönlichkeitsrecht*

I. *Problemstellung*

Bisher ist im deutschen UrhG nur ein Schutz gegen eine Entstellung oder andere Beeinträchtigung der Darbietung des ausübenden Künstlers vorgesehen (§ 83 UrhG). Im Vergleich zu der Ausprägung des besonderen Persönlichkeitsrechts des Urhebers ist also der Künstler benachteiligt. Insbesondere steht ihm kein vergleichbares Recht auf Namensnennung zu[35].

§ 83 UrhG soll das ideelle Interesse des ausübenden Künstlers an der Integrität seiner Darbietung schützen. Das in § 83 UrhG abschließend geregelte Persönlichkeitsrecht des ausübenden Künstlers ist entsprechend der monistischen Theorie Teil eines einheitlichen Leistungsschutzrechts mit persönlichkeitsrechtlichen und vermögensrechtlichen Befugnissen[36].

Die neuen Möglichkeiten der digitalen Technologie fordern die Frage heraus, ob das Künstlerpersönlichkeitsrecht zu stärken ist, um gegenüber den sich daraus ergebenden Gefahren einen ausreichenden Schutz gewähren zu können. So ist z. B. zu bedenken, daß man in digitale Ton- oder Bildaufnahmen kodierte Informationen, etwa über den Urheber des Werkes, den Rechtsinhaber oder die Lizenzbedingungen, und auch den Namen des Künstlers eingeben kann. Solche Informationen können im Hinblick auf die Zahlung der Vergütungen für digitale Nutzungen wichtig sein, so daß ein wirtschaftliches In-

35 Das Namensnennungsrecht des Urhebers nach § 13 UrhG darf auch nicht analog angewandt werden, s. amtliche Begründung, UFITA 44 (1965) S. 240, 313. S. aber zu der Ansicht, daß das allgemeine Persönlichkeitsrecht das Namensnennungsrecht erfaßt, *Rüll,* Allgemeiner und urheberrechtlicher Persönlichkeitsschutz des ausübenden Künstlers (noch nicht veröffentlichte Dissertation, München), § 19 I 1.

36 *Schricker/Vogel*, § 83 Rdnr. 5.

teresse an der Namensnennung besteht. Gleichzeitig hat der Künstler ein persönliches Interesse daran, als Künstler seiner Darbietung genannt zu werden. Soweit Informationen, wie etwa der Künstlername, im Zusammenhang mit der Ton- bzw. Bildaufnahme digital gespeichert sind, besteht die Gefahr, daß eine solche Kodierung von Unbefugten durch technische Hilfsmittel verändert wird, indem ein anderer Künstlername eingegeben wird oder der Künstlername völlig gestrichen wird. Daher sieht Art. 23 des »Basic Proposal« zum »Neuen Instrument« vor, daß die Vertragsparteien bestimmte unautorisierte Handlungen in bezug auf solche Informationen sanktionieren sollen. Dies zeigt die Bedeutung, die solcher Information zuerkannt wird. Angesichts der Wichtigkeit der Namensnennung sowohl in wirtschaftlicher als auch in persönlicher Hinsicht sollte über die ausdrückliche Anerkennung eines Namensnennungsrechts für den Künstler nachgedacht werden.
Im Zusammenhang mit einer eventuellen Regelung des Namensnennungsrechts wird auch auf das Problem großer Ensembles einzugehen sein.
In bezug auf den Schutz der Integrität der Darbietung ist insbesondere zu prüfen, ob dieser Schutz angesichts der neuen Möglichkeiten der digitalen Veränderung aufgezeichneter Darbietungen ausreichend erscheint. Die digitale Technik macht die leichte Manipulierbarkeit solcher Aufzeichnungen möglich. Es ist sogar denkbar, daß die Empfänger von Darbietungen in einem digitalen Netzwerk solche Veränderungen vornehmen können.
Schließlich ist anzusprechen, inwieweit ein Ausgleich der Interessen der ausübenden Künstler, der Verwerter und der Allgemeinheit gefunden werden kann. Wie im Fall des Urheberpersönlichkeitsrechts soll dabei an die grundsätzliche Möglichkeit gedacht werden, über das Künstlerpersönlichkeitsrecht in gewissen Grenzen rechtsgeschäftlich zu disponieren.

II. *Internationales, europäisches und ausländisches Recht*

1. *Internationales Recht*

a) *Rom-Abkommen, TRIPs-Übereinkommen*

Beide internationalen Verträge sehen Künstlerpersönlichkeitsrechte nicht vor.

b) *Reformarbeiten im Rahmen von WIPO*

Schon in seinem ersten Diskussionsdokument hatte das Internationale Büro der WIPO vorgeschlagen, daß ausübende Künstler ein Namensnennungsrecht und ein Recht gegen Entstellungen und andere Beeinträchtigungen, die dem Ansehen oder Ruf des Künstlers nachteilig sind, erhalten sollten. In bezug auf das Namensnennungsrecht wurden besondere Vorschriften für Ensembleleistungen vorgeschlagen. Demnach sollten nur der gemeinsame Name des Ensembles, z. B. der Orchestername, sowie die Namen des künstlerischen Leiters und der Solisten zu nennen sein. Im übrigen war das Namensnennungsrecht durch die Worte »as far as practicable« eingeschränkt[37]. Aufgrund der zu diesem Vorschlag geführten Diskussionen wurde eine Bestimmung in das »Basic Proposal« aufgenommen, die den Text des Art. 6bis RBÜ unter den notwendigen technischen Anpassungen übernimmt. Demnach soll der ausübende Künstler selbst nach der Übertragung seiner Vermögensrechte das Recht haben, als Künstler seiner Darbietungen kenntlich gemacht zu werden und sich jeder Entstellung, Verstümmelung und sonstigen Änderung oder Beeinträchtigung seiner Darbietungen zu widersetzen, die seiner Ehre oder seinem Ruf nachteilig sein könnten[38]. Wie in bezug auf die Vermögensrechte des ausübenden Künstlers ist angesichts der Bedenken der USA unklar, inwieweit auch ausübende Künstler im audiovisuellen Bereich berechtigt sein sollen.

2. *Europäisches Recht*

Die europäischen Harmonisierungsrichtlinien zum Urheberrecht und den verwandten Schutzrechten haben das Künstlerpersönlichkeitsrecht bisher nicht erfaßt. Dies ist nicht verwunderlich, wenn man bedenkt, daß sogar das Urheberpersönlichkeitsrecht bisher nicht harmonisiert ist[39]. Verschiedene Ansätze zur Harmonisierung des Urheberpersönlichkeitsrechts, z. B. im Rahmen der Schutzdauerrichtlinie zur Bestimmung der Dauer des Urheberpersönlichkeitsrechts, konnten angesichts der sehr unterschiedlichen Konzepte und des Beharrens der Mitgliedstaaten auf ihren jeweils eigenen Konzepten nicht zum Erfolg führen. Ein Versuch der Harmonisierung des Urheberpersönlichkeitsrechts wäre wohl auch in naher Zukunft kaum erfolgversprechend. Um so weniger Erfolgsaussichten hatte die Harmonisierung eines Künstlerpersönlichkeitsrechts. Dementsprechend enthielt der Vorschlag der für den Schutz der verwandten Schutzrechte grundlegenden Vermietrichtlinie kein Künstlerpersönlichkeitsrecht.

Der EuGH hat in seinem Urteil »Phil Collins«[40] den spezifischen Gegenstand der Rechte der ausübenden Künstler (wie auch des Urheberrechts) als den Schutz der Persönlichkeitsrechte und der wirtschaftlichen Rechte der Rechts-

37 Committee of Experts, Copyright 1993, S. 142, 148, Ziff. 29-31.
38 Art. 5, WIPO-Dokument CRNR/DC/5.
39 S. dazu oben, Dritter Teil II. 2.
40 EuGH vom 20.10.1993, GRUR Int. 1994, 280, Nr. 20.

inhaber definiert und darauf hingewiesen, daß der Schutz der Persönlichkeitsrechte es insbesondere dem Urheber und dem ausübenden Künstler gestattet, sich jeder Entstellung, Verstümmelung und sonstigen Änderung oder Beeinträchtigung des Werkes (bzw. der Darbietung) zu widersetzen, die seiner Ehre oder seinem Ruf nachteilig sein könnten.
In ihrem Grünbuch »Urheberrecht und verwandte Schutzrechte in der Informationsgesellschaft« hat die Kommission im Abschnitt VII über das »Urheberpersönlichkeitsrecht« vereinzelt auch auf das besondere Persönlichkeitsrecht des ausübenden Künstlers hingewiesen. So sei das »Urheberpersönlichkeitsrecht . . . ein wichtiges Element des Urheberrechts sowie in geringerem Maße auch des Rechts der ausübenden Künstler«[41]. Auch auf das Urteil »Phil Collins« des EuGH wird aufmerksam gemacht[42]. In den Fragen, die die Kommission im Grünbuch an die interessierten Kreise gestellt hat[43], sind ausübende Künstler nur an einer Stelle genannt, nämlich im Zusammenhang mit Kollektivvereinbarungen zwischen (Urhebern und) ausübenden Künstlern einerseits und Produzenten und Verlegern andererseits (Frage 4). Die Kommission war interessiert zu wissen, welche Veränderungen im Rahmen solcher Kollektivvereinbarungen akzeptabel seien. Die ausdrückliche Frage, ob oder inwieweit eine Harmonisierung des Künstlerpersönlichkeitsrechts notwendig oder erstrebenswert sei, wurde allerdings nicht gestellt.

3. *Ausländisches Recht*

In den für dieses Gutachten herangezogenen Studien aus den USA, Kanada und Australien finden sich keine Ausführungen zum Persönlichkeitsrecht; allein im White Paper der USA ist ein Kapitel über die Urheberpersönlichkeitsrechte im internationalrechtlichen Kontext abgedruckt, in dem u. a. erwähnt wird, daß die regelmäßig vorgesehene Unübertragbarkeit oder zum Teil auch Unverzichtbarkeit des Urheberpersönlichkeitsrechts für die Kommerzialisierung im digitalen Netzwerk Probleme bereiten könnte. Das White Paper weist in diesem Zusammenhang auf einen Bericht des Multimedia-Ausschusses des japanischen Instituts für geistiges Eigentum hin, in dem empfohlen wird, über die Notwendigkeit nachzudenken, die Anwendung des Werkintegritätsrechts in der digitalen Umgebung zu beschränken oder dieses Recht verzichtbar zu machen[44]. Es ist denkbar, daß die Überlegungen der USA in bezug auf ein

41 Grünbuch, KOM (95) 382 endg. vom 19.7.1995, S. 65.
42 Grünbuch, a.a.O., S. 66, sowie hier im vorangehenden Text, bei Fußn. 40.
43 S. die Fragen zusammen mit deren Beantwortung durch das Max-Planck-Institut in dessen Stellungnahme an die Kommission oben, Dritter Teil II. 2.
44 White Paper, a.a.O., S. 145-147, unter Hinweis auf den Bericht »Exposure '94: A Proposal for the New Rule of Intellectual Property for Multimedia« des japanischen Instituts für geistiges Eigentum vom Februar 1994, S. 18.

eventuelles Künstlerpersönlichkeitsrecht auch in diese Richtung (Verzichtbarkeit auf das Künstlerpersönlichkeitsrecht) gehen würden.
In Frankreich befaßt sich der erste Sirinelli-Bericht in Teil II. A. nur am Rande mit dem Stand des Urheberpersönlichkeitsrechts im digitalen Umfeld, geht aber nicht auf ein Künstlerpersönlichkeitsrecht ein. Er beschreibt im übrigen weitgehend das geltende Recht, ohne sich eingehende Überlegungen *de lege ferenda* zu machen[45].
In dem Bericht des japanischen Kulturministeriums von 1995 nimmt dagegen nicht nur das Urheberpersönlichkeitsrecht einen ansehnlichen Platz ein, sondern es finden sich auch gesonderte Bemerkungen zu den Persönlichkeitsrechten ausübender Künstler. Solche sind bisher in Japan nicht anerkannt. Dies wurde allerdings gerade bei der gewerblichen Verwertung von Persönlichkeitsrechten als unbefriedigend angesehen. Besonders wird erwähnt, daß sogar Änderungen von Live-Aufführungen, also nicht nur von Aufzeichnungen, mit Hilfe der digitalen Technologie immer einfacher möglich werden. In dem Bericht wird daher vorgeschlagen, den ausübenden Künstlern entweder nur ein Recht auf die Integrität ihrer Darbietung, oder sogar, unter Gleichbehandlung mit den Urhebern, das Veröffentlichungs-, Integritäts- und Namensnennungsrecht zu gewähren[46].

III. *Die Lage nach dem deutschen Urheberrechtsgesetz*

1. *Schutz der Integrität der Darbietung*

a) *Ausgangspunkt*

§ 83 UrhG ist neben dem sich darauf beziehenden § 93 UrhG die einzige Regelung des deutschen UrhG im Bereich der Künstlerpersönlichkeitsrechte. Anders als nach § 11 UrhG, der dem Urheber ein umfassendes Urheberpersönlichkeitsrecht zuerkennt, das nicht nur in den §§ 12-14 UrhG, sondern darüber hinaus in weiteren Vorschriften gesetzliche Ausprägungen gefunden hat, wird dem ausübenden Künstler also kein umfassendes Künstlerpersönlichkeitsrecht zuerkannt. Der Gesetzgeber wollte durch diese grundsätzlich unterschiedliche Ausgestaltung der Rechte von ausübenden Künstlern und Urhebern, die sich auch im Bereich der Vermögensrechte zeigt, das Künstlerschutzrecht dogmatisch klar vom Urheberschutz abgrenzen. Urheberrecht-

45 S. dazu *Dreier*, GRUR Int. 1995, 840, 842.
46 S. den Bericht, a.a.O., S. 28.

liche Grundsätze oder Bestimmungen sollten nicht ohne eine genaue Einzelfallprüfung auf die Situation der Künstler analog angewendet werden können[47]. Im Zusammenhang mit dem Recht an der Integrität der Darbietung nach § 83 UrhG ist demgemäß festzuhalten, daß weitere urheberrechtliche Ausprägungen des Werkintegritätsrechts nach den §§ 14, 23 und 39 UrhG[48] grundsätzlich nicht analog angewendet werden können[49].

Insbesondere kommt das Änderungs- und Bearbeitungsverbot (§§ 23 Abs. 1, 39 UrhG) allenfalls dann zum Zuge, wenn die Änderung oder Bearbeitung gleichzeitig eine Entstellung im Sinne von § 83 UrhG oder eine Verletzung des allgemeinen Persönlichkeitsrechts des ausübenden Künstlers ist. § 39 UrhG kommt im Rahmen gesetzlicher Nutzungsverhältnisse über den Verweis in § 60 Abs. 1 UrhG, auf den § 84 UrhG verweist, zur Anwendung[50].

Der Rückgriff auf das allgemeine Persönlichkeitsrecht des Künstlers ist insoweit zulässig, als dessen persönliche Interessen nicht schon von § 83 UrhG erfaßt sind; zulässig ist ein solcher Rückgriff demnach, wo nicht das Ansehen oder der Ruf gerade als ausübender Künstler in bezug auf die Darbietung, sondern anderweitige Beeinträchtigungen der Privat- und Intimsphäre in Frage stehen. Insoweit greift § 823 Abs. 1 BGB, nicht jedoch § 83 UrhG ein[51].

Das Recht gegen Entstellungen gemäß § 83 UrhG ist mit den Vermögensrechten des ausübenden Künstlers zu einem einheitlichen Künstlerrecht untrennbar verbunden. Es ist wegen seiner persönlichkeitsrechtlichen Ausprägung ebenso wie das Leistungsschutzrecht als Ganzes unübertragbar, unverzichtbar und unvererblich[52].

§ 83 UrhG soll den ausübenden Künstler in seiner persönlichen Beziehung zur Darbietung schützen. Er ist grundsätzlich dem Urheberpersönlichkeitsrecht nach § 14 UrhG nachgebildet, unterscheidet sich jedoch von dieser Vorschrift dadurch, daß er über die Beeinträchtigung der Integrität hinaus nicht die Eignung zur Gefährdung der berechtigten geistigen persönlichen Interessen am Werk (bzw. an der Darbietung), sondern die Eignung zur Gefährdung des Ansehens oder des Rufes als ausübender Künstler voraussetzt. Ob darin eine Verschärfung der Schutzvoraussetzungen zu sehen ist, wird unterschiedlich beurteilt[53]. Jedenfalls soweit man das im Rahmen von § 14 UrhG angewendete dreistufige Prüfungsverfahren auch im Rahmen von § 83 UrhG anwen-

47 Amtliche Begründung *Haertel/Schiefler*, S. 306; *Schricker/Krüger*, vor §§ 73 ff., Rdnr. 17.
48 S. dazu schon oben, Dritter Teil III. 1. a).
49 *Schricker/Krüger*, vor § 73 ff., Rdnr. 20, 21.
50 *Schricker/Krüger*, vor § 73 ff., Rdnr. 22.
51 S. zum Verhältnis zwischen allgemeinem Persönlichkeitsrecht und den Rechten des ausübenden Künstlers *Schricker/Krüger*, vor §§ 73 ff., Rdnr. 25.
52 Letzteres ist im einzelnen umstritten, s. *Schricker/Vogel*, § 83, Rdnr. 6 m.w.N.
53 S. dazu *Schricker/Vogel*, § 83, Rdnr. 13 m.w.N.

det, und demgemäß die Beeinträchtigung die Eignung zur Ruf- oder Ansehensgefährdung indiziert, dürfte sich im Verhältnis zu § 14 UrhG kein wesentlicher Unterschied ergeben[54]. Im Rahmen von § 93 UrhG, also in bezug auf die Entstellung von Darbietungen ausübender Künstler, die bei der Herstellung von Filmwerken mitwirken oder deren Leistungen dazu benutzt werden, kann der ausübende Künstler bezüglich der Herstellung und Verwertung des Filmwerkes nur gröbliche Entstellungen und andere gröbliche Beeinträchtigungen verbieten. § 93 Abs. 2 UrhG schreibt die Rücksichtnahme untereinander und im Verhältnis zum Filmhersteller vor.
Auch im Rahmen von § 83 Abs. 2 UrhG besteht eine Rücksichtnahmepflicht, nämlich im Verhältnis mehrerer ausübender Künstler, die gemeinsam eine Darbietung erbracht haben.
Soweit nach den Schrankenbestimmungen eine Nutzung der Darbietung zulässig ist, stellt der Verweis in § 84 UrhG auf § 62 UrhG in Verbindung mit § 39 UrhG sicher, daß der Nutzer an der Darbietung keine Veränderung vornehmen darf, wenn nichts anderes vereinbart ist. Wie im Urheberrecht kann der ausübende Künstler allerdings selbst über entstellende Eingriffe vertraglich disponieren, soweit der unverzichtbare Kern seines Rechts nicht berührt wird; im übrigen ist, wie sich aus § 39 Abs. 2 UrhG ergibt, eine Abwägung der Interessen des ausübenden Künstlers und des Nutzers der Darbietung vorzunehmen. Soweit Nutzungen nicht unter die Schranken fallen, sondern dem ausübenden Künstler vorbehalten sind, richtet sich die Zulässigkeit von Beeinträchtigungen der Darbietung im Verhältnis zum Vertragspartner nach den vertraglichen Vereinbarungen. Solche Veränderungen sind in bezug auf die beeinträchtigende Verwendung einer konkreten künstlerischen Leistung rechtlich möglich und sind bisher insbesondere im Bereich der Werbung zu finden. Soweit aus dem Vertrag nicht eindeutig hervorgeht, welche Leistungsbeeinträchtigungen zulässig sind, ist die Zweckübertragungslehre zugunsten des ausübenden Künstlers anzuwenden[55].

b) *Aufhebung, Einschränkung oder sonstige Änderung des Schutzes der Integrität von Darbietungen bei digitalen, multimedialen oder sonstigen modernen Nutzungen?*

Auch wenn anders als im Urheberrecht bisher für ausübende Künstler auf internationaler Ebene noch kein Integritätsschutz vorgesehen ist, gibt es doch Gründe, das Recht des § 83 UrhG nicht etwa zugunsten von Multimediaproduzenten aufzuheben oder einzuschränken. So ist auch das Künstlerpersön-

54 S. zu dem dreistufigen Prüfungsverfahren *Schricker/Vogel*, § 83, Rdnr. 13 und, in bezug auf das Urheberrecht, *Schricker/Dietz*, § 14, Rdnr. 18 ff.

55 S. dazu *Schricker/Krüger*, vor §§ 73 ff., Rdnr. 19; *Schricker/Vogel*, § 83 nach Rdnr. 10 und *Hertin* in *Fromm/Nordemann*, §§ 83, 84, Rdnr. 8.

lichkeitsrecht im Rahmen der Menschenwürde grundgesetzlich geschützt[56]; auch soll im Dezember 1996 ein internationaler Vertrag zum Schutze der ausübenden Künstler und Tonträgerhersteller angenommen werden, der ein Künstlerpersönlichkeitsrecht nach dem Muster von Art. 6bis RBÜ vorsehen dürfte. Deutschland dürfte sich dann auch internationalrechtlich verpflichten, ein solches Recht zu gewähren. Auch die Erstreckung des § 93 UrhG, der für den Bereich der Filmwerke Schutz nur gegen »gröbliche« Beeinträchtigungen gewährt, auf die Multimediaproduktion ist, aus ähnlichen Gründen wie im Zusammenhang mit dem Urheberrecht[57], abzulehnen. Vielmehr sollte auch in bezug auf das Künstlerpersönlichkeitsrecht eher daran gedacht werden, die viel kritisierte Vorschrift des § 93 UrhG ganz aufzuheben[58].

Angesichts der neuen, digitalen Möglichkeiten zur Veränderung von Darbietungen ist eher zu erwägen, das Recht des § 83 Abs. 1 UrhG vollständig der Fassung des § 14 UrhG anzupassen. Die verschiedenen Möglichkeiten, aufgezeichnete Darbietungen elektronisch zu manipulieren, etwa die Länge der Aufzeichnung zu verkürzen oder zu verlängern, den Klang zu verändern oder die Aufnahme mit anderen Aufnahmen zu mischen, müssen nicht immer potentiell zur Ruf- und Ansehensgefährdung des Künstlers führen; dennoch kann der Künstler ein persönliches oder geistiges Interesse daran haben, solche Beeinträchtigungen seiner Leistung zu verbieten[59]. Dabei sollte klar sein, daß nicht nur die Beeinträchtigung von Live-Darbietungen, sondern auch diejenige von aufgezeichneten Darbietungen von § 83 UrhG erfaßt ist. Ein solche Anpassung an § 14 UrhG ist – je nach Auffassung[60] – als eine Klarstellung oder als eine Schutzerweiterung anzusehen.

c) *Regelung der rechtsgeschäftlichen Dispositionen über den Integritätsschutz*

Damit die Verwertung von Darbietungen durch ein starkes Recht nach § 83 UrhG nicht unverhältnismäßig beeinträchtigt wird, sollte ein Ausgleich der Interessen zwischen ausübenden Künstlern einerseits und Verwertern von deren Darbietungen in digitaler Form andererseits im Bereich der rechtsgeschäftlichen Einzelfallregelungen gesucht werden. Grundsätzlich sind schon nach geltendem Recht vertragliche Dispositionen über die beeinträchtigende

56 Zur vergleichbaren Argumentation in bezug auf das Urheberpersönlichkeitsrecht s. o., Dritter Teil, III.1.b).
57 S. dazu o., Dritter Teil, III.1.b).
58 S. dazu schon o., Dritter Teil, III.1.b).
59 S. in diesem Zusammenhang auch schon die obigen Ausführungen dazu, daß der weitere Begriff der Gefährdung der berechtigten geistigen oder persönlichen Interessen im Rahmen von § 14 UrhG nicht auf eine mögliche Ruf- oder Ehrengefährdung reduziert werden sollte, Dritter Teil, III.1.b), nach Fn. 65.
60 S. dazu *Schricker/Vogel*, § 38, Rdnr. 13.

Verwendung von konkreten künstlerischen Leistungen zulässig und werden auch schon praktiziert. Dies gilt auch ohne die (im Bereich des Künstlerpersönlichkeitsrechts außerhalb gesetzlich zulässiger Nutzungen nicht anwendbare) Vorschrift des § 39 Abs. 1 UrhG. Aus internationalrechtlicher Sicht werden selbst bei Annahme des geplanten internationalen Vertrags zum Schutze der ausübenden Künstler und Tonträgerhersteller im Dezember 1996, einschließlich einer Bestimmung zum Künstlerpersönlichkeitsrecht, wohl keine Bedenken gegen die grundsätzliche, begrenzte vertragliche Dispositionsmöglichkeit bestehen. Die bisherigen Diskussionen zu dem geplanten Vertrag haben gezeigt, daß man auch ohne eine ausdrückliche Regelung davon ausgeht, daß den Vertragsstaaten überlassen bleiben soll, ob und wie sie die vertragliche Disponierbarkeit des Künstlerpersönlichkeitsrechts regeln wollen. Da dieses neue Recht dem Muster von Art. 6bis RBÜ folgen soll und es auch in bezug auf Art. 6bis RBÜ weitgehend unbestritten ist, daß den Unionsmitgliedern die Freiheit zur Regelung der vertraglichen Dispositionsmöglichkeiten überlassen ist, wird der geplante Artikel zum Künstlerpersönlichkeitsrecht dementsprechend auszulegen sein.

Im einzelnen sollte eine ausdrückliche Regelung der möglichen Rechtsgeschäfte über die Gestattung von Beeinträchtigungen von Darbietungen inhaltlich der für das Urheberpersönlichkeitsrecht vorgeschlagenen Regelung folgen[61]. Demnach sollten Rechtsgeschäfte über das Recht nach § 83 UrhG dann zulässig sein, wenn sie sich auf konkret umschriebene Beeinträchtigungen der Darbietung beziehen; dabei sollte nicht nur die Art des Eingriffs in die Integrität, sondern auch das daraus folgende Ergebnis, also die beeinträchtigte Fassung der Darbietung, konkret umschrieben werden müssen. Andernfalls könnte der Künstler die Tragweite des Rechtsgeschäfts nicht überblicken. Ebenso ist wie für das Urheberpersönlichkeitsrecht in bezug auf § 83 UrhG nicht an eine Regelung auf kollektivvertraglicher Ebene zu denken[62]. Auch auf die weiteren vertragsrechtlichen Vorschläge zum Urheberpersönlichkeitsrecht sei in bezug auf das Künstlerpersönlichkeitsrecht verwiesen, insbesondere auf die Schaffung einer allgemeinen, nicht nur für digitale Aufzeichnungen geltenden Regelung, die mögliche Streichung des § 93 UrhG und die Ablehnung einer eventuellen Ausdehnung der für den Filmbereich bestehenden gesetzlichen Übertragungsvermutungen (für die ausübenden Künstler: § 92 UrhG; für die Urheber: §§ 88,89 UrhG).

In bezug auf das Recht des ausübenden Künstlers gegen Beeinträchtigungen seiner Darbietung wird also empfohlen, den Wortlaut des § 83 Abs. 1 UrhG an denjenigen des § 14 UrhG *mutatis mutandis* anzupassen und eine Regelung über die rechtsgeschäftliche Disponibilität des Künstlerpersönlichkeitsrechts

61 Vgl. die Ausführungen hierzu im Dritten Teil, III.1.c).

62 S. dazu auch die Stellungnahme des Max-Planck-Instituts, o. Dritter Teil, II.2., und, zum Vorschlag für das deutsche Urheberrecht, o. Dritter Teil, III.1.c).

zu schaffen, die der für das Urheberpersönlichkeitsrecht vorgeschlagenen Regelung entsprechen soll.

2. *Namensnennungsrecht*

Derzeit sieht das deutsche Urheberrechtsgesetz kein besonderes Namensnennungsrecht des ausübenden Künstlers vor. Eine analoge Anwendung des § 13 UrhG ist grundsätzlich nicht möglich[63]. Allerdings kann man eine Verpflichtung zur Namensnennung im Rahmen des Üblichen dann als vereinbart ansehen, wenn ausdrückliche vertragliche Abmachungen fehlen[64]. Der Gesetzgeber ging davon aus, daß ausübende Künstler in der Lage sind, sich das Recht auf Namensnennung vertraglich auszubedingen[65]. Wenn demnach also ein gewisser vertraglicher Schutz, sowie gegenüber Dritten auch ein gewisser Schutz im Rahmen des § 84 in Verbindung mit § 63 UrhG besteht[66], so erscheint doch eine ausdrückliche Anerkennung eines Namensnennungsrechts im Sinne einer Ausprägung des besonderen Künstlerpersönlichkeitsrechts gerade angesichts der Möglichkeiten elektronischer Kennzeichnung und deren Folgen für die richtige Zuteilung der geschuldeten Vergütungen[67] angezeigt. Darüber hinaus ist nicht auszuschliessen, daß im Rahmen des im Dezember 1996 zu schließenden internationalen Vertrages zum Schutz von ausübendenden Künstlern und Tonträgerherstellern eine Verpflichtung zur Gewährung eines Namensnennungsrechts des ausübenden Künstlers aufgenommen wird. Ein solches Recht sollte zumindest das Recht umfassen, die Nennung des Künstlernamens in Verbindung mit Vervielfältigungsstücken der Darbietung oder in Verbindung mit einer Nutzung in unkörperlicher Form gegenüber jedermann zu beanspruchen. Es ist darüber hinaus jedoch kein Grund ersichtlich, warum nicht auch die anderen, in § 13 UrhG für das Urheberpersönlichkeitsrecht niedergelegten Befugnisse des Namensnennungsrechts, nämlich das Recht auf ein Pseudonym und auf die Anonymität, für den ausübenden Künstler eingeführt werden sollten.

Anders als typischerweise im Urheberrecht sind bei der Verwertung von künstlerischen Darbietungen häufig ganze Ensembles mit 100 oder mehr Personen betroffen, wie z. B. Orchester und Chöre; im Film dürfte eine so hohe Anzahl an ausübenden Künstlern jedenfalls dann nicht üblich sein, wenn Statisten nicht als Künstler betrachtet werden. Für diese Fälle wäre es denkbar,

63 S. dazu o., III.1.a), sowie *Schricker/Krüger*, vor §§ 73 ff., Rdnr. 20, 21.
64 *Schricker/Vogel*, § 83, Rdnr. 2.
65 Amtliche Begründung *Haertel/Schiefler*, S. 330; s. auch *Schricker/Krüger*, vor §§ 73 ff., Rdnr. 21, m.w.N.
66 S. zum Schutz in bezug auf die Namensnennung *Hertin* in: *Fromm/Nordemann*, vor § 73, Rdnr. 8.
67 S. dazu schon o. unter I., sowie Dritter Teil, I.2., in bezug auf das Urheberrecht.

eine Bestimmung aufzunehmen, derzufolge nur z. B. der künstlerische Leiter des Ensembles und Solisten neben dem Ensemble zu nennen sind. Eine solche Vorschrift, wie sie schon in § 80 UrhG für die vermögensrechtlichen Befugnisse nach §§ 74, 75 Abs. 1 und 2 und 76 Abs. 1 UrhG prinzipiell vorgezeichnet ist, könnte eingeführt werden oder § 80 UrhG mit bestimmten Einschränkungen auf das Namensnennungsrecht erstreckt werden. Ein gewisses Bedürfnis ergibt sich hierzu in den Fällen, in denen eine vertragliche Regelung kaum möglich ist, wie bei der Nutzung von Handelstonträgern zur Sendung oder öffentlichen Wiedergabe. So könnte vorgesehen werden, daß eine Einschränkung des Namensnennungsrechts nach dem Muster von § 80 UrhG nur für solche Fälle gilt, in denen eine Nennung aller Ensemble-Mitglieder nicht praktikabel wäre. Dementsprechend beträfe die Einschränkung des Namensnennungsrechts auch nur größere Ensembles, nicht etwa solche mit sechs bis acht Mitgliedern. In diesem Zusammenhang sei jedoch erwähnt, daß in der Praxis schon in vielen Fällen und gerade bei berühmten Orchestern etwa im Programmheft oder Beiheft einer CD alle Orchestermitglieder namentlich genannt werden, auch wenn hierbei mehr als 100 Namen erscheinen. Anstelle des Kriteriums der Praktikabilität kann auch dasjenige des berechtigten Interesses verwendet werden[68]. Die Empfehlung einer Einschränkung des Namensnennungsrechts steht allerdings unter dem Vorbehalt der Reichweite des eventuell in den geplanten internationalen Vertrag zum Schutze der ausübenden Künstler und Tonträgerhersteller aufzunehmenden Namensnennungsrechts.

Auch in bezug auf die digitalen Nutzungen (bei denen gerade die elektronische Kennzeichnung von Namen und anderen Informationen möglich ist) und die Herstellung von Multimediaprodukten, bei der die Nennung schon eines Künstlernamens unter Umständen als unangebracht angesehen wird, erscheint eine Einschränkung des Namensnennungsrechts nicht notwendig und auch nicht angeraten – jedenfalls soweit die ausübenden Künstler über das Namensnennungsrecht geschäftlich verfügen können und diese Möglichkeit aus Gründen der Rechtssicherheit geregelt wird[69].

Wie im Falle des Integritätsschutzes sollte die Regelung der rechtsgeschäftlichen Verfügungsmöglichkeiten auch im Falle des Namensnennungsrechts des Künstlers einer in dem Gutachten vorgeschlagenen, entsprechenden Regelung des Rechts des Urhebers auf Anerkennung der Urheberschaft nachgebildet sein. Daher soll hier nur auf die entsprechenden Ausführungen in bezug auf das Recht auf Anerkennung der Urheberschaft verwiesen werden; sie sol-

68 S. dazu den Textvorschlag von *Rüll* (a.a.O., Fn. 35), § 19 II 5 zu einem neuen § 83 Abs. 2 UrhG: »(2) Der Name des ausübenden Künstlers ist bei der Erbringung und bei der Verwertung seiner Darbietung zu nennen, soweit er ein berechtigtes Interesse an der Nennung hat. Bei Ensembleleistungen genügt die Nennung der Ensemblebezeichnung soweit die Ensemblemitglieder daneben nicht ein berechtigtes Interesse an der Einzelnennung haben«.

69 Ergänzend sei auf die parallelen Ausführungen zum Urheberpersönlichkeitsrecht verwiesen, s.o. Dritter Teil, III.2.b).

len *mutatis mutandis* auch für das Namensnennungsrecht des ausübenden Künstlers gelten[70].

IV. *Vorschläge für eine Anpassung des deutschen Rechts*

1. *Schutz des ausübenden Künstlers gegen Beeinträchtigungen seiner Darbietungen*

Es wird vorgeschlagen, das Recht des § 83 Abs. 1 UrhG in seinem Wortlaut an § 14 UrhG anzupassen, also insbesondere von den Voraussetzungen der möglichen Gefährdung des Ansehens oder Rufes des Künstlers abzusehen und statt dessen bereits die mögliche Gefährdung der berechtigten geistigen oder persönlichen Interessen an der Darbietung zu berücksichtigen. Eine Aufhebung oder Einschränkung dieses Rechtes erscheint dagegen nicht angebracht. Auch von einer Erstreckung des § 93 UrhG auf Multimediaprodukte ist abzuraten; es wird eher empfohlen, die gesamte Vorschrift zu streichen.
Es wird empfohlen, zum Ausgleich zwischen den Interessen der ausübenden Künstler und der Verwerter eine Regelung über mögliche rechtsgeschäftliche Gestattungen von Beeinträchtigungen nach dem Muster der unter Teil 3. IV. 2. vorgeschlagenen Lösung vorzusehen.

2. *Namensnennungsrecht*

Für ausübende Künstler sollte ein Recht auf Nennung des Namens im Zusammenhang mit der Verwertung der Darbietung eingeführt werden. Es sollte wie nach § 13 UrhG über das Recht auf die Nennung des Namens hinaus auch die Befugnisse umfassen, die zu wählende Bezeichnung zu bestimmen oder auf eine Namensnennung überhaupt zu verzichten.
Als besondere Regelung in bezug auf die Ausübung des Namensnennungsrechts bei größeren Ensembles wie Orchestern und Chören sollte eine Einschränkung des Rechts nach dem Muster von § 80 UrhG nur insofern vorgesehen werden, als die Nennung aller einzelnen Mitglieder nicht praktikabel ist oder diese ein berechtigtes Interesse an der Einzelnennung nicht haben.
Auch in bezug auf das Namensnennungsrecht sollte die Zulässigkeit von Rechtsgeschäften nach dem für das Recht auf Anerkennung der Urheberschaft vorgeschlagenen Modell erfolgen.

70 S. o. Dritter Teil, III.2.c).

D. *Bearbeitungsrecht für ausübende Künstler und Tonträgerhersteller*

I. *Problemstellung*

Die digitale Technologie ermöglicht es, bestehende Ton- oder Bildaufnahmen im nachhinein auf verschiedene Weise zu verändern[71]. So ist es z. B. möglich, bestehende Aufnahmen in ihrer zeitlichen Ausdehnung zu verändern, also zu verlängern oder zu verkürzen; dadurch kann ein Musiker auf einer Aufnahme so schnell spielen, wie er bei der Aufnahme nicht gespielt hat, und der Augenaufschlag einer Filmschauspielerin schneller als beabsichtigt und dadurch z. B. weniger wirkungsvoll sein. Darüber hinaus kann die Klangfarbe einer Stimme oder auch von instrumentalen Darbietungen verändert werden, Halleffekte und Lautstärken einzelner Klänge oder der gesamten Aufnahme können verändert werden, ebenso wie die Art des Vibratos, der Rhythmus und die Notenlänge. Eine Musikaufnahme kann auch um eine oder mehrere Oktaven nach oben oder unten transponiert werden. Schließlich ist es möglich, verschiedene Darbietungen zu mischen bzw., bei Mehrspuraufnahmen, neu zu mischen. Solche »Remix«-Versionen bestehender alter Aufnahmen sind sehr beliebt und wirtschaftlich nicht unbedeutend. Es kann also nicht nur die Klangbalance durch Veränderung der Intensität der einzelnen Tonspuren im Verhältnis untereinander verändert werden, sondern es können auch die Tonspuren verschiedener Aufnahmen zu einer zuvor in diesem Zusammenklang nie gehörten und nie so eingespielten Darbietung neu zusammengefügt werden; in diesem Prozeß müssen die kombinierten Aufnahmen zusätzlich insbesondere in der Tonhöhe und in der Gesamtlänge angepaßt werden. So kommt es z. B. häufig vor, daß neue Versionen bestehender Musikaufnahmen durch das Neu-Vermischen verschiedener Fassungen hergestellt werden, z. B. »Rap«-, »House«- oder »Techno«-Versionen. Oftmals ist der Künstler nicht zuletzt aus wirtschaftlichen Gründen an der Herstellung solcher neuen Fassungen interessiert.

Nicht nur Veränderungen von Aufnahmen, sondern auch unmittelbare Veränderungen von Live-Darbietungen, insbesondere klangliche Veränderungen (z. B. Klangverzerrungen oder Veränderungen der Klangbalance bei mehreren Musikern) sind möglich und werden sogar z.T. von zeitgenössischen Komponisten bewußt als Gestaltungsmittel eingesetzt.

71 Einzelne dieser Veränderungen waren bisher schon mit mechanischen Mitteln möglich; deren tatsächliche Bedeutung war jedoch so gering, daß sie nicht zu einer rechtlichen Diskussion führten.

Seit ein paar Jahren wird auf Anregung der Tonträgerindustrie insbesondere im Rahmen des bei der WIPO vorbereiteten internationalen Vertrags zum Schutze der Künstler und Tonträgerhersteller über die Notwendigkeit nachgedacht, angesichts dieser neuen technischen Möglichkeiten ein Bearbeitungsrecht für ausübende Künstler und Tonträgerhersteller einzuführen. Dabei ist zu prüfen, inwieweit andere Rechte, nämlich das Künstlerpersönlichkeitsrecht und das Vervielfältigungsrecht von ausübenden Künstlern und Tonträgerherstellern, diese neuen Phänomene in ausreichendem Maße abdecken können.

II. *Internationales, europäisches und ausländisches Recht*

1. *Internationales Recht*

a) *Rom-Abkommen, GTA, TRIPs-Übereinkommen*

Die bestehenden internationalen Verträge im Bereich der verwandten Schutzrechte, insbesondere das Rom-Abkommen, das GTA und das TRIPs-Übereinkommen, sehen kein Bearbeitungsrecht für ausübende Künstler, Tonträgerhersteller oder andere Inhaber verwandter Schutzrechte vor. Art. 12 RBÜ, der ein Bearbeitungsrecht für Urheber von Werken der Literatur und Kunst vorsieht, ist im Bereich der verwandten Schutzrechte nicht anwendbar. Insbesondere ist die RBÜ selbst dann nicht auf den Schutz von Tonträgern anwendbar, wenn das nationale Recht eines Verbandsstaates einen Copyright-Schutz für Tonträger vorsieht[72]. Ob Filmhersteller das Bearbeitungsrecht nach Art. 12 RBÜ genießen können, hängt davon ab, ob sie als Berechtigte nach der RBÜ einzustufen sind. Trotz der Bestimmung des Art. 14bis Abs. 2 a) RBÜ kann dies bezweifelt werden[73]; angesichts des deutschen Urheberrechtsgesetzes, das den Filmhersteller nicht als Urheber ansieht, so daß sich hier jedenfalls keine Verpflichtungen aus der RBÜ für den Filmherstellerschutz ergeben, muß die Frage nicht weiter verfolgt werden.

72 S. dazu insbesondere das Memorandum des Internationalen Büros der WIPO zur ersten Sitzung des Sachverständigenausschusses über ein mögliches Protokoll zur Berner Konvention, Copyright 1992, S. 30, 38 f., insbesondere Ziff. 60 f.

73 S. zur personalistischen Konzeption der RBÜ *Dietz*, Le Concept d'Auteur Selon le Droit de la Convention de Berne, RIDA 1993, Bd. 155, S. 3 ff.

b) *Reformarbeiten im Rahmen von WIPO*

Im Rahmen der WIPO-Verhandlungen über ein mögliches »Neues Instrument« wurde die Einführung eines Bearbeitungsrechts für ausübende Künstler und Tonträgerhersteller von Beginn an vorgeschlagen[74]. Bisher besteht bei den beteiligten Staaten weitgehend Zurückhaltung gegenüber der Einführung eines sehr weit erscheinenden neuen Verwertungsrechts für ausübende Künstler und Tonträgerhersteller, und die Notwendigkeit eines Bearbeitungsrechts wurde bisher noch nicht klar gesehen. Meist führten die Teilnehmer an, daß das Vervielfältigungsrecht bzw. das Integritätsrecht der ausübenden Künstler einen ausreichenden Schutz gewähre[75].
Das »Basic Proposal«, das als Grundlage für die diplomatischen Verhandlungen für einen eventuellen neuen Vertrag zum Schutz der ausübenden Künstler und Tonträgerhersteller im Dezember 1996 dienen soll, schlägt in Art. 8 und 15 für ausübende Künstler und Tonträgerhersteller ein »right of modification« vor, ohne daß im einzelnen definiert wäre, was unter einer »modification« zu verstehen ist. Aus den erläuternden Bemerkungen geht hervor, daß das Bearbeitungsrecht zusätzlich zum Vervielfältigungsrecht eingeführt werden soll, um als Auffangtatbestand für solche Sachverhalte zu dienen, die von dem herkömmlichen Begriff der Vervielfältigung nicht erfaßt werden[76]. Auch aus diesen Erläuterungen kann also auf eine gewisse Unsicherheit über die Notwendigkeit eines Bearbeitungsrechts und die von ihm zu erfassenden Sachverhalte geschlossen werden.

2. *Europäisches Recht*

Die europäischen Harmonisierungsrichtlinien sehen kein Bearbeitungsrecht für Inhaber verwandter Schutzrechte vor. Als die Vermietrichtlinie, die den Bereich der verwandten Schutzrechte grundlegend harmonisiert, verhandelt wurde, war das Problem der digitalen Bearbeitungen in bezug auf die Rechte der ausübenden Künstler und Hersteller noch kaum bekannt; dieses Thema wurde nicht einmal angesprochen.
Das Grünbuch über Urheberrecht und verwandte Schutzrechte in der Informationsgesellschaft spricht das Thema eines eventuellen Bearbeitungsrechts im Bereich der verwandten Schutzrechte weder gesondert noch im Zusammenhang mit Abschnitt III. zum Vervielfältigungsrecht oder mit Abschnitt VII. zum Urheberpersönlichkeitsrecht an. In Abschnitt VII. sind zwar z.T. auch

74 S. dazu das Memorandum des Internationalen Büros der WIPO zur ersten Sitzung zum »Neuen Instrument«, Copyright 1993, S. 142, 152; s. auch Ziff. 38, 48 und 56 d).

75 S. den Bericht zur ersten Sitzung des Sachverständigenausschusses zum »Neuen Instrument«, Copyright 1993, 196, 220, Ziff. 105 ff.

76 WIPO-Dokument CRNR/DC/5, S. 46, Ziff. 8.04, und S. 70, Ziff. 15.03.

Anspielungen auf die Situation ausübender Künstler sowie z. B. der Hinweis zu finden, in Zukunft könne jedermann die Farben eines Films verändern oder die Gesichter der Darsteller auswechseln und den veränderten Film wieder ins digitale Netz einspeichern; jedoch wird auch nur der Gedanke eines Bearbeitungsrechts für Künstler oder Hersteller nicht erwähnt[77].

3. *Ausländisches Recht*

Die für dieses Gutachten herangezogenen ausländischen Berichte, mit Ausnahme des japanischen Berichts, behandeln das Problem eines eventuellen Bearbeitungsrechts für ausübende Künstler und Tonträger- oder Filmhersteller nicht[78]. Allein im Bericht des japanischen Kulturministeriums von 1995 wird erörtert, ob ausübende Künstler und Tonträgerhersteller das Bearbeitungsrecht als ein neues, bisher im japanischen Gesetz nicht vorgesehenes Verwertungsrecht erhalten sollen. Der Bericht enthält den Vorschlag, ein solches Bearbeitungsrecht einzuführen; z.T. wurde jedoch auch die Auffassung vertreten, eine erweiternde Auslegung des Wiedergaberechts könne zu den gleichen, gewünschten Ergebnissen führen[79].

III. *Die Lage nach dem deutschen Urheberrechtsgesetz*

Das deutsche Urheberrechtsgesetz sieht kein Bearbeitungsrecht für ausübende Künstler oder Tonträgerhersteller vor. Auch ist eine analoge Anwendung von § 23 UrhG grundsätzlich nicht möglich, da die Regelungen der §§ 73 ff. und 85 f. UrhG abschließend sind[80]. Um die Notwendigkeit eines solchen Bearbeitungsrechts beurteilen zu können, muß zunächst geprüft werden, ob die bestehenden Rechte, also das Vervielfältigungsrecht des ausübenden Künstlers und Tonträgerherstellers und das Recht des ausübendenden Künstlers gegen Beeinträchtigungen seiner Darbietung, in bezug auf die neuen Sachverhalte der digitalen oder anderweitigen Veränderung von Darbietungen und Tonträgern einen ausreichenden Schutz gewähren.

77 S. das Grünbuch, a.a.O., S. 65; selbst in bezug auf die Künstlerpersönlichkeitsrechte werden kaum Fragen gestellt, s. dazu o. C.II.2.b).

78 Das White Paper der USA beschreibt auf S. 66 f. nur die amerikanische Rechtslage: Ein Bearbeitungsrecht ist für copyright works (darunter fallen auch Tonträger) vorgesehen, vgl. § 106 (2) Copyright Act (1988), und § 101 Copyright Act (1988) über das »derivative work«.

79 *Heath*, GRUR Int. 1995, S. 840, 846.

80 S. dazu *Schricker/Krüger*, vor §§ 73 ff., Rdnr. 20 und 22, sowie *Hertin* in *Fromm/Nordemann*, §§ 85/86, Rdnr. 12.

1. *Die Reichweite des Vervielfältigungsrechts*

a) *Die Abgrenzung zu § 23 UrhG*

Im Hinblick auf den übereinstimmenden Rechtsgedanken und dieselbe Zweckbestimmung des Vervielfältigungsrechts im Bereich des Urheberrechts einerseits und der verwandten Schutzrechte andererseits sind Inhalt und Tragweite des Vervielfältigungsrechts in analoger Anwendung von § 16 UrhG zu bestimmen[81]. Eine Vervielfältigung gemäß § 16 Abs. 1 UrhG ist auch eine Festlegung in geänderter Form; demnach erfaßt das Vervielfältigungsrecht auch die körperliche Festlegung eines Originalwerks bzw. einer Ton- oder Bildaufnahme in bearbeiteter oder anderweitig umgestalteter Form[82]. Schließt man sich dieser Meinung zu § 16 UrhG an, so kann man § 23 UrhG nur dann erklären, wenn man ihn als eine Klarstellung zu § 16 UrhG ansieht: Er würde dann klarstellen, daß nicht nur die Festlegung des Originalwerks bzw. der Originalaufnahme in geänderter Form vom Vervielfältigungsrecht erfaßt ist, sondern darüber hinaus jede weitere Verwertung des in geänderter Form vervielfältigten Werkes bzw. der so vervielfältigten Ton- oder Bildaufnahme dem Rechtsinhaber vorbehalten ist. Hiermit stünde die Ansicht in Einklang, § 23 UrhG solle die Herstellung der geänderten Fassung im privaten Bereich unabhängig von der Einwilligung des Urhebers erlauben[83]; dieses Ergebnis folgt schon aus den §§ 16 in Verbindung mit 53 UrhG.

Andererseits wird § 23 UrhG jedoch als eine Erweiterung des Schutzumfangs im Vergleich zu § 16 UrhG angesehen[84]; daraus müßte man schließen, daß § 16 UrhG die Vervielfältigung einer Vervielfältigung in geänderter Form nicht erfaßt. Auch wird vertreten, daß § 23 UrhG nicht den Schutzumfang des Vervielfältigungsrechts erweitert, sondern ein neues Verwertungsrecht neben denjenigen der §§ 15 ff. UrhG begründet[85]. In diesem Falle müßte man aus § 23 UrhG in seinem Gesamtzusammenhang schließen, daß dem Urheber außer in den in Satz 2 genannten Fällen kein Recht gegen die Bearbeitung (bzw. die Vervielfältigung in geänderter Form) zustehen soll und daß § 16 UrhG in Abgrenzung zu § 23 UrhG die Vervielfältigung in geänderter Form nicht, sondern nur die »1:1 Kopie« erfaßt. Die Bedeutung des § 23 UrhG selbst sowie, daraus folgend, dessen Auswirkungen auf die Auslegung von § 16 UrhG werden also nicht einheitlich beurteilt.

81 S. *Schricker/Krüger*, vor §§ 73 ff., Rdnr. 18, und *Schricker/Vogel*, § 85, Rdnr. 30.
82 S. BGH GRUR 1963, S. 441, 443; *Schricker/Loewenheim*, § 16, Rdnr. 8, m.w.N.; *Vinck* in *Fromm/Nordemann*, § 16, Rdnr. 1; dies ist allerdings nicht unbestritten, s. zur Gegenansicht *von Gamm*, § 16, Rdnr. 6 und *Möhring/Nicolini*, § 16, Anm. 2.
83 S. *Schricker/Loewenheim*, § 23, Rdnr. 25.
84 S. *Schricker/Loewenheim*, § 16, Rdnr. 8, und § 23, Rndr. 1.
85 *Von Gamm*, § 23, Rdnr. 2 ff.; *Hörnig*, UFITA 1985 (Bd. 99), S. 13, 74 f.

b) *Die Auswirkungen der Abgrenzung auf das Vervielfältigungsrecht im Bereich der verwandten Schutzrechte*

Darüber hinaus ist die Frage zu stellen, welche Auswirkungen die Auslegung des § 23 UrhG, der nur für das Urheberrecht gilt, auf die Auslegung des § 16 UrhG im Zusammenhang mit den verwandten Schutzrechten hat, auf die letzterer analog anzuwenden ist. Da es sich nur um eine analoge Anwendung des § 16 UrhG handelt, liegt es nahe, die für das Urheberrecht geltenden Erwägungen im Zusammenhang mit § 23 UrhG bei der Auslegung von § 16 UrhG analog außer Acht zu lassen. Dadurch würde man jedoch möglicherweise zu einem im Urheberrecht und bei den verwandten Schutzrechten unterschiedlichen Begriff der Vervielfältigung kommen. Auch wäre dann nicht ohne weiteres zu erklären, wieso die enumerative Aufzählung der Rechte der ausübenden Künstler und Tonträger- bzw. Filmhersteller ein Bearbeitungsrecht nach dem Muster von § 23 UrhG nicht enthält.
Die Rechtslage in bezug auf die Abgrenzung zwischen dem Vervielfältigungsrecht und § 23 UrhG und deren Auswirkungen auf den Schutzumfang des Vervielfältigungsrechts der ausübenden Künstler, Tonträger- und Filmhersteller ist demnach unklar.

c) *Wertende Auslegung des Begriffs der Vervielfältigung*

Bei der Auslegung von § 16 UrhG ist jedoch jedenfalls zu bedenken, daß die Abgrenzung der Vervielfältigung von der Bearbeitung oder anderen Umgestaltung in wertender Betrachtung erfolgen muß. So ist es unbestritten, daß § 16 UrhG nicht nur die »1:1-Kopie« erfaßt, sondern insbesondere auch die Vervielfältigung bei einer Dimensionsvertauschung, z. B. die zweidimensionale Abbildung eines plastischen Werks[86] oder auch die Errichtung eines Bauwerks aufgrund einer Architekturzeichnung[87]. Auch ist unbestritten, daß eine Vervielfältigung in anderem Format, z. B. eine Kopie in Verkleinerung oder Vergrößerung der Originalvorlage, vom Vervielfältigungsrecht des § 16 erfaßt ist, ebenso wie z. B. eine Schwarz-weiß-Kopie von einem Farbphoto oder einer farbigen Zeichnung. Selbst die Festlegung in einem anderen Material, wie z. B. die Übertragung einer Plastik aus Holz auf Stein, ist eine Vervielfältigung i.S.v. § 16 UrhG[88].
Vor diesem Hintergrund sind nun die verschiedenen Ausprägungen der digitalen Bearbeitung zu prüfen. Ebenso wie eine Vervielfältigung gedruckten Materials in verkleinerter oder vergrößerter Form eine Vervielfältigung und

86 BGH GRUR 1983, S. 28 f.
87 Amtliche Begründung, Bundestagsdrucksache IV/270, S. 47; BGHZ 24, S. 55, 69.
88 S. zu diesen Beispielen *Schricker/Loewenheim*, § 16, Rdnr. 3, 6.

keine Bearbeitung ist, dürfte die Verlängerung oder Verkürzung einer Ton- oder Bildaufnahme durch Tempoveränderung nur eine Vervielfältigung darstellen. Dies dürfte selbst für starke Tempoveränderungen gelten, die z. B. dazu führen, daß die Einzelheiten der Ton- oder Bildaufnahme nicht mehr eindeutig erkennbar sind; auch bei einer sehr starken Verkleinerung eines Photos oder einer anderen Bildvorlage können Einzelheiten nicht mehr erkennbar sein und ein anderer Gesamteindruck entstehen, ohne daß man von einer Bearbeitung sprechen würde. Die gleiche Beurteilung, nämlich die Einordnung als Vervielfältigung, trifft für die Festlegung einer Aufnahme in einer anderen Tonhöhe zu. Die Aufnahme selbst wird dadurch nicht nennenswert verändert. Soweit Klangfarben, Halleffekte oder das Vibrato verändert werden, ist dies mit der Vervielfältigung einer farbigen Bildvorlage in schwarz-weiß vergleichbar; die Tonfolgen selbst bleiben unverändert bestehen, nur die klanglichen Parameter der einzelnen aufgenommenen Töne werden verändert. Dasselbe gilt für die Nachkolorierung von Schwarz-weiß-Filmen: Ein Filmhersteller dürfte sich gegen die unbefugte Nachkolorierung seines Filmes aufgrund des Vervielfältigungsrechts wehren können. Die gleichen Überlegungen gelten für eine Veränderung der Lautstärke. So ist es etwa gerade bei gewissen Privatsendern üblich, vorbestehende Tonaufnahmen zum Zwecke der Sendung in der dynamischen Bandbreite zu nivellieren, damit die Musik insbesondere beim Autofahren jederzeit hörbar ist. Leise Stellen werden also auf eine hohe Lautstärke »getrimmt«. Auch hier wird an der Tonfolgenaufzeichnung selbst nichts geändert, sondern es handelt sich noch um eine in den Bereich von § 16 UrhG fallende Vervielfältigung in leicht geänderter Fassung.
Ändert man bei Mehrspuraufnahmen die Klangbalance durch Veränderung des Intensitätsgrades jeder einzelnen Tonspur im Verhältnis zu den anderen Tonspuren, so handelt es sich auch um eine Vervielfältigung der gesamten Tonaufnahme, wobei eine Lautstärkenveränderung einzelner Tonspuren vorgenommen wird. Bei Remix-Fassungen werden demgegenüber einzelne Tonspuren einer Aufnahme mit einzelnen Tonspuren einer anderen Aufnahme kombiniert und so vervielfältigt. An den einzelnen Tonspuren, die selbständige Tonträger bzw. festgelegte Darbietungen sind, werden allenfalls Tonhöhen-, Lautstärken- oder Tempoveränderungen vorgenommen. Auch dieser Fall ist vom Begriff der Vervielfältigung nach § 16 UrhG erfaßt.
Digitale Bearbeitungen werden auch in bezug auf samples, also kleine übernommene Teile bestehender Aufnahmen, durchgeführt. So können einzelne Töne oder Tonfolgen »geloopt«, also fortlaufend wiederholt und dabei in der schon oben beschriebenen Weise im Klang, in der Tonhöhe, etc. verändert werden. Nach dem unter A. IV. 2. Ausgeführten sollte sichergestellt werden, daß auch die Vervielfältigung kleiner Teile von Darbietungen bzw. Ton- oder Bildträgern in das Vervielfältigungsrecht jedenfalls der Künstler eingreift.

Vor diesem Hintergrund ist eine Veränderung dieser vervielfältigten Teile entsprechend den Ausführungen im hier vorangehenden Text in bezug auf die Einzelteile als Vervielfältigung anzusehen. Dem steht nicht entgegen, daß dadurch ein neues Werk geschaffen bzw. eine neue Tonaufnahme hergestellt werden kann.
Soweit in bestehende Aufnahmen einzelne Klangfetzen anderer Aufnahmen integriert werden, dürfte es sich auch im wesentlichen um eine Vervielfältigung der erstgenannten Aufnahme bzw. regelmäßig um eine Vervielfältigung eines kleinen Teiles der zweiten Aufnahme handeln.
Diese Analyse hat also gezeigt, daß die Veränderungen, die an Tonaufnahmen vorgenommen werden können, nicht den Bearbeitungen oder anderen Umgestaltungen i.S.v. § 23 UrhG vergleichbar sind, sondern vielmehr noch so nahe an einer »1:1 Kopie« anzusiedeln sind, daß sie jedenfalls unter den Begriff der Vervielfältigung nach § 16 UrhG analog fallen.

d) *Vertragsrechtliche Absicherung der Vervielfältigung in veränderter Form*

Um den ausübenden Künstlern und Herstellern von Tonträgern und Filmen einen ausreichenden Schutz gegen solche Vervielfältigungen in veränderter Form auch im Rahmen des Vertragsrechts zu gewähren, müßte sichergestellt sein, daß die Vervielfältigung in so veränderter Form im Verhältnis zur »1:1 Kopie« eine eigenständige Nutzungsart, die auch im Vertrag dinglich abspaltbar ist, darstellt. Ist dies der Fall, so findet die Zweckübertragungslehre auf Verträge, die im einzelnen nicht spezifizieren, ob die Vervielfältigung auch in geänderter Form zulässig sein soll, Anwendung[89]. Nach herrschender Meinung würde es sich bei einer solchen Vervielfältigung in geänderter Form dann um eine selbständig abspaltbare Nutzungsart handeln, wenn sich diese Art der Nutzung als nach der Verkehrsauffassung hinreichend klar abgrenzbar und wirtschaftlich-technisch als einheitlich und selbständig abzeichnet[90]. Schon die Tatsache, daß über die Notwendigkeit eines Bearbeitungsrechts in bezug auf die erörterten Handlungen diskutiert wird, zeigt, daß nach der Verkehrsauffassung ein Unterschied zwischen der »1:1-Kopie« und der digital veränderten Kopie gemacht wird. Auch sind zumindest solche Veränderungen, die zu einer wirtschaftlich eigenständigen Nutzung führen, wie insbesondere die Herstellung von Remix-Fassungen, als eigenständige Arten der Nutzung anzusehen. Dies gilt darüber hinaus für alle solche Veränderungen, die zu einem neuen, von der benutzten Aufnahme zu unterscheidenden Produkt

89 S. zur Anwendbarkeit der Zweckübertragungslehre im Bereich der verwandten Schutzrechte *Schricker/Schricker*, §§ 31/32, Rdn. 36.
90 *Schricker/Schricker*, vor §§ 28 ff., Rdn. 52 und §§ 31/32, Rdn. 38.

führen sollen. Solche Vervielfältigungen in geänderter Form sind also als eine selbständig abspaltbare Nutzungsart einzustufen und können daher im Vertrag auch mit dinglicher Wirkung vorbehalten oder zum Gegenstand besonderer Rechtseinräumungen gemacht werden. Mangels detaillierter Vereinbarungen greift zugunsten des Künstlers bzw. Herstellers im Verhältnis zum Verwerter die Zweckübertragungslehre mit dem Ergebnis ein, daß solche Vervielfältigungen grundsätzlich nicht von einer Rechtseinräumung erfaßt sind, es sei denn, ein anderes geht eindeutig aus dem Vertragszweck hervor.

e) *Weitere Verwertung veränderter Aufnahmen*

Fraglich ist weiterhin, ob auch die weitere Verwertung der so veränderten Aufnahmen von den den Künstlern und Herstellern gewährten Rechten erfaßt ist. So wie z. B. die Verbreitung von einer Schwarz-Weiß-Kopie eines Farbphotos die Verbreitung eines Vervielfältigungsstücks des Werkes der Photographie darstellt, ist auch z. B. die Verbreitung einer digital veränderten Tonaufnahme als Verbreitung eines Vervielfältigungsstücks der Tonaufnahme anzusehen. Die wirtschaftlichen Rechte der ausübenden Künstler und Hersteller erfassen also auch die oben beschriebenen, in geänderter Form vervielfältigten Aufnahmen.

f) *Zwischenergebnis*

Die Analyse hat gezeigt, daß das Vervielfältigungsrecht der ausübenden Künstler und Hersteller von Tonträgern und Filmen zu einem Schutz gegen die geläufigen digitalen Veränderungen führt.

2. *Die Reichweite des Rechts nach § 83 UrhG*

In bezug auf die ausübenden Künstler ist darüber hinaus zu prüfen, inwieweit § 83 UrhG zu einer Absicherung des soeben gefundenen Ergebnisses führen kann. Soweit § 83 UrhG seinem Wortlaut gemäß eng ausgelegt wird, nämlich als auf die Eignung zur Beeinträchtigung zur Ruf- oder Ansehensgefährdung beschränkt, dürfte er einige Fälle der digitalen Veränderung nicht erfassen, da gerade Remix-Versionen bestehender Aufnahmen oft sogar der besseren Verkäuflichkeit und der Ruf- bzw. Ansehensförderung dienen und auch von den ausübenden Künstlern oft grundsätzlich befürwortet werden. Wird § 83 UrhG dagegen in Übereinstimmung mit § 14 UrhG ausgelegt, der nur eine Eignung der Beeinträchtigung zur Gefährdung der persönlichen oder geistigen Interessen voraussetzt, dürften insbesondere Remix-Versionen grundsätzlich unter § 83 UrhG fallen können. Auch wenn § 83 UrhG schon bisher weitgehend in

Übereinstimmung mit § 14 UrhG ausgelegt wird, so sei daran erinnert, daß zumindest klarstellend die Fassung des § 83 Abs. 1 UrhG an diejenige des § 14 UrhG angepaßt werden sollte[91].
Allerdings ist hervorzuheben, daß der BGH den § 83 UrhG bisher insofern eng ausgelegt hat, als er z. B. gefordert hat, daß technische Mängel der Tonaufzeichnung, etwa bei bootleg-Aufnahmen, vom Hörer mit der künstlerischen Fehlleistung in Verbindung gebracht werden müssen und nicht der technischen Aufnahmeleistung zuzuordnen sind. Demnach konnten ausübende Künstler das Recht nach § 83 UrhG nicht geltend machen, wenn die schlechte Aufnahmequalität nicht die Gefahr hervorrufen konnte, daß der Hörer sie für eine minderwertige künstlerische Leistung hielt[92]. Angesichts einer solch engen Auslegung erscheint es möglich, daß sich ein ausübender Künstler aufgrund von § 83 UrhG z. B. nicht gegen die oben erwähnte Praxis von bestimmten Sendeunternehmen wehren kann, Tonaufnahmen unter Nivellierung der dynamischen Bandbreite nur in einer möglichst hohen Lautstärke zu senden, da der Hörer sich bewußt sein dürfte, daß bestehende Aufnahmen von Sendern zur Erzeugung eines eigenen »Klangprofils« verändert werden. Auch dürfte die Reichweite des Rechts aus § 83 UrhG infolge der vorzunehmenden Interessenabwägung häufig nicht zu einem Schutz führen. Eine weitere Schwäche des § 83 UrhG besteht darin, daß Verstöße gegen dieses Recht weniger effizient als solche gegen Vermögensrechte, nämlich nicht strafrechtlich verfolgt werden können. Im übrigen ist der Schutz des § 83 UrhG im Bereich des Films jedenfalls noch[93] durch § 93 UrhG eingeschränkt. Dagegen dürfte der Schutz insofern stärker als bei Vermögensrechten sein, als das Künstlerpersönlichkeitsrecht grundsätzlich unübertragbar und unverzichtbar ist[94].

IV. *Vorschläge für eine Anpassung des deutschen Rechts*

Da das Vervielfältigungsrecht und das Recht des ausübenden Künstlers nach § 83 UrhG nach der vorangehenden Analyse insgesamt einen ausreichenden Schutz gegen die möglichen digitalen Veränderungen von bestehenden Ton- und Bildaufnahmen gewähren, erscheint die Einführung eines gesonderten Bearbeitungsrechts für ausübende Künstler und Hersteller nicht notwendig.

91 S. dazu schon oben, C III 1. b) und IV. 1.
92 BGH GRUR 1986, 454 (»Bob Dylan«) und BGH v. 20.11.1985, I ZR 188/84 (»Die Zauberflöte«).
93 S. zum Vorschlag, § 93 abzuschaffen, oben 3. Teil III 1 b).
94 S. jedoch zu den Möglichkeiten der vertraglichen Disposition, oben C III 1. c), 2.

Allerdings sollte ausdrücklich klargestellt werden, daß das Vervielfältigungsrecht nach § 16 UrhG auch die Vervielfältigung in veränderter Form umfaßt.

E. *Neue Verwertungsformen: On-Demand-Übertragung und Übermittlung durch Mehrkanaldienste*

I. *Problemstellung*

Die digitale Technologie hat die Errichtung interaktiver Kommunikationssysteme, wie insbesondere elektronischer Abrufdienste, und, durch die hohe Datenkompression, die Errichtung von Mehrkanaldiensten (Anbietern von einer sehr hohen Zahl spezialisierter Programmkanäle) ermöglicht. Zahlreiche Zwischenformen existieren, wie insbesondere »near-on-demand«-Systeme und »pay-per-view/pay-per-listen«-Systeme. Bei diesen neuen Verwertungsformen fragt sich zunächst, wie sie voneinander abzugrenzen und unter welche Rechte sie einzuordnen sind bzw., falls bisher kein Recht einschlägig ist, welche gesetzliche Regelung eventuell zu schaffen ist. Die Charakteristika dieser neuen Verwertungsformen sind schon an anderer Stelle dargestellt[95].
Auch wenn die Verwertungsrechte der Urheber im einzelnen anders ausgestaltet sind als diejenigen der Inhaber verwandter Schutzrechte[96], so besteht doch ein starker systematischer Zusammenhang zwischen Urheberrecht und verwandten Schutzrechten, so daß grundsätzlich an die Ergebnisse im Rahmen des Urheberrechts angeknüpft werden muß. Die rechtliche Einordnung einer Nutzungshandlung hängt von deren Charakteristika, nicht jedoch von den Inhabern des Rechts ab. Mit der rechtlichen Einordnung der neuen Verwertungsformen geht deren Abgrenzung untereinander sowie im Verhältnis zu den bestehenden Verwertungsformen einher. Dieser Abschnitt übernimmt die Ergebnisse des 4. Teils, B. III., zur rechtlichen Einordnung der neuen Verwertungen.
Besondere Abgrenzungsfragen für den Bereich der verwandten Schutzrechte können sich nur insoweit ergeben, als eine Abgrenzung zwischen verschiedenen Verwertungsformen für den Bereich des Urheberrechts wegen gleicher Rechtsfolgen für die betroffenen Verwertungsarten nicht notwendig erscheint.

95 S. dazu *von Lewinski*, Musik und Multimedia, in: *Lehmann* (Hrsg.), Internet- und Multimediarecht, S. 149, 158 ff., 164 ff. (auch zur rechtlichen Beurteilung).

96 Einer umfassenden Bestimmung der Verwertungsrechte der Urheber in §§ 11 und 15 UrhG steht die enumerative Aufzählung der Rechte der Inhaber verwandter Schutzrechte gegenüber.

Eine solche Abgrenzung kann im Bereich der verwandten Schutzrechte in den Fällen relevant werden, in denen für die unterschiedlichen Verwertungsarten unterschiedliche Ausgestaltungen vorgesehen werden sollen. In diesen Fällen wird eine genauere Abgrenzung als im Urheberrecht erforderlich sein.
Die Frage einer unterschiedlichen Ausgestaltung stellt sich insofern, als zu erwägen ist, ob Inhaber verwandter Schutzrechte in bezug auf die neuen Verwertungsformen Ausschließlichkeitsrechte, also nicht nur Vergütungsansprüche, wie sie nach §§ 76 Abs. 2, 77 und 86 UrhG bestehen, erhalten sollen. Diese Frage ist nicht notwendigerweise an die Regelung im Rahmen des Urheberrechts geknüpft. Die verwandten Schutzrechte stehen nicht gleichrangig neben den Rechten der Urheber, vielmehr zeigt sich das Primat des Urheberrechts im Anschluß an Art. 1 Rom-Abkommen (dessen Inhalt in Art. 14 Vermietrichtlinie und Art. 5 Satelliten- und Kabelrichtlinie übernommen wurde) bei der Ausgestaltung der Rechte im Bereich der verwandten Schutzrechte[97]. So stehen den Inhabern verwandter Schutzrechte für die Zweitverwertung durch Sendung und öffentliche Wiedergabe nur Vergütungsansprüche zu; auch ist ihnen nur eine beschränkte Anzahl von Rechten gewährt, nicht jedoch ein umfassendes Verwertungsrecht, wie es dem Urheber gem. §§ 11, 15 UrhG gewährt wird. Der vorliegende Abschnitt konzentriert sich deshalb auf die Natur der in bezug auf die neuen Verwertungsformen zu gewährenden Rechte als Vergütungsansprüche oder Ausschließlichkeitsrechte sowie auf Fragen, die nicht schon im Teil über das Urheberrecht behandelt wurden.

II. *Internationales, europäisches und ausländisches Recht*

1. *Internationales Recht*

a) *Rom-Abkommen, GTA, TRIPs-Übereinkommen*

Verständlicherweise konnten das Rom-Abkommen und das GTA die damals noch nicht bekannten Formen der on-demand-Nutzung und der Mehrkanaldienste nicht gesondert regeln. Jedoch auch zur Zeit des Zustandekommens eines grundlegenden Kompromisses zum TRIPs-Übereinkommen in Form des sogenannten Dunkel-Textes, im Dezember 1991, waren diese Verwertungsarten noch kaum bekannt und war eine besondere Erwähnung in diesem Übereinkommen nicht zu erwarten.

97 Amtliche Begründung *Haertel/Schiefler*, S. 307; s. dazu auch *Schricker/Krüger*, vor §§ 73 ff., Rdnr. 14 bis 16.

In bezug auf die Rechte der öffentlichen Wiedergabe bzw. der Sendung enthält das GTA keinerlei Vorschrift. Das Rom-Abkommen sieht für ausübende Künstler ein ausschließliches Recht[98] der Sendung und öffentlichen Wiedergabe der Darbietung in bezug auf die noch nicht gesendete oder festgelegte, also die Live-Darbietung, vor (Art. 7 Abs. 1 a) Rom-Abkommen). In bezug auf die Zweitverwertung durch unmittelbare Benutzung eines Handelstonträgers für die Funksendung oder irgendeine öffentliche Wiedergabe steht den ausübenden Künstlern und/oder Tonträgerherstellern grundsätzlich ein Anspruch auf angemessene Vergütung zu. Die Mitgliedstaaten können in bezug auf Art. 12 Rom-Abkommen allerdings gemäß Art. 16 Abs. 1 a) Rom-Abkommen Vorbehalte verschiedener Reichweite, bis hin zur Absicht, Art. 12 überhaupt nicht anzuwenden, erklären. Demnach besteht aufgrund des Rom-Abkommens eine unumgängliche Verpflichtung nur in bezug auf das Sende- und Wiedergaberecht ausübender Künstler hinsichtlich von Live-Darbietungen.
Art. 3 f) Rom-Abkommen definiert die »Funksendung« als »die Ausstrahlung von Tönen oder von Bildern und Tönen mittels radioelektrischer Wellen zum Zwecke des Empfangs durch die Öffentlichkeit«. Von dem Begriff der Sendung sind demnach drahtgebundene, insbesondere Kabelsendungen, nicht erfaßt, wohl auch nicht durch das Recht der öffentlichen Wiedergabe[99]. Sendeunternehmen genießen nach Art. 13 Rom-Abkommen insbesondere das ausschließliche Recht der Weitersendung ihrer Sendungen und das ausschließliche Recht der öffentlichen Wiedergabe der Fernsehsendungen, wenn diese an Orten stattfindet, die der Öffentlichkeit gegen Zahlung eines Eintrittsgeldes zugänglich sind. Die Bedingungen für die Ausübung dieses Rechtes können durch die Mitgliedstaaten geregelt werden. Die »Weitersendung« ist in Art. 3 g) Rom-Abkommen als »die gleichzeitige Ausstrahlung der Sendung eines Sendeunternehmens durch ein anderes Sendeunternehmen« definiert.
Art. 14 Abs. 1 Satz 2 TRIPs-Übereinkommen sieht nur einen dem Art. 7 Abs. 1 a) Rom-Abkommen entsprechenden Schutz der ausübenden Künstler vor, nämlich die Möglichkeit, die drahtlose Funksendung und die öffentliche Wiedergabe der Live-Darbietung zu verhindern. Ein Recht der ausübenden Künstler oder Tonträgerhersteller nach dem Muster von Art. 12 Rom-Abkommen für die Zweitnutzung von Handelstonträgern durch Sendung und öffentliche Wiedergabe ist im TRIPs-Übereinkommen nicht vorgesehen. Sendeunternehmen haben nach Art. 14 Abs. 3 TRIPs-Übereinkommen grundsätzlich das ausschließliche Recht der drahtlosen Weitersendung von Funksendungen

98 Um einigen Staaten die Möglichkeit zu belassen, diesen Schutz nicht in Form eines ausschließlichen, subjektiven Rechts umzusetzen, sondern nur in Form einer strafrechtlichen Bestimmung, schreibt Art. 7 Rom-Abkommen kein »ausschließliches Recht« vor, sondern nur »die Möglichkeit . . . zu untersagen«; in den meisten Ländern wurde dies allerdings durch ein ausschließliches Recht umgesetzt.

99 *Schricker*, Urheberrechtliche Probleme des Kabelrundfunks, 3. 31 f. m. w. Nachw.

sowie der öffentlichen Wiedergabe von Fernsehsendungen solcher Funksendungen.

b) *Reformarbeiten im Rahmen von WIPO*

Das Memorandum des Internationalen Büros der WIPO für die erste Sitzung des Sachverständigenausschusses über ein mögliches »Neues Instrument« sah für ausübende Künstler und Tonträgerhersteller grundsätzlich ein ausschließliches Recht der »communication to the public« und der »public performance« vor, das von den zukünftigen Vertragsstaaten mit Ausnahme des Falles der »digital communication« an die Öffentlichkeit von Tonträgern zu einem Vergütungsanspruch herabgestuft werden können sollte[100]. »Communication to the public« war, anders als nach dem Rom-Abkommen, in einer komplizierten Definition so weit gefaßt, daß auch die Sendung, und nicht nur die öffentliche Wiedergabe im herkömmlichen Sinne, unter diesen Begriff fallen sollte[101]. Die Diskussionen im Sachverständigenausschuß zeigten, daß der Widerstand gegen den Grundsatz eines ausschließlichen Sende- und Wiedergaberechts der ausübenden Künstler und Tonträgerhersteller sehr groß war. Auch zogen die meisten Staaten vor, auf die im Bereich der verwandten Schutzrechte traditionelle Unterscheidung zwischen Sendung und öffentlicher Wiedergabe zurückzugreifen. Inhaltlich stimmten die meisten Staaten darin überein, daß ausübenden Künstlern und Tonträgerherstellern ein ausschließliches Recht in bezug auf on-demand Nutzungen zustehen sollte. Das Problem der Mehrkanaldienste wurde erst zu einem sehr späten Zeitpunkt in die Diskussionen des Sachverständigenausschusses eingebracht, so daß die meisten Staaten noch nicht abschließend dazu Stellung nehmen wollten.
Das als Verhandlungsgrundlage für die Diplomatische Konferenz 1996 dienende »Basic Proposal« sieht auf der Grundlage der bisherigen Ergebnisse der Diskussionen im Sachverständigenausschuß den Grundsatz eines ausschließlichen Sende- und Wiedergaberechtes nicht vor, sondern statt dessen zwei getrennte Artikelpaare: Art. 11/18, die ausübenden Künstlern und Tonträgerherstellern ein ausschließliches Recht in bezug auf on-demand-Nutzungen gewähren sollen, sowie Art. 12/19, die Art. 12 Rom-Abkommen grundsätzlich nachgebildet sind, also einen Vergütungsanspruch für die Zweitnutzung von Handelstonträgern durch Sendung oder öffentliche Wiedergabe gewähren. Anders als nach Art. 12 Rom-Abkommen soll dieser Vergütungsanspruch allerdings sowohl Künstlern als auch Tonträgerherstellern zustehen; auch soll nicht nur die unmittelbare Nutzung zur Sendung und öffentlichen Wiedergabe

100 Copyright 1993, S. 142, 152, Ziff. 56 (e) und (f), Ziff. 57 (e) und (f).
101 S. das Memorandum, a.a.O., (Fußn. 100), S. 147, Ziff. 28 (i) und, für die »public performance«, (j), die alle unmittelbaren Wiedergaben, die keine besondere Übertragung notwendig machten, erfaßte.

erfaßt werden, sondern auch die mittelbare Nutzung, also insbesondere die öffentliche Wiedergabe von aufgrund von Handelstonträgern erfolgten Sendungen und die Weitersendung von aufgrund von Handelstonträgern erfolgten Sendungen. Allerdings sind Vorbehaltsmöglichkeiten nach dem Muster von Art. 16 Abs. 1 a) Rom-Abkommen vorgesehen, außer für solche Sendungen oder öffentlichen Wiedergaben, die nur auf Grundlage eines Abonnements und gegen Gebührenzahlung empfangbar sind[102]. Gemäß Art. 2(g) und (h) Basic Proposal ist die »Sendung« als drahtlose Übertragung zum öffentlichen Empfang, einschließlich der Satellitensendung, und »öffentliche Wiedergabe« als die Übertragung an die Öffentlichkeit durch jegliches Mittel außer der Sendung, einschließlich der Hörbarmachung von Tönen aufgrund eines Tonträgers, definiert. Damit knüpft der Sendebegriff an denjenigen des Rom-Abkommens an.

Das ausschließliche Recht, das vornehmlich on-demand-Nutzungen abdecken soll, ist wie im Rahmen des geplanten Protokolls zur Berner Konvention formuliert, nämlich als das »exclusive right of authorizing the making available of their . . . performances fixed in any medium, by wire or wireless means, in such a way that members of the public may access them from a place and at a time individually chosen by them« (Art. 11 Basic Proposal, der für ausübende Künstler gilt). Anders als im Rahmen des geplanten Protokolls zur Berner Konvention ist dieses Recht im Rahmen des »Neuen Instruments« nicht als Teil des öffentlichen Wiedergaberechts formuliert worden, da ausübende Künstler und Tonträgerhersteller in bezug auf die Wiedergabe aufgrund von Tonträgern nur einen Vergütungsanspruch, nicht jedoch ein ausschließliches Recht genießen sollten. Daher erschien es zweckmäßig, beide Rechte zu trennen. Dies muß jedoch nicht bedeuten, daß das für on-demand-Nutzungen geltende ausschließliche Recht im Rahmen des »Neuen Instruments«, anders als im Rahmen des Protokolls zur Berner Konvention, nicht eine besondere Ausprägung des Rechts der öffentlichen Wiedergabe sein könnte.

Die Begründung zu Art. 11/18 Basic Proposal läßt erkennen, daß insbesondere on-demand-Nutzungen von dem ausschließlichen Recht erfaßt sein sollen. Zusätzlich wird, anders als im Rahmen der Begründung zu der entsprechenden Vorschrift des geplanten Protokolls zur Berner Konvention, auf das Problem der Mehrkanaldienste in einer etwas unklaren Erläuterung hingewiesen[103]. Demnach sollen auch nicht vollständig interaktive Systeme, die durch ihre Programmstruktur und ein Abonnementsystem charakterisiert seien, von Art. 11/18 erfaßt sein. Das Wort »Mehrkanaldienst« oder eine ähnliche Bezeichnung dieser Dienste wird allerdings nicht genannt. Auch trifft die Be-

102 Als Begründung für diese Ausnahme wird angeführt, daß Tonträger im Rahmen solcher Abonnementdienste unmittelbar zu kommerziellem Gewinn verwertet werden, s. das Basic Proposal, WIPO-Dokument CRNR/DC/5, S. 84/Ziff. 19.08.

103 WIPO-Dokument CRNR/DC/5, Ziff. 11.06.

schreibung der Dienste nicht die wesentlichen Charakteristika der Mehrkanaldienste. Schließlich kann der Wortlaut von Art. 11/18 Basic Proposal Mehrkanaldienste nicht erfassen, da der Zeitpunkt, zu dem auf die einzelnen Darbietungen bzw. Tonträger zugegriffen wird, bei Mehrkanaldiensten nicht individuell ausgewählt werden kann.

2. *Europäisches Recht*

a) *EG-Richtlinien*

Die die verwandten Schutzrechte grundsätzlich harmonisierende Vermietrechtsrichtlinie erwähnt on-demand-Nutzungen oder Mehrkanaldienste nicht ausdrücklich. Die Kommission hat jedoch zum Ausdruck gebracht, daß diese Richtlinie Punkt-zu-Punkt-Übertragungen, wie etwa on-demand-Nutzungen, im Rahmen des Vermiet- und Verleihrechts erfaßt[104]. Auch bei einer solchen Auslegung stünde es den Mitgliedstaaten offen, das Recht für on-demand-Nutzungen unter Beachtung der materiellen Vorgaben, wie z. B. zur Rechtsinhaberschaft und zur Rechtsnatur als Ausschließlichkeitsrecht, als Teil des nationalen Rechts der öffentlichen Wiedergabe umzusetzen.
In der Datenbank-Richtlinie ist die on-line-Übermittlung zwar ausdrücklich erwähnt worden; über die Einordnung des Rechts wurde jedoch nicht entschieden. Die Richtlinie läßt also offen, welches Recht von den Mitgliedstaaten auf on-line-Übermittlungen anzuwenden ist, und bestimmt nur für den Fall, daß das Verbreitungsrecht gewählt wird, daß keine Erschöpfung dieses Rechts stattfinden darf[105].
Nimmt man an, daß das Vermietrecht die on-demand-Nutzungen erfaßt, so ist schon jetzt ausübenden Künstlern, Tonträgerherstellern und Filmherstellern ein ausschließliches Recht an der (kommerziellen) on-demand-Nutzung zu gewähren. Soweit die on-demand-Nutzung dagegen auch im Sinne des europäischen Rechts als öffentliche Wiedergabe angesehen wird, ist Art. 8 Vermietrichtlinie zu beachten (auf den Art. 4 Satelliten- und Kabelrichtlinie verweist). Art. 8 Vermietrichtlinie ist auch im Hinblick auf Mehrkanaldienste zu

104 Grünbuch »Urheberrecht und verwandte Schutzrechte in der Informationsgesellschaft«, Kapitel 2, Teil 2, Abschnitt V., insbesondere Ziff. 2 und 3. Die Tatsache, daß die Kommission nur auf das Vermiet- und Verleihrecht, jedoch nicht auf das Verbreitungsrecht Bezug nimmt, dürfte darin begründet sein, daß man zur Zeit der Erarbeitung des Grünbuchs noch nicht den Fall vor Augen hatte, daß bei on-demand-Nutzungen automatisch Kopien entstehen könnten. Zur Begründung der Anwendbarkeit des Vermiet- und Verleihrechts s. *Reinbothe & v. Lewinski*, The EC Directive on Rental and Lending Rights and on Piracy, London 1993, S. 41 f.

105 S. insbesondere Erwägungsgründe 31, 33, 34 und 43 der Datenbank-Richtlinie sowie *v. Lewinski*, Musik und Multimedia, in *Lehmann* (Hrsg.), Internet- und Multimediarecht, S. 149, 161 f.

beachten, soweit deren Tätigkeit als Sendung angesehen wird[106]. Art. 8 Vermietrichtlinie ist den einschlägigen Bestimmungen des Rom-Abkommens nachgebildet, geht jedoch darüber hinaus. So hat der ausübende Künstler in bezug auf seine Live-Darbietungen ein ausschließliches Recht der drahtlosen Sendung und der öffentlichen Wiedergabe zu erhalten; ausübenden Künstlern und Tonträgerherstellern muß beiden ein Anspruch auf angemessene Vergütung für die Zweitnutzung von Handelstonträgern in Form der unmittelbaren und mittelbaren Nutzung der Tonträger zur drahtlosen Sendung oder zu jeglicher öffentlichen Wiedergabe gewährt werden; Vorbehaltsmöglichkeiten sind hier nicht vorgesehen. Schließlich ist Sendeunternehmen das ausschließliche Recht der drahtlosen Weitersendung und der Wiedergabe der Sendungen an die Öffentlichkeit zuerkannt, wenn diese an der Öffentlichkeit zugänglichen Orten und gegen Zahlung einer Eintrittsgebühr erfolgt.

b) *Grünbuch Urheberrecht und verwandte Schutzrechte in der Informationsgesellschaft*

Das Grünbuch geht auf on-demand-Nutzungen insbesondere im Abschnitt V über das Recht der digitalen Verbreitung/Übertragung ein und läßt erkennen, daß on-demand-Dienste nach Auffassung der Kommission grundsätzlich unter das Vermiet- und Verleihrecht der Richtlinie 92/100 fallen, fragt jedoch, ob es wünschenswert wäre, bestimmte Elemente dieser Richtlinie im Hinblick auf die on-demand-Nutzungen zu ändern[107]. Gleichzeitig stellt die Kommission im Abschnitt IV über die öffentliche Wiedergabe im Zusammenhang mit dem Begriff der Öffentlichkeit einige Fragen zu Übertragungen im digitalen Netz z. B. zwischen zwei Privatpersonen, mehreren Privatpersonen und einem Unternehmen etc.

Im Abschnitt VI über das Recht der digitalen Rundfunkübertragung spricht die Kommission, ohne dies von Anfang an klar zu formulieren, das Problem der Mehrkanaldienste an und fragt insbesondere, ob ausübende Künstler und Hersteller von Tonträgern und von Filmen ein Ausschließlichkeitsrecht in bezug auf die digitale Rundfunkübertragung erhalten sollten, und wie zwischen den verschiedenen Arten der Rundfunkübertragung zu unterscheiden wäre[108]. Schließlich ist zu erwähnen, daß sich die EG mit Mitgliedstaaten im Rahmen der WIPO-Verhandlungen zu einem möglichen Protokoll zur Berner Konvention und einem möglichen »Neuen Instrument« auf einen besonderen Vor-

106 Für den Fall, daß sie als Verbreitung angesehen wird, wäre Art. 9 Vermietrichtlinie zu beachten, der ausübenden Künstlern, Tonträger- und Filmherstellern sowie Sendeunternehmen ein ausschließliches Verbreitungsrecht gewährt.

107 S. das Grünbuch, S. 56 ff., sowie *v. Lewinski*, GRUR Int. 1995, 831, 835.

108 Grünbuch, S. 61 ff., 64.

schlag in bezug auf on-demand-Nutzungen geeinigt haben; dieser Vorschlag wurde wortwörtlich in das Basic Proposal übernommen[109].

3. *Ausländisches Recht*

a) *USA*

Für die on-demand-Nutzung schlägt das White Paper der USA für den Fall, daß diese in einer Kopie bei dem Endnutzer resultiert, eine Ergänzung des Verbreitungsrechts (»distribution . . . by transmission«) und, für den Fall, daß eine solche Kopie nicht entsteht, ein ausschließliches Recht der »public performance« für »copyright owners of sound recordings« vor; darunter werden nicht nur Tonträgerhersteller, sondern auch ausübende Künstler verstanden, wie sich aus dem Text selbst[110] sowie aus den im Rahmen der WIPO-Verhandlungen für ein »Neues Instrument« gemachten Vorschlägen[111] der USA ergibt. Grundsätzlich sollen demnach also Tonträgerhersteller und ausübende Künstler ein ausschließliches Recht insbesondere für on-demand-Übertragungen haben. Im Vorschlag der USA im Rahmen der WIPO-Verhandlungen über ein Recht der öffentlichen Wiedergabe (einschließlich der Sendung) für ausübende Künstler im Bereich der Musik und Tonträgerhersteller findet sich ein ausschließliches Recht für alle Arten der Wiedergabe bzw. Sendung sowie die Möglichkeit, dieses ausschließliche Recht außer in einer Reihe bestimmter Fälle zu beschränken; demnach muß jedenfalls ein ausschließliches Recht für die »communication by digital means« gewährt werden. Mehrkanaldienste scheinen nicht notwendigerweise von einem ausschließlichen Recht erfaßt werden zu müssen[112]. Ein kürzlich erlassenes Gesetz[113] regelt diese Fragen in detaillierter, komplizierter Weise.

109 S. dazu o., II.1.b).
110 S. z. B. die Erwähnung von ausübenden Künstlern auf S. 222 des White Paper.
111 S. WIPO-Dokument INR/CE/V/11, S. 39 ff.
112 S. dazu den komplizierten Wortlaut des Vorschlags zu den möglichen Beschränkungen des ausschließlichen »right of communication to the public of phonograms« für ausübende Künstler und Tonträgerhersteller: ». . . Contracting Parties may . . . (ii) exclude from the scope of the right (a) communications which are neither part of an interactive service nor part of a subscription service; (b) communications which are not part of an interactive service and which are part of a subscription service, provided such communications are also simultaneously made available to the public on a non-subscription basis; and (c) communications to or within a business establishment or use in the ordinary course of its business; and (iii) with respect to communications which are part of a non-interactive non-exempt subscription service, limit the right to a right to equitable remuneration where the structure of programming ensures that such a limitation will not conflict with a normal exploitation of the phonogram and will not unreasonably prejudice the legitimate interests of the right holder.«, WIPO-Dokument INR/CE/V/11, S. 31.
113 Digital Performance Right in Sound Recordings Act of 1995, P.L. 104-39 vom 1.11.1995; 109 Stat. 336.

b) *Japan*

Bisher haben in Japan nur ausübende Künstler das ausschließliche Recht der Sendung in bezug auf ihre Live-Darbietungen sowie einen Vergütungsanspruch für die Sendung (einschließlich der drahtgebundenen Sendung) aufgrund von Handelstonträgern. Der Bericht des Kulturministeriums schlägt angesichts der zunehmenden Verbreitung digitaler Technologien bei der Übertragung und Sendung von Programmen mögliche alternative Änderungen vor: die Erstreckung des Vergütungsanspruchs auf alle Arten der Übertragung; ein Verbotsrecht des ausübenden Künstlers für on-demand-Übertragungen in digitaler Form sowie Vergütungsansprüche für sonstige Übertragungen; Verbotsrechte für jede Form der digitalen Übertragung und Vergütungsansprüche in sonstigen Fällen, oder Verbotsrechte für jegliche Arten der Übertragung.
In bezug auf die öffentliche Wiedergabe haben in Japan weder ausübende Künstler noch Tonträgerhersteller Verbotsrechte oder Vergütungsansprüche. Auch hier wird eine Schutzerweiterung vorgeschlagen, indem entweder ausübenden Künstlern oder Tonträgerherstellern ein Vergütungsanspruch für die Wiedergabe aufgrund von rechtmäßig hergestellten Tonträgern gewährt werden soll, oder statt dessen ein Verbotsrecht gewährt werden soll, oder ein solches Verbotsrecht nur ausübenden Künstlern gewährt werden soll, die zusätzlich das Recht erhalten sollen, die öffentliche Wiedergabe von Live-Darbietungen zu verbieten[114].
Auffällig ist hierbei, daß ausübende Künstler im Verhältnis zu Tonträgerherstellern eine bessere Stellung zu haben scheinen; so wird das Verbotsrecht für on-demand-Übertragungen nur für ausübende Künstler vorgeschlagen, und die dritte Alternative zum Recht der öffentlichen Wiedergabe (Verbotsrecht) auch auf ausübende Künstler beschränkt. Interessant ist im übrigen, daß die on-demand-Übertragungen im Zusammenhang mit der Sendung und nicht mit der öffentlichen Wiedergabe erwähnt werden. Wenn im Zusammenhang mit dem Sende- und Übertragungsrecht der ausübenden Künstler die Frage nach dem Verbotsrecht für jede Form digitaler Übertragung gestellt wird, so dürfte damit auch auf Mehrkanaldienste Bezug genommen sein.

c) *Frankreich*

Der erste Sirinelli-Bericht diskutiert in II.A die Auswirkungen der Verbreitung geschützten Materials in digitaler Form auf die für das Urheberrecht grundlegende französische Unterscheidung der beiden Verwertungsrechte der Vervielfältigung (»reproduction«) und der Darbietung (»représentation«).

114 S. dazu *Heath*, GRUR Int. 1995, 843, 846.

Speziell in bezug auf die Situation der ausübenden Künstler und Tonträgerhersteller behandelt er die Auswirkungen des digitalen Rundfunks; dieser hat in Frankreich vornehmlich deshalb zu Problemen geführt, weil ausübende Künstler und Tonträgerhersteller ein ausschließliches Recht der öffentlichen Wiedergabe haben, das nur bezüglich des drahtlosen Rundfunks und dessen zeitgleicher Kabelweitersendung zu einem bloßen Vergütungsanspruch herabgestuft worden ist, nicht jedoch in bezug auf die originäre Kabelsendung[115].

d) *Kanada*

In Kanada genießen Tonträgerhersteller als Copyright-Inhaber nur die Rechte der Vervielfältigung, Veröffentlichung und Vermietung. Der kanadische Bericht kommt bei der Analyse des für andere Copyright-Inhaber vorgesehenen Rechts der öffentlichen Wiedergabe durch Telekommunikation zum Ergebnis, daß on-demand-Übertragungen von diesem Recht erfaßt sind. Bei einer weiten Auslegung des Begriffs der Öffentlichkeit, der im Copyright Act nicht definiert ist, sei sogar der von der Rechtsprechung noch nicht gelöste Fall der Übertragung mittels eines »Computer Bulletin Boards« von diesem Recht erfaßt. Angesichts dieser im Gesetz »klaren« Anwendbarkeit des Rechts der öffentlichen Wiedergabe wird auch keine Notwendigkeit für die Einführung eines Rechts der elektronischen Verbreitung oder, wie vorgeschlagen, sogar der elektronischen Einfuhr gesehen; die Situation in den USA sei insofern anders, als dort ein Recht der öffentlichen Wiedergabe fehle. Eine Erweiterung des Wiedergaberechts durch Telekommunikation auf Tonträgerhersteller wurde jedoch nicht erwogen.
Ausübende Künstler genießen nach kanadischem Urheberrecht noch keinen Schutz; auch der Bericht geht nicht auf mögliche zukünftige Rechte der ausübenden Künstler im Zusammenhang mit der Informationsgesellschaft ein[116].

e) *Australien*

Der australische Bericht befaßt sich im wesentlichen mit der Neuordnung der Rechte der öffentlichen Wiedergabe durch Rundfunk einschließlich der Weitersendung und, allgemeiner, mit den Rechten in bezug auf jegliche Art der Werkverbreitung in immaterieller Form. Insbesondere wird ein umfassendes Recht der Übertragung (»transmission right«) vorgeschlagen, das die Zugänglichmachung von Material an die Öffentlichkeit auf immateriellem Wege erfassen soll. Darunter sollen insbesondere on-demand-Übertragungen, interaktive Dienste und die »Verbreitung« von Werken in vernetzten Computern

115 S. *Dreier*, GRUR Int. 1995, S. 840, 842.
116 S. dazu *v. Lewinski*, GRUR Int. 1995, 851, 852 f.

fallen. Neben anderen Urheberrechtsinhabern sollen auch die in Australien ein Copyright genießenden Tonträgerhersteller dieses Recht genießen. Die bisher geltende gesetzliche Lizenz für die Benutzung von Tonträgern für Rundfunksendungen soll auf solche Sendungen beschränkt werden, die ohne Gegenleistung empfangen werden können.
Einen Unterfall des genannten »transmission right« soll auch das bisherige Recht der Sendung darstellen; das bisher auf Abonnementdienste beschränkte »diffusion right« soll in das »transmission right« integriert werden. Dagegen ist empfohlen, das Recht der öffentlichen Wahrnehmbarmachung (»public performance«) als selbständiges Recht beizubehalten. Der Begriff der »Öffentlichkeit« soll nicht definiert werden; statt dessen wird daran gedacht, die Punkt-zu-Punkt-Übertragung zu kommerziellen Zwecken vom Urheberrecht zu erfassen[117]. Der australische Bericht äußert sich zur Lage der ausübenden Künstler, die in Australien bisher nur einen geringen Schutz genießen, nur sehr allgemein, im Hinblick auf eine in der Zukunft zu erwägende Schutzverstärkung.

III. *Die Lage nach dem deutschen Urheberrechtsgesetz*

1. *Ausgangspunkt*

a) *On-demand-Nutzungen*

Folgt man den Ausführungen zum einschlägigen Recht im 4. Teil über die urheberrechtlichen Verwertungsrechte[118], so kommt man zu dem Ergebnis, daß on-demand-Übertragungen grundsätzlich der (unkörperlichen) Wiedergabe zugeordnet werden sollten und daher allenfalls, bei Vorliegen aller Voraussetzungen, von einem Vergütungsanspruch der ausübenden Künstler und Tonträgerhersteller nach §§ 77, 86 UrhG erfaßt sein können. Dagegen dürfte die on-demand-Nutzung grundsätzlich dem ausschließlichen Recht der Vorführung des Filmherstellers nach §§ 94 Abs. 1, 95 UrhG zuzuordnen sein. In bezug auf Sendeunternehmen, die nicht ausnahmsweise gleichzeitig den Schutz nach § 94 (oder nach §§ 85 f.) UrhG genießen[119], hat die on-demand-Nutzung keine Bedeutung, da Sendungen als solche nicht zum Gegenstand von on-demand-Nutzungen gemacht werden.

117 S. dazu *Dreier*, GRUR Int. 1995, 837, 839.
118 S. o., 4. Teil B III.
119 S. zu dieser Frage *Schricker/Katzenberger*, § 94, Rdnr. 20.

Angesichts der Tatsache, daß der Begriff der Öffentlichkeit derzeit noch in einer Weise verstanden wird, die die unmittelbare Anwendbarkeit des Rechts der öffentlichen Wiedergabe ausschließt[120], ergibt sich für on-demand-Nutzungen nur, daß diese derzeit von keinem Recht der Inhaber verwandter Schutzrechte erfaßt sind. Demnach wäre über die Möglichkeit einer analogen Anwendung eines gegebenen Rechts in bezug auf die Lage *de lege lata* nachzudenken. Insbesondere scheint die analoge Anwendung des Verbreitungsrechts auf on-demand-Nutzungen naheliegend[121]. Wegen der Einzelheiten kann hier auf die Darstellung im 4. Teil B III 1. verwiesen werden.

b) *Mehrkanaldienste*

Auf die Dienste der Mehrkanalanbieter scheint prima facie das Senderecht anwendbar zu sein, das wiederum bei ausübenden Künstlern und Tonträgerherstellern regelmäßig zum Vergütungsanspruch der §§ 76 Abs. 2, 86 UrhG führt, da zur Übertragung von Musik durch Mehrkanaldienste üblicherweise Handelstonträger verwendet werden. Dagegen hätten Filmhersteller nach den §§ 94, 95 UrhG ein ausschließliches Recht der Sendung durch Mehrkanaldienste.

Etwas anders als bei on-demand-Nutzungen stellt sich die aktuelle Rechtslage im Fall der Mehrkanaldienste dar. Hier besteht das Problem des zu engen Öffentlichkeitsbegriffs nicht, so daß zumindest nach dem Gesetzeswortlaut das Senderecht gemäß §§ 76 Abs. 2, 86 UrhG Anwendung findet.

Obwohl sich diese Dienste der Sendetechnik (in der Regel Satellit und Kabel) bedienen, haben insbesondere ausübende Künstler und Tonträgerhersteller die Frage aufgeworfen, ob die Tätigkeit dieser Dienste noch als Sendung i.S.d. Urheberrechtsgesetzes angesehen werden kann. Entsprechend der Natur der Tätigkeiten dieser Mehrkanaldienste plädieren sie für eine Zuordnung zum Verbreitungsrecht[122]. Ob es möglich ist, das Verbreitungsrecht (analog)[123] anzuwenden[124], kann hier offenbleiben. Aus ähnlichen Gründen wie bei on-demand-Nutzungen wäre eine analoge Anwendung des Verbreitungsrechts jedenfalls auf Dauer nicht befriedigend.

Da sich Mehrkanaldienste der Sendetechnik bedienen und das Senderecht in § 20 UrhG primär durch die sendetechnischen Elemente definiert ist, erfaßt der Wortlaut die Dienste der Mehrkanalanbieter. In systematischer Hinsicht

120 S. dazu o. 4. Teil B III 2. e).
121 S. dazu insbesondere, mit ausführlicher Begründung, *von Lewinski*, Musik und Multimedia, in: *Lehmann* (Hrsg.), Internet- und Multimediarecht, S. 149 ff., 159 f.
122 *Thurow*, in: *Becker/Dreier*, a.a.O., S. 77, 83.
123 Eine direkte Anwendung dieser Form der körperlichen Nutzung scheidet schon aufgrund des Wortlauts und der Systematik aus.
124 S. dazu insbesondere, mit eingehender Begründung *von Lewinski*, Musik und Multimedia, a.a.O., S. 149 ff., 165 f.

spricht vor allem die (unkörperliche) Form der Tätigkeit von Mehrkanaldiensten für die Einordnung als Sendung; die grundlegende systematische Einteilung des § 15 Abs. 1 und 2 UrhG ist hier zu berücksichtigen. Die Tätigkeit der Mehrkanaldienste sollte daher grundsätzlich als Sendung angesehen werden. Prima facie sind Mehrkanaldienste demnach auch als Sendeunternehmen i.S.v. § 87 UrhG geschützt; zwingend ist dieser Schluß jedoch nicht. So genießen z. B. Kabelunternehmen, die nur Sendungen anderer unverändert und zeitgleich weiterleiten, den Schutz aus § 87 UrhG nicht, obwohl diese Weiterleitungen grundsätzlich vom Senderecht des § 20 UrhG erfaßt sind[125]. Maßgeblich für einen Schutz ist, ob Mehrkanaldienste einen im Schutzzweck des § 87 UrhG liegenden Aufwand betreiben (wie er etwa für die Vorbereitung von Mischprogrammen erforderlich ist), oder eher eine Tätigkeit ausüben, die der eines Vertriebs von Ware gleicht und daher nicht von § 87 UrhG erfaßt ist.

Bei Beurteilung des Gesetzeszwecks muß berücksichtigt werden, daß die Herabstufung des ausschließlichen Senderechts des ausübenden Künstlers zu einem Vergütungsanspruch insbesondere in der geringeren Bewertung der Sendung aufgrund von erschienenen Bild- oder Tonträgern als Zweitverwertung begründet ist. Ob eine »Zweitverwertung« vorliegt, ist dabei nicht chronologisch, sondern aus wirtschaftlicher Sicht zu bestimmen. Es ist zu bezweifeln, daß Mehrkanaldienste den Sendungen vergleichbar sind, die der Gesetzgeber von 1965 vor Augen hatte – nämlich Mischprogramme – und die als Zweitverwertungsformen anzusehen sind. Die herkömmlichen Sendungen, die aus Mischprogrammen bestehen und bei denen die Musik nur einen Teil ausmacht, sind in ihrer Natur wesentlich anders als die Angebote der Mehrkanaldienste. Insbesondere erlaubt die hohe Anzahl von Kanälen eine sehr weitgehende Spezialisierung der Programme und damit die ständige, 24 Stunden pro Tag andauernde Verfügbarkeit der wichtigsten Musikrichtungen. Zudem wird die Musik ohne Unterbrechung von Ansagen, Werbung, etc. geliefert – und all dies ungefähr zum monatlichen Preis einer CD. Bestimmte Bedienungsraffinessen erleichtern zudem das automatische, private Kopieren der gewünschten Musik in CD-Qualität. Möglich ist es darüber hinaus, bestimmte Aufnahmen, wie etwa Bestseller, in Hörschleifen anzubieten, so daß diese dem Hörer fast jederzeit zum Zugriff zur Verfügung stehen. Ist der Hörer dagegen nicht an einer speziellen Aufnahme interessiert, sondern allein an einer Musikrichtung, so wird er nicht einmal mehr kopieren, da seine Musikrichtung auf Knopfdruck ständig verfügbar ist und er im übrigen die einzelnen Stücke nicht auswählen muß.

125 S. z. B. *Schricker/von Ungern-Sternberg*, § 87 Rdnr. 5; diese Auslegung ist infolge Art. 6 Abs. 3 EG-Vermiet- und Verleihrechtsrichtlinie inzwischen verbindlich geworden.

In beiden Fällen muß damit gerechnet werden, daß die Wünsche der meisten Hörer durch die Mehrkanaldienste ausreichend zufriedengestellt werden und sich der Kauf von CDs nicht lohnen wird, zumal sie für den gleichen Preis entweder eine einzige CD kaufen können, oder einen ganzen Monat lang eine große Auswahl von Musik jeder Richtung hören (und eventuell kopieren) können. Es ist also zu erwarten, daß die bisherige Erstverwertung in Form der Verbreitung, insbesondere des Verkaufs, infolge des Angebots der Mehrkanaldienste erheblich an Bedeutung verlieren und von diesen Diensten in beträchtlichem Ausmaß ersetzt werden wird. Diese Substitutionsfunktion, die von den Mehrkanaldiensten erfüllt werden kann, zeigt, daß es sich bei Mehrkanalsendungen um eine Form der Erstverwertung handelt.
Die den §§ 76 Abs. 2, 86 UrhG zugrundeliegende Wertung, der zufolge für die Sendung aufgrund von Tonträgern nur ein Vergütungsanspruch für ausübende Künstler und Tonträgerhersteller vorgesehen ist, da die Darbietung bzw. der Tonträger durch die Sendung keiner wesentlich größeren oder andersartigen Öffentlichkeit zugänglich gemacht wird, als es schon durch die Vervielfältigung und Verbreitung des Tonträgers geschehen ist[126], trifft also auf die Mehrkanaldienste nicht zu. Diese erreichen nämlich eine Öffentlichkeit, die – jedenfalls zum Teil – wegen der attraktiven Mehrkanaldienste nicht mehr an der herkömmlichen Tonträgerverbreitung interessiert ist. Mehrkanaldienste machen also die Musik einer Öffentlichkeit zugänglich, die de facto nicht durch die herkömmliche Vervielfältigung und Verbreitung der Tonträger erreicht wird. Vor dem Hintergrund dieser gesetzgeberischen Wertung und aufgrund des Postulats, Ungleiches ungleich zu behandeln und Wertungswidersprüche zu vermeiden, kann die Tätigkeit der Mehrkanaldienste also nicht mit der Sendung von traditionellen Programmen gleich behandelt werden. §§ 76 Abs. 2, 86 UrhG müssen also insoweit teleologisch reduziert werden. Dies hat zur Folge, daß die Tätigkeit von Mehrkanaldiensten nicht mehr unter die Ausnahme, sondern automatisch unter den Grundsatz des Abs. 1, nämlich das Verbotsrecht fällt. § 76 Abs. 1 UrhG erfaßt alle Arten der Sendung i.S.v. § 20 UrhG, insbesondere auch Sendungen festgelegter Darbietungen[127]. Für den Tonträgerhersteller kann man durch eine Gesamtanalogie zu dessen Erstverwertungsrechten der Vervielfältigung, Verbreitung und Vermietung zu einem ausschließlichen Senderecht kommen[128].

126 Amtl. Begründung, *Haertel/Schiefler*, S. 321.
127 S. *Schricker/Krüger*, § 76 Rdnr. 1.
128 S. auch schon *von Lewinski* in *Lehmann* (Hrsg.), a.a.O., S. 149 ff., in Fußn. 51. S. dort, S. 165 f., auch eine alternative Argumentation (analoge Anwendung des Verbreitungsrechts).

2. *Überlegungen de lege ferenda*

Da eine analoge Anwendung und teleologische Reduktion bestehender Vorschriften in bezug auf so wichtige Regelungsgegenstände wie Nutzungsrechte im Hinblick auf die erwünschte Rechtssicherheit auf Dauer unbefriedigend ist und im übrigen keine Gewähr dafür besteht, daß die Gerichte bestimmte Vorschriften analog anwenden oder teleologisch reduzieren, und da im übrigen gerade die analoge Anwendung des Verbreitungsrechts auf on-demand- und Mehrkanaldienste, also auf Arten der unkörperlichen Verwertung, systematisch nicht befriedigend ist[129] und da schließlich zumindest für die on-demand-Nutzungen eine ausdrückliche Regelung in bezug auf das Urheberrecht vorgeschlagen wird[130], ist eine ausdrückliche gesetzliche Regelung zu empfehlen.

a) *On-demand-Nutzungen*

Während die Antwort auf die Frage des einschlägigen Rechts durch die Lösung im urheberrechtlichen Teil vorgegeben ist[131], ist die Frage nach der Rechtsnatur – als ausschließliches Recht oder als Vergütungsanspruch – nicht notwendigerweise wie im Urheberrecht zu beurteilen.

Vielmehr ist zu berücksichtigen, daß auch das Wiedergaberecht des § 77 UrhG, wie schon das Senderecht des § 76 Abs. 2 UrhG, deshalb nur als Vergütungsanspruch ausgestaltet ist, weil die öffentliche Wiedergabe i.S.v. § 77 UhrG eine Zweitverwertung darstellt. Fraglich ist nun, ob auch on-demand-Nutzungen als Formen der Zweitverwertung anzusehen sind. Ähnlich wie im Falle der Mehrkanaldienste[132] kann diese Frage mit Hilfe eines Vergleiches zu Erstverwertungsrechten, die als Ausschließlichkeitsrechte ausgestaltet sind, und dem Verhältnis der on-demand-Nutzungen zu solchen Rechten beurteilt werden. Ein Vergleich mit dem als Erstverwertungs- und Ausschließlichkeitsrecht anerkannten Verbreitungsrecht der ausübenden Künstler und Tonträgerhersteller ergibt folgendes:

Im Falle der traditionellen Verbreitung wählt der Endnutzer eine bestimmte CD oder Videokassette aus dem Angebot eines Verkaufs- oder Vermietgeschäfts zu einer von ihm gewählten Zeit aus und erwirbt sie entweder gegen Zahlung eines Verkaufspreises oder erhält sie zum zeitweisen Gebrauch

129 In bezug auf die on-demand-Nutzungen ist im übrigen zu bezweifeln, ob der bloße Vergütungsanspruch für das Verleihen gem. § 27 UrhG im Falle von on-demand-Leistungen durch öffentliche Bibliotheken zufriedenstellend ist.

130 S. o., 4. Teil B IV. 2. a).

131 S. o., 4. Teil, B IV 2. a.)

132 S. dazu oben, 1. b).

gegen eine Mietgebühr überlassen. Bei der Vermietung muß er die CD bzw. Videokassette nach einer bestimmten Zeit wieder zurückgeben. Im Falle der on-demand-Nutzung kann der Endnutzer auch eine digitale Ton- oder Filmaufnahme aus dem Angebot eines on-demand-Anbieters aussuchen und zur von ihm gewünschten Zeit erhalten – entweder in Form einer Kopie, die in seinem Endgerät automatisch abgespeichert wird, also ein Vervielfältigungsstück ist, das ihm wie beim Kauf verbleibt, oder nur in immaterieller Form zum Anhören bzw. Ansehen, ohne daß eine Kopie entsteht, also nur zum Zwecke des zeitweiligen Gebrauchs. Im letzteren Falle, der dem der Vermietung vergleichbar ist, muß der Endnutzer zwar, anders als bei der herkömmlichen Vermietung, das Vervielfältigungsstück nicht zurückgeben; dies liegt jedoch gerade darin begründet, daß der Endnutzer kein Vervielfältigungsstück erhalten hat und daher auch keines zurückgeben kann. Ebenso wie bei der traditionellen Vermietung bleibt ihm die Aufnahme bei solchen on-demand-Nutzungen nur für eine begrenzte Zeit. Da die on-demand-Nutzung für den Nutzer insofern bequemer, schneller und einfacher als der Kauf oder die Miete ist, als sie möglich ist, ohne daß der Nutzer seine Wohnung verläßt, besteht bei entsprechender Preisgestaltung die Gefahr, daß die on-demand-Nutzung die herkömmliche Verbreitung substituieren wird und damit eine Form der Erstverwertung wird, für die ein ausschließliches Recht vorgesehen werden sollte.

In bezug auf on-demand-Nutzungen wird also vorgeschlagen, ein ausschließliches Recht für ausübende Künstler und Tonträgerhersteller nach dem Muster des Vorschlags zum Urheberrecht[133] vorzusehen, und das Recht des § 77 UrhG auf solche öffentlichen Wiedergaben zu beschränken, die nicht von dem ausdrücklich formulierten on-demand-Nutzungsrecht erfaßt sind. Der Klarheit halber wäre dieselbe Methode für das Filmherstellerrecht nach § 94 Abs. 1 UrhG zu empfehlen: zum ausschließlichen Recht an der öffentlichen Vorführung sei empfohlen, die Worte »zur öffentlichen Vorführung« durch die im Urheberrechtsteil vorgeschlagene Formulierung zu ergänzen und beides durch das Wort »einschließlich« zu verbinden[134]. Um dem Künstler (wie auch dem Urheber) eine angemessene Beteiligung an den Einnahmen aus dieser neuen Nutzungsart zu sichern, erscheint es notwendig, einen unverzichtbaren Anspruch nach dem Muster von § 27 Abs. 1, 3 UrhG vorzusehen[135].

133 S. o. 4. Teil B. IV. 2.

134 Zur Abgrenzung des on-demand-Nutzungsrechts im Verhältnis zu anderen Formen der öffentlichen Wiedergabe und der Sendung s. im einzelnen o., 4. Teil B. III. 2.

135 S. dazu näher 6. Teil III.

b) *Mehrkanaldienste*

Obwohl man schon *de lege lata* zur Begründung eines ausschließlichen Rechts der Mehrkanalsendung zumindest für ausübende Künstler gelangen kann, ist aus Gründen der Rechtssicherheit zu empfehlen, eine ausdrückliche Regelung vorzusehen. Wie die Ausführungen oben unter 1. b) gezeigt haben, ist es aus Gründen der Terminologie und der Systematik naheliegend, von einem Senderecht auszugehen; auch wurde dort der Charakter der Mehrkanalsendung als einer Form der Erstverwertung begründet. Demnach ist für ausübende Künstler und Tonträgerhersteller ein ausschließliches Recht der Mehrkanalsendung ausdrücklich vorzusehen. Es sollte im Rahmen von § 76 Abs. 1 UrhG ausdrücklich anerkannt und von § 76 Abs. 2 UrhG ausdrücklich ausgeschlossen werden. In § 85 Abs. 1 UrhG müßte es gesondert vorgesehen werden.

Die Abgrenzung zwischen traditionellen Sendungen, die weiterhin dem Vergütungsanspruch gemäß §§ 76 Abs. 2, 86 UrhG unterliegen sollen[136], und den Tätigkeiten von Mehrkanaldiensten war im Rahmen des 4. Teils noch nicht notwendig. Im Zusammenhang mit den Rechten der ausübenden Künstler und Tonträgerhersteller besteht jedoch diese Notwendigkeit, da für die traditionellen Sendungen weiterhin ein Vergütungsanspruch bestehen soll, für die Tätigkeiten der Mehrkanaldienste jedoch ein Verbotsrecht. Mehrere gesetzgeberische Möglichkeiten bieten sich hierfür an. So kann z. B. auf eine Definition der Mehrkanaldienste vollständig verzichtet und nur ein besonderes Verbotsrecht für »die Sendung durch Mehrkanaldienste« eingeführt werden. In zweifelhaften Fällen müßte die Rechtsprechung diesen inzwischen schon zum allgemeinen Sprachgebrauch gehörenden Begriff ausfüllen. Dieser Ansatz wurde auch für die schwer definierbaren Multimediawerke vorgeschlagen[137].

Die andere Möglichkeit einer Definition von Mehrkanaldiensten empfiehlt sich nicht, da jede Definition neue Auslegungsprobleme aufwerfen kann und im übrigen der Gefahr unterliegt, künftige Entwicklungen nicht ausreichend erfassen zu können. Eher sollten die wichtigsten Charakteristika der Mehrkanaldienste als Elemente einer Teildefinition in das Gesetz oder, noch besser, in die Gesetzesbegründung aufgenommen werden. Mehrkanaldienste wurden oben schon beschrieben[138]. Ihre Hauptmerkmale liegen zunächst in der Spe-

136 Mit traditionellen Sendungen sind in diesem Zusammenhang alle anderen als Mehrkanaldienste gemeint; sogar digitale Mischprogramme sollten unter den Vergütungsanspruch fallen, da sie nur eine bessere Qualität der Ausstrahlung mit sich bringen, jedoch keine den Mehrkanaldiensten vergleichbare Bedrohung für ausübende Künstler und Tonträgerhersteller darstellen. So wurde ein ausschließliches Recht sogar von ausübenden Künstlern und Tonträgerherstellern für die »normale« digitale Sendung nicht einmal gefordert.

137 S. o. 1. Teil.

138 S .o. 1. b).

zialisierung der Programmgestaltung: Anders als Mischprogramme herkömmlichen Charakters bieten die bisher bestehenden Dienste besondere Programme für spezielle Musikfarben an, so daß z. B. ein Programm nur »Soft-Rock« oder ein anderes nur »Techno/House« zum Inhalt hat. Auf jedem Kanal wird nur die Musik einer bestimmten Richtung gesendet, ohne Unterbrechung durch Ansagen, Werbung oder ähnliches, und dies für 24 Stunden am Tag. Ob nun 50, 400 oder 800 verschiedene Programme angeboten werden, ist unerheblich. Wichtig ist, daß nur Musik (oder in Zukunft auch Filme) in so spezialisierten Programmen angeboten wird, daß die Gefahr besteht, daß diese Tätigkeit die traditionelle Verbreitung substituiert, da der Kauf oder die Miete von CDs oder Videokassetten angesichts der ständigen, nicht unterbrochenen Belieferung mit Musik bzw. Filmen jeder Art in digitaler Qualität weitgehend obsolet wird. Die Tatsache, daß im Einzelfall Abgrenzungsprobleme auftreten können, darf nicht als Argument gegen die Unterscheidung zwischen traditionellen Sendungen und Mehrkanalsendungen verwendet werden; der Kern der Sendung durch Mehrkanaldienste, wie insbesondere durch DMX und MCE, unterscheidet sich eindeutig von den Sendungen von traditionellen Mischprogrammen und sollte daher auch gesondert behandelt werden können.

IV. *Vorschläge für eine Anpassung des deutschen Urheberrechtsgesetzes*

1. Es wird vorgeschlagen, in bezug auf on-demand-Nutzungen ein ausschließliches Recht für ausübende Künstler und Tonträgerhersteller nach dem Muster des urheberrechtlichen Vorschlags im 4. Teil vorzusehen; § 77 UrhG müßte zur Klarstellung dementsprechend eingeschränkt werden. Im Rahmen von § 94 Abs. 1 UrhG sollte eine entsprechende Ergänzung nach den Worten »zur öffentlichen Vorführung« vorgenommen werden.

2. Ausübende Künstler und Tonträgerhersteller sollten ein ausschließliches Recht der Mehrkanalsendung erhalten. Dieses sollte in § 76 Abs. 1 UrhG ausdrücklich erwähnt werden und müßte in § 85 Abs. 1 UrhG gesondert vorgesehen werden. § 76 Abs. 2 UrhG müßte auf Sendungen, die nicht von § 76 Abs. 1 UrhG erfaßt sind, beschränkt werden.

3. Eine Definition der Mehrkanaldienste zur Abgrenzung von traditionellen Sendungen wird nicht empfohlen. Eher sollten deren Charakteristika, insbesondere die hohe Programmspezialisierung und die ununterbrochene, reine Belieferung von Musik oder Filmen nach einem festgelegten Programm (also nicht auf Abruf) in digitaler Qualität, in die Gesetzesbegründung aufgenom-

men werden. Eine Abgrenzung zwischen on-demand-Nutzungen und anderen Arten der öffentlichen Wiedergabe wurde schon im 4. Teil vorgenommen; hierauf wird verwiesen.

Zusammenfassung der Ergebnisse

1. Teil: Werkbegriff

1. An der Umschreibung des urheberrechtlichen Schutzbereichs durch die Begriffe »Literatur, Wissenschaft und Kunst« ist festzuhalten. Es sollte möglichst zum Ausdruck gebracht werden, daß der Gesetzgeber von einer weiten Auslegung dieser Begriffe ausgeht, die auch praktischen Zwecken dienende Multimediawerke aller Art einbezieht.

2. Der durch die einheitliche Individualität geprägte Begriff des »Werks« kann auch bei digitalen und Multimediawerken als Anknüpfungspunkt für den Urheberrechtsschutz dienen. Werkteile sollten nach wie vor Schutz genießen, wenn sie als solche den Schutzvoraussetzungen genügen. Den neuen technischen Möglichkeiten der digitalen Fragmentierung und Ausbeutung von Werkteilen kann nicht urheberrechtlich, sondern allenfalls durch das Recht des unlauteren Wettbewerbs begegnet werden.

3. Der Schutz inhaltlicher Elemente spielt bei Multimediawerken eine besondere Rolle. Die derzeit im deutschen Recht bestehende Unsicherheit hinsichtlich des Inhaltsschutzes bei wissenschaftlichen Werken und Sachprosa sowie die Vorgabe von Art. 9 Abs. 2 des TRIPS-Übereinkommens legen eine allgemeine Regelung nahe. In Anlehnung an eine Passage der Begründung des Gesetzes von 1965 und in Umsetzung von Art. 9 Abs. 2 des TRIPS-Übereinkommens könnte an § 2 Abs. 2 UrhG eine Vorschrift angefügt werden, wonach sich der Schutz auf die Form oder den Inhalt des Werks beziehen kann oder auf die Verbindung von beiden, wobei aber Ideen, Verfahren, Arbeitsweisen oder mathematische Konzepte als solche nicht geschützt werden.

4. Die Digitalisierung erfüllt für sich allein in der Regel die Erfordernisse einer schutzfähigen Bearbeitung nicht. Ein Urheberrechtsschutz für die Digitalisierung sollte nicht eingeführt werden. Allenfalls käme ein verwandtes Schutzrecht in Betracht; derzeit dürfte aber kein Handlungsbedarf bestehen.

5. Die multimedialen Werke unterscheiden sich von den in § 2 Abs. 1 Nr. 1-5, 7 UrhG genannten Werkskategorien dadurch, daß sie sich nicht nur eines Ausdrucksmittels bedienen, sondern daß bei ihnen wie beim Filmwerk des § 2

Abs. 1 Nr. 6 UrhG mehrere Ausdrucksmittel untrennbar miteinander verschmolzen sein können. Die Multimediawerke sollten deshalb im Werkskatalog des § 2 Abs. 1 UrhG entweder neben dem Filmwerk in Nr. 6 oder zusammen mit diesem unter dem Titel der audiovisuellen Werke oder in einer eigenen Nummer ausdrücklich aufgeführt werden oder es sollte in Zusammenhang mit dem Werkskatalog klargestellt werden, daß ein Werk auch aus der Verschmelzung von Elementen bestehen kann, die verschiedenen Werkskategorien angehören. Es würde hierdurch gesichert, daß die Schutzvoraussetzungen nicht separat, sondern in bezug auf das Multimediawerk als ganzes geprüft werden. Am besten wäre es, an §§ 3, 4 UrhG eine eigene Vorschrift anzufügen, die klarstellt, daß sich die persönliche geistige Schöpfung auch aus dem Zusammenwirken von Elementen verschiedener Werkskategorien ergeben kann.

6 Die Regelung der digitalen und Multimediawerke sollte dazu benutzt werden, den Schutzstandard der urheberrechtlichen Werke in § 2 Abs. 2 UrhG unter Umsetzung der partiellen Vorgaben in den EG-Richtlinien neu und einheitlich zu definieren. Vorausgesetzt werden sollte Individualität im Sinne der eigenen geistigen Schöpfung des Urhebers ohne Anwendung anderer Kriterien, wodurch insbesondere das Erfordernis einer besonderen Schöpfungshöhe ausgeschlossen würde.

7. Hinsichtlich der computergenerierten Werke ist derzeit kein gesetzgeberischer Handlungsbedarf ersichtlich.

8. Schließlich gibt auch die Interaktivität bei Multimediawerken keinen Anlaß, auf der Ebene des Werkbegriffs und der Schutzvoraussetzungen eine Regelung zu treffen.

2. Teil: Urheberschaft und Zuordnung des Urheberrechts und der Verwertungsbefugnis

1. Das deutsche UrhG bedarf im Hinblick auf die digitalen und sonstigen modernen Werknutzungen und auf Multimediawerke in den Fragen der Urheberschaft und der Inhaberschaft des Urheberrechts und der Verwertungsbefugnis grundsätzlich keiner Anpassung.

2. Dies gilt auch im Hinblick auf Werke, die im Rahmen von Arbeits-, Dienst- und Auftragsverhältnissen geschaffen werden.

3. Bei einer Gleichstellung von Multimediawerken mit Filmwerken oder einer Zusammenfassung dieser Kategorien von Werken unter dem Begriff der audiovisuellen Werke sollten die §§ 88, 89 UrhG (auch) in bezug auf die Urheberschaftsfrage auf Filmwerke beschränkt bleiben.

3. Teil: Urheberpersönlichkeitsrecht

1. Der vom deutschen UrhG gewährleistete urheberpersönlichkeitsrechtliche Schutz der Werkintegrität sollte weder aufgehoben noch eingeschränkt werden. Eine Ausdehnung des für Filmwerke geltenden § 93 UrhG auf digitale und/oder Multimediawerke kommt nicht in Betracht; die Gelegenheit sollte eher dazu benutzt werden, um diese viel kritisierte Vorschrift zu streichen.

2. Ein Ausgleich zwischen den Interessen der Urheber und Werkverwerter sollte dadurch ermöglicht werden, daß die Voraussetzungen von Rechtsgeschäften über die Gestattung von Werkänderungen oder sonstigen Beeinträchtigungen ideeller Interessen ausdrücklich geregelt werden. Für zulässig sollten Rechtsgeschäfte über einzelne bestimmte, konkret umschriebene Sachverhalte und Eingriffe erklärt werden, auch wenn sie im Einzelfall tief einschneiden. Unzulässig sollten dagegen pauschale Vereinbarungen sein. Gesetzliche Vermutungen erscheinen nicht am Platze.

3. Das Recht auf Anerkennung der Urheberschaft und insbesondere das Recht der Urhebernennung sollte im gegenwärtigen Bestand gewahrt werden.

4. Auch hier sollte dem Urheber durch Zulassung von Rechtsgeschäften über bestimmte, konkret umschriebene Sachverhalte und Eingriffe eine folgenorientierte Selbstbestimmung ermöglicht werden, die zugleich für den Werkverwerter Rechts- und Planungssicherheit schafft.

5. Angesichts des Urheberpersönlichkeitsschutzes und des Schutzes gegen unlauteren Wettbewerb erscheint die Einführung eines besonderen Authentizitätsschutzes nicht erforderlich.

6. Hinsichtlich sonstiger urheberpersönlichkeitsrechtlicher Befugnisse besteht derzeit kein gesetzgeberischer Handlungsbedarf.

A. Die Erfassung digitaler Werknutzung und -übermittlung durch das Vervielfältigungsrecht

- Sowohl die Digitalisierung, als auch die Einspeicherung, die Abspeicherung und der Ausdruck geschützter Werke stellen nach geltendem Recht einen jeweils eigenständigen Akt der Vervielfältigung dar. Einer Anpassung von § 16 Abs. 1 UrhG bedarf es insofern nicht;
- das gleiche gilt für § 23 UrhG im Hinblick auf Bearbeitungen;
- auch hinsichtlich der Kopie von Teilen geschützter Werke sollte es dabei verbleiben, daß urheberrechtlich nur die Kopie solcher Teile dem Urheber vorbehalten ist, die als solche urheberrechtlich schutzfähig sind.
- Dagegen sollte in § 16 Abs. 1 UrhG – in Parallele zu § 69c Nr. 1 UrhG sowie Art. 5 Buchst. a der Datenbankrichtlinie – für alle Werke in digitaler Form klargestellt werden, daß auch deren vorübergehende Vervielfältigung dem ausschließlichen Vervielfältigungsrecht unterfällt;
- darüberhinaus wird eine Einbeziehung des Anzeigens geschützter Werke am Bildschirm in den Vervielfältigungbegriff des § 16 Abs. 1 UrhG empfohlen;
- in § 16 Abs. 2 UrhG sollte schließlich die Legaldefinition der Bild- oder Tonträger um den Begriff des Datenträgers ergänzt werden.

B. Die Erfassung der digitalen Übermittlung: Verbreitungsrecht, Recht der öffentlichen Wiedergabe; Senderecht; neues Verwertungsrecht

1. Verbreitungsrecht

Eine analoge Anwendung des seinem Wesen nach nur auf Akte körperlicher Werkverwertung zugeschnittenen Verbreitungsrechts auch auf Akte der unkörper lichen Werkwiedergabe wird ebensowenig vorgeschlagen wie eine analoge Heran ziehung des Vermiet- und/oder des Verleihrechts.

2. Anpassung des Rechts der öffentlichen Wiedergabe

a) Recht des on-line Angebots

Um das on-line Angebot eines geschützten Werkes eindeutig in das System der Verwertungsrechte des UrhG einordnen zu können, wird eine ausdrückliche Nennung des Rechts des on-line Angebots geschützter Werke in einer gesonderten Ziffer des § 15 Abs. 2 UrhG vorgeschlagen:

- Dieses Recht könnte als »Recht der unkörperlichen Übertragung« oder kurz als »Übertragungsrecht« bezeichnet werden;
- die Umschreibung dieses Rechtes könnte sich an die Formulierung von Art. 10 des Vorschlages für einen Vertrag über bestimmte Fragen betreffend den Schutz literarischer und künstlerischer Werke anlehnen und etwa definiert werden als »das Recht, geschützte Werke dem drahtlosen oder drahtgebundenen Zugriff durch die Öffentlichkeit bereitzuhalten«;
- dieses Recht wäre als ein ausdrücklich genannter Unterfall der Rechts der unkörperlichen Wiedergabe sowohl vom Senderecht (§ 20 UrhG) als auch von den Rechten der Wahrnehmbarmachung mit technischen Mitteln (§§ 19 Abs. 3 und 4 sowie 21 und 22 UrhG) unterschieden.

b) Präzisierung des Öffentlichkeitsbegriffs

Empfohlen wird eine Neufassung von § 15 Abs. 3 UrhG für alle Arten der öffentlichen Werkwiedergabe des § 15 Abs. 2 UrhG.
- Die Neufassung des § 15 Abs. 3 UrhG könnte folgenden Wortlaut haben: »Die Wiedergabe ist öffentlich, wenn sie für eine oder für mehrere Personen erfolgt, die der Öffentlichkeit angehören. Eine Öffentlichkeit ist nicht gegeben, wenn zwischen der oder den Personen und dem Veranstalter persönliche Beziehungen bestehen«;
- wann die einzelne Person bzw. die mehreren Personen im Einzelfall einer Öffentlichkeit angehören, kann nach wie vor der Rechtsprechung zur Klärung überlassen bleiben.

5. Teil: Schrankenbestimmungen

Zusammenfassend lassen sich Schrankenbestimmungen ohne Anpassungsbedarf, von Schrankenbestimmungen unterscheiden, in denen eine Anpassung – sei es aus Gründen der Klarstellung, sei es mit dem Ziel der Erweiterung oder aber der Einschränkung bestehender Schrankenbestimmungen – angezeigt erscheint.

1. Schrankenbestimmungen ohne Anpassungsbedarf

Keiner Anpassung bedürfen folgende Schrankenbestimmungen:
- § 45 UrhG (Rechtspflege und öffentliche Sicherheit);
- § 47 UrhG (Schulfunksendungen);
- § 51 UrhG (Zitate);

- § 55 Abs. 1 UrhG (Vervielfältigung durch Sendeunternehmen);
- § 57 UrhG (Unwesentliches Beiwerk);
- § 62 Abs. 1, 2 und 4 UrhG (Änderungsverbot);
- § 63 UrhG (Quellenangabe).

Das gilt auch für die Vergütungsansprüche gem. § 27 Abs. 1 und 2 UrhG.

2. Vorgeschlagene Anpassungen

Vorgeschlagen werden dagegen folgende Klarstellungen, Änderungen, Anpassun- gen und Streichungen:

- § 46 UrhG (Sammlungen für Kirchen-, Schul- oder Unterrichtsgebrauch) könnte dem Zweck der Vorschrift entsprechend auf die zustimmungsfreie Aufnahme von Multimediawerken geringen Umfangs ebenso erweitert werden wie um die Übermittlung privilegierter Sammlungen im Wege des digitalen on-line Angebots;
- § 48 UrhG (öffentliche Reden) sollte zum einen auch auf Reden über Tagesfragen erweitert werden, die der Öffentlichkeit on-line zugänglich gemacht werden, und deren Verbreitung könnte zum anderen unter den dortigen Einschränkungen auch mittels Datenträgern zugelassen werden. Klarstellend sollte darüberhinaus die Ausnahme nach Abs. 2 auf die öffentliche Wiedergabe erweitert werden;
- bei § 49 UrhG sollte zum einen der Kreis zustimmungsfrei übernehmbarer Artikel, Kommentare, Nachrichten und Tagesneuigkeiten in Abs. 1 Satz 1 und in Abs. 2 auch auf on-line angebotene Meinungsäußerungen erweitert werden. Problemlos können zum anderen die übernehmenden Medien um digitale off-line Medien erweitert werden; hinsichtlich der Übernahme in digitalen on-line Medien erscheint eine Ausdehnung der Privilegierung auf die interne Verwendung zum eigenen Gebrauch angemessen;
- § 50 UrhG (Bild- und Tonberichterstattung) sollte im Bereich der unkörperli chen Werknutzung durch die Streichung der Zusätze »Bild- und Ton« auf jegliche Art der Berichterstattung ausgedehnt werden. Zugleich sollte nicht nur die Berichterstattung »durch Funk und Film« sondern generell jede Berichterstattung im Wege der öffentlichen Wiedergabe – also unter Einschluß der on-line Berichterstattung – privilegiert werden;
- in § 52 Abs. 1 UrhG (öffentliche Wiedergabe) sollte die öffentliche Wiedergabe von Werken im Wege des on-line Angebots von der Privilegierung ausgenommen werden; in § 52 Abs. 3 UrhG (öffentliche Wiedergaben) sollte die Beschränkung der Privilegierung bestimmter öffentlicher Wiedergaben auf die öffentliche Wiedergabe im Wege des on-line Angebots ausgedehnt und ggf. die öffentliche Wiedergabe von Werken zu rein privaten Zwecken im Wege des on-line Angebots vom Urheberrecht freigestellt werden;

- in § 53 Abs. 1 und Abs. 2 Nr. 1 und 2 UrhG sollte klargestellt werden, daß die digitale Vervielfältigung, d.h. die Herstellung eines digitalen Vervielfälti gungsstücks zum privaten und zum eigenen wissenschaftlichen Gebrauch freigestellt wird und daß auch die Aufnahme in ein digitales Archiv zum privaten sowie zum eigenen wissenschaftlichen Gebrauch im gebotenen Umfang zustimmungsfrei zulässig ist, wenn hierfür ein eigenes Werkexemplar verwandt wird. Zulässig sein sollte insoweit nur die eigene Herstellung, nicht das Herstellenlassen. Ansonsten sollte die digitale Vervielfältigung von § 53 UrhG ausgenommen werden. Im Interesse des Bibliotheks- und Dokumentationswesens könnte erwogen werden, das Ausschließlichkeitsrecht dann, wenn Mandatsverträge auf freiwilliger Grundlage nicht zustandekommen, verwertungsgesellschaftenpflichtig zu machen;
- in §§ 54 Abs. 1 und 54a Abs. 1 UrhG sollte klargestellt werden, daß eine Abgabe auch für leere, bespielbare digitale Speichermedien sowie für Geräte geschuldet wird, bei denen die Herstellung digitaler Kopien im Rahmen des § 53 UrhG zu erwarten ist;
- in § 54d Abs. 1 UrhG sollte die Bezugnahme auf die in der Anlage bestimmten Sätze gestrichen werden;
- § 55 Abs. 2 UrhG (Vervielfältigung durch Sendeunternehmen) sollte entweder ganz oder doch zumindest in Bezug auf die Archivierung nach § 55 Abs. 1 UrhG zulässig hergestellter digitaler Aufzeichnungen gestrichen werden;
- § 56 UrhG (Vervielfältigung und öffentliche Wiedergabe durch Geschäfts betriebe) sollte – wenn nicht auf Geräte zur digitalen Datenverarbeitung schlechthin, so doch zumindest – auf Geräte erstreckt werden, die zum Abruf von on-line Angeboten geeignet sind;
- in § 58 UrhG (Katalogbilder) sollte zum einen sowohl die Beschränkung auf Werke der bildenden Künste als auch diejenige der Aufnahme in Verzeich nissen gestrichen werden. Zum anderen sollte auch die öffentliche Wiedergabe im Wege des on-line Angebots zustimmungsfrei zulässig sein. Im Gegenzug könnte den Urhebern dann ein verwertungsgesellschaftenpflichtiger Vergütungsanspruch gewährt werden;
- § 59 UrhG (Werke an öffentlichen Plätzen) sollte auch auf die Vervielfäl tigung, Verbreitung und öffentliche Wiedergabe des freien Straßenbildes mittels Multimediawerken erstreckt werden;
- § 60 UrhG (Bildnisse) sollte zugunsten der dort Privilegierten auf das digitale on-line Angebot – nicht jedoch auf die Sendung gem. § 20 UrhG – erweitert werden;
- § 61 UrhG (Zwangslizenz zugunsten der Tonträgerhersteller) sollte in Übereinstimmung mit dem Vorschlag der WIPO auch hinsichtlicher digitaler Tonträger abgeschafft werden.

- § 62 Abs. 3 UrhG (Änderungsverbot) sollte über die dort genannten Fälle hinaus ganz allgemein jede Änderung zulassen, die das zur körperlichen wie zur unkörperlichen Verwertung angewendete Verfahren mit sich bringt, sofern berechtigte Interessen des Urhebers dadurch nicht beeinträchtigt werden;
- darüberhinaus könnte die Abwendungsbefugnis nach § 101 Abs. 1 UrhG auf Fälle verschuldeter Verletzung erweitert werden, bei denen der Verletzer den Verletzten trotz aller zuvor unternommener zumutbarer Anstrengungen nicht hat ausfindig machen können und in denen er ggf. vor Beginn der Verwertung eine angemessene Vergütung hinterlegt hat;
- schließlich sollten in Parallele zu § 69d Abs. 1 UrhG künftig diejenigen Vervielfältigungshandlungen nicht der Zustimmung des Rechtsinhabers bedürfen, die für die bestimmungsgemäße Benutzung geschützter Werke in digitaler durch den rechtmäßigen Benutzer erforderlich sind.

6. Teil: Urhebervertragsrecht

1. Die Einführung von gesetzlichen Lizenzen, Zwangslizenzen oder einer allgemeinen Verwertungsgesellschaftenpflicht zugunsten der digitalen und multimedialen Nutzung bestehender Werke und Leistungsergebnisse ist nicht zu empfehlen.

2. Zu empfehlen ist jedoch die gesetzliche Einführung einer Verwertungsgesellschaftenpflicht in bezug auf die ausschließlichen Rechte zur elektronischen, vollinhaltlichen und unter dem Titel der Originalprintausgaben erfolgenden elektronischen Nutzung von Beiträgen zu Zeitungen, Zeitschriften und anderen Sammelwerken, soweit es sich um Publikationen handelt, die vor Bekanntwerden dieser Nutzung erschienen sind. Von dieser Regelung sollten Beiträge angestellter Autoren der Zeitungs- und Zeitschriftenverlage ausgenommen werden.

3. Auf Filmwerke sollte die Regelung nicht erstreckt werden. Dasselbe gilt für andere Werke und für Leistungsergebnisse, auch wenn sie Teil von Bildarchiven oder Archiven der Tonträgerhersteller oder Sendeuntenehmen sind.

4. Bei einer Gleichstellung von Multimediawerken mit Filmwerken oder einer Zusammenfassung dieser Kategorien von Werken unter dem Begriff der audiovisuellen Werke sollten die §§ 88 ff. UrhG (auch) in vertragsrechtlicher Hinsicht auf Filmwerke beschränkt bleiben. Dasselbe gilt für §§ 91 und 92 UrhG.

5. Neuer vertragsrechtlicher Regelungen für Multimediawerke bedarf es nicht.

6. Dies gilt auch im Hinblick auf Arbeitnehmer- und Auftragswerke für Multimediaproduzenten.

7. Teil: Verwandte Schutzrechte

A. Schutzgegenstände verwandter Schutzrechte

1. Herstellung von Bild- und Tonträgern ohne Aufzeichnung von hörbaren Tönen und sichtbaren Bildern

Die einschlägigen Begriffe des Tonträgers und des Bild- bzw. Bild- und Tonträgers im Zusammenhang mit den verwandten Schutzrechten des Tonträgerherstellers und Filmherstellers sind nicht änderungsbedürftig, da sie schon jetzt den Tatbestand der Herstellung solcher Bild- bzw. Tonträger ohne Aufzeichnung zuvor hörbarer Töne und sichtbarer Bilder, allein aufgrund digitaler oder anderer Technologien, erfassen.

2. Schutzfähigkeit von Teilen

Die besonders im Rahmen des Ton-Sampling relevante Frage, ob, und wenn ja, inwieweit, Teile von Leistungen ausübender Künstler und von Tonträgerherstellern schutzfähig sind, ist bisher unterschiedlich beantwortet worden. Auch wenn man in beiden Fällen davon ausgeht, daß ein Schutzbedürfnis besteht und der Schutz vielleicht sogar schon *de lege lata* gegeben ist, erscheint zumindest im Falle der Darbietungen ausübender Künstler eine gesetzliche Klarstellung empfehlenswert. Demnach sollten eindeutig auch Darbietungen von nicht schutzfähigen Werkelementen nach den §§ 73 ff. UrhG geschützt sein.

B. Rechtsinhaber
Remastering alter analoger Aufnahmen

Da aus dem deutschen UrhG klar hervorgeht, daß das Re-mastering alter analoger Aufnahmen nur zu einer technisch verbesserten Fassung der ursprünglichen Aufnahme führt und damit eine Vervielfältigung derselben (und keine Neuherstellung) darstellt, und da dieses Ergebnis mit dem Schutzzweck des

Herstellerschutzes in Einklang steht, erscheint eine Gesetzesänderung nicht als notwendig.

C. Persönlichkeitsrecht

1. Schutz des ausübenden Künstlers gegen Beeinträchtigungen seiner Darbietungen

Es wird vorgeschlagen, das Recht des § 83 Abs. 1 UrhG in seinem Wortlaut an § 14 UrhG anzupassen, also insbesondere von den Voraussetzungen der möglichen Gefährdung des Ansehens oder Rufes des Künstlers abzusehen und statt dessen bereits die mögliche Gefährdung der berechtigten geistigen oder persönlichen Interessen an der Darbietung zu berücksichtigen. Eine Aufhebung oder Einschränkung dieses Rechtes erscheint dagegen nicht angebracht. Auch von einer Erstreckung des § 93 UrhG auf Multimediaprodukte ist abzuraten; es wird eher empfohlen, die gesamte Vorschrift zu streichen.
Es wird empfohlen, zum Ausgleich zwischen den Interessen der ausübenden Künstler und der Verwerter eine Regelung über mögliche rechtsgeschäftliche Gestattungen von Beeinträchtigungen nach dem Muster der unter Teil 3. IV. 2. vorgeschlagenen Lösung vorzusehen.

2. Namensnennungsrecht

Für ausübende Künstler sollte ein Recht auf Nennung des Namens im Zusammenhang mit der Verwertung der Darbietung eingeführt werden. Es sollte wie nach § 13 UrhG über das Recht auf die Nennung des Namens hinaus auch die Befugnisse umfassen, die zu wählende Bezeichnung zu bestimmen oder auf eine Namensnennung überhaupt zu verzichten.
Als besondere Regelung in bezug auf die Ausübung des Namensnennungsrechts bei größeren Ensembles wie Orchestern und Chören sollte eine Einschränkung des Rechts nach dem Muster von § 80 UrhG nur insofern vorgesehen werden, als die Nennung aller einzelnen Mitglieder nicht praktikabel ist oder diese ein berechtigtes Interesse an der Einzelnennung nicht haben.
Auch in bezug auf das Namensnennungsrecht sollte die Zulässigkeit von Rechtsgeschäften nach dem für das Recht auf Anerkennung der Urheberschaft vorgeschlagenen Modell erfolgen.

D. Bearbeitungsrecht für ausübende Künstler und Tonträgerhersteller

Da das Vervielfältigungsrecht und das Recht des ausübenden Künstlers nach § 83 UrhG nach der vorangehenden Analyse insgesamt einen ausreichenden Schutz gegen die möglichen digitalen Veränderungen von bestehenden Ton-

und Bildaufnahmen gewähren, erscheint die Einführung eines gesonderten Bearbeitungsrechts für ausübende Künstler und Hersteller nicht notwendig. Allerdings sollte ausdrücklich klargestellt werden, daß das Vervielfältigungsrecht nach § 16 UrhG auch die Vervielfältigung in veränderter Form umfaßt.

E. Neue Verwertungsformen: On-Demand-Übertragung und Übermittlung durch Mehrkanaldienste

1. On-Demand-Übertragung

Es wird vorgeschlagen, in bezug auf on-demand-Nutzungen ein ausschließliches Recht für ausübende Künstler und Tonträgerhersteller nach dem Muster des urheberrechtlichen Vorschlags im 4. Teil vorzusehen; § 77 UrhG müßte zur Klarstellung dementsprechend eingeschränkt werden. Im Rahmen von § 94 Abs. 1 UrhG sollte eine entsprechende Ergänzung nach den Worten »zur öffentlichen Vorführung« vorgenommen werden.

2. Übermittlung durch Mehrkanaldienste

Ausübende Künstler und Tonträgerhersteller sollten ein ausschließliches Recht der Mehrkanalsendung erhalten. Dieses sollte in § 76 Abs. 1 UrhG ausdrücklich erwähnt werden und müßte in § 85 Abs. 1 UrhG gesondert vorgesehen werden. § 76 Abs. 2 UrhG müßte auf Sendungen, die nicht von § 76 Abs. 1 UrhG erfaßt sind, beschränkt werden.

3. Definition der Mehrkanaldienste

Eine Definition der Mehrkanaldienste zur Abgrenzung von traditionellen Sendungen wird nicht empfohlen. Eher sollten deren Charakteristika, insbesondere die hohe Programmspezialisierung und die ununterbrochene, reine Belieferung von Musik oder Filmen nach einem festgelegten Programm (also nicht auf Abruf) in digitaler Qualität, in die Gesetzesbegründung aufgenommen werden. Eine Abgrenzung zwischen on-demand-Nutzungen und anderen Arten der öffentlichen Wiedergabe wurde schon im 4. Teil vorgenommen; hierauf wird verwiesen.